Erfolgreich bewerben mit 45plus

Hesse/Schrader

Erfolgreich bewerben mit 45plus

Entdecken Sie Ihre Chancen – nutzen Sie Ihre Vorteile

berufsstrategie

Eichborn

Die Autoren
Jürgen Hesse, Jahrgang 1951, geschäftsführender Diplompsychologe im Büro für Berufsstrategie, Berlin.
Hans Christian Schrader, Jahrgang 1952, Diplompsychologe in Berlin.

Anschrift der Autoren
Büro für Berufsstrategie
Hesse/Schrader
Oranienburger Str. 4–5
10178 Berlin
Tel. (030) 28 88 57-0
Fax (030) 28 88 57-36
info@berufsstrategie.de

1 2 3 08 07

Umschlaggestaltung: Christina Hucke
Gesamtherstellung: Fuldaer Verlagsanstalt, Fulda
ISBN 978-3-8218-5926-2

Verlagsverzeichnis schickt gern:
Eichborn Verlag, Kaiserstraße 66, D-60329 Frankfurt am Main
www.eichborn.de

Inhalt

Fast Reader – für eilige Leserinnen und Leser 11

Erster Teil

Die Ausgangslage 14

- Über 45 und arbeitslos – Stimmen und Stimmungen 16
- Ihre Situation in der Statistik – Wie Zahlen zur Motivationsbremse werden 18
  - Was diese Zahlen nicht erzählen 19
  - Wenn Definitionen Türen verschließen 20
  - Eine Zwei-Punkte-Strategie gegen die Resignation 21

Die Zeit des Wandels – Wie neue Erkenntnisse den Weg in die Unternehmen fanden 22

- Der demografische Wandel 23
- Vom wandelnden Defizit zum Kompetenzträger unserer Gesellschaft 26
  - Wie eine düstere Prognose zu Ihrer Chance wird 27
  - Wie Arbeitgeber Ihnen den Rücken stärken wollen 28
  - Was Sie für Unternehmen plötzlich so interessant macht 32
  - Mittelpunkt des Interesses 32
  - Beispiele von »wandlungsbereiten« Unternehmen 33
  - Altbekannte Vorurteile und neue Argumente – Wie der Wandel auch Zweifler erreichen kann 35

Warum prominente Vorbilder Vorurteile ad absurdum führen 42

- Argumente, um Sie von sich selbst zu überzeugen 44

Zweiter Teil

Wenn die Kündigung droht 48

- Alarmsignale 48
- Der Tag der Kündigung 49
- Kündigungsverhandlungen – worauf Sie achten müssen 50

- Wann es eine Abfindung gibt 51
- Der Aufhebungsvertrag 52
- Die Abwicklungsvereinbarung 53
- Die Freistellung 54
- Was Ihnen eine Outplacement-Beratung bringt 54
- Das qualifizierte Zeugnis 55
  - Worauf Sie beim Zeugnis achten sollten – Checkliste 58
- Der Gang zum Arbeitsamt 59
- Tipps für Ihre persönliche Starthilfe 60
- Zeit für die seelische Hängematte 61

Reisevorbereitungen 63
- Alles eine Frage der Einstellung 64
  - Die besten Techniken der Selbstmotivation 66
- Die Bestandsaufnahme 70
  - Die Finanzlage 70
  - Bringen Sie sich in Form! 71
- Wie Sie Ihr Traumziel finden und wie Sie es am besten erreichen 72
  - Das Selbstbild 73
- Inselromantik oder Traumstadtflair, Angestellter oder Selbständiger 82
  - Die Frage der Machbarkeit 83
  - Flexibilität 84
  - Ortswechsel 84
  - Position und Gehalt 84
- Wie Sie auf Umwegen zu Ihrem Traumjob kommen 85
  - Arbeit auf Zeit 87
  - Sein eigener Herr sein – Ratschläge zum Thema Selbständigkeit 89

Bewerbungsphase 1: Die effektive Recherche 93
- Stellenanzeigen – Die klassische Variante der Jobsuche 96
  - Was ein gutes Stellenangebot ausmacht 96
  - Was ein Stellengesuch wirkungsvoll macht 96
  - Rahmenbedingungen – wörtlich genommen 103
  - Der Zeitaufwand 104
- Vom Umgang mit Personalberatungsgesellschaften 105

- Hilfe durch Karriereberatung 106
- Die Arbeitsagentur 107
- Der versteckte Arbeitsmarkt 107
- Networking – ein Netzwerk voller Möglichkeiten 108
  - Die goldenen Regeln des Networkings 109

Bewerbungsphase 2: Erste Kontakte 113

- Das Telefon – Die persönliche Art effektiver Kontaktaufnahme 113
  - Wofür ein Telefon gut sein kann 113
  - Gründe für eine Telefonallergie und was Sie dagegen tun können 117
  - Was Sie am Telefon zum Sympathieträger macht 117
  - Wie eine gute Vorbereitung ein Telefonat entschärfen kann – das Telefonskript 120
  - Initiativ bewerben per Telefon 121
  - Die verschiedenen Wege zu Ihrem richtigen Gesprächspartner 121
  - Was Ihnen das Telefon über die Firma verrät 126
  - Was das Telefon über Sie verrät 127
  - Wenn alles nichts nützt ... 129

Bewerbungsphase 3: Die schriftliche Bewerbung 130

- Das Bewerbungsanschreiben 132
  - Die Anrede 134
  - Der gute Einstieg 134
  - Der Mittelteil 135
  - Abschluss 136
- Der Lebenslauf 137
  - Form und Inhalt 137
  - Wie Sie Ihren Lebenslauf gliedern können 141
  - Was tun bei einem »unperfekten« Lebenslauf? 142
- Die dritte Seite 151
- Sympathie auf den ersten Blick – das Bewerbungsfoto 152
- Das Anlagenverzeichnis 154
- Zeugnisse 154
- Handschriftenprobe 155
- Mit den besten Empfehlungen – die Referenzen 155

- Arbeitsproben 156
- Neue Möglichkeiten der Präsentation 157
  - Das Deckblatt 157
  - Inhaltsübersicht 157
  - Einleitungsseite 158
  - Ihre »persönliche« Seite 158
- Die optische Präsentation 158
- Andere Möglichkeiten der Bewerbung 161
  - Die Chiffre-Anzeige 161
  - Die schriftliche Initiativbewerbung 162
  - Die Online-Bewerbung 165
- Bewerbungsbeispiele 168
  - Zu den Unterlagen von Markus Faber 178
  - Zu den Unterlagen von Dr. Michaela Meyfarth 188
  - Zu den Unterlagen von Stefan Weber 193
  - Zu den Unterlagen von Barbara Bernhard 197
  - Zu den Unterlagen von Jürgen Julius 204
  - Zu den Unterlagen von Andreas Anders 213
  - Zu den Unterlagen von Rosemarie Reuter 219
- Die Nachbereitung 220
- Wie Sie souverän mit Absagen umgehen 221
- Wer fragt, gewinnt – der Absage-Antwortbrief 222
- Das Antworttelefonat 223

Dritter Teil

Bewerbungsphase 4: Das Vorstellungsgespräch 226

- Drei Dinge, die sich ein Personalchef wünscht – Persönlichkeit, Motivation und Kompetenz 229
  - Wie entsteht Sympathie? 230
  - Was Sie an Fakten wissen sollten 231
- Wie Sie sich als perfekter Bewerber präsentieren 233
  - Die perfekte Gestaltung des äußeren Rahmens 233
  - Kleider machen Leute 235
  - Mit dem eigenen Auto zum Termin 236
- Die Phasen des Vorstellungsgesprächs 237

- 1. Der erste Blick – Die Begrüßung 238
- 2. Fragen zum Anlass Ihrer Bewerbung und zu Ihrer Leistungsmotivation 241
- 3. Fragen zu Ihrer Ausbildung und Ihrem beruflichen Werdegang 248
- 4. Fragen zu Ihrem persönlichen, familiären und sozialen Hintergrund 254
- 5. Fragen zu Ihrem Gesundheitszustand 263
- 6. Fragen zu Ihrer beruflichen Kompetenz und Eignung 264
- 7. Informationen für den Bewerber/die Bewerberin 270
- 8. Arbeitskonditionen 270
- 9. Fragen des Bewerbers/der Bewerberin 272
- 10. Abschluss des Gesprächs und Verabschiedung 274
- Was tun bei unzulässigen Fragen? – Ihr Recht auf Notlügen 276
- Was Ihr Körper über Ihre Gedanken verrät 277
- Gesprächskonstellationen und Verhaltensweisen 283
  - Rhetorische Techniken 286
- 20 Empfehlungen für einen guten Eindruck im Vorstellungsgespräch 294
- Nach dem Vorstellungsgespräch 297
- Die persönliche Bestandsaufnahme 297
- Gedächtnisprotokoll 298
- Wie Sie sich in angenehme Erinnerung bringen – der Nachfassbrief 299
- Auf in die nächste Runde! 300
  - Das zweite Vorstellungsgespräch 300
  - Wie Sie die Wartezeit überbrücken ... 303
  - Wie Sie eine Absage verkraften und neue Energien tanken 303

Zum Schluss 306

Studien und Broschüren 309

Artikel 311

Initiativen 314

Adressen 318

Anmerkungen 324

Fast Reader – für eilige Leserinnen und Leser

Die Arbeitslosenzahlen sind das Dauerthema der Politik. Für viele wird es immer schwieriger, einen Arbeitsplatz zu finden – noch dazu, wenn man nicht mehr um die 30 ist. Dann muss man sich nicht nur gegenüber der Konkurrenz behaupten, sondern auch gegen eine Lawine von Vorurteilen ankämpfen. Manche haben deshalb die Hoffnung ganz aufgegeben, je wieder eine Stelle zu finden. Auch weil das Selbstbewusstsein mit jeder Absage ein Stückchen kleiner wird. Dass man da verzweifeln kann, ist verständlich. Wer will sich diese niederschmetternden Erfahrungen schon dauernd antun?

Deshalb zunächst einmal: Herzlichen Glückwunsch an Sie, dass Sie sogar in dieser schwierigen Situation die Flinte nicht ins Korn werfen. Woher wir das wissen? Na ja, immerhin haben Sie diesen Ratgeber zur Hand genommen. Und das zeigt doch, dass Sie sich nicht einfach mit Ihrer Situation abfinden, sondern etwas für sich tun wollen.

Wir zeigen Ihnen konkret, wie Sie Arbeitgeber überzeugen können. Das ist nämlich möglich, auch wenn man wie Sie der Altersgruppe über 45 angehört. Wie das gehen kann, führen wir Ihnen Schritt für Schritt vor.

Zunächst aber, wenn Sie etwas Zeit investieren wollen, eine interessante Analyse der Ausgangssituation. 44 Seiten, die ermutigen werden, sich mit den darauf folgenden Bewerbungstechniken intensiv zu beschäftigen. Es lohnt sich!

Sollten Ihnen die einleitenden Erklärungen zu ausführlich erscheinen, wenden Sie sich einfach gleich dem Bewerbungsteil zu.

Die zentralen Themen auf einen Blick:

- Was ist dran an den Vorurteilen gegenüber den Menschen über 45 (S. 14)?
- Warum ist die Einstellung zur Einstellung und zum Alter so wichtig (S. 22)?
- Tipps, falls die Kündigung noch ins Haus steht (S. 48).
- Arbeitsuche ist Schwerstarbeit – wie Sie sich richtig vorbereiten (S. 93).
- Weshalb Sie sich von alten Gewohnheiten verabschieden sollten (S. 63).
- Tipps für die erfolgreiche schriftliche Bewerbung (S. 130).
- Wie Sie am Telefon überzeugen (S. 113).
- Mit welchen Fragen Sie im Vorstellungsgespräch rechnen müssen (S. 237).
- Wie Sie mit rhetorischen Tricks schwierige Gesprächssituationen überstehen (S. 286).

Übrigens: Wenn wir im Folgenden überwiegend die männliche Form (Bewerber, Kandidaten etc.) benutzen, soll das keine Diskriminierung der Leserinnen darstellen, sondern geschieht allein, um den Sprachfluss nicht zu stören.

Erster Teil

Die Ausgangslage

In der Annahme, dass Sie als Käufer dieses Ratgebers 45 oder älter sind, wollen wir Ihnen zuallererst herzlich gratulieren – und wir meinen das in keiner Weise ironisch. Denn keine Altersgruppe hat es so dauerhaft, beharrlich und wirksam geschafft, über die Medien, die Wissenschaft und die Politik in das Bewusstsein der breiten Öffentlichkeit vorzudringen wie Sie. Kein Wunder, Sie gehören ja auch zu der Generation der Best Ager, der Baby Boomer, einer Generation, die sich immer als Vorreiter in der Gesellschaft ihre Rechte erkämpft und für umwälzende Veränderungen gesorgt hat – sei es in der Musik, der Mode, den Moralvorstellungen etc.

Ganze Industriezweige, die gesamte Marketingbranche, der Finanzleistungssektor und viele andere mehr haben Sie entdeckt als Objekt der (marktwirtschaftlichen) Begierde. Das Bundesland Nordrhein-Westfalen leistet sich innerhalb seines neu geschaffenen Ministeriums für Gesundheit, Soziales, Frauen, Familien und Senioren sogar eine eigene Abteilung, die sich dem Thema »Seniorenwirtschaft« widmet und Unternehmern aller Couleur mit Rat und Tat zur Seite steht, was die Entwicklung und Vermarktung neuer Produkte und Dienstleistungen für Ihre Altersgruppe anbelangt.

Sie werden gefeiert – als »junge« oder »neue Alte«. Das Bild, das man sich früher von »den Alten« machte, haben Sie vollkommen umgekrempelt. Vorbei die Vorstellung von den hingebungsvollen Großeltern, deren einziger Lichtblick in der Woche die Bitte war, die lieben Enkelchen zu hüten, vorbei der Eindruck genügsamer Beschaulichkeit in muffiger Ohrensesseltristesse mit Kreuzworträtsel- und Spielshowlangeweile, vorbei die Annahme, dass eine Butterfahrt ins flache Land gesellschaftlicher Höhepunkt des Jahres ist. Hingebungsvolle Großeltern sind Sie sicher noch immer, gesellschaftliche Höhepunkte gibt es in Ihrem Leben aber mittlerweile reichlich auch jenseits des Butterfahrt-Niveaus. Ihr gefühltes Alter ist heute erwiesenermaßen bis zu zehn Jahren jünger und das wirkt sich aus.[1] Sie sind kompetent, souverän, unternehmungslustig, reisefiebrig, sportlich, innovativ, wissensdurstig, finanzkräftig, genussfreudig, energiegeladen, ausdauernd und und und.

So mit Komplimenten überhäuft, sollten Sie jetzt selbstbewusst und frohen Mutes in die Zukunft sehen – und sich erst recht keine Sorgen um Ihre Chancen auf dem Arbeitsmarkt machen. Denn welcher Unternehmer würde sich einen Mitarbeiter mit den oben beschriebenen Eigenschaften entgehen lassen?

Leider sind das immer noch zu viele. Eine Schizophrenie, die auf den Punkt gebracht lautet: In der Rolle des Traumkonsumenten mit schier unerschöpflicher Energie als Wirtschaftsmotor gefeiert, als Mitproduzent der dafür notwendigen Konsumgüter aufs Nebengleis geschoben. Eben noch Vorbild für die junge Generation, entsprechen Sie als Mitarbeiter wie durch Zauberhand plötzlich wieder dem Bild von vor 40 Jahren: Sie sind unflexibel, unmotiviert, an Neuerungen weitestgehend uninteressiert oder unfähig, sie umzusetzen. Ihre berufliche Qualifikation ist vorsintflutlich, Sie kosten zu viel wegen permanenter Krankheitsanfälligkeit, teurer Abfindungen, überhöhten Lohnvorstellungen und/oder Kündigungsschutzbestimmungen.

Wie kommt es zu dieser zwiespältigen Einschätzung Ihrer Person? Aber noch wichtiger: Was können Sie dagegen tun?

Ein positives Signal vorneweg: Viele Firmen haben sowohl die Diskrepanz dieser Sichtweise als auch die Brisanz erkannt, die sich damit sowohl für die Unternehmen, die Gesellschaft und für Sie ganz persönlich ergibt. Nicht wenige haben bereits etwas dagegen unternommen.

Auf den folgenden Seiten finden Sie Erklärungsansätze, warum Ihre Altersgruppe zu den am meisten Benachteiligten in der Arbeitsmarktstatistik gehört – und warum sich der Wind zu Ihren Gunsten zu drehen beginnt. Wir konfrontieren Sie mit den klassischen Vorurteilen (noch zu) vieler Personalchefs, klären Sie darüber auf, wie realistisch sie sind, und liefern Ihnen Argumente, um sie zu entkräften. Sie erfahren aber auch, warum sich immer mehr Personalchefs eines Besseren belehren lassen.

Zahlreiche praktische Hinweise und Empfehlungen unterstützen Sie dabei, mit einer effektiven Jobrecherche einen Arbeitsplatz zu finden, die zu Ihnen passt. Wir zeigen Ihnen Wege, wie Sie sich sowohl in Ihrer schriftlichen Bewerbung als auch im Vorstellungsgespräch als der präsentieren, der Sie wirklich sind – als dynamischer und kompetenter Erfahrungsträger zum Wohle des Unternehmens.

Dieses Buch kann Ihnen weder einen neuen Job garantieren noch die Bedingungen auf dem Arbeitsmarkt verändern – die allerdings nicht nur für Ihre Altersgruppe schwierig sind. Aber wir hoffen, Sie mit fundierten (Hinter-) Gründen, Zahlen, Argumentationstipps und motivierenden Beispielen überzeugen zu können, dass Ihr Alter allein für viele Arbeitgeber kein Grund mehr ist, Sie gar nicht erst kennen lernen zu wollen.

In einem ersten ausführlichen Teil zeigen wir Ihnen anhand von objektiven Gegebenheiten, wie sich die Situation älterer Arbeitnehmer zu ändern beginnt. Auch wenn diese Fakten hauptsächlich Realitäten der Bundesrepublik Deutschland widerspiegeln, sind die praktischen Teile 2 und 3 für alle älteren Arbeitsuchenden – in Deutschland, Österreich und der Schweiz – geeignet.

Glauben Sie uns: Es lohnt sich wieder, sich auf Ihre Baby-Boomer-Qualitäten zu besinnen und dazu beizutragen, einmal die (Arbeits-)Gesellschaft zu Ihrem Vorteil zu verändern. Es gibt Unternehmen, die Ihr Engagement zu schätzen wissen.

Über 45 und arbeitslos – Stimmen und Stimmungen

»Mein ganzes Leben lang habe ich gearbeitet – seit meiner Schulentlassung. Jetzt bin ich schon seit 2002 arbeitslos, und ich fühle mich in dieser Gesellschaft – ehrlich gesagt – ziemlich nutzlos ... Ich brauche Arbeit ... Das ewige Zu-Hause-Rumsitzen und Warten aufs Arbeitsamt – das zermürbt noch mehr.«

»Ob das Arbeitsamt mir helfen kann? Da bin ich sehr skeptisch. Die haben ja auch keine Angebote. Und wenn sie eins haben, dann sieht das so aus, dass da schon 25 Bewerber vor einem sind, und die sind dann zum Teil jünger als ich. Einer kriegt die Stelle, und 24 Leute gucken in die Röhre ... Meine Chancen sind schlecht, obwohl ich ja ein Schnäppchen für den Arbeitgeber wäre. Er würde für mich im ersten Jahr 50 oder sogar 75 Prozent des Lohns vom Arbeitsamt bekommen. Aber was nützt das, wenn er keine Arbeit hat?«

»Als die Kündigung kam, war es zunächst ein Schock und dann auch die Beendigung eines Lebensabschnittes. Ich habe versucht, mich damit abzufinden und etwas Neues zu machen. Ein Neustart mit 50 ist im Prinzip auch möglich. Aber bei der hohen Arbeitslosigkeit, die wir momentan haben, ist das Alter natürlich ein großes Handicap.«

»Ich träume davon, 14 Tage nach der Bewerbung einen Brief vom Arbeitgeber zu bekommen mit dem Satz: ›Wir laden Sie zu einem Vorstellungsgespräch ein.‹ Und dass es danach dann heißt: ›Wir würden uns freuen, Sie zum nächsten Ersten bei uns in der Firma begrüßen zu dürfen.‹ Das ist aber eben ein Traum. Bis jetzt habe ich auf 90 Bewerbungen nur Absagen bekommen. Ich versuche, nicht zu resignieren, manchmal schaffe ich es aber nicht.«

»Die Kündigung war wirklich eine sehr schwierige Situation. Obwohl ich vorher wusste, dass mir gekündigt wird, bin ich in ein Loch gefallen und war verzweifelt. Ich war total am Boden. Für mich war es auch deshalb so schwierig,

weil im Freundes-, Bekannten- und Verwandtenkreis damit nicht so einfach umgegangen worden ist. Das heißt, es war keine weiche Landung, ich wurde nicht aufgefangen – ein richtig tiefer Fall.«

Fünf Schicksale von unzähligen. Wer wie diese älteren Langzeitarbeitslosen versucht, wieder eine Stelle zu finden, kennt Gefühle wie Hoffnungslosigkeit, Frustration, Angst, Wut, Verzweiflung und Einsamkeit nur zu gut. Die Chancen, als älterer Mensch auf dem Arbeitsmarkt wieder Fuß zu fassen, sind schlecht. Absagen gehören zur Tagesordnung.

Mehr oder weniger deutlich signalisiert die Arbeitgeberseite am Telefon, in Vorstellungsgesprächen oder in Absagebriefen, dass man denen, die jenseits der 45 sind, weniger zutraut – die sind eben häufiger krank, weniger motiviert und so weiter und so weiter …

Heutzutage einen Arbeitsplatz zu erobern ist kein Kinderspiel – als Mensch jenseits der 30 erst recht nicht. Zumal man in dieser Gesellschaft, die die Jugend zum Maß aller Dinge erhoben hat, mit 45, spätestens mit 50, schon zum alten Eisen gerechnet wird. Nicht wenige Unternehmen versuchen, »50plus-Mitarbeiter/innen« in den Vorruhestand zu schicken.

Apropos »50plus«. Dies ist eigentlich auch nur eine Hilfsformulierung, die schon zeigt, dass diese Gruppe schwer bestimmbar ist: weder Teen noch Twen oder Generation X, aber auch noch keine Senioren. Diese Altersgruppe hat das »Vorher« (die Zeit vor der großen Karriere) hinter sich, aber das »Nachher« (die Lebensphase, in der man von den Erfolgen im Beruf zehrt) noch nicht erreicht. Das kalendarische Alter erweist sich als alleiniges Zuordnungskriterium als ungeeignet, vielmehr kommen individuellen und arbeitsweltbezogenen Faktoren wie Gesundheitszustand oder Belastungen am Arbeitsplatz die größere Bedeutung zu.

Ab wann also ist überhaupt jemand »älter«? »In der gerontologischen Fachdiskussion existiert keine einheitliche Definition vom »älteren Arbeitnehmer«, weder inhaltlich noch kalendarisch. Wenn das Alter als Maßstab gewählt wird, wird überwiegend die Zeitspanne vom 45. bis 55. Lebensjahr genannt … Wissenschaftliche Definitionen hin oder her – vergessen Sie bei der Diskussion um Altersgrenzen nicht, dass für Sie vieles vor allem von Ihrer eigenen Einstellung zum Alter abhängt.

Übrigens: Die Autoren gehören schon lange in die Gruppe der älteren Arbeitnehmer.

Ihre Situation in der Statistik – Wie Zahlen zur Motivationsbremse werden

Zugegeben: Nach einer Kündigung optimistisch zu bleiben und bei der Bewerbung um einen neuen Job ein positives energiegeladenes Bild von sich zu zeichnen fällt schwer – vor allem vor dem Hintergrund der bedrückenden Zahlen und ebensolcher persönlichen Erfahrungen, mit denen sich Arbeitnehmer Ihrer Altersgruppe immer wieder konfrontiert sehen. Diese Zahlen können und wollen wir Ihnen dennoch nicht vorenthalten.

Ende Januar 2006 waren laut telefonischer Auskunft der Bundesagentur für Arbeit in Nürnberg rund 1,3 Mio. Menschen über 50 arbeitslos gemeldet, davon 619.502 über 55-Jährige. Rund die Hälfte davon sind bereits länger als ein Jahr auf der Suche nach einem neuen Arbeitsplatz.[2] Die Zahl der über 60-Jährigen ist dabei relativ gering, weil viele der Betroffenen von ihren Arbeitgebern über die Frühverrentung in den vorzeitigen Ruhestand geschickt wurden. Nicht wenige haben aber auch freiwillig mit dem Blockmodell einen Bestandteil der Altersteilzeitregelung gewählt, der ein allmähliches Abgleiten in den Ruhestand vorsieht. Nach Ableistung der einen Hälfte der Teilzeit in Vollzeit verbringen Sie die andere Hälfte in der »Freizeitphase«, bis Sie ganz offiziell als (Früh-)Rentner gelten. Ab dann fallen Sie in der Statistik nicht mehr in die Grupper derjeniger, die es auf dem Arbeitsmarkt zu vermitteln gilt. Dass die davon Betroffenen nicht immer damit einverstanden sind und sich weiterhin arbeitsfähig und -willig fühlen, spielt dabei keine Rolle.

Deutsche Arbeitnehmer gehen – im Gegensatz zu ihren ausländischen Kollegen – gewollt oder ungewollt – durchschnittlich mit 60,1 Jahren in Rente. Weniger als ein Drittel aller deutschen Arbeitnehmer arbeiten bis 65, im Osten gar ein Viertel.[3] Die Beschäftigungsquote älterer Arbeitnehmer in Deutschland liegt bei gerade einmal 41 Prozent und damit weit unter OECD-Durchschnitt.[4]

Der Verzicht auf das wertvolle Potenzial der älteren Mitarbeiter hat finanzielle Auswirkungen für Arbeitnehmer, Arbeitgeber und die Steuerzahler generell. Denn bereits jetzt zahlt Deutschland mehr als 37 Mrd. Euro pro Jahr an ältere Arbeitslose. Nicht nur finanziell kann sich Deutschland das nicht leisten. Auch der daraus prognostizierte Verlust der Wettbewerbsfähigkeit und der Wegfall von Arbeitsplätzen muss in diese unschöne Bilanz mit einberechnet werden. Der Ausfall an Wertschöpfung bei einem Verzicht auf die Arbeitnehmer in der Altersgruppe der 55- bis 64-Jährigen beträgt zwischen 23 und 184

Mrd. Euro pro Jahr. Die Altersgruppe der 35- bis 44-Jährigen ist die am stärksten vertretene der Erwerbstätigen in Deutschland. Demzufolge wird es in zehn Jahren die Gruppe der 45- bis 54-Jährigen sein.[5] Der Grund dafür ist die lange praktizierte Politik der Frühverrentung der Älteren und die geringe Neueinstellung der Jüngeren wegen der schlechten Wirtschaftslage.

Was diese Zahlen nicht erzählen

Diese abstrakten, allgemeinen Zahlen drücken allerdings nicht aus, was das für Sie als Einzelnen bedeutet. Es ist ein empfindlicher Schlag gegen Ihr Selbstbewusstsein, feststellen zu müssen, dass Ihr ganzes über Jahrzehnte angesammeltes Wissen und Ihr Einsatz für den Betrieb praktisch über Nacht wertlos werden. Im Gegensatz zu Ihren jungen Kollegen gehört zumindest ein großer Teil von Ihnen einer Generation an, für die sich Loyalität zu ihrem Arbeitgeber in einer langen Betriebszugehörigkeit und in einer starken Identifikation mit dem Unternehmen ausdrückte. Ein Arbeitsplatzwechsel fand für Sie häufig nur aus triftigen persönlichen oder beruflichen Gründen statt – höchstens alle 20 Jahre – und bedeutete häufig eine große Umstellung auch psychischer Natur.[6] Viele Ihrer Altersgenossen neigen aus diesem Grund dazu, eine Kündigung als Wertung ihrer persönlichen Leistungen zu sehen – auch wenn das gar nicht der Fall ist.

Die Jüngeren unter Ihnen werden sich wahrscheinlich eher mit dem Gedanken vertraut gemacht haben, dass sie nicht als Rentner den Betrieb verlassen werden, in dem sie als Lehrling angefangen haben. Deswegen ist aber der Einschnitt einer »Kündigung aus Altersgründen« nicht weniger schmerzhaft.

Viele Betroffene leiden nach wie vor unter einem Gefühl der Scham, arbeitslos geworden zu sein, auch wenn sie wissen, dass es absolut grundlos ist. Massenentlassungen, Firmenpleiten und die schlechte Wirtschaftslage haben Arbeitnehmer quer durch alle Schichten und Branchen getroffen – vom hochdotierten Manager der IT-Branche bis hin zum Aushilfsarbeiter bei einem Automobilbetrieb.

Besonders lähmend kann aber die Angst sein, sich trotz redlicher Bemühungen in der Statistik der älteren Langzeitarbeitlosen wiederzufinden, ohne die Chance auf einen Wiedereinstieg ins Berufsleben, das doch so wichtig ist im Leben eines Menschen. Denn es dient nicht nur der bloßen Existenzsicherung, sondern bietet einen Rahmen, innerhalb dessen man sein Wissen erwirbt und anwendet, seine Kräfte misst, seinen Horizont erweitert, Kontakte und Freundschaften knüpft, Misserfolge hinnehmen muss und kleine und große Triumphe feiert.

Junge Arbeitnehmer wissen, dass Flexibilität und Mobilität zum modernen Berufsalltag gehören und dass eine lange Betriebszugehörigkeit mittlerweile nicht mehr für Loyalität, sondern für mangelnde Umstellungsbereitschaft und Ängstlichkeit steht. Sie kalkulieren solche Einschnitte in ihrer Karriereplanung mit ein, wählen sie teilweise ganz bewusst. Da Sie in Ihrem Berufsleben so etwas kaum kennen, fällt Ihnen der Umgang damit schwer. Besonders schlimm ist es aber, wenn Sie sich einen solchen Wechsel Ihrer beruflichen Umgebung (vielleicht sogar räumlich) vorstellen könnten, Ihr potenzieller Arbeitgeber es Ihnen aber nicht mehr zutraut.

Die Schnelllebigkeit in der Wirtschaftswelt, die z. B. ein gefeiertes Vorzeigeunternehmen nach nur einem Misserfolg zum Insolvenzbetrieb machen kann, die immerzu neue (Manager-)Köpfe fordert, die es noch besser machen sollen, der Entschluss, Arbeitsplätze in »billigere« Länder zu vergeben, ein immenser Leistungsdruck und die starke Konkurrenz führen bereits bei 35-Jährigen zu Zukunftsängsten um ihre beruflichen Aussichten. Sie haben jetzt schon Befürchtungen, für eine Karriere »zu alt« zu sein.

Wenn Definitionen Türen verschließen

Das führt unweigerlich zu der Frage: Ab wann ist man eigentlich ein »älterer Arbeitnehmer«?

Der schöne Satz: »Man ist so alt, wie man sich fühlt«, hat leider noch keinen Eingang in die Statistiken der Bundesagentur und in die Köpfe der Personalverantwortlichen gefunden. Deswegen wird dort mit den Zahlen hantiert, die jemandem wie Sie, der sich in der Blüte seiner Jahre fühlt und das auch von den Industriezweigen, die in ihm das neue »Kundenwunder« sehen, eifrig bestätigt bekommt, als unfähig und altbacken abstempelt. Eine Studie des Instituts für Arbeitsmarkt und Berufsforschung (IAB), in der Personalverantwortliche aus insgesamt 154 Betrieben aller möglichen Größen und Branchen aus Ost- und Westdeutschland zum Thema »ältere Arbeitnehmer« befragt wurden, zeigt ein ganz erstaunliches Bild. In den Statistiken der Bundesagentur für Arbeit beispielsweise werden ältere Arbeitslose bereits ab dem biblischen Alter von 45 Jahren geführt. Ab diesem Alter verlängert sich schrittweise die Bezugsdauer des Arbeitslosengeldes.

Die Altersgrenze 50 wird gesondert aufgeführt für die Teilnahme an Weiterbildungs- oder Arbeitsbeschaffungsmaßnahmen, ebenso wie in der neuesten »Initiative 50plus« des Bundesministeriums für Wirtschaft und Soziales. Das bedeutet, dass aus Sicht der Bundesagentur die Schwierigkeiten der Wiedereingliederung bereits zwischen 45 und 50 Jahren anfangen.

Die durchschnittliche Altersgrenze, ab der die in einer Studie befragten Personalverantwortlichen von einem Arbeitnehmer als »älter« sprechen wollten, liegt bei 50,7 Jahren. Viele Personalchefs setzten die Altersgrenze aufgrund der ab dann beginnenden gesetzlichen Regelungen für »ältere« Arbeitnehmer fest – wie z. B. dem Beginn der Altersteilzeitregelung oder des Vorruhestands. Die meisten von ihnen betonten, dass ihnen durchaus bewusst wäre, dass Alter keineswegs bei jedem das Gleiche bedeute. Sie schätzten sehr wohl die Vorzüge ihrer älteren Mitarbeiter.[7]

Eine wissenschaftliche Definition, wann man »älter« ist, gibt es nicht. Mit der Titulierung Ihrer Altersgruppe gibt es Probleme. Deswegen wird in der Literatur gerne mit Begriffen wie »Generation 50plus«, »Over 48« etc. herumhantiert. Auch von der »Generation 40plus« ist ab und an die Rede, die ebenfalls, laut der Aussage der Zeitarbeitsagentur »Zeitsprung«, schon eine besondere Bewerbungsprozedur braucht, um nicht durchs Raster der Personalchefs zu fallen. Sie sind eine Generation, die laut Definition nicht zu fassen ist, sozusagen »dazwischenhängt«, und die vor allem keinem der bis dato gängigen Vorstellungen entspricht.

Eine Zwei-Punkte-Strategie gegen die Resignation

Gegen den Wahnsinn, sich in seinen »besten Jahren« mit Zukunftsängsten herumschlagen zu müssen, helfen zwei Dinge:

Erstens: Bieten Sie dem Gefühl der Ohnmacht energisch die Stirn und lassen Sie sich nicht davon beeindrucken, wie man Sie in den Personalabteilungen sieht, die immer noch der Frühverrentungspolitik den Vorzug geben. Gehen Sie lieber danach, wie Sie sich ganz persönlich fühlen. Die Tatsache, dass Sie sich diesen Ratgeber gekauft haben, zeigt, dass Sie nicht klaglos Ihr Schicksal über sich ergehen lassen. Ein gesundes Selbstvertrauen verleiht Ihnen eine positive Ausstrahlung, die Verblüffendes bewirken kann.

Zweitens: Lassen Sie sich von den Autoren überzeugen, wenn sie Ihnen zeigen, wie sich diese Einstellung in vielen Unternehmen zu ändern beginnt. Sie werden es Ihnen anhand zahlreicher Studien und vor allem praktischer Beispiele von Firmen belegen.

Die Zeit des Wandels – Wie neue Erkenntnisse den Weg in die Unternehmen fanden

Jahrelange Appelle von Forschern, dringend an der vorherrschenden Personalpolitik etwas zu ändern, erreichten zuerst die Politik. Nach endlosen Debatten und der Präsentation von Fakten, die keinen Zweifel am Ernst der Lage lassen, finden sie nun auch in den Unternehmen Gehör. Was für Sie aber viel interessanter ist: Es wird nicht mehr nur in den einzelnen Lagern gemahnt, gestritten und gegenseitig die Schuld zugewiesen – nein, man erstellt gemeinsam Konzepte und setzt sie auch noch praktisch um.

Bestes Beispiel: die »Initiative Neue Qualität der Arbeit«, kurz: INQA, die zum Ziel hat, die allgemeine Arbeitsqualität am Arbeitsplatz zu steigern. Das betrifft sowohl den gesundheitlichen Aspekt als auch eine gelungene Arbeitsorganisation. Bedeutende Schwerpunkte liegen dabei auf der kurz- und langfristigen Verbesserung der Situation älterer Arbeitnehmer im Betrieb und in der Aufklärungsarbeit den Unternehmen gegenüber, ihre Vorurteile gegen Ältere abzubauen und ihnen adäquate Lösungen und Vorschläge zu unterbreiten. Auf der Seite *www.inqa.de* finden sowohl Arbeitnehmer wie Arbeitgeber dazu eine Fülle von Informationen und praktischen Empfehlungen. Unterstützung kommt dabei von Konzernen mit so klangvollen Namen wie Deutsche Telekom, ING-DiBa, ASSTEL-Versicherungsgruppe, Opel und dem Pharmakonzern Lilly, die mit den Gründern der Initiative praktikable umfassende Konzepte entwickeln und eine Vorreiterrolle für andere Firmen übernehmen. Gegründet haben die Initiative u. a. die zuständigen Ministerien der Bundesregierung sowie die Gewerkschaften gemeinsam mit der Bundesvereinigung der Deutschen Arbeitgeberverbände (BDA), die maßgeblich an noch anderen Studien und Initiativen in dieser Richtung beteiligt ist. Auch die BDA selbst hat sich, gemeinsam mit der Bertelsmann-Stiftung, in Studien für Ihre Belange stark gemacht.

Bemerkenswert ist das, weil ja gerade die Arbeitgeber durch ihre Personalpolitik die Situation älterer Arbeitnehmer verschärfen. Viele von ihnen fühlten sich seit Jahren von der Wissenschaft (Stichwort »Defizit-Modell«) und der Politik (Stichwort »Propagierung der Frühverrentung, um jüngeren Arbeitnehmern eine Chance zu geben«) geradezu dazu getrieben. Sie sind zum Teil immer noch sehr von den Segnungen der Frühverrentung zu Gunsten jüngerer Belegschaften überzeugt und sehen sich durch die Akzeptanz der älteren Arbeitnehmer bestätigt[8], die für ihre vorzeitige Ruhe vor dem Arbeitsstress bereit sind, Abstriche bei ihrer Rente hinzunehmen.

Der Sozialverband VdK Deutschland veröffentlichte jedoch im Februar 2006 eine Umfrage des Magazins *ZeitWissen*, in der 48,4 Prozent der Befragten der Aussage zustimmten: »Ich würde auch gern länger als bis zum 65. Lebensjahr berufstätig sein, wenn ich dann noch körperlich fit bin.« Interessantester Aspekt dabei: Von dieser Gruppe wären 55,7 Prozent der über 50-Jährigen bereit, länger zu arbeiten. Bei den unter 50-Jährigen sind es lediglich 42,5 Prozent, die sich vorstellen könnten, länger am Arbeitsleben teilzunehmen.[9] Das schwächt wohl ein Argument der Arbeitgeber, mit dem sie die Weiterführung ihrer Politik im alten Stil begründen.

Vor diesen Fakten können Unternehmen nicht mehr die Augen verschließen. Ein neuer Wind weht leise, aber deutlich spürbar durch die Personalabteilungen.

Der demografische Wandel

»Schuld« an dieser Aufbruchstimmung ist ein Begriff, der es nach jahrzehntelanger freundlicher, aber mäßiger Beachtung geschafft hat, sich in allen Medien in den Vordergrund zu drängen und die Verantwortlichen aus ihrer »Verdrängungsstarre« zu reißen – das Schlagwort vom »demografischen Wandel«. Es besagt, dass sich die Bevölkerungsstruktur bereits seit Jahren verändert und sich in den nächsten Jahrzehnten auch weiterhin grundlegend verändern wird – und mit ihr die politische, wirtschaftliche und gesellschaftliche Realität, die auf ihr basiert. Die allseits bekannte »Bevölkerungspyramide« mit einer breiten Basis der jungen Generation, die für die schmale Spitze der Älteren aufkommt, wird immer mehr zu einem »Bevölkerungspilz«, dessen breite »Kappe« der Älteren künftig von einem zu schmalen »Stiel« der Jüngeren getragen werden soll.

Die Gründe für diese Veränderung sind eine stark sinkende Geburtenrate und eine immer weiter ansteigende Lebenserwartung der deutschen Bevölkerung. Die Wirtschafts- und Sozialpolitik der vergangenen Jahre beruht immer noch auf einer Voraussetzung, die heute schon so nicht mehr gültig ist. Machte der Generationenvertrag (»Jung unterstützt Alt«) in den letzten Jahrzehnten durchaus Sinn, scheint er angesichts der folgenden Zahlen hinfällig:

Nach den Zahlen der »10. Koordinierten Bevölkerungsvorausberechnung des Statistischen Bundesamtes aus dem Jahr 2003« wird die Zahl der deutschen Bundesbürger von heute 82,5 Mio. kurz auf 83 Mio. ansteigen, ab 2013 zurückgehen und 2023 wieder wie heute sein. Ab 2035 wird sie aber unter 80 Mio. sinken und bis 2050 sogar unter 75 Mio.

Es wird mehr Todesfälle als Geburten geben. Laut dem Statistischen Bundesamt Deutschland kamen im Jahr 2005 weniger als 676.000 Kinder zur Welt. Das sind 4,2 Prozent weniger als im Vorjahr und die niedrigste Geburtenrate seit 1945. Zum Vergleich: Selbst im ersten Jahr nach Ende des Zweiten Weltkriegs wurden noch 922.000 Kinder geboren. Im Jahr 2050 wird diese Zahl halbiert sein. Ob Deutschland nach Eurostat-Angaben mit einem Wert von 8,5 für das Jahr 2004 tatsächlich bereits jetzt schon die niedrigste Geburtenziffer europa- und sogar weltweit aufweist – ein Wert, der sogar die düstersten Prognosen noch übertrifft[10] – oder stattdessen Italien, Spanien und Tschechien noch hinter uns liegen[11], sei dahingestellt. Die OECD jedenfalls prognostiziert eine Geburtenrate in 20 Jahren bei knapp über null.[12]

Die Lebenserwartung dagegen ist in den letzten vierzig Jahren stark angestiegen. Bei einem heute geborenen Jungen liegt sie bei 75,6 Jahren, bei einem neugeborenen Mädchens bei 81,3 Jahren.[13] Nach Berechnungen des Instituts für Altersvorsorge wird die Lebenserwartung ab 2005 weiter rapide ansteigen. Nach der aktualisierten Sterbetafel der Deutschen Aktuarvereinigung (DAV), die ab 2005 gültig ist und der Kalkulation privater Rentenversicherungen dient, wird für die Kalkulation der privaten Rentenbeiträge für eine heute 50-jährige Frau demnach eine Lebenserwartung von 94,2 Jahren, für einen 50-jährigen Mann eine Lebenserwartung von 90,2 Jahren angesetzt.[14] Eine längere Lebenszeit bedeutet natürlich auch eine immer längere Rentenbezugsdauer. Die neuesten Untersuchungen zeigen, dass wir gesund und leistungsfähig älter werden. Der tatsächliche Altersverfall verschiebt sich immer weiter nach hinten.[15] Ein vorzeitiger Ruhestand ist also nicht gerechtfertigt, zumindest nicht, wenn man Renten- und Sozialsysteme funktionsfähig halten will.

Die Zahl der unter 20-Jährigen wird von heute 20 Prozent auf 16 Prozent im Jahr 2050 sinken. 37 Prozent der Bevölkerung sind dann mindestens 60 Jahre alt – also mehr als doppelt so viel. Die Menschen über 80 Jahre werden mit 12 Prozent dreimal so viele sein wie heute (4 Prozent). Der Altersquotient, der ausdrückt, wie viele Rentner (Altersgrenze 60plus) auf 100 Erwerbspersonen zwischen 20 und 59 Jahren kommen, lag 2001 bei 44. Bis 2030 wird er auf 71 und bis 2050 auf 78 steigen. Der heutige Altersquotient ist bereits doppelt so hoch wie der von 1995.[16]

Der schwindende Anteil der jüngeren Bevölkerung und die starke Zunahme der Älteren haben bereits jetzt schon Auswirkungen auf das Berufsleben. Laut Prognosen der Experten steigt die Anzahl der Erwerbspersonen über 40 bis zum Jahr 2010 stark an, im Jahr 2020 wird jeder dritte Arbeitnehmer über 50 sein.[17] Sie bilden in Zukunft bis zur Hälfte der Gesamtbelegschaft in den Betrieben.

Momentan stellen die 50- bis 64-Jährigen mit 15,5 Millionen etwa 30 Prozent der Bevölkerung im erwerbsfähigen Alter. 2020 werden es bereits rund 19,5 Millionen, also knapp 40 Prozent sein. Der Rückgang der Zahl der 15- bis 19-Jährigen, die Nachfolger der Älteren im Erwerbsleben und künftigen Beitragszahler, wird sich – nach einem erst leichten Rückgang – ab 2035 stark beschleunigen. Bereits ab 2010 wird die mittlere Altersgruppe zurückgehen, die momentan die Kernbelegschaften in den Unternehmen bildet. In den Betrieben steigt das durchschnittliche Alter der Belegschaften an. Erstmals waren für 2005 unter den Erwerbspersonen mehr über 50-Jährige als unter 30-Jährige prognostiziert.[18]

Ein schwerwiegendes Problem stellen diese Prognosen für die Renten- und Sozialsysteme dar. 1960 zahlten noch 15 Beitragszahler für drei Rentenempfänger, im Jahr 2000 waren es nur noch sieben. Im Jahr 2030 wird es ebenso viele Rentner wie Erwerbstätige geben.[19] Die finanziellen Folgen bei einem Verzicht auf Ihr Potenzial haben wir Ihnen bereits eindrucksvoll an anderer Stelle geschildert.

Die Folgen des demografischen Wandels für die Renten- und Sozialsysteme schockieren die Politik. Die Wirtschaft schockiert daran allmählich etwas ganz anderes. Nach Angaben des Statistischen Bundesamtes wird sich die Alterung der Gesellschaft spätestens ab 2010 auf den Arbeitsmarkt auswirken.[20] Ab diesem Zeitpunkt wird der Fachkräftemangel immer deutlicher spürbar werden – erste Anzeichen gibt es schon jetzt. Es gehört zu den schizophrenen Erscheinungen dieser Zeit, dass trotz größter Arbeitslosigkeit Arbeitgeber verzweifelt nach qualifiziertem Personal suchen. Die naheliegendste Lösung, die Nutzung Ihres Potenzials, hat man lange nicht gesehen oder wollte es auch nicht. Diesen Fehler beginnt man jetzt einzusehen und macht sich daran, ihn zu revidieren.

Fakt ist: Gehen die Baby Boomer, die geburtenstarken Jahrgänge von 1946 bis 1964, in zehn bis 20 Jahren geschlossen in Rente, bedeutet das einen dramatischen Verlust an Fach- und Sozialkompetenz, breitem Wissen, Erfahrung und beruflicher Routine und Souveränität. Kenner und Könner alter Handwerkstechniken wird es nicht mehr geben, Routiniers im Umgang mit schwierigen fachlichen und menschlichen Problemen werden als Ratgeber nicht mehr zur Verfügung stehen. Aber das Schlimmste ist: Diese Erfahrungsträger, die auch entscheidend dazu beigetragen haben, Deutschland zum jahrelangen Exportweltmeister wegen seiner sprichwörtlichen »deutschen Markenqualität« zu machen, können nicht aus einem zahlen- und erfahrungsmäßig ebenbürtigen Pool an jungen Nachfolgern ersetzt werden. Die Stichworte »geburtenschwache Jahrgänge«, »Bildungsmisere« und »Jugendarbeitslosigkeit« mögen an dieser Stelle genügen. Die oben geschilderten Zahlen bilden auch den Hintergrund für das Problem der »alternden Belegschaften« und erfordern eine immer dringlichere Lösung – Konzepte für die Arbeitsfähigkeit bis ins hohe Alter.

Vom wandelnden Defizit zum Kompetenzträger unserer Gesellschaft

Ein weiterer Grund für die langsame Änderung der Sichtweise ist in der Wissenschaft zu suchen. Das Defizitmodell der 60er Jahre, eine der Grundlagen der Frühverrentungspolitik, hat ausgedient. Erwiesenermaßen verlieren sie nicht grundsätzlich Ihre Kraft, Konzentration und körperlichen und geistigen Fähigkeiten in einem für jeden ähnlich ablaufenden Alterungsprozess – Argumente, die zu teilweise immer noch unausrottbaren Vorurteilen in den Chefetagen geführt haben. Das Kompetenzmodell der letzten Jahre hat gezeigt, dass der Alterungsprozess bei jedem Einzelnen anders verläuft – abhängig von genetischer Veranlagung und der persönlichen (Erwerbs-)Biografie. Ein langsames Nachlassen von sinnlichen und körperlichen Fähigkeiten wie Hören, Sehen und schnellen Reflexen findet natürlich statt, aber auch dies ist abhängig von den eben genannten Faktoren. Entscheidend im Gegensatz zum Defizitmodell ist, dass im Alter die Konzentrationsfähigkeit, die Anwendung von erworbenem Wissen und vor allem Ihre verbalen Fähigkeiten konstant bleiben. Auch Ihre Leistungsfähigkeit, schwerwiegendstes Argument gegen Sie, bleibt erhalten, wenn diese sich auch in manchen Bereichen verlagert.

Das Wichtigste aber ist, dass mit steigendem Alter einige Fähigkeiten zunehmen und sich sogar erst richtig entwickeln. Sie sind jetzt mehr denn je in der Lage, komplexe Aufgaben zu lösen, aufgrund Ihrer großen Erfahrung und Ihres Wissens Arbeitsabläufe und Entscheidungsprozesse zu optimieren und sich und die Leistungsfähigkeit Ihres Teams realistisch einzuschätzen. Sie zeichnen sich gerade jetzt durch große verbale Fähigkeiten aus und können so Sachverhalte und Lösungen in schwierigeren zwischenmenschlichen Situationen verständlich und einfühlsam vermitteln.[21] Sie sind tolerant gegenüber anderen Lösungsvorschlägen und verfügen über eine große zeitliche und räumliche Flexibilität. Die Kinder sind aus dem Haus, Sie sind auch örtlich nicht so sehr gebunden wie ein junger Kollege mit Familie. Nach einer Untersuchung des Instituts für Arbeitsphysiologie der Uni Dortmund arbeiten Sie erwiesenermaßen zwar langsamer, aber mit einer wesentlich geringeren Fehlerquote als Jüngere, und Sie befinden sich öfter auf dem richtigen Weg.[22]

Wie eine düstere Prognose zu Ihrer Chance wird

Die Firmen, die sich dem Problem stellen, werden immer mehr und rühren bei ihren Kollegen die Werbetrommel zu Ihren Gunsten. Ein Beispiel: die Gründung eines Demografie-Netzwerkes im November 2005 von den Unternehmen, die bereits die INQA-Initiative unterstützen. Es basiert darauf, andere Firmen »anzuwerben« und gemeinsam die Forderung umzusetzen, Sie länger am Erwerbsleben zu beteiligen. Aber auch viele andere Initiativen machen sich dafür stark – unter der Mitarbeit besonders kleinerer und mittelständischer Betriebe. Dazu gehören z.B. *www.demowerkzeuge.de*, eine Initiative des Bundesministeriums für Bildung und Forschung, des Fraunhofer-Instituts Arbeitswirtschaft und Organisation und einiger anderer Institutionen, zu der namentlich aufgeführte Firmen ihren Beitrag zum demografischen Wandel schildern, die Initiative »RESPECT« von Daimler Chrysler, der Deutschen Bank und anderen europäischen Unternehmen, die EU-Initiative »EQUAL« gegen (Alters-)Diskriminierung, das Age Management und das Kommunikationsprojekt »Silberstreifen« der Deutschen Telekom, die »Initiative 50plus« des Bundesministeriums für Arbeit und Soziales etc. Im Anhang finden Sie eine Liste der Initiativen.

Junge Unternehmer scheinen die Zeichen der Zeit lesen zu können. Wenn im Jahr 2004 der Präsident der Deutschen Seniorenliga Bonn nur nach seinen eigenen Erfahrungen mutmaßen konnte[23], dass im Gegensatz zu ihren jüngeren Kollegen eher ältere Personalchefs Probleme mit der Einstellung gleichaltriger Mitarbeiter hätten, wird das jetzt durch eine Umfrage des Bundes Junger Unternehmer (BJU) vom Februar 2006 bestätigt: 70,3 Prozent der Jungunternehmer haben keine Vorbehalte, ältere Arbeitnehmer einzustellen. Ein Großteil der Befragten ist überzeugt, dass sie genauso viel leisten wie Jüngere und über einen wertvollen Erfahrungsschatz verfügen. Diese Einschätzung ist auch an der Mitarbeiterstruktur in ihren Betrieben abzulesen: 61,1 Prozent der Firmenchefs beschäftigen bis zu fünf über 50-jährige Arbeitnehmer in ihren Unternehmen. In 17,5 Prozent ihrer Unternehmen arbeiten bis zehn, in 11,9 Prozent bis 20 und in 9,5 Prozent bis 20 und mehr ältere Arbeitnehmer. Viele dieser Jungunternehmer kommen aus Familienbetrieben und wissen daher das Wissen, die Erfahrung und die Hartnäckigkeit, mit denen ihre Vorgänger ihre heutige Existenzgrundlage schufen, sehr zu schätzen. Auch Existenzgründer sind dankbar für den Erfahrungsschatz Älterer. Denn ihr Wissen erspart ihnen unter

Umständen Zeit und Geld und öffnet ihnen die Augen für erfolgversprechende, weil bereits erfolgreich praktizierte Handlungsweisen.[24]

Weitere positive Signale, die Ihre Unternehmungslust wecken sollten: Nach einer aktuellen Umfrage der Zeitarbeitsfirma »Randstad« unter 330 Personalverantwortlichen aller Betriebsgrößen sind Ihre Chancen tatsächlich besser als allgemein gedacht. Danach stellt ein höheres Alter kein Einstellungshindernis dar. Für mehr als 60 Prozent gibt es keine Altersbegrenzung in ihrem Betrieb. Die überwiegende Mehrheit sieht auch keine grundsätzlichen Defizite älterer Arbeitnehmer gegenüber jüngeren Kollegen.

Die Befragten berichteten aber auch, dass die Zahl der Bewerber über 50 in rund 45 Prozent der befragten Unternehmen bei unter zehn Prozent lag[25]. Diese Aussage sollte Ihnen zu denken geben und als Motivationsansporn dienen, die neue Offenheit zu nutzen und positiv auf sich aufmerksam zu machen. Gerade die Zeitarbeit ist dafür bestens geeignet. Im zweiten Teil finden Sie im Kapitel »Arbeit auf Zeit« auf Seite 87 genauere Details dazu.

Im Grunde genommen können Sie durchaus stolz auf sich sein: Sie haben mit Ihrer Lebensart die Diskrepanz eines überkommenen Bildes von Ihren angeblich nicht vorhandenen Qualitäten und der kraftstrotzenden, lebenslustigen Realität, die Sie verkörpern, augenfällig gemacht. Dabei könnten Sie noch viel mehr Energie freisetzen, würde man sie Ihnen nicht dauernd absprechen wollen. Ein Prozess ist angestoßen, der, meteorologisch gesprochen, vergleichbar ist mit einer anhaltenden Tauwetterperiode. Sie ist noch nicht wirklich »schönwetterstabil«, pflegt aber bekanntlich in eine Jahreszeit überzugehen, die buchstäblich vom Aufbruch geprägt ist. Die Arbeitswelt wird sich schon aufgrund der Bevölkerungsentwicklung von Grund auf verändern. Ihre Erfahrung und Unterstützung ist dabei unverzichtbar, zumindest, wenn die Verantwortlichen Deutschland nicht ernsthaft »an die Wand fahren« wollen. Nach dem Studium des Internationalen Standortrankings 2004, das Deutschland in puncto Erfolgsindex auf dem letzten, bezüglich des Aktivitätsindex auf dem vorletzten Platz auflistet, scheint zwar nicht mehr viel bis zu diesem Szenario zu fehlen, unumkehrbar muss diese Entwicklung aber nicht sein.[26]

Wie Arbeitgeber Ihnen den Rücken stärken wollen

Um dem etwas entgegenzusetzen, müssen laut den Erkenntnissen der Studien und Initiativen in den folgenden Bereichen weit reichende Veränderungen vorgenommen werden.

Qualifizierung älterer Arbeitnehmer

Gegen den Vorwurf der geringen oder veralteten Qualifizierung bzw. des zu betriebsspezifischen Wissens, der älteren Arbeitnehmern häufig angelastet wird, empfehlen alle Beteiligten aus Politik, Forschung und Wirtschaft die Förderung der Weiterqualifizierung aller Mitarbeiter im Betrieb. Sind ältere Mitarbeiter nicht mehr ans Lernen gewöhnt, bedarf es lediglich spezieller Schulungen und eigener Weiterbildungsmaßnahmen. Ihre Lernbereitschaft und -fähigkeit ändern sich erwiesenermaßen nicht mit den Jahren. Diese Erkenntnis führte zum Konzept des »lebenslangen Lernens« in den Betrieben. Bereits jugendliche Berufseinsteiger sollten regelmäßig in Workshops am Arbeitsplatz immer auf den neuesten Wissensstand gebracht werden. Nur so verlernen sie nicht die Fähigkeit zu lernen.

Laut INQA-Studie beteiligen sich allerdings nur noch rund 18 Prozent der 50- bis 64-Jährigen an beruflichen Weiterbildungsmaßnahmen – nur zum Vergleich: Die Gruppe der 35- bis 49-Jährigen war mit 36 Prozent doppelt so stark vertreten.[27] Für den Bochumer Arbeitswissenschaftlers Martin Kröll ist das kein allzu großes Wunder, denn nach seinen Erkenntnissen sind die meisten Weiterbildungsangebote »nicht auf die Lernbedürfnisse und das Lernverhalten von Älteren abgestimmt. Es kann somit ohne Übertreibung davon gesprochen werden, dass das jetzige Angebot zur Ausgrenzung älterer Mitarbeiter führt«.[28]

Viele Betriebe sind zudem der Meinung, Weiterbildung für Ältere würde sich angesichts der vermutlich nur noch kurzen Anwendungszeit nicht mehr lohnen, oder sie fühlen sich durch den demografischen Wandel (noch) nicht angesprochen. Doch sind Ihre Alterskollegen auch nicht ganz unschuldig an der Situation. Denn viele von ihnen sind so verunsichert oder resigniert, dass sie sich nicht von sich aus um eine solche Maßnahme bewerben. Die BMW-Group-Sprecherin Heike Müller empfiehlt, sich an seine Vorgesetzten zu wenden und sich um die Teilnahme an einer solchen Maßnahme zu bemühen.[29] Dem können wir uns nur anschließen, denn das zeigt Ihre Motivation und erhöht ganz erheblich Ihre Chancen. Eine gute Weiterbildung wird sowieso unumgänglich werden – für Mitarbeiter jeder Altersgruppe. Bereits jetzt verdoppeln sich Wissen und Informationen alle zehn Jahre und nach Schätzungen von Experten werden bereits im Jahr 2010 60 Prozent der Arbeitswelt aus Berufen bestehen, die heute noch gar nicht bekannt sind.[30]

Gesundheitsoptimierung

Die Mär vom häufig erkrankten älteren Arbeitnehmer ist durch eine Studie des AOK-eigenen Instituts für betriebliche Gesundheitsförderung in Düsseldorf widerlegt oder zumindest relativiert. Danach sind unter 50 Prozent der Arbeitnehmer über 55 mindestens einmal im Jahr krank, bei den Arbeitnehmern bis 24 Jahre sind es 53 Prozent. Jeder zehnte junge Arbeitnehmer erkrankt viermal oder öfter im Jahr, von den älteren Mitarbeitern ist es nur jeder elfte. Allerdings ist die Krankheitsdauer bei Älteren mit 22 Tagen fast viermal so lang wie bei den jungen Kollegen. Grund sind langwierigere Herz-Kreislauf-Erkrankungen, an denen Ältere mehrheitlich erkranken. Junge Mitarbeiter erleiden dafür häufiger Unfälle, die ihren älteren Kollegen meist erspart bleiben – wohl dank der im Laufe der Jahre erworbenen Umsicht und Vorsicht.[31]

Nicht zu leugnen ist, dass einseitige körperliche Belastung während der beruflichen Laufbahn zu einem körperlichen Leistungsabbau führen kann. Das sehen auch viele Personalchefs mittlerweile so. Um eine längere Arbeitsfähigkeit der Mitarbeiter für die Zukunft zu garantieren, empfehlen alle genannten Initiativen folgende Maßnahmen:

- eine ergonomische Arbeitsplatzgestaltung mit entsprechenden Arbeitsschutzmaßnahmen
- die innerbetriebliche Förderung von Gesundheit und Fitness
- eine optimierte Arbeitsplatzgestaltung, eine individuelle Erwerbsbiografie, die die Planung eines rechtzeitigen Wechsels auf einen anderen Arbeitsplatz einschließt
- und den Aufbau eines betrieblichen Gesundheitsmanagements.[32]

Opel, BMW, Bertelsmann und immer mehr andere Firmen haben sich bereits dahingehend umgestellt. Jobrotation und eine flexiblere Karrieregestaltung, die auch den Wechsel innerhalb unterschiedlicher Aufgabenbereiche ermöglichen soll, werden als probates Mittel genannt, zu lange Zeiten einseitigen übermäßigen körperlichen und seelischen Stresses zu vermeiden und damit auch die Motivation aller Mitarbeiter zu fördern. Die Deutsche Bank und die Container Terminal- und Logistik-Gruppe »EUROGATE« haben beispielsweise eigene Tochterunternehmen gegründet, in denen ältere Mitarbeiter, die der alltäglichen Berufsbelastung nicht mehr gewachsen sind, mit so genannten »Schonarbeitsplätzen« neue Aufgabenbereiche finden. Ältere Mitarbeiter werden aufgrund ihres breiten Fachwissens gern als »Multifunktioner« in allen möglichen Arbeitsbereichen eingesetzt, auch um jüngeren Kollegen ihre Erfahrung weiterzugeben.[33]

Arbeitsgestaltung und -organisation

Die gesundheitliche Förderung am Arbeitsplatz wird wesentlich erleichtert durch eine adäquate Arbeitsgestaltung und -organisation. Dazu gehören

- flexible Arbeitszeitmodelle, die Überanstrengung und Demotivation vermeiden helfen
- die Neugestaltung des üblichen Karriereweges. Es soll nicht mehr nur die übliche »vertikale« Karriereleiter mit dem Ziel einer Führungsposition in einer oberen Hierarchiestufe gelten, sondern auch eine »horizontale« oder »Fach«-Karriere innerhalb seiner eigenen Hierarchiestufe ermöglicht werden – z. B. als Leiter eines Projekts, als Ausbilder für junge Kollegen etc.
- altersgemischte Teams, in denen jüngere Kollegen vom Erfahrungswissen der Älteren profitieren und ihnen physisch anstrengende Arbeiten abnehmen, während die Älteren dafür mit Rat und Tat zur Seite stehen und durch effektive Arbeitsplanung und gut durchdachte Lösungsansätze bei Problemen Zeit einsparen helfen.

Unternehmenskultur/Personalpolitik

Das alles kann natürlich erst greifen, wenn die Unternehmen eine solche Umstrukturierung überhaupt ermöglichen. Dazu bedarf es einer Unternehmenskultur, die die Bedürfnisse und Qualitäten ihrer Mitarbeiter in den Mittelpunkt stellt. Die Deutsche Telekom führt z. B. mit ihrer betriebsinternen Initiative »Age Management« vor allem ihren Führungskräften vor Augen, wie sich die Alterung der Belegschaften auf die Unternehmensstruktur auswirken wird und wie sie den Veränderungen konstruktiv begegnen können. Ihre Kommunikationskampagne »Silberstreifen« soll zu einem Abbau der Vorurteile zwischen den Generationen dienen.[34]

Die Deutsche Bank und Daimler Chrysler beteiligen sich seit einigen Jahren an der Initiative »RESPECT« zur »Verbesserung von Sicherheit, Produktivität, Effizienz und Kompetenz von älteren Beschäftigten in einer neuen Arbeitsumwelt«.[35] Vorurteile gegen Ältere innerhalb des Unternehmens müssen abgebaut, Qualifizierungsmaßnahmen ausgebaut, flexible Arbeitszeitmodelle eingeführt und das Potenzial älterer Erfahrungsträger durch ihre Neueinstellung genutzt werden. In ihrem eigenen Interesse sollte sich die Personalpolitik deutscher Unternehmen allmählich den Anforderungen des demografischen Wandels stellen.

Was Sie für Unternehmen plötzlich so interessant macht

Natürlich würden sich die Unternehmen nicht auf derartige (auch kostspielige) Umwälzungen einlassen, wenn sie nicht den Eindruck hätten, dass sich der Einsatz lohnt. So wie sich in der Gesellschaft die »jungen Alten« eingeprägt haben, entsteht in den Köpfen mehr und mehr Personalverantwortlicher das Bild des »jungen älteren, sprich: erfahrenen Arbeitnehmers«, der unverzichtbare Qualitäten aufweist. Die vorausgegangene Beweisführung durch die Wissenschaft wird sie wohl kaum überraschen. Sie kennen Ihre Qualitäten, die die alten Vorurteile Lügen strafen, schließlich gut genug.

Wir haben Ihnen bereits gesagt, welche Fähigkeiten Ihnen im Rahmen des Kompetenzmodells zugesprochen werden. Dazu attestiert man Ihnen noch eine hohe Arbeitsmoral, Qualitätsbewusstsein, Zuverlässigkeit und Krisenfestigkeit.[36] Ein großes »Pfund«, mit dem Sie »wuchern« können, sind vor allem Ihre Souveränität, Ihre Vertrauenswürdigkeit und Ihr Einfühlungsvermögen. Viele Branchen können nicht darauf verzichten, ihr Know-how, ihre Produkte und ihre Dienstleistungen durch jemanden zu vermitteln, dem die Kunden schon durch seine Erscheinung, sein Auftreten und seine Ausstrahlung vertrauen. Das gilt in hohem Maß für die Finanzbranche, den sozialen Bereich (insbesondere der Pflege), für den Verkauf hochwertiger Markenware, für das Handwerk und die Kfz-Branche.

Schlagkräftigstes Argument: Eine älter werdende Konsumentenschicht bevorzugt die Beratung durch einen altersmäßig ebenbürtigen Mitarbeiter – aus den oben genannten Gründen. Oder anders ausgedrückt: »Es klappt nicht, wenn eine 21-Jährige im Stilbereich Gelsenkirchener Barock beraten und verkaufen soll« (Reinhold Gütebier, Geschäftsführer der Möbelhaus-Kette Segmüller).[37]

Mittelpunkt des Interesses

Aber noch etwas anderes spielt eine Rolle für das verstärkte Interesse an Ihrer Person – der Druck von außen. Die öffentliche Diskussion um die Rente mit 67, die Ankündigungen der ehemaligen und der neuen Regierung, die Einstellungshemmnisse auf Seiten der Arbeitgeber beseitigen zu wollen, Interviews mit Unternehmern, die bewusst auf Ältere setzen, das starke Medienecho zum Thema »alternde Belegschaften« gekoppelt an die Klagen über den massiven Geburtenrückgang, eine wahre Schwemme von Marketing-Workshops, um die Industrie und den Handel auf die finanziellen Segnungen vorzubereiten, die man sich von Ihrer Altersgruppe erhofft – all das hat dazu beigetragen, Sie in das Bewusstsein der Personalchefs zu rufen und ihnen Stück für Stück den Boden für ihre Vorurteile zu entziehen.

Eine gewichtige Rolle spielt auch der internationale Zusammenhang. Da dieses Problem auch andere Länder in Europa betrifft, hat sich die EU mit der »Lissabon-Strategie« zum Ziel gesetzt, die Erwerbstätigenquote der 55- bis 65-Jährigen bis zum Jahr 2010 auf 50 Prozent heraufzusetzen.[38] Die Initiative »EQUAL« geht in diesem Zusammenhang gegen die Diskriminierung älterer Arbeitnehmer vor und unterstützt gegenläufige Bemühungen aus den Mitteln des Sozialfonds der EU.[39]

Deutschland gehört als das Land mit der drittschlechtesten Erwerbstätigenquote Ihrer Altersgruppe im OECD-Durchschnitt immer noch zu den Ländern, die sich mit dem Erreichen des gesetzten Ziels sehr schwer tun. Finnland und Holland, vor wenigen Jahren noch in der Rangliste hinter uns, haben sich mit Hilfe einer gesamtheitlich veränderten Politik an uns vorbeigedrängt. Zum Vergleich: In den USA und der Schweiz beträgt die Erwerbstätigenquote 60 bzw. 70 Prozent.[40] Höchste Zeit also, etwas gegen diese Entwicklung zu unternehmen. Das gilt für die Personalverantwortlichen ebenso wie für Sie.

Da wir wissen, dass viele von Ihnen nach dem Motto: »Die Botschaft hört' ich wohl, allein mir fehlt der Glaube«, der bloßen Worte, sprich: theoretischen Bemühungen, überdrüssig sind, nennen wir Ihnen im Folgenden Beispiele etlicher Firmen, bei denen Ihr Potenzial willkommen ist.

Beispiele von »wandlungsbereiten« Unternehmen

Das fränkische Unternehmen Brose warb 2003 unter der Überschrift »Senioren gesucht« in einer Zeitungsannonce ganz bewusst nach Mitarbeitern ab 50 aufwärts, ebenso wie BMW für sein neues Werk in Leipzig. In einem Interview vom Februar 2006 betonte Personalvorstand Ernst Baumann die Wichtigkeit älterer und erfahrener Mitarbeiter mit der Begründung, dass sie »aufgrund ihrer Erfahrungen Entscheidungen genauso schnell treffen, aber in der Regel mit einer höheren Treffsicherheit. Sie agieren in einem Gruppenzusammenspiel in der Tendenz ausgleichender, was auch in der Gruppe positiv wirkt.«[41]

Der Ingenieur Otmar Fahrion annoncierte mit den provokanten Fragen »Mit 45 zu alt? Mit 55 überflüssig? Wir stellen bis 65 ein«. Nach anfänglichem Zögern hatte er so viele Bewerber, dass er statt vier zwölf ältere Mitarbeiter für seine Firma Fahrion Engineering in Kornwestheim einstellte. Die dänische Supermarktkette »NETTO« eröffnete in Berlin nach dänischem Vorbild bereits den zweiten Supermarkt 45plus, in dem nur Beschäftigte über 45 arbeiten. Erfolgsgrund: Kunden fühlen sich besser beraten. Die Möbelhauskette Segmüller in Frankfurt setzt ganz gezielt auf Ihre Altersgruppe, »denn die älteren Mitarbeiter haben zu Hause selbst zum dritten oder vierten Mal eingerichtet. Diesen Erfahrungsschatz können sie glaubhaft zum Kunden rüberbringen«, sagt Reinhold Gütebier, Geschäftsführer bei Segmüller.[42]

Ulrich Kipper, der Gründer eines Unternehmens für biometrische Zahlungs- und Autorisierungssysteme, beschäftigt ausschließlich Mitarbeiter im Schnitt von 50 Jahren und verdankt ihnen ausdrücklich seinen Erfolg.[43]

Die bereits erwähnte Firma »EUROGATE« gehört ebenfalls in die Liste der erwähnenswerten Unternehmen. Die Seite *www.arbeitsagentur.de* stellt unter dem Stichwort »ältere Arbeitnehmer« immer wieder Unternehmen vor, die bereits beste Erfahrungen mit Mitarbeitern Ihrer Altersgruppe gemacht haben und nach wie vor bewusst nach ihnen suchen. Die Betriebe, die auf der Seite *www.demowerkzeuge.de* ihre Lösungsansätze für den Umgang mit einer alternden Belegschaft beschreiben, gehören mit Sicherheit auch zu denen, bei denen sich eine Bewerbung lohnt. Nicht zu vergessen sind natürlich die Firmen, die sich an der INQA-Studie maßgeblich beteiligt haben.

Größere Chancen hat Ihre Bewerbung vor allem bei kleinen und mittleren Betrieben. Die Zahl Ihrer Mitbewerber ist nicht ganz so hoch wie in Großunternehmen. Bei Firmen in dieser Größe handelt es sich häufig auch um Handwerksbetriebe, die für Ihre Unterstützung dankbar sind. Arbeitsabläufe lassen sich unkomplizierter umgestalten, die Atmosphäre ist wesentlich persönlicher. Die Wahrscheinlichkeit, in verschiedenen Arbeitsbereichen eingesetzt zu werden, ist wegen der kleinen Belegschaft groß, die Gefahr einer einseitigen und eintönigen Arbeitsbelastung dadurch wesentlich geringer. Außerdem haben Betriebe mit bis zu hundert Beschäftigten Anspruch auf Förderung durch die Bundesagentur für Arbeit – ein Argument, von dem noch zu sprechen sein wird. Es lohnt sich also wieder für Sie, Ihre Arbeitskraft zur Verfügung zu stellen.

Als zusätzlichen Motivationsanreiz möchten wir Ihnen die neuesten Zahlen des Manpower-Arbeitsmarktbarometers vom 2. Quartal 2006 präsentieren, das vierteljährlich die Erwartungen und Befürchtungen unter 1000 befragten Personalern hinsichtlich der konjunkturellen Entwicklung testet. Die Tendenz ist durchaus positiv. Etwa doppelt so viele Unternehmen wie vor einem Vierteljahr planen Neueinstellungen, statt 7 Prozent sind es bereits 14 Prozent. Über Personalabbau denken dabei 2 Prozent weniger Firmen nach als vor einem Vierteljahr. Zeitarbeitsfirmen stellen eine starke Nachfrage nach Arbeitskräften fest – ein gutes Zeichen, gilt die Zeitarbeit doch als Frühindikator auf dem Arbeitsmarkt, wenn noch eine gewisse Vorsicht bei Festanstellungen herrscht. Ein Zuwachs ist bei allen Branchen außer der Energie und Versorgung und dem verarbeitenden Gewerbe zu verzeichnen.[44]

Es wäre vielleicht zu früh, von einer Trendwende zu sprechen, aber es ist allemal angebracht, die freundlichere Stimmung bezüglich der Wachstumsprognosen und die wachsende Offenheit für Sie zu nutzen, um sie mit Ihrem positiven Beispiel zu fördern und zu stärken.

Altbekannte Vorurteile und neue Argumente – wie der Wandel auch Zweifler erreichen kann

Leider ist das Risiko aber immer noch sehr hoch, auf einen Personalchef zu treffen, der seine Vorurteile hegt und pflegt und aus Überzeugung oder alter Gewohnheit Ihr Alter zum Erfolgskriterium für Ihre Bewerbung macht.

Aber nicht immer ist er der »böse Bube«, der Ihnen bewusst Ihre Zukunft verbauen will. Auch Personalchefs sind Zwängen unterlegen. Die richtige Personalauswahl ist eine heikle Angelegenheit und von vielen Faktoren abhängig. Die Einstellungskriterien sind von Branche zu Branche, von Stellenprofil zu Stellenprofil und von Team zu Team anders. Eine Fehlbesetzung kann kostspielige und zeitraubende Konsequenzen haben. Zusätzlich ist ein Personalchef der Unternehmensphilosophie verpflichtet, auch wenn er persönlich die Dinge ein bisschen anders sieht.

Manche Personalchefs besetzen Stellen, die für ältere Mitarbeiter geeignet sind, lieber intern als extern. Diejenigen aber, die diese Stellen lieber mit neuen Mitarbeitern besetzen, argumentieren, externe Bewerber seien nicht in Kompetenzstreitereien verstrickt und brächten Impulse von außen.

Stellen Sie eine gewisse Zurückhaltung bei Ihrem Gegenüber im Bezug auf Ihre Person fest, kann das auch psychologische Gründe haben. Junge Unternehmer haben zwar selten ein Problem mit älteren Mitarbeitern, doch kann ab und an das Rollenverhalten ins Gewicht fallen. Da ist es durchaus möglich, dass jüngere Personalchefs mit wenig Erfahrung Skrupel haben, jemandem wie Ihnen, der an Jahren, Erfahrung und Routine überlegen ist, Anweisungen zu geben. Aber auch die Befürchtung, Sie könnten ihnen aus denselben Gründen den Rang ablaufen wollen, kann dazu führen, einen jüngeren Bewerber zu bevorzugen. Wie Sie in einem solchen Fall agieren können, erfahren Sie im dritten Teil im Kapitel »Was Ihr Körper über Ihre Gedanken verrät«. Eine Möglichkeit für ein Zögern sind manchmal auch moralische Bedenken, schuld an einem möglichen abrupten Ende Ihrer Berufskarriere zu sein, wenn die Zusammenarbeit nicht funktioniert. Dagegen hilft ein selbstbewusstes Auftreten Ihrerseits und der dezente Hinweis, dass Sie noch lange nicht am Ende Ihrer Kräfte sind.

Ganz klassisch sind aber eine Reihe von Vorurteilen, die wir Ihnen im Folgenden aufgelistet haben und die ein wahrer Motivationskiller sein können. Einige davon sind eindeutig zu widerlegen, andere sind nicht ganz von der

Hand zu weisen. Wir sagen Ihnen, was Sie beiden Fällen geschickt entgegensetzen können. Interessant sind die Gegenargumente auch deswegen, weil Personalchefs selbst sie in einer Befragung des Instituts für Arbeitsmarkt und Berufsforschung genannt haben.[45]

Vorurteil Nummer 1: »Ältere Arbeitnehmer sind weniger belastbar und weniger leistungsfähig.«

Gegen diese Einschätzung leistet Ihnen die moderne Wissenschaft Schützenhilfe. Sitzen Sie einem Personalchef gegenüber, der aus welchen Gründen auch immer zu den Zweiflern gehört, verweisen Sie ruhig auf Ihre Fähigkeiten, die Ihnen das bereits geschilderte Kompetenzmodell bestätigt. Argumentieren Sie, dass Ihre Leistungsfähigkeit nicht weniger wird, sondern sich lediglich verlagert. Wie gesagt: Sehr viele Personalchefs sehen im Nachlassen der körperlichen Kräfte nicht länger einen ausschließlich schicksalsgegebenen Prozess, dem jeder von uns gleichermaßen ausgesetzt ist, und machen sich dafür stark, Ihre Erwerbsfähigkeit mit den bereits beschriebenen Methoden (siehe Seite 30) zu verlängern.

Das entbindet Sie jedoch nicht von Ihrer Verantwortung, auch selbst etwas für Ihre physische und psychische Belastbarkeit zu tun. Aber schließlich gehören Sie zu der Generation der Best Ager, die sich zeit ihres Lebens in Fitness-Studios und auf den Sportplätzen fit gehalten hat. Sie sind nachweisbar immer länger auch körperlich fit und agil. Ein entsprechendes Auftreten bei einem Vorstellungsgespräch oder ein Foto in der Bewerbung, das keinen Zweifel an Ihrer Motivation lässt, wird ein Übriges tun, um diesbezügliche Bedenken zu überwinden. Zudem sind es ja gerade die Personalchefs, die Ihnen Souveränität und Krisenfestigkeit attestieren – immerhin wesentliche Grundpfeiler psychischer Stabilität und Leistungsfähigkeit.

Zwei Drittel der Befragten halten Sie für Führungsaufgaben prädestiniert, die wohl kaum ohne eine gewisse Belastbarkeit zu bewältigen sind. Sie gaben an, in ihren Betrieben entsprechende Aufgaben für Sie zu haben. Als Teamleiter, Ausbilder oder in einer kontrollierenden Funktion (Stichwort »horizontale Karriere«) haben Sie aufgrund Ihrer sozialen und sprachlichen Kompetenzen alle Möglichkeiten, Ihr Potenzial optimal zu nutzen und Ihre (jüngeren) Kollegen von Ihrem Wissensschatz profitieren zu lassen.[46]

Das in diesem Zusammenhang gern erwähnte erhöhte Krankheitsrisiko bei Älteren ist durch die bereits zitierte Studie der AOK widerlegt (Seite 29 f.). Zusätzlich attestieren Ihnen Personalchefs mehr und mehr, dass Sie nur dann fehlen, wenn Sie wirklich krank sind, und aufgrund Ihrer Loyalität der Firma eher den Vorzug geben als Ihren eigenen Befindlichkeiten.[47]

Ihre psychische Leistungsfähigkeit kann allerdings ganz entscheidend geschwächt werden und zu Leistungsabfall und Fehlern führen, wenn Sie Ihres Alters wegen permanenten Vorurteilen innerhalb der Firma von Seiten Ihres Chefs oder der Kollegen ausgesetzt sind. Das ist übrigens auch dann der Fall, wenn es von Ihrer Seite massivere Vorbehalte gegen jüngere Kollegen gibt.[48]

Haben Sie das Gefühl, dass es mit dem Klima in der Firma Ihrer Wahl diesbezüglich nicht zum Besten steht oder die Einwände des Personalchefs keine bloßen Zweifel, sondern Zeichen echter Überzeugung sind, sollten Sie sich Ihre Entscheidung gut überlegen.

Vorurteil Nummer 2: »Ältere Arbeitnehmer haben veraltete Qualifikationen und/oder sind weniger lernbereit bzw. -fähig.«

Zu diesem Vorurteil hatten die befragten Personalchefs eine geteilte Meinung. Größte Zustimmung kam aus den Branchen, die hauptsächlich mit neuen Technologien arbeiten – eine Herausforderung, die wegen der schnellen Entwicklung allerdings auch für die Jüngeren oft nicht leicht zu bewältigen ist.[49] Nach einer anderen Umfrage liegt der größte Qualifizierungsbedarf bei Älteren auch bei neuen Produkten und neuen Verfahren.[50] Sollten Sie mit dem Argument konfrontiert werden, dass das Berufswissen älterer Arbeitnehmer häufig zu betriebsspezifisch und damit nahezu wertlos für andere Betriebe ist: Ein Drittel der Befragten hielten davon nicht allzu viel, mit der Begründung, dass es in vielen Branchen keine allzu großen Veränderungen gibt, dass eine Weiterbildung durch die Arbeit selbst erfolgt oder dass diese Sache des Unternehmens ist.[51]

Und weil Sie – laut Kompetenzmodell – über die Fähigkeit des analytischen Denkens verfügen und erworbenes Wissen hervorragend und vor allem schnell mit Ihren vorhandenen Kenntnissen verknüpfen können, wirkt auch das Argument mancher Unternehmer, dass sich die Investition in Ihre Weiterbildung wegen der geringen Zeit, die Sie noch in der Firma verbleiben, eher bemüht. Einen kompetenten Gegner dieser Ansicht haben Sie in dem bereits zitierten Unternehmer Otmar Fahrion. Denn der Grund für seine explizite Suche nach älteren Fachkräften ist seine Überzeugung, dass ein Ingenieur über 50 aufgrund seiner Erfahrung und Krisenfestigkeit in drei Jahren Projektleiter werden kann, während ein junger Ingenieur frisch von der Universität mindestens 15 Jahre Erfahrung braucht, um so weit zu kommen.[52] Gegner der Verjüngung der Belegschaften begründen das neben dem Verlust von Know-how und Investitionen und der Wertschätzung Ihres Verantwortungsbewusstseins und Zuverlässigkeit auch damit, dass Jüngere oft keine Erfahrung haben, weil sie der schlechten Arbeitsmarktlage wegen keine Chance haben, sie zu sammeln.[53]

Fakt ist, dass Sie aufgrund Ihrer Fähigkeiten das erworbene Wissen wesentlich effektiver anwenden und mit Ihrer Erfahrung verknüpfen können als jemand, der zwar das theoretische Wissen hat, aber noch nicht die praktische Basis, es schnellstmöglich und rentabel nutzbringend anzuwenden.

Ein Viertel der Personalchefs glauben, dass Sie selbst für das Vorurteil der mangelnden Qualifikation verantwortlich sind.[54] Die geringe Beteiligung an den Weiterbildungsmaßnahmen und die Gründe dafür haben wir Ihnen bereits an anderer Stelle geschildert. Aber auch hier findet ein Umdenken innerhalb der Betriebe statt. In einer Umfrage des Bundesinstituts für Berufsbildung aus dem Jahr 2004 bieten 13,2 Prozent der befragten Betriebe Weiterbildungsmaßnahmen für ihre älteren Mitarbeiter an, 12,1 Prozent der Betriebe planen ihre Einführung. 23,8 Prozent dieser Unternehmen orientieren sich an den Lernbedürfnissen der Älteren, 11 Prozent planen eine Umstellung in diese Richtung. Dass Ihr Wissen sehr geschätzt und als gewinnbringend für die jüngeren Kollegen angesehen wird, zeigt die Tatsache, dass 83,6 Prozent der Betriebe den Wissens- und Erfahrungstransfer in altersgemischten Teams (72,2 Prozent) und mit der Betreuung junger Berufsanfänger durch ältere Kollegen fördern. 42 Prozent bieten sogar spezielle Schulungen zu diesem Thema an.[55]

Eine fortlaufende Qualifizierung ist also immens wichtig, nicht nur für Ihre Altersgruppe. Neben Ihren erhöhten Chancen auf dem Arbeitsmarkt erzielen Sie einen positiven Überraschungseffekt bei einem potenziellen Chef, wenn Sie wissenstechnisch auf dem neuesten Stand sind. Lassen Sie sich durch die obengenannten Zahlen ermutigen, sich wieder aktiv darum zu bemühen. Es macht in Ihrer Bewerbung oder einem Vorstellungsgespräch immer einen motivierten Eindruck, wenn Sie von sich aus das Thema »Weiterbildung« ansprechen und Ihre Bereitschaft signalisieren, immer noch dazuzulernen. Und lassen Sie sich nach Abschluss einer Weiterbildungsmaßnahme ein Zertifikat ausstellen, das auch außerhalb des Betriebes allgemein anerkannt ist. Im Gegensatz zu den jungen, frisch qualifizierten und »zertifizierten« Mitbewerbern können ältere Bewerber ihre Weiterbildung selten belegen bzw. beweisen, dass diese Maßnahme den Wissensstand tatsächlich erweitert hat.

Argumentiert Ihr Gegenüber mit den hohen Kosten für eine Weiterbildungsmaßnahme, verweisen Sie ihn auf die Möglichkeit, sich die Kosten von der Arbeitsagentur ersetzen zu lassen. Denn Weiterbildungsmaßnahmen für ältere Arbeitnehmer über 50 werden von der Agentur nach §417 Abs.1 SGB III speziell gefördert. Diese Förderungen sind allerdings befristet. Deswegen empfiehlt es sich, sich rechtzeitig bei Experten oder bei der Arbeitsagentur selbst über den aktuellen Stand der Dinge genauer zu informieren. Gefördert werden übrigens auch so genannte Trainingsmaßnahmen im Betrieb. Sie eignen sich hervorragend dazu, Ihre Eignung für die Firma zu testen. Damit können beide Seiten auf Kosten der Arbeitsagentur über einen absehbaren Zeitraum von bis zu vier Wochen sehen, ob sie miteinander auskommen und Ihre Qualifikation für Ihre Wunschstelle ausreichend ist.

Vorurteil Nummer 3: »Ältere sind nicht mehr motiviert/motivierbar.«

Mehr als die Hälfte der Personalchefs können dieser Ansicht nicht zustimmen. Ein Drittel der Befragten lehnte ein allgemeines Nachlassen der Motivation im Alter zwar ab, schränkte aber ein, dass bei Arbeitnehmern ab 55 aufwärts doch eine Tendenz dazu sichtbar sei, bei körperlich anstrengenden Arbeiten oder schlechter werdendem Gesundheitszustand. Langjährigen Mitarbeitern wird ebenfalls eine weniger werdende Motivation zugeschrieben. Als »hochmotiviert« werden jedoch ältere Stellenbewerber und Arbeitslose beschrieben – und das ist doch das Argument, das für Sie zählt.[56]

Eine Initiativbewerbung, die genau auf das Firmenprofil zugeschnitten ist, ist ein erster Beweis für Ihre Leistungsbereitschaft. Signalisieren Sie einem zweifelnden Personalchef, dass Sie gespannt darauf sind, Neues kennen zu lernen und umzusetzen. Zeigen Sie Ihr Interesse, langfristig Ihr eigenes Wissen der Firma zur Verfügung zu stellen. Ihre optimale Selbstdarstellung wird den positiven Eindruck bestätigen.

Vorurteil Nummer 4: »Rechtliche Schutzbestimmungen stellen ein Hindernis bei der Einstellung älterer Arbeitnehmer dar.«

Die Regelungen zu den Themen »Kündigungsschutz«, »Erstattung von Arbeitslosengeld unter bestimmten Voraussetzungen« oder »Abfindung« sind für 37 Prozent aller Personalverantwortlichen ein Hinderungsgrund für die Einstellung älterer Bewerber. Sollte Ihr Gegenüber zu dieser Gruppe zählen, setzen Sie ihm getrost entgegen, dass diese Schutzbestimmungen nur für ältere Mitarbeiter gelten, die zehn Jahre und länger dem Betrieb angehören. Auch für Unternehmen mit unter 100 Beschäftigten gelten sie nicht. 63 Prozent der Befragten war diese Tatsache bekannt. Für sie stellten diese Regelungen auch kein Einstellungshindernis dar.[57]

Vorurteil Nummer 5: »Ältere Arbeitnehmer sind zu teuer.«

Diese Aussage zählt zu den Hauptargumenten, weswegen Ihre Einstellung zumindest sehr stark überlegt wird, und wurde von der Hälfte der befragten

Personalchefs bestätigt (übrigens auch von rund 22 Prozent der befragten Jungunternehmer[58]).

Hohe Gehaltsforderungen und ebensolche Abfindungen im Entlassungsfall, die automatische Lohnsteigerung nach dem Lebensalter gemäß des in vielen Tarifverträgen verankerten Senioritätsprinzips, die längeren Urlaubsansprüche und die Lohnfortzahlung im Krankheitsfall bereiten ihnen Unbehagen. Immer wieder gerne wird auch das Argument bemüht, die Kosten für Ihre Einarbeitung und Weiterbildung würden sich in Anbetracht der zu erwartenden kurzen Betriebszugehörigkeit nicht lohnen. Neben der bereits zitierten Aussage Otmar Fahrions zu diesem Thema bringt es der Manager eines finnischen Automobilherstellers auf den Punkt: »Bevor der junge Mechaniker ausreichend qualifiziert ist, um dem Unternehmen Profite zu erarbeiten, kosten seine Ausbildung und sein spezielles Training 250.000 Finmark (ca. 40.000 Euro). Wenn wir FIM 50.000 in die spezifische Ausbildung eines älteren Mechanikers investieren, können wir das gleiche Ergebnis erhalten«.[59]

Das so genannte Senioritätsprinzip mag in Berufen, die tariflich gebunden sind, eine gewichtige Rolle spielen. Doch gibt es eine hohe Langzeitarbeitslosenquote bei Älteren auch in Bereichen, die sich nicht an tarifliche Vereinbarungen halten müssen.[60] Mehrere Branchen sind nicht an Tarife gebunden, weil sie keinem bestimmten Gewerbe zuzuordnen sind. Im Bankgewerbe gibt es zwar automatisch steigende Gehälter, doch richtet sich ihre Erhöhung nach der Dauer der Betriebszugehörigkeit, stagniert aber auch nach einer festgelegten Zeit. Ab einer bestimmten Höhe wird das Gehalt außertariflich verhandelt, Sie haben also einen gewissen Spielraum bei den Verhandlungen. Außerdem gibt es bereits einige Firmen, die auf das Senioritätsprinzip verzichten und nach Leistung bezahlen.

Auch Abfindungen richten sich nach der Länge der Betriebszugehörigkeit und gelten nicht bei Neueinstellungen.

Ein gutes Argument sind nach wie vor die Zuschüsse der Bundesagentur für Arbeit, die Arbeitgebern gewährt werden, wenn sie älteren Stellenbewerbern den Vorzug geben. Sie wurden im Januar 2006 durch Sozialminister Müntefering im Rahmen seiner »Initiative 50plus« verlängert. Die Wirksamkeit dieser Maßnahmen ist zwar nicht unumstritten, hauptsächlich aber aus dem Grund, dass sie bis jetzt wenig bekannt und deswegen wenig genutzt wurden. Informieren Sie sich über die Entgeltsicherung, die Eingliederungszuschüsse, die Befreiung für die Arbeitgeber vom Beitrag zur Arbeitslosenversicherung und die Einstellungszuschüsse bei Neugründungen von Unternehmen unter *www.bmas.bund.de*, Stichwort Arbeitsmarkt, Förderung, Ältere (oder *http://www.bmas.bund.de/BMAS/Navigation/Arbeitsmarkt/Foerderung/aeltere.html*).

Übrigens sind viele Personalchefs bereit, höhere Löhne für Sie zu zahlen, weil sie der Meinung sind, dass sie durch die hohe Qualität Ihrer Arbeit und die geringe Fehlerquote gerechtfertigt sind. Außerdem schreiben einige von ihnen höhere Gehaltsforderungen eher den jüngeren Mitbewerbern zu. Trotzdem sollten Sie sich bei Gehaltsverhandlungen offen zeigen – natürlich nicht, ohne deutlich zu machen, dass Sie sich über den eigentlichen Wert Ihrer Arbeit im Klaren sind und nicht unter der gebotenen Schmerz- und Respektsgrenze.

Vorurteil Nummer 6: »Ältere Arbeitnehmer sind unflexibel.«

Die Offenheit in diesem Punkt führt direkt zum nächsten sehr beliebten Argument, das zu den ewig überdauernden Vorurteilsfossilien gehört – die Klage über Ihre mangelnde Flexibilität. Nicht nur der finanzielle Aspekt ist damit gemeint, sondern auch die zeitliche und räumliche Mobilität und vor allem die Fähigkeit bzw. die Bereitschaft, sich mit technischen Neuerungen auseinanderzusetzen oder anderweitige Änderungen im Arbeitsablauf zu akzeptieren. Das alles trifft erwiesenermaßen nicht zu, wenn Sie während Ihrer bisherigen Berufstätigkeit geistig immer wieder gefordert (und gefördert) wurden oder selbst dafür gesorgt haben. Außerdem bleiben Flexibilität und Motivation generell lebenslang gleich hoch. Räumlich und zeitlich sind Sie unter Umständen wesentlich flexibler als jüngere Kollegen, die durch Familie und Haus noch eher gebunden sind.

Unterstreichen Sie Ihre Flexibilität, indem Sie von sich aus Ihrem Gesprächspartner konstruktive Vorschläge zu den genannten Punkten unterbreiten. Der anfänglichen Skepsis einer Festanstellung können Sie begegnen, indem Sie z. B. eine Teilzeitregelung vorschlagen. So fühlt sich der Personalchef psychologisch der moralischen Verantwortung für Ihr berufliches Schicksal enthoben, falls die Zusammenarbeit nicht funktionieren sollte.

Warum prominente Vorbilder Vorurteile ad absurdum führen

Was würden Sie angesichts der folgenden Schlagzeile sagen: »Die deutsche Regierung (wahlweise alle Regierungen dieser Welt, die Kirche, führende (Welt-)Unternehmen, die Börse, die Musikbranche etc.) in den Händen von schlecht qualifizierten, unmotivierten und körperlich und geistig unflexiblen Verwaltern«? Keine Minute würden Sie dann wohl noch ruhig schlafen. Theoretisch dürften Sie das auch nicht, denn sowohl die deutsche Bundeskanzlerin als auch der Papst, führende Unternehmer weltweit, der ehemalige und neue Notenbankchef und diverse im wahrsten Sinn des Wortes tonangebende Pop- und Rockgrößen sind um die 50 Jahre aufwärts und streckenweise weit darüber. Aber niemand würde im Traum daran denken, ihnen diese Defizite zu unterstellen, die Ihnen so gerne zugeschrieben werden.

So hat bis vor kürzester Zeit die gesamte (Börsen-)Welt ihr Schicksal in die Hände des fast 80-jährigen Alan Greenspan gelegt – und ist nicht schlecht damit gefahren. Im Frühjahr 2005 stellte sich der 72-jährige Firmengründer Luciano Benetton – mit dem Einverständnis aller Verantwortlichen – wieder an die Spitze seiner Firma, als sie rote Zahlen schrieb – wohl kaum, um ihr endgültig den Rest zu geben. Der Erfolg gab ihm Recht. Nach dem Abgang des glücklosen Ron Sommer (damals 54) leitete der 73-jährige Helmut Sihler vorübergehend die Geschicke der Deutschen Telekom – nicht um ihr Schicksal zu besiegeln, sondern um ein Signal nach innen und nach außen zu senden, mit Umsicht und Besonnenheit dem gebeutelten Unternehmen erst einmal eine Phase der Konsolidierung und Neuorientierung zu gönnen.

Der über 80-jährige Firmengründer Reinhard Mohn hat immer noch maßgeblichen Einfluss auf die Geschicke der Bertelsmann AG, und seine Frau Liz steht als Vorsitzende der Bertelsmann Verwaltungsgesellschaft und stellvertretende Vorsitzende des Vorstandes der Bertelsmann Stiftung an der Spitze eines Weltkonzerns und einer äußerst einflussreichen Institution. Sie stehen für eine Firmenphilosophie, die den Mitarbeiter im Vordergrund sieht, und würden deswegen sogar auf einen Börsengang verzichten, um es dabei belassen zu können – eine Anwandlung von Alterssentimentalität? Kaum, denn bei diesem Familienunternehmen handelt es sich um einen der erfolgreichsten, umsatzstärksten und innovativsten Konzerne in Deutschland überhaupt – auch aufgrund ihrer Philosophie.

Weltweit müssten heute vielleicht Hunderttausende Autoliebhaber auf ihre Lieblingsmarke verzichten, hätte Herbert Quandt 1959 im Alter von 50 Jahren nicht das Schicksal des maroden Unternehmens BMW kurzentschlossen in Bahnen gelenkt, die es zu einem soliden, immer noch wachsenden Unternehmen gemacht haben. Auch diese Tat nicht etwa Indiz nachlassender Realitäts- und Selbsteinschätzung, sondern eher Zeichen ungebrochenen Mutes zu unternehmerischem Risiko.

Warum werden wohl Menschen wie Lothar Späth oder Hans-Dietrich Genscher in die Talk-Runden diverser Fernseh- und Rundfunkanstalten eingeladen? Wohl kaum, um sie der Lächerlichkeit preiszugeben, sondern weil sie die Erfahrung ähnlich schwieriger Zeiten mit den aktuellen Gegebenheiten in einer kompetenten Weise miteinander verknüpfen und so richtungsweisende Empfehlungen geben könnten.

Eine sich ständig neu erfindende Popikone Madonna (47), die nach wie vor ganze Arenen füllenden unerschütterlich welttourenden Rolling Stones um Mick Jagger (63), eine irische Rockgruppe mit einem über 46-jährigen Bono an der Spitze, der ohne Übertreibung Weltpolitik mitgestaltet – sie alle zeigen noch keinerlei Anzeichen, sich zur Ruhe setzen zu wollen, und niemandem würden bei ihrem Anblick die Adjektive »unflexibel« und »unmotiviert« einfallen.

Der Erfolg diverser Seniorenberater wie der »Business Angels« oder des »Wirtschaftsseniorennetzwerks Rotenburg an der Wümme« würde wohl nicht immer weiter wachsen, würden sie lediglich mit überalterter Qualifizierung und mangelnder Anpassungsfähigkeit an die sich schnell ändernden Gesetze des Marktes bestechen

Haben diese Menschen ein besonderes Geheimnis? Fakt ist: Sie stehen für Kompetenz, Kreativität, Krisenfestigkeit und Konstanz. Jeder von ihnen hat berufliche Wellentäler durchschritten und seine Lehren daraus gezogen. Sie haben auf ihren Instinkt in Kombination mit ständig wachsender Erfahrung gehört und in der Auswahl ihres Umfeldes dank ihrer Menschenkenntnis ein gutes Gespür bewiesen. Sie sind echte Persönlichkeiten mit Charisma, die es verstanden haben, objektive Gegebenheiten mit der ihnen eigenen persönlichen Note zu begegnen und zu ihrem Vorteil zu nutzen.

Ihr Geheimnis ist eine gelungene Selbstdarstellung und die Tatsache, den Erfolg über Jahre gewahrt zu haben – was neben glücklichen Umständen nur mit den Fähigkeiten, die ein Mensch im Laufe seines Lebens entwickelt, funktioniert. Diese Fähigkeiten besitzt jeder – auch Sie. Sie müssen sich ihrer nur bewusst werden und sie entsprechend präsentieren.

Argumente, um Sie von sich selbst zu überzeugen

Zugegeben: Es wird Ihnen auf dem Arbeitsmarkt sehr schwer gemacht. Dennoch sind nicht immer nur die Personalchefs schuld an der Situation Ihrer Altersgenossen. In vielen Fällen liegt es auch an Ihnen selbst. Unternehmen, die bewusst nach Älteren gesucht haben, waren von der anfänglichen Zurückhaltung der Zielgruppe überrascht. Die geringe Beteiligung an Weiterbildungsmaßnahmen scheint – abgesehen von der Unzulänglichkeit der Maßnahmen – ein Beweis für eine gewisse Resignation von Ihrer Seite zu sein.

Viele Arbeitnehmer ab 45 aufwärts sind tatsächlich eingeschüchtert oder mutlos. Die ständigen Diskussionen um ihre Arbeitsfähigkeit mag vielen auch peinlich und unangenehm sein. Das muss es nicht. Die Diskussionen beziehen sich ebenso gut auf die Arbeitssituation der Jugend, der Frauen etc. Niemand zeigt mit dem Finger auf Sie. Im Gegenteil, worum in der Öffentlichkeit so gestritten wird, ist weniger die Tatsache, dass, sondern wie Sie beschäftigt werden können. Lassen Sie sich davon nicht allzu sehr beeindrucken.

Es ist an der Zeit, Selbstbewusstsein zu entwickeln oder zumindest einzusehen, dass Sie allen Grund haben, selbstbewusst zu sein. Wollen Sie wirklich Ihr Schicksal anderen überlassen? Nicht nur Sie bekommen unter Umständen körbeweise Absagen. Auch die Jugend muss sich damit auseinandersetzen – und sie hat noch nicht Ihre Gelassenheit in puncto Krisenmanagement, Ihre realistische Selbsteinschätzung des eigenen Potenzials und Ihr enormes Wissen, das Ihnen als breite Basis für einen Neuanfang oder Wiedereinstieg dienen kann, wenn Sie es nur wollen. Gerade sie braucht Ihr Wissen und Ihr Engagement. Das bedeutet nicht, dass Ihre Erfahrung »ausgebeutet« werden soll, um Sie dann endgültig aufs Abstellgleis zu schieben, wie mancherorts befürchtet wird. Außerdem tun Sie sich, Ihrer geistigen und körperlichen Fitness und Ihrer Lebensqualität im steigenden Alter einen größeren Gefallen, wenn Sie weiterhin im Arbeitsprozess an den Ihrem Potenzial angemessenen Arbeitsplätzen gefordert sind, als wenn Sie sich Ihrem Schicksal ergeben – vorausgesetzt natürlich, Sie wollen noch arbeiten.

Sollten Sie kurz davor sein, nach der soundsovielten Absage aufzugeben: Sind Sie eigentlich sicher, dass Sie sich so überzeugend präsentiert haben, dass ein Arbeitgeber Lust bekommen könnte, Sie kennen zu lernen?

Die Frage hat einen bedenkenswerten Hintergrund: Weil viele ältere Bewerber sich teilweise seit Jahrzehnten nicht mehr mit dem Thema Bewerbung auseinandersetzen mussten, sind sie auf diesem Gebiet häufig sehr unsicher. Sie bevorzugen bei der Arbeitsplatzsuche den traditionellen Weg über Stellenanzeige und Arbeitsagentur und verschicken ihre schriftliche Bewerbung, die vielfach nicht mehr den modernen Anforderungen entspricht, per Post. Internet-Recherche, Onlinebewerbung, Personalberatungsgesellschaften oder Assessment Center sind ihnen nicht vertraut und/oder suspekt. Engagement wird ihnen dabei beileibe nicht abgesprochen, doch wiegt ein Punkt sehr schwer – die Scheu vor einer optimalen Selbstdarstellung, weil sie lieber durch Leistung als durch Selbstdarstellung überzeugen möchten. Dieses Argument wird in der vdi-Broschüre *Die Mischung macht's* zwar explizit ältere Ingenieuren zugeschrieben, doch ist es sicher auch allgemein anwendbar.[61] Sollten Ihre »Misserfolge« tatsächlich daran liegen, bieten Ihnen die folgenden Seiten jede Menge Hinweise und Empfehlungen, diesem Umstand schnell und effektiv Abhilfe zu schaffen.

Zweiter Teil

Wenn die Kündigung droht

Haben Sie das Gefühl, dass Ihnen die Kündigung droht, oder wurde sie Ihnen bereits ausgesprochen, finden Sie hier Tipps, wie Sie Ihre Situation am schnellsten klären. Anhand einer Liste von Signalen können Sie erkennen, ob Sie mit Ihrem Gefühl richtig liegen. Wenn ja, enthält dieses Kapitel Ratschläge, wie Sie sich jetzt Ihrem Chef gegenüber am besten verhalten, wie Sie möglichst viel aus Ihrer Situation herausholen (auch finanziell), welche Rechte und Pflichten Sie haben und vor allem – wie Sie persönlich mit der Situation gut umgehen. Sie können sich hier für Ihre Kündigungsverhandlungen rüsten und nach Plan Ihre Kündigung »abwickeln«. Wollen Sie sich lieber um die Suche nach einem neuen Arbeitsplatz kümmern, widmen Sie sich gleich dem Kapitel »Reisevorbereitungen« (Seite 63).

Alarmsignale

Kündigungen kommen meistens nicht aus heiterem Himmel. Sie werfen ihre Schatten voraus. An einigen Signalen können Sie das drohende Ereignis erkennen und Ihre Konsequenzen ziehen – entweder indem Sie selbst kündigen oder versuchen, die Kündigung abzuwenden. Auf alle Fälle ist es gut, die Zeit zu nutzen, um sich auf die Veränderungen einzustellen und sich neu zu orientieren. Bewerben Sie sich nämlich aus einer festen Stelle heraus, haben Sie es leichter als als Arbeitsloser.

Folgende Entwicklungen sind nicht zwangsläufig Zeichen für eine bevorstehende Kündigung, sollten Sie aber zum Nachdenken bewegen:

- Befindet sich das Unternehmen in einer Umstrukturierungsphase?
- Sind auffallend häufig Unternehmensberater im Haus?
- Ist die Rede von der Auslagerung einzelner Bereiche in der Firma?
- Wie sieht es mit der finanziellen Lage Ihres Unternehmens aus?
- Wurden bereits Filialen oder Betriebsteile verkauft oder sind sie zum Verkauf ausgeschrieben?
- Verhält sich Ihr Vorgesetzter Ihnen gegenüber anders, insbesondere distanzierter?
- Werden Sie in letzter Zeit häufiger auf (angebliche) Fehlleistungen hinge-

wiesen? Gab es bereits Abmahnungen, Androhungen oder Versuche in diese Richtung?
- Verhalten sich Ihre Kollegen anders und bezieht sich dieses veränderte Verhalten nur auf Sie?
- Bekommen Sie wichtige Informationen nur noch auf den letzten Drücker oder aus zweiter Hand?
- Werden Sie aus gemeinsamen Unternehmungen ausgeschlossen?
- Übergeht Sie Ihr Chef bei Meetings und gibt schlimmstenfalls z. B. Ihre Ideen als seine eigenen aus?

Wenn Ihr schlechtes Gefühl damit bestätigt ist oder Sie häufiger als dreimal mit »Ja« geantwortet hätten, ist es an der Zeit, aktiv zu werden. Aufgrund verschiedener Bestimmungen sind Sie in Ihrer Altersgruppe ab 50 zwar besser gegen eine drohende Kündigung als ein Jüngerer abgesichert. Hat es Sie aber getroffen, werden Sie es nicht mehr so leicht haben wie ein jüngerer Kollege, wieder eine Stelle zu finden. Das Risiko einer Langzeitarbeitslosigkeit ist für Sie erheblich größer als für ihn.

Ein guter Tipp ist, sich bei ernstzunehmenden Zweifeln sofort an Ihren Betriebsrat, die Gewerkschaft, eventuell aber auch an Ihren Vorgesetzten zu wenden. Fragen Sie sie nach Gründen für die Veränderung, aber bleiben Sie sachlich dabei!

Ein solches Gespräch ist die perfekte Möglichkeit, Ihren ungebrochenen Arbeitswillen deutlich zu machen. Vielleicht ist das Verhalten Ihres Chefs nur ein Schuss vor den Bug (berechtigt oder nicht), dann sollten Sie Ihre Chance nützen. Wenn es wirklich um eine wirtschaftliche Schieflage Ihres Betriebs oder Ihrer Abteilung geht, können Sie sich mit diesem Gespräch und einer entsprechenden Präsentation für einen Job an anderer Stelle empfehlen. Signalisieren Sie Ihr Interesse an Weiterbildungen, zeigen Sie, dass Sie Ideen haben und Ihnen die Firma wirklich wichtig ist.

Der Tag der Kündigung

Kommt er dann doch, der Tag X, an dem Ihnen die Kündigung ausgesprochen und in schriftlicher Form überreicht wird, heißt es: kühlen Kopf bewahren! Jetzt kommt es darauf an, aus der Situation das Beste herauszuholen – finanziell und ideell. Das bedeutet, die Rechtslage zu kennen und auf dieser Basis zu Ihren Gunsten zu taktieren. Ganz wichtig: Unterschreiben Sie niemals etwas vorschnell. Auch wenn es verständlich ist, dass Sie geschockt oder gekränkt sind und die Situation möglichst schnell hinter sich bringen wollen – tun Sie es nicht! Mit einer Unterschrift verbauen Sie sich Ihre besten Chancen. Sie verzichten damit auf eine bessere Verhandlungsposition, eine höhere Abfindung und die Möglichkeit einer Freistellung, eine Position, aus der heraus es sich besser bewerben lässt, etc. Vor allem verwirken Sie damit einen gelungenen Abgang. Denn es tut dem Selbstbewusstsein ausgesprochen gut, wenn man es der Gegenseite nicht zu leicht gemacht hat.

Kündigungsverhandlungen – worauf Sie achten müssen

Prüfen Sie erst einmal, ob Ihre Kündigung überhaupt formal wirksam ist. Dazu gehört, dass Ihnen die Kündigung ordnungsgemäß und rechtzeitig zugegangen ist, der Betriebsrat gehört wurde etc. Kümmern Sie sich gleich nach dem Erhalt Ihrer Kündigung darum, denn Sie haben laut Gesetz nur drei Wochen Zeit, dagegen Widerspruch einzulegen.

Ein wichtiger Punkt ist die Einhaltung der Kündigungsfristen. Mit steigender Anzahl der Lebensjahre und der Jahre der Betriebszugehörigkeit haben Sie Anspruch auf einen besonderen Kündigungsschutz. Die Kündigungsfristen werden beispielsweise länger. Haben Sie fünf Jahre bei Ihrem Betrieb gearbeitet, beträgt Ihre Kündigungsfrist zwei Monate zu Monatsmitte oder -ende, bei acht Jahren drei, bei zehn Jahren vier und bei 20 Jahren bereits sieben Monate. Bei einem Tarifvertrag gelten die festgesetzten tariflichen Fristen für Sie.

Erfolgt die Kündigung aus betriebsbedingten Gründen, muss die Entlassung von mehreren Mitarbeitern nach einem zwischen Arbeitgeber und Betriebsrat vereinbarten Sozialplan festgelegt werden. Entscheidend für eine Kündigung ist Ihr Alter, die Dauer Ihrer Betriebszugehörigkeit und die Zumutbarkeit einer Kündigung. Einem Familienvater mit entsprechenden finanziellen Verpflichtungen kann eine Kündigung beispielsweise weniger zugemutet werden als einem unabhängigen Single etc.

Ein Sozialplan regelt auch Ihren Anspruch auf Abfindung. Erfolgt Ihre Kündigung nicht aufgrund eines Sozialplans, müssen Sie selbst verhandeln. Je geschickter Sie das tun, desto mehr können Sie für sich herausholen. So könnten Sie sich von Ihrem Arbeitgeber eine Outplacement-Beratung finanzieren lassen und die Kosten mit Ihrer Abfindung verrechnen, eine Weiterbildungsmaßnahme bezuschussen lassen, sich Ihre betriebliche Altersversorgung bei noch nicht vollständiger Anwartschaft sichern etc.

Übrigens ist es von Vorteil, sich in dieser Situation immer den Rat eines Experten zu holen. Das ist auch deshalb schon hilfreich, weil man in einer solch schwierigen Situation den Wald vor lauter Bäumen nicht mehr sieht und ein objektiver Beobachter Sie dabei unterstützen kann, die Dinge wieder auf eine sichere Basis zu stellen. Je mehr fundiertes, belegbares Wissen Sie über Ihre Rechte haben, desto unangreifbarer werden Sie auch in den Kündigungsverhandlungen.

Wann es eine Abfindung gibt

Im Allgemeinen hat man als gekündigter Arbeitnehmer keinen Anspruch auf eine Abfindung – es sei denn, man ist Betroffener eines Sozialplans. Eine Abfindung gibt es meistens als Ergebnis einer Kündigungsschutzklage, im Zuge eines Angebots Ihres Chefs, Ihnen eine Abfindung zu zahlen, wenn Sie bereit sind, die Firma zu verlassen, oder wenn Ihr Chef eine Kündigungsschutzklage verhindern will. In diesem Fall haben Sie die beste Verhandlungsposition. Denn je größer Ihre Chancen stehen, den Prozess zu gewinnen, desto mehr wird Ihr Chef daran interessiert sein, ihn zu verhindern, und sich entsprechend großzügig zeigen. Das gilt auch für den Fall, dass er ein schlechtes Gewissen Ihnen gegenüber hat.

Ist die Abfindung Ergebnis einer Gerichtsverhandlung, wird die Höhe gerichtlich festgesetzt. Das Gericht ist hierbei an bestimmte Berechnungsgrenzen gebunden. Mit einer außergerichtlichen Verhandlung der Summe fahren Sie meistens besser. In der Regel können Sie im Moment mit einem halben Brutto-Monatsgehalt pro Jahr der Betriebszugehörigkeit rechnen. Leider sind die steuerlichen Freibeträge für Abfindungen, die je nach Alter und Betriebszugehörigkeit zwischen 7.200 Euro und 11.000 Euro lagen, seit dem 1.1.2006 Geschichte.[62] Sie haben aber nach §34 Abs.1 EStG Anspruch auf Vergünstigung durch die so genannte Fünftelregelung, bei der die Steuer, die auf die anderen Einkünfte und ein Fünftel der außergewöhnlichen Einkünfte entfällt, verglichen wird mit der Steuer, die ohne die außergewöhnlichen Einkünfte anfällt. Die Differenz wird verfünffacht und zur anfallenden Steuer ohne die außergewöhnlichen Einkünfte hinzugerechnet.[63] Sie sollten sich zu diesem Thema auf alle Fälle den Rat eines Experten einholen.

Abfindungen müssen übrigens nicht immer nur materieller Natur sein und am Stück bezahlt werden. Die Möglichkeit einer Outplacement-Beratung oder einer Finanzierung Ihrer Weiterbildung haben wir schon angesprochen. Einige Firmen bieten ihren Mitarbeitern aber auch an, eine gewisse Zeit, z. B. zwei Jahre, noch in der Firma zu bleiben und zu ihrer Arbeit Sonderaufgaben zu übernehmen, die zusätzlich bezahlt werden. Das bietet für Sie den Vorteil, sich aus einer festen Stelle heraus bewerben zu können, in dieser Zeit noch Erfahrungen in für Sie interessanten Gebieten zu sammeln, die Sie auch in Ihrer Bewerbung angeben können und sich ein finanzielles Polster für die Zeit danach zuzulegen.

Auch hier gilt: Holen Sie sich unbedingt den Rat eines Experten, beispielsweise eines Fachanwalts für Arbeitsrecht ein!

Der Aufhebungsvertrag

Möchte Ihr Arbeitgeber Sie loswerden, kann er Ihnen anstelle einer Kündigung einen Aufhebungsvertrag anbieten. Das bedeutet, dass Sie Ihre Zustimmung dazu geben, den Arbeitsvertrag zwischen Ihnen und Ihrer Firma aufzuheben, ohne dass man sich an Kündigungsfristen hält, den Betriebsrat anhört und (bei betriebsbedingten Kündigungen) auf die Sozialauswahl achten muss.

Kernstück eines solchen Vertrags ist in der Regel die Abfindung, auf die Sie ja normalerweise in den seltensten Fällen Anspruch haben – es sei denn, er ist im Tarifvertrag verankert oder es existiert ein Sozialplan für Ihre Firma.

Für den Fall, dass Sie nicht selbst kündigen wollen oder eine Kündigung nicht akzeptieren wollen, kann und wird er Ihnen dieses Vorgehen anbieten, um das Risiko einer erfolgreichen Kündigungsschutzklage zu umgehen. Sie haben damit die Chance, die Höhe der Abfindung nach oben hin zu verhandeln. Sie richtet sich nach Alter, Dauer der Betriebszugehörigkeit und der Höhe Ihres Brutto-Monatsgehaltes. Als Faustregel gilt ein halbes Brutto-Monatsgehalt pro Jahr der Betriebszugehörigkeit. Ihr Betriebsrat oder ein anderer Experte wird Ihnen bei der genauen Berechnung helfen.

Ein Aufhebungsvertrag bietet neben der Möglichkeit einer Abfindung auch den Vorteil, Ihre Kündigungsfristen erheblich zu verkürzen. Das bedeutet für Sie eine große Erleichterung für den Fall, dass Sie schon einen neuen Job gefunden haben, Ihre vertraglich vereinbarten Kündigungsfristen sehr lange sind oder die Situation an Ihrem alten Arbeitsplatz für Sie nicht mehr tragbar ist. Wenn das der Fall ist, können Sie mit Ihrem Arbeitgeber auch über eine Freistellung verhandeln (siehe Kapitel »Die Freistellung« S. 54). Der größte Vorteil liegt jedoch darin, dass Sie einen Prozess und somit ein langwieriges Aussitzen der Situation verhindern.

Ein Nachteil eines Aufhebungsvertrages ist, dass die Arbeitsagentur nach §144 SGB III gegen Sie eine Sperre von 12 Wochen verhängen kann, wenn sie das Gefühl hat, dass es sich beim Abschluss eines solchen Vertrags eigentlich um eine verdeckte Eigenkündigung oder um den Ersatz einer verhaltensbedingten Kündigung handelt.

Deswegen sollte der Arbeitgeber einen klaren Beendigungsgrund nennen –

auch im Fall einer betriebsbedingten Kündigung. Notfalls muss er die Gründe dafür nachvollziehbar darlegen. Er sollte Sie auf die Möglichkeit einer Sperrfrist aufmerksam machen und das auch schriftlich im Vertrag vermerken. Außerdem muss er Sie darauf hinweisen, dass Sie laut § 37 b SGB III seit dem 1. Juli 2003 verpflichtet sind, sich sofort nach Abschluss des Aufhebungsvertrags bei der Arbeitsagentur zu melden. Bei einer Sperrfrist kann es Ihnen außerdem passieren, dass Ihnen ein Teil der Abfindungssumme auf Ihr Arbeitslosengeld angerechnet wird.

In einem Aufhebungsvertrag werden neben dem Ende des Arbeitsvertrags auch der Ablauf der Zeit bis dahin und alle offenen Ansprüche geregelt. Dazu gehören noch nicht genommene Urlaubstage, die rückständige Zahlung von Gehältern oder Gratifikationen, die betriebliche Altersversorgung, die Rückzahlung von Weiterbildungsmaßnahmen und die Klärung der Rückgabe von Dienstwagen oder Dienstwohnung. Auch die Arbeitspapiere sind hier Thema.

Tipps zum Abschluss eines Aufhebungsvertrags

Haben Sie Interesse an einem Aufhebungsvertrag, sollten Sie das während der Kündigungsverhandlungen nie zu schnell und zu deutlich zeigen. Denn damit verringern Sie erheblich Ihre Chancen auf eine gute Abfindung. Für den Chef stellt sich Ihr Verhalten dann nämlich so dar, dass Ihre Bindung an die Firma nicht wirklich groß ist und er Ihnen infolgedessen auch nicht den Abschied mit einer allzu hohen Abfindung erleichtern muss.

Fragen Sie Ihren Chef auch, ob eine Freistellung für Sie in Frage kommt.

Bleiben Sie während der Verhandlungen immer gesprächsbereit – selbst dann, wenn Sie bereits Klage eingereicht haben. Eine Klage können Sie jederzeit wieder zurücknehmen.

Schließen Sie einen solchen Vertrag nie ohne Zeugen (Betriebsrat etc.) ab.

Lassen Sie sich keinesfalls unter Druck setzen, sondern bitten Sie sich Bedenkzeit aus. Leisten Sie Ihre Unterschrift zu schnell, haben Sie keinen Anspruch mehr auf Widerspruch oder das Einreichen einer Kündigungsschutzklage.

Die Abwicklungsvereinbarung

In einer Abwicklungsvereinbarung hebt der Arbeitgeber mit Ihrem Einverständnis das Arbeitsverhältnis auf. Der Vorteil für Sie als Arbeitnehmer: Es droht Ihnen in diesem Fall keine Sperrfrist von Seiten der Arbeitsagentur – es sei denn, sie ist der Meinung, dass eine Klage gegen die geplante Kündigung Erfolg gehabt hätte. Dann kann die von Ihnen unterschriebene Abwicklungsvereinbarung wie eine verdeckte Eigenkündigung interpretiert werden.

Die Freistellung

Eine Freistellung bedeutet, dass der Arbeitnehmer nach der Auflösung des Arbeitsvertrags bis zu seinem Ende nicht mehr an seinem Arbeitsplatz erscheinen muss, aber weiterhin den vollen Lohn erhält. Beide Seiten haben aber ein Recht darauf, auf einer Weiterarbeit in vollem Umfang bis zum Ende des Vertrags zu bestehen.

Die Freistellung hat sowohl für den Arbeitgeber als auch für den Arbeitnehmer ihre Vorteile. Beabsichtigt der Arbeitgeber zu kündigen, kann er sich mit einer Freistellung davor verwahren, dass der Arbeitnehmer die verbleibende Zeit nutzt, um gegen ihn zu hetzen oder sich Betriebsgeheimnisse anzueignen. Für den Fall, dass der Arbeitnehmer in der Zeit der Freistellung einen neuen Job annimmt, kann der Arbeitgeber diesen Lohn auf das Entgelt anrechnen, das er noch zu zahlen hätte.

Der Vorteil für den Arbeitnehmer liegt in der Zeit, die er jetzt hat, um sich um einen neuen Arbeitsplatz zu bemühen. Auch er sollte diese Möglichkeit in Betracht ziehen, wenn es das Verhältnis zwischen ihm und seinem Chef nicht mehr anders zulässt.

Die Möglichkeit einer Freistellung kann bereits im Arbeitsvertrag vereinbart werden. Allerdings muss sie sachlich begründet sein, um wirksam zu werden. Denn sonst wird laut einem Urteil vom November 2003 des ArbG Frankfurt (Az: 2 Ga 251/03) der Beschäftigungsanspruch des Arbeitnehmers nach § 307 Abs. 1 und Abs. 2 Nr. 1 BGB umgangen. Dieser Beschäftigungsanspruch besteht übrigens nicht mehr, wenn der Arbeitnehmer suspendiert ist, z. B. wegen einer strafbaren Handlung.

Was Ihnen eine Outplacement-Beratung bringt

Wie oben bereits erwähnt, ist eine Outplacement-Beratung ein sehr wirkungsvolles Instrument zum Abmildern der unangenehmen Tatsache einer Trennung. Denn Sie haben mit professioneller Unterstützung die Chance, in sehr kurzer Zeit einen neuen Job zu finden, der übrigens nicht unbedingt in Ihrem alten Metier sein muss, und Ihr Chef kann mit der Finanzierung dieser Beratung sein Gewissen beruhigen, denn damit entlässt er Sie nicht ganz ins Ungewisse.

Das System der Outplacement-Beratung, mit Hilfe fachlich kompetenter Beratung einen schnellen Übergang in einen neuen Job zu ermöglichen, entspringt der Initiative der amerikanischen Armee in den 70er Jahren, die ihren unzähligen Vietnam-Veteranen damit einen gleitenden Übergang aus der Armee in die zivile Berufswelt ermöglichen wollte. Sie finanzierte ihnen diese Mischung aus psychologischer Beratung und Karriereplanung.

In Deutschland wurde diese Lösung, sich von einem Mitarbeiter zu trennen, indem man ihm die Möglichkeit zu einer neuen Weichenstellung finanzierte, lange Zeit nur in den höchsten Führungsetagen diverser Unternehmen praktiziert. Heute gibt es die Outplacement-Beratung für nahezu alle Fachbereiche der Berufswelt. Diese Methode hat sich bewährt. Laut Statistik haben Mitarbeiter, die das Angebot von Unternehmensseite genutzt haben, in einer wesentlich kürzeren Zeit wieder einen neuen und lukrativen Job gefunden, als solche ohne diese Unterstützung.

Ein guter Outplacement-Berater sollte verschiedene Voraussetzungen erfüllen. Wichtig ist, dass er gut zuhören und die richtigen Fragen stellen kann. Ein akademischer Hintergrund, zumindest eine psychologische Grundausbildung, eine Tätigkeit in wirtschaftlichen Unternehmen und Kenntnisse in Personalführungsfragen garantieren Ihnen, dass Sie einen Experten vor sich haben, der Ihnen psychologisch, rechtlich und fachlich wirklich eine Stütze ist. Sie können entscheiden, bis zu welchem Stadium Ihrer Jobsuche Sie seine Hilfe nutzen wollen. Vielleicht genügt es Ihnen, mit ihm Ihre Neuorientierung zu erarbeiten. Er unterstützt Sie aber auch bei der gesamten Jobsuche und begleitet Sie an Ihrem neuen Arbeitsplatz, bis Sie sich akklimatisiert haben.

Sollte Ihr Arbeitgeber nicht von sich aus auf diese Idee kommen, schlagen Sie ihm doch diese Möglichkeit vor und bieten Sie ihm an, die entstehenden Kosten auf Ihre Abfindung z. T. anzurechnen. Er wird in dieser Alternative eine Chance sehen, eine Kündigungsschutzklage zu verhindern.

Das qualifizierte Zeugnis

Personalchefs behaupten immer wieder, dass Schulnoten oder Inhalte von Arbeitszeugnissen wenig Bedeutung für die Einstellung von Bewerbern haben und dass es eher um die Kompetenz und den persönlichen Eindruck des Betreffenden geht. Ein wirklich objektives Bild könne man sich aus einem Zeugnis nicht ableiten, weil man einen Arbeitnehmer schließlich nicht negativ beurteilen dürfe und ein Zeugnis oft genug eine subjektive Angelegenheit sei. Trotzdem gibt es viele unter ihnen, denen Zeugnisse sehr wichtig sind, und wenn auch nur als Kriterium zur Vorsortierung der Kandidaten.

Jeder Arbeitnehmer hat einen gesetzlichen Anspruch auf ein Zeugnis. Bitten Sie rechtzeitig um die Ausstellung (am besten vier bis acht Wochen vor dem Ausscheiden). Achten Sie unbedingt auf Inhalt und Aussagen. Sie können es jederzeit in Absprache mit Ihrem Chef ändern lassen und diese Änderung notfalls sogar per Zeugnisberichtigungsklage erwirken. Ihre Chancen für einen

Erfolg stehen gut, denn der Arbeitgeber ist verpflichtet, seine negative Beurteilung zu beweisen. Das ist normalerweise sehr schwierig. Sollte es zu einer solchen Klage kommen, beachten Sie die Einreichfrist von sechs Monaten nach Erhalt Ihres Zeugnisses[64].

Ihr Zeugnis muss zu Ihrem Vorteil formuliert sein. Wenn Sie sich bezüglich der verwendeten »Zeugnisgeheimsprache« unsicher sind, können Sie bei einem Karriereberater Ihr Zeugnis gegenchecken lassen, z. B. bei *www.berufsstrategie.de*.

Einige Grundsätze sollte Ihr Zeugnis erfüllen: Es muss computer- oder maschinenschriftlich auf Geschäftspapier des Unternehmens verfasst sein. Das *einfache Zeugnis* besteht lediglich aus Namen und Geburtsdatum des Arbeitnehmers und Art und Dauer des Beschäftigungsverhältnisses. Das sieht bei einem *qualifizierten Zeugnis* – heute der absolute Regelfall – schon etwas anders aus. Es beschreibt Ihre Tätigkeit, Ihre Leistung und Ihr Sozialverhalten ganz genau. Übrigens können Sie jederzeit eigene inhaltliche Vorschläge machen.

Folgende Punkte müssen enthalten sein:

- Angaben zur Person, Dauer der Beschäftigung mit genauen Daten
- Darstellung des Arbeitsplatzes und Aufgabengebietes
- Erfahrungen, Kenntnisse und Kompetenzen
- Beurteilungen der Arbeitsleistung und Würdigung positiver Eigenschaften des Stelleninhabers
- Bewertung der Lern- und Fortbildungsbereitschaft
- Beurteilung des Verhaltens gegenüber Vorgesetzten, Kollegen, Mitarbeitern, Geschäftspartnern oder ähnlichen Personen
- Angaben über Gründe des Ausscheidens
- Abschließende Dankes- und Wunschformeln für die Zukunft

Ihr Chef hat Sie und Ihre Arbeit wohlwollend zu beurteilen. Waren Sie Betriebsrat, darf das im Zeugnis nicht erwähnt werden – es sei denn, Sie sind dafür längere Zeit, z. B. zwei Amtsperioden, von Ihrer Arbeit freigestellt worden.

Im Anschluss finden Sie einige Standardformulierungen, die in den Zeugnissen gerne verwendet werden, und ihre tatsächliche Bedeutung. Der Arbeitgeber beurteilt damit Ihre Leistung wie in der Schule von »sehr gut« bis »ungenügend«.

Sehr gute Leistungen werden mit folgenden Formulierungen umschrieben:

... *hat die ihr/ihm übertragenen Aufgaben stets zu unserer vollsten Zufriedenheit erledigt.*

... *und wir waren mit ihren/seinen Leistungen in jeder Hinsicht außerordentlich zufrieden.*

... *haben ihre/seine Leistungen in jeder Hinsicht unsere volle Anerkennung gefunden.*

Gute Leistungen werden Ihnen attestiert durch Formulierungen wie:

... *hat die ihr/ihm übertragenen Aufgaben stets zu unserer vollen Zufriedenheit erledigt.*

... *haben ihre/seine Leistungen unsere volle Anerkennung gefunden.*

... *waren wir mit ihren/seinen Leistungen voll und ganz zufrieden.*

Bereits ab der nächsten »Note« ist der Wert Ihres Zeugnisses für Ihr berufliches Weiterkommen zweifelhaft.

Befriedigende Leistungen haben Sie erbracht bei Sätzen wie:

... *hat die ihr/ihm übertragenen Leistungen zu unseren vollen Zufriedenheit erledigt.*

... *waren wir mit ihren/seinen Leistungen voll/jederzeit zufrieden.*

... *hat unseren Erwartungen in jeder Hinsicht entsprochen.*

Ausreichende Leistungen bescheinigt Ihnen Ihr Chef mit:

... *hat die ihr/ihm übertragenen Leistungen zu unserer Zufriedenheit erledigt.*

... *und wir waren mit ihren/seinen Leistungen zufrieden.*

Mangelhafte Leistungen werden ausgedrückt mit Formulierungen wie:

... *hat die ihr/ihm übertragenen Leistungen im Großen und Ganzen zu unserer Zufriedenheit erledigt.*

... *haben ihre/seine Leistungen weitestgehend unseren Erwartungen entsprochen.*

Ein »*Ungenügend*« ist es, wenn Ihre Leistungen so beschrieben werden:

... *hat sich bemüht, die ihm/ihr übertragenen Aufgaben zu unserer Zufriedenheit zu erledigen.*

... *sie/er hat sich bemüht, unseren Erwartungen/Anforderungen zu entsprechen.*

Extrem bedeutsam sind die kleinen Zusatzworte. Wirkliche Zufriedenheit zeigt sich in den Worten »vollste« oder »volle«. Wörter wie »stets«, »jederzeit« oder »in jeder Hinsicht« sind ebenfalls wichtig, um Ihnen eine sehr gute bis gute Leistung zu bescheinigen.

Zusätze wie »im Großen und Ganzen«, «im Wesentlichen« oder »teilweise« bedeuten nichts Gutes. Dazu gehören auch Formulierungen »sie/er hat sich bemüht ...«. Damit wird Ihnen lediglich attestiert, dass Sie es versucht, aber nicht geschafft haben.

Worauf Sie beim Zeugnis achten sollten – Checkliste

Die wesentlichen Formalien

- Wurde das Zeugnis fehlerfrei computer- oder maschinenschriftlich auf Firmenpapier vorgelegt, datiert spätestens wenige Tage nach Ihrem Ausscheiden und mit der Unterschrift der/des wichtigsten Vorgesetzten?
- Sind alle wesentlichen Tätigkeiten aufgeführt?

Tätigkeitsbeschreibung

- Sind besonders qualifizierende Tätigkeiten entsprechend dezidiert dargestellt?
- Wird Ihre Teilnahme an betrieblichen Fort- und Weiterbildungsveranstaltungen erwähnt?
- Ist die Beschreibung Ihrer Tätigkeit angemessen, ist sie ausführlich genug?

Soziale Kompetenz/Verhalten

- Geht aus dem Zeugnis hervor, dass Sie mit Vorgesetzten, Kollegen gut auskamen?
- Werden Personengruppen ausgelassen? Ist die Reihenfolge korrekt? (Werden z. B. die Kollegen vor den Vorgesetzten genannt, ist das als Hinweis zu werten, dass Sie sich besser mit den Kollegen als mit den Vorgesetzten verstanden haben.)
- Kommen doppeldeutige Aussagen vor?

Die Führungsbeurteilung (für Führungskräfte)

- Wird Ihre Leistungs- und Führungsfähigkeit im Text erwähnt und gewürdigt?
- Wie bewertet man Ihren Arbeitsstil?
- Wird Ihr Erfolg uneingeschränkt oder mit Einschränkungen dargestellt?
- Was sagt Ihr Zeugnis über Ihre Fähigkeit aus, andere Menschen zu führen und zu motivieren?
- Zeigen Sie Delegationsbereitschaft?

Auflösungsgrund/Abschluss

- Geht aus Ihrem Zeugnis hervor, dass Sie auf eigenen Wunsch gekündigt haben oder die Kündigung betriebsbedingt erfolgte?
- Wie wirkt die Schlussformel des Zeugnisses? Dankt man Ihnen für Ihre geleistete Arbeit, und werden Ihnen gute Wünsche für die berufliche Zukunft mit auf den Weg gegeben?

Gesamteindruck

- In welchem Ton ist das Zeugnis verfasst: wohlwollend oder kühl und knapp, floskelhaft oder persönlich?
- Stimmen Rechtschreibung und Zeichensetzung? (Sprich: Hat man sich genügend Mühe mit dem Zeugnis gegeben?)

Ausführlichere Informationen zum Thema Zeugnis finden Sie in unseren Büchern *Arbeitszeugnisse* und *Praxismappe Arbeitszeugnis*, erschienen im Eichborn Verlag.

Für Sie als älterer Bewerber sind Zertifikate absolvierter Weiterbildungsmaßnahmen nicht unwichtig. Damit haben Sie sozusagen einen schriftlichen Beweis Ihres Arbeitswillens und Ihrer Motivation – und damit fast von selbst ein wesentliches Vorurteil potenzieller Chefs entkräftet.

Der Gang zum Arbeitsamt

Damit Ihnen kein Abzug Ihrer Bezüge droht, sollten Sie sich unverzüglich nach Ihrer Kündigung bei der zuständigen Arbeitsagentur melden. Seit dem 1. Juli 2003 sind Sie dazu verpflichtet. Jeder Tag, an dem Sie die Meldung versäumen, kostet Sie einen empfindlichen Abzug Ihrer Leistungen, die Sie von der Arbeitsagentur erhalten.

Für die Meldung brauchen Sie erst einmal nur Ihren Personalausweis oder einen gültigen Reisepass und das Kündigungsschreiben. Von Ihrem zuständigen Sachbearbeiter erhalten Sie dann einen Antrag auf Arbeitslosengeld. Zusammen mit dem ausgefüllten Antrag müssen Sie, um Arbeitslosengeld beziehen zu können, zusätzlich zu dem Kündigungsschreiben eine Arbeitsbescheinigung Ihres ehemaligen Arbeitgebers, gegebenenfalls Ihren Aufhebungsvertrag oder die Abwicklungsvereinbarung, Ihre Lohnsteuerkarte und eventuell Nachweise über Krankengeld oder bereits erhaltene Leistungen bei der Arbeitsagentur abgeben.

Um all diese Bescheinungen rechtzeitig zusammenzuhaben, sollten Sie sich schnellstmöglich darum kümmern. Die Arbeitsagenturen sind bekanntlich sehr überlastet. Es ist deswegen nur in Ihrem eigenen Interesse, wenn Sie bei Ihrem ersten Besuch bereits alles Notwendige mitbringen, um unnötiges Nachreichen und damit Zeitverlust zu vermeiden.

Tipps für Ihre persönliche Starthilfe

Haben Sie eben erst von Ihrer (bevorstehenden) Kündigung erfahren, ist der erste Schock darüber verständlicherweise sehr groß. Schließlich macht Arbeit einen großen Teil Ihres Lebens aus und wenn Sie Ihren Job auch nicht jederzeit hingebungsvoll geliebt haben, war er doch immerhin Existenzgrundlage und Kontaktstätte zu Kollegen, Kunden und Geschäftspartnern. Sicherlich werden Sie sich fragen, warum es gerade Sie getroffen hat, was Sie wohl falsch gemacht haben und vor allem – wie es nun weitergehen soll.

Aber so hart es klingt – jetzt ist noch nicht die Zeit, sich Ihren Emotionen hemmungslos auszusetzen. Sie haben jetzt einige Dinge zu erledigen – angefangen von den Formalitäten bis hin zu den wichtigen und schwierigen Kündigungsverhandlungen, die Ihnen eine bessere Ausgangsposition verschaffen, je geschickter Sie diese verhandeln. Deswegen – bewahren Sie noch eine Weile die Ruhe und konzentrieren Sie sich nur auf die Fakten. Der angenehme Nebeneffekt dabei ist, dass Sie gar keine Zeit haben werden, sich um Ihre seelischen Befindlichkeiten zu kümmern, und wenn, dann liegen vermutlich schon die schlimmsten Tage hinter Ihnen.

Holen Sie sich fachlichen Rat, unterhalten Sie sich mit Bekannten und Freunden, die auch in dieser Situation gesteckt haben, und überlegen Sie, wie Sie jetzt am besten vorgehen wollen. Denn wie gesagt: Es bleiben Ihnen nur drei Wochen Zeit, um sich gegen die Kündigung zu wehren.

Legen Sie sich aus Ihrem erworbenen Wissen eine Strategie für Ihr weiteres Vorgehen zurecht. Sie bietet Ihnen psychologisch ein sicheres Fundament, auf das Sie sich zurückziehen können, wenn Sie in den späteren Verhandlungen unsicher werden oder Sie die Winkelzüge Ihres Gegenübers zu überrumpeln drohen. Außerdem lenkt es ab und hebt das Selbstbewusstsein, wenn sich Ihre gute Vorbereitung in klingender Münze oder sonstigen Vorteilen für Sie niederschlägt. Zumindest können Sie sich dann das Gefühl schenken, versagt oder zumindest nicht alles versucht zu haben. In Ihrem Leben gab es sicherlich bereits einige unangenehme Situationen zu meistern. Erinnern Sie sich an Ihre damalige Vorgehensweise. Sind Sie eher ein Planer und Taktierer oder handeln

Sie eher nach Gefühl? Bewältigen Sie Ihre Probleme lieber alleine oder mit Hilfe von Freunden und Familie? Der beste Lösungsweg, wie Sie mit Ihrer Situation am schnellsten ins Reine kommen, ist der, der am ehesten Ihrer Art entspricht.

Zeit für die seelische Hängematte

Wenn Sie alles geregelt haben, was es zu regeln gibt, ist es aber tatsächlich an der Zeit, sich um sich selbst zu kümmern. Gönnen Sie sich zwei, drei Tage Auszeit und tun Sie ausschließlich das, wonach Ihnen zumute ist. Halten Sie, wenn Sie wollen, im Geiste einen langen Monolog, in dem Sie Ihrem Chef nach Herzenslust Ihre Meinung sagen. Das befreit – solange Sie es lediglich im Geiste tun. Bedauern Sie sich aus tiefster Seele. Das steht Ihnen zu, Sie haben schließlich gerade einen Teil Ihres Lebensinhalts entzogen bekommen.

Wenn Ihnen danach ist, betreiben Sie Ursachenforschung – aber keine Selbstzerfleischung. Das kostet zu viel Kraft und bringt niemandem etwas. Selbst wenn Sie an Ihrer Situation nicht ganz schuldlos sein sollten: Konzentrieren Sie sich lieber darauf, die Ursachen herauszufinden, und sorgen Sie dafür, dass Sie es in einem neuen Job besser machen können. Vielleicht sehen Sie ja jetzt, nachdem alles vorbei ist, die Dinge ein bisschen objektiver. Befragen Sie Vertraute, die Ihre Situation schon länger beobachten, um ihre Meinung. Sie können Ihnen vielleicht sagen, was Sie falsch und was richtig gemacht haben. Das wird Sie wieder auf den Teppich bringen.

Verwöhnen Sie sich und lassen Sie sich verwöhnen – von Ihren Freunden und/oder Ihrer Familie. Genießen Sie es, während der normalen Arbeitszeit im Café zu sitzen und nichts zu tun. Tagträumen Sie und stellen Sie sich vor, was Sie jetzt für Möglichkeiten haben. Räumen Sie Ihre Wohnung um, gehen Sie zum Friseur, fahren Sie ein paar Tage weg – Veränderungen jedweder Art wirken Wunder. Hauptsache ist, Sie stellen sich für eine kurze Zeit richtig in den Mittelpunkt und ziehen danach konsequent einen Schlussstrich unter die Vergangenheit.

Lassen Sie es aber nicht zu lange laufen (max. 3–4 Wochen), denn sonst fällt es Ihnen umso schwerer, sich wieder auf das Wesentliche zu konzentrieren – auf die Suche nach einem Job und eine gelungene Bewerbung darum.

Sie werden in diesen Tagen alle möglichen Überlegungen anstellen. Das ist normal. Schließlich hat sich gerade Ihr Leben geändert. Einen Gedanken sollten Sie aber nie zu stark werden lassen – dass Sie Ihres Alters wegen keine Chancen mehr haben, einen neuen Job zu finden, und dass es sinnlos ist, sich überhaupt noch einmal aufzuraffen und sich darum zu bemühen.

Wie Sie im ersten Teil dieses Buches gesehen haben – es gibt immer mehr Leute, die das anders sehen und bereit sind, danach zu handeln. Sie sind gerade mal um die 50 und haben noch einige Jahrzehnte vor sich. Sie wollen diese Zeit doch nicht ernsthaft ausschließlich in Ihren vier Wänden verbringen und deprimiert Ihre Decke anstarren? Sie haben immer noch und gerade jetzt sehr viele Möglichkeiten – wenn nicht als Angestellter, dann als Selbständiger. Sie können, wenn Sie wollen, all Ihre Fähigkeiten bündeln und auf den Punkt bringen, und das einigermaßen ohne Druck. Sie müssen sich nichts mehr beweisen. Das liegt hinter Ihnen.

Mit all Ihrer Erfahrung sind Sie in der Lage, an die Dinge ganz anders heranzugehen als vor 20 Jahren. Sie werden dabei einige Überraschungen erleben. Wenn Sie keine Überraschungen mögen, perfektionieren Sie Ihre Erfahrungen und Ihre Kompetenzen! Sie kennen sich so gut aus in Ihrer Branche, dass Sie wissen, was ankommt und was nicht. Die Anfängerfehler haben Sie alle schon gemacht. Warum nicht das Ganze als Spiel betrachten und es mal von einer Seite aufziehen, die Ihnen ganz andere Perspektiven eröffnet?

Oder anders formuliert: Erst kam die Pflicht, jetzt kommt die Kür. Vielleicht ist die Kündigung ein Fingerzeig, es mal mit einer anderen Richtung zu versuchen? Vielleicht sind Sie ja auch ein ganz klein bisschen froh, dass Ihnen eine Entscheidung abgenommen worden ist und Sie quasi gezwungen wurden, auf neuen Wegen zu wandeln? Sie sind genauso leistungsfähig wie eh und je – wäre es denn nicht interessant zu wissen, wo Sie das hinbringen kann?

Wie Sie herausfinden, wo die Reise hingehen soll und wie Sie sich am besten darauf vorbereiten, erfahren Sie im nächsten Kapitel.

Reisevorbereitungen

Um Ihre Chance auf einen Neuanfang in Ihrem Sinne zu wahren, bedarf es einer guten Vorbereitung. Viele Menschen unterschätzen die Zeit und die Arbeit, die für eine gute Bewerbung notwendig sind. Sie bewerben schließlich ein besonderes Produkt – Ihre Persönlichkeit, Leistungsmotivation und Kompetenz. Sie wollen sich doch von Ihrer besten Seite zeigen. Und das kostet Sie neben Ihrer Zeit kreativen Einsatz, den Blick fürs Wesentliche und eine Analyse des Produkts – also eine Analyse Ihrer selbst. Das hört sich anstrengend an, kann aber ebenso faszinierend sein. Nicht umsonst hat die Werbebranche trotz des Stresses einen so enormen Zulauf. Der Job ist spannend, überraschend, vielseitig, horizonterweiternd, witzig, kommunikativ und bietet die Möglichkeit, die Dinge aus den verschiedensten Blickwinkeln zu betrachten. Im besten Fall bringt eine gute Werbekampagne einem Produkt schwindelerregende Umsatzzahlen – in Ihrem Fall den einen Job, der all das befriedigt, was Sie sich im Moment als beste aller Möglichkeiten vorstellen können.

Dazu müssen Sie erst einmal Ihre besten Seiten kennen und herausfinden, wem Sie sie zeigen wollen und wie Sie ihn dazu bekommen, sich für Sie zu interessieren. Eine Bewerbung ist dann erfolgversprechend, wenn man ihr ansieht, dass sie speziell für diese Firma geschrieben worden ist, sie Ihre Sachkenntnis über das, was die Firma auszeichnet, widerspiegelt, und wenn es schon beim Lesen klar ist, dass Sie und die Firma auf alle Fälle voneinander profitieren werden.

Wenn Sie von vorneherein wissen, wo Sie hinwollen, und wenn Sie Ihre Suche effizient und gezielt gestalten, wird das nur halb so schwierig werden, wie es sich jetzt anhört. Je wahlloser und beliebiger Sie jedoch Ihre Bewerbung gestalten und verschicken, desto höher wird Ihr Frustpotenzial sein.

Eine gute Bewerbung zu schreiben ist wie eine Reise zu planen. Das Wichtigste ist ein spannendes Ziel, für das sich der Aufwand lohnt. Es gehört die richtige Einstellung, eine straff organisierte Planung, eine eingespielte Organisation und eine gute Portion Improvisationstalent dazu, bis es losgehen kann.

Neugier, eine gewisse Risikofreude, Unvoreingenommenheit, etwas Pioniergeist, wache Augen, offene Ohren und die Lust, sich überraschen zu lassen, sind bestens geeignet, sich auf die Reise einzustimmen und sie in vollen Zügen zu genießen. Auch wenn Sie es uns erst einmal nicht glauben wollen: Wenn Sie sich auf den Weg machen, können Sie mit dem Schreiben Ihrer Bewerbung sogar Spaß haben. Sie werden auf Seiten an sich stoßen, von deren Existenz Sie vielleicht wussten, aber niemals gedacht hätten, dass sie von Nutzen für Sie sein könnte. Vielleicht erleben Sie Ihr blaues positives Wunder, wenn Sie von Freunden erfahren, wie sie Sie sehen und was Sie in ihren Augen ausmacht. Sie werden die unterschiedlichsten Menschen kennen lernen und positive und weniger positive Erlebnisse haben. Es ist alles offen. Aber Sie können es lenken.

Also suchen Sie Ihr Ziel aus und legen Sie die Route fest!

Alles eine Frage der Einstellung

Wir haben es schon erwähnt: Auf die richtige Einstellung kommt es an. Sie fahren schließlich auch nicht in Urlaub mit dem Gefühl, dass es sowieso nur regnen, es am Urlaubsort ständig Baulärm geben wird, dass Ihnen die Landschaft sicher nicht gefällt und Sie das Essen nicht vertragen.

Verzichten Sie am besten ganz auf folgende Gedanken.

»Ich bin arbeitslos.« – Streichen Sie das Wort »arbeitslos« aus Ihrem Kopf. Es klingt sehr endgültig und das ist in Ihrem Fall absolut nicht angebracht. Sie haben vorübergehend keinen Job und sind arbeitssuchend. Das klingt schon ganz anders und gibt Ihre Situation am besten wieder. Sie können viel dafür tun, dass diese Zeitspanne möglichst kurz ist.

Dass Sie Ihre Situation bedrückt, ist verständlich – umso mehr, weil Sie zu einer Generation gehören, in der Brüche im Erwerbsleben eher selten waren. So ist es aber heute nicht mehr. Wie gesagt: Arbeitsplatzverlust oder -wechsel sind keine Schande, sie gehören (leider) fast schon zum normalen Arbeitsalltag. Oft wird sogar verlangt, alle paar Jahre den Job zu wechseln, um Flexibilität, Risikofreude und Lernbereitschaft zu demonstrieren. Laut der im ersten Teil erwähnten Umfrage sind die meisten Personalchefs älteren Arbeitslosen gegenüber nicht negativ eingestellt. Es geht ihnen lediglich darum, wie Sie damit umgehen. Und das haben Sie in der Hand.

Sie werden sehen: Der Gedanke »Ich bin arbeitslos« wird sich relativieren, sobald Sie etwas unternehmen. Je mehr Leute Sie treffen, die Ihnen weiterhelfen können, je mehr Informationen Sie sammeln, desto weniger werden Sie das Gefühl haben, ohne Arbeit zu sein. Wie Sie Ihre Suche am effektivsten gestalten, erfahren Sie ab Seite 93. Sie haben bereits Arbeit, und eine kreative obendrein – Ihre Bewerbung.

»Bei der hohen Arbeitslosigkeit gibt es sowieso keinen Arbeitsplatz für mich.« – Falsch! Ist Ihnen schon einmal die Diskrepanz zwischen der hohen Arbeitslosigkeit und dem Jammer der Arbeitgeber über fehlendes qualifiziertes Personal aufgefallen? Das ist Ihre Chance! Nutzen Sie die Zeit und bilden Sie sich weiter, bauen Sie Ihr Hobby aus, vielleicht kann es Sie in irgendeiner Weise ernähren oder Ihnen beruflich nützen. Werden Sie aktiv und entwickeln Sie Eigeninitiative.

Es werden immer wieder Stellen frei, die nie im Stellenmarkt auftauchen. Menschen gehen in Rente, werden befördert, nehmen sich eine Auszeit, machen sich selbstständig, gehen in den Mutterschaftsurlaub … Oft werden diese Stellen gar nicht ausgeschrieben, weil sie intern oder auf Empfehlung besetzt werden. Sind Sie da zur richtigen Zeit am richtigen Ort und flexibel genug, sich erst einmal auf eine Stelle auf Zeit einzulassen, haben Sie schon richtig gute Chancen, einen Fuß in die Tür zu bekommen. Von diesen Stellen erfahren Sie am besten durch ein gut funktionierendes Netzwerk. Dazu mehr an späterer Stelle.

»Kündigung – jetzt ist alles aus!« – Im Gegenteil! Wenn Sie wollen, fängt es gerade erst an. Es erfordert eine Portion Überwindung, ein bisschen Mut und vor allem die Fähigkeit, Chancen zu erkennen, wenn sie sich Ihnen bieten. Wie wir bereits gesagt haben: Eine Kündigung kann Ihr Glück in eine völlig neue Richtung wenden. Bei vielen Dingen ist es wie mit altem Wein: Man muss sie reifen lassen. Vielleicht hatten Sie immer schon einen Traum, den Sie nicht getraut haben zu verwirklichen, weil Sie dachten, Sie sind noch nicht so weit?

Dann ist jetzt vielleicht der richtige Zeitpunkt. Ihre Talente hatten Zeit, sich zu entwickeln, Sie besitzen den Blick fürs Wesentliche, haben die ein oder andere Krise bewältigt, sind dementsprechend sattelfest und verfügen über die nötige Gelassenheit. Sie spüren keinen Karrieredruck mehr – verbinden Sie das Angenehme mit dem Nützlichen.

»Hätte ich doch …« – Alle Gedanken in diese Richtung sind überflüssig und für Ihre Seelenlage pures Gift. Sie haben alles Recht der Welt, zu überlegen, woran es denn gelegen haben könnte, dass Sie gekündigt wurden, aber seien Sie fair mit sich und kommen Sie zu einem Ende. Schauen Sie nur noch nach vorne und setzen Sie die Schlüsse um, die Sie aus vergangenen Ereignissen gezogen haben – die es aber immer wieder auf ihre Berechtigung hin zu überprüfen gilt. An der Vergangenheit können Sie sowieso nichts mehr ändern, und als Alibi dafür, jetzt nichts mehr zu tun, sollten Sie Vergangenes auch nicht missbrauchen. Also Schluss damit! Der König ist tot! Es lebe der König!

Die besten Techniken der Selbstmotivation

Es wird dabei Tage geben, an denen Sie hochmotiviert und mühelos die richtigen Leute treffen, die richtigen Worte finden und über das richtige Maß an Kräfteeinsatz verfügen. Zu manchen Zeiten wird das ganz und gar nicht so sein, Sie sind Ihren Selbstzweifeln ausgeliefert und eine Absage in Ihrem Briefkasten ist das Ende aller Tage. Natürlich können Sie dann auch einmal Bewerbung Bewerbung sein lassen. Um eine völlige Blockade zu verhindern, ist das manchmal auch die beste Methode.

Aber was, wenn Sie an einem solchen Tag ein wichtiges Telefonat führen müssen oder ausgerechnet dann ein Vorstellungsgespräch haben? Für diesen Fall stellen wir Ihnen ein paar Techniken vor, mit deren Hilfe Sie sich »künstlich« in die Stimmung versetzen können, in der es für Sie normalerweise ein Leichtes ist, die Menschen von sich zu überzeugen. Wir überreichen Ihnen sozusagen Ihre seelische Reiseapotheke.

- Es ist schon viel gewonnen, wenn Sie Ihr Ziel klar definieren. Einfach nur zu sagen, *»Ich hätte gern einen neuen gutbezahlten Job, der mir liegt!«*, ist zu wenig differenziert. Damit ist noch nicht klar, in welcher Branche er sein soll, ob Sie eine Führungsposition anstreben oder nicht, ob Sie Angestellter oder Selbständiger sein oder lieber kreativ oder technisch orientiert arbeiten wollen etc. Wie Sie das herausfinden, erfahren Sie auf Seite 72.
- Organisieren Sie im Vorfeld alles so, dass Sie möglichst störungs- und stressfrei Ihr Ziel erreichen können. Erledigen Sie alles, was Sie davon ablenken könnte oder so viel Zeit braucht, dass es nicht mit Ihrem eigentlichen Ziel, einen neuen Job zu erobern, zu vereinbaren ist.
- So wie Sie sich für Ihre Reise um Impfungen, Visaanträge und alle notwendigen Informationen etc. kümmern müssen, sollten Sie jetzt dafür sorgen, dass Sie alles notwendige Material für eine Stellensuche und Bewerbung zusammenhaben.
- Sammeln Sie während Ihrer Stellenrecherche alle wichtige Fachliteratur wie Zeitungen, Zeitschriften und Magazine, die Stellenanzeigen enthalten oder Informationen über die entsprechende Branche bieten. Legen Sie sich einen extra Ordner an, in dem Sie die Internet-Seiten, die für Sie wichtig sind, zusammenstellen. Betreiben Sie Datenpflege. Es kommen immer wieder neue Seiten dazu oder es werden Seiten vom Netz genommen.
- Räumen Sie an Ihrem Schreibtisch und in seinem näheren Umfeld alles weg, was Sie ablenken könnte. Der Abenteuerroman, den Sie gerade mit Begeisterung lesen, hat in dem Blickfeld, das Sie vom Schreibtisch aus einsehen

können, nichts zu suchen. Putzen Sie lieber vorher die Fenster, damit sie Ihnen nicht als Vorwand dienen können, sich anderem zuzuwenden als Ihrer Bewerbung.

- Überlegen Sie sich aber auch, womit Sie sich belohnen können, wenn Sie ein Etappenziel erreicht haben. Sie können es so eng oder weit stecken, wie Sie wollen, aber es sollte doch realistisch sein. Eine gute Bewerbung schreibt sich nicht in einem Tag. Das sollten Sie im Vorfeld wissen, um sich nicht völlig zu frustrieren.
- Es kann schon motivieren, wenn Sie eine große Aufgabe in mehrere kleine aufteilen. Dann erscheint Ihnen der Berg, den Sie bewältigen müssen, nicht allzu groß und die Furcht vor dem unwegsamen Gelände legt sich. Etappenziele sind beispielsweise, sich alle wichtigen Zeitungen zusammenzustellen, ein paar wichtige Stichpunkte für Ihre Werbebotschaft zu sammeln, sich eine Form der Präsentation zu überlegen oder Ihre persönlichen Unterlagen zusammenzustellen und sauber zu kopieren. Später kann es ein Ziel sein, ein unangenehmes Telefonat vorzubereiten und durchzuziehen oder Termine mit Leuten wahrzunehmen, die Ihnen weiterhelfen können.
- Falls Ihre Tagesform oft sehr unterschiedlich ist, ist es ratsam, sich für die »zähen« Tage eine Aufgabe zu stellen, die eher einer Fleißaufgabe entspricht, als Ihren ganzen kreativen oder geistigen Einsatz zu fordern.

Zu den folgenden Motivationstechniken ist zu sagen, dass nicht jede Technik für jeden Menschen geeignet ist. Sind Sie der Logiker, Planer und rationale Typ, sind die Techniken gleich im Anschluss besser für Sie geeignet als die, die mit inneren Bildern und Vorstellungskraft arbeiten. Sind Sie eher der intuitive Typ, sollten Sie damit anfangen. Probieren Sie es einfach aus.

- Wenn es Ihnen einmal an Motivation mangelt, überlegen Sie sich den direkten, sofort sichtbaren Vorteil, wenn Sie die Aufgabe, die vor Ihnen liegt, in Angriff nehmen. Das kann eine wichtige Information oder ein neuer Kontakt sein, die bzw. den Sie erhalten, oder gleich ein Termin bei einem neuen potenziellen Chef. Das kann aber auch nur das ausgesprochen schöne Gefühl sein, sich überwunden zu haben und festzustellen, dass es so schlimm gar nicht war etc.
- Erstellen Sie sich eine To-do-Liste, in der Sie alles notieren, was wichtig ist, um Ihr Ziel zu erreichen. Dabei möglichst der (chronologischen) Reihenfolge nach vorzugehen, hat den Vorteil, dass Sie den besten Weg dorthin bereits anlegen und einen ersten Überblick gewinnen, wie viel Zeit Sie für welche

Etappenziele brauchen. Außerdem werden Ihnen dabei schon erste Ideen kommen – die Sie unbedingt aufschreiben sollten, auch wenn Sie meinen, sie sowieso nicht zu vergessen, weil sie so gut sind. Sie werden staunen, wie viel man wieder vergisst. Legen Sie sich also unbedingt einen »Ideen-Ordner« (bzw. eine entsprechende Datei) an.

- Haben Sie Ihre Reihenfolge, machen Sie sich Zeitpläne. Nachdem Sie niemand von außen unter Druck setzt – wann und wo Sie einen neuen Job bekommen, ist schließlich Ihr Problem –, wird die Versuchung groß, Ihre Aufgaben zu verschieben und eine schier unendliche Phantasie dabei zu entwickeln, warum es heute nicht geht. In diesem Fall motiviert es sehr, sich unter künstlichen Druck zu setzen. Erzählen Sie Ihrer Familie, Freunden und Bekannten, was Sie für wann geplant haben. Sie werden sehen, es hilft. Denn nichts ist peinlicher, als sich vor anderen immer wieder Ausflüchte aus den Fingern saugen zu müssen, warum Sie es nicht umgesetzt haben. Außerdem könnten Sie damit den Eindruck erwecken, es sei Ihnen nicht ernst.
- Spüren Sie einen finanziellen oder anderweitigen Druck im Nacken, wird sich Ihnen das Problem nicht stellen. In diesem Fall sollten Sie lieber aufpassen, sich nicht zu sehr unter Druck zu setzen. Menschen unter Druck oder unter Angst merkt man ihre Notsituation an und damit schaffen Sie sich keine gute Ausgangsbasis.
- Wichtig für einen effektiven Zeitplan ist, ihn realistisch zu gestalten, damit Sie sich nicht von einer Liste tyrannisiert fühlen. Schaffen Sie es nicht, ihn einzuhalten, ist das kein Beinbruch. Denn oft schätzt man den Zeitaufwand mancher Dinge falsch ein, vor allem, wenn man sie zum ersten Mal macht. Aber Sie können sich verbessern.
- Hüten Sie sich davor, sich zu verzetteln. Gerade bei der Recherche ist die Gefahr groß, sich durch Seiten zu klicken, die nur noch mit viel Phantasie mit Ihrem eigentlichen »Zielgebiet« zu tun haben. Auch das Lesen diverser Fachmagazine verleitet gerne dazu. Hängen Sie sich gut sichtbar einen großen Zettel mit dem formulierten Tagesziel oder einem motivierenden Stichwort Ihrer Wahl an Ihren Computer oder an das Regal. Das wird Sie wieder »einfangen«.
- Je intensiver Sie sich mit Ihrer Recherche beschäftigen, desto größer wird Ihre Papierflut. Um ihrer Herr zu werden und nicht durcheinander zu geraten, haben sich verschiedene Ordnungssysteme bewährt. Wenn Sie alles in einem Ordner sammeln, ist es vorteilhaft, das Material nach Firma, nach Ort oder fachlichem Interessensgebiet zu sortieren und es jeweils mit vorher festgelegten farbigen Selbstklebemarkern zu kennzeichnen.

Für diejenigen unter Ihnen, die lieber ihrer Intuition vertrauen, sind vielleicht die folgenden Techniken interessant.

- Visualisieren Sie Ihr Ziel, das es zu bewältigen gilt. Lassen Sie vor Ihrem geistigen Auge Bilder ablaufen, wie Sie es am liebsten angehen würden, was Ihnen unterwegs passieren könnte und was geschieht, wenn Sie Ihr Ziel erreicht haben. Seien Sie Ihr eigener Regisseur und basteln Sie sich Ihre Bilder in x-beliebiger Reihenfolge zu einem Film zusammen. Dabei ist überhaupt nicht wichtig, ob Ihre Phantasien logisch oder realistisch sind. Ziel ist es lediglich, Möglichkeiten freizusetzen oder ein Gefühl dafür zu entwickeln, was Sie wollen. Umso mehr können Sie später den Triumph genießen, wenn Sie es tatsächlich geschafft haben und sich das Siegesgefühl aus dem Film einstellt. Gönnen Sie sich ruhig die Hauptrolle des Helden, der keine Widrigkeiten kennt und jede Situation zu seinem Vorteil nutzt. Neben dem nötigen Motivationsschub bekommen Sie noch einen ordentlichen Schwung gute Laune frei Haus mit dazu.
- Ersetzen Sie alle negativen Gedanken durch optimistische. Sie müssen deswegen nicht in rosarotes Zuckerguss-Denken verfallen, aber es reicht schon aus, statt *»Das schaffe ich nie!«* zu denken: *»Ich versuche, es zu schaffen!«* oder *»Einen Versuch ist es wert!«*. Denn das Gehirn merkt sich immer nur das *»Nicht«* und *»Nie«* eines Satzes, aber niemals die komplette Information. Also formulieren Sie um. *»Ich werde ruhig bleiben!«* wird Sie eher ans Ziel bringen als *»Ich will nicht nervös sein!«*.
- Setzen Sie auf Ihr Unterbewusstsein. Es tut mehr für Sie, als Sie denken. Es speichert Bilder und Informationen so, dass Sie sie mit ein bisschen Konzentration jederzeit wieder abrufen können – unmerklich und ohne Anstrengung. Sicher hatten Sie auch schon durch irgendeinen Anlass Bilder von einem früheren, ähnlichen Ereignis im Kopf, von dem Sie dachten, Sie hätten es längst vergessen. Nutzen Sie diese Fähigkeit für sich. Konzentrieren Sie sich, bevor Sie schlafen gehen, auf das Ziel, um das es geht. Die Lösung trifft Sie buchstäblich »im Schlaf«. Zumindest können Sie davon ausgehen, dass Sie in nicht allzu ferner Zukunft das haben werden, was man allgemein eine »Eingebung« nennt.
- Wenn Sie sich sehr gestresst fühlen, Ihnen nichts einfällt oder der Zeitdruck wächst, machen Sie, so paradox es klingt, eine Pause. Die nützt das Unterbewusstsein, um die Fakten neu zu sortieren. Wenn Sie sich zehn Minuten später wieder an die Arbeit machen, werden Sie sehen, dass sie Ihnen viel leichter fällt, weil Sie die Lösung vor lauter Betriebsblindheit

nicht gesehen haben oder Sie jetzt auf einmal alles aus einem anderen Blickwinkel sehen.

Alle diese Techniken funktionieren übrigens am besten, wenn man sie ruhig und entspannt ausprobiert. Es heißt nicht umsonst »In der Ruhe liegt die Kraft!«. Atmen Sie ein paar Mal tief ein und aus, machen Sie ein paar Übungen aus dem Tai Chi oder dem Qi Gong oder machen Sie sonst etwas, was Ihnen guttut.

Ändern Sie vor allen Dingen Ihre Einstellung. Es ist nicht lästig, eine Bewerbung zu schreiben. Denken Sie nicht jetzt schon, dass das alles nichts bringen wird. Es warten sowohl schöne Erlebnisse als auch schwierige Situationen, die es zu meistern gilt. Sie können übrigens zu höchst amüsanten Anekdoten werden, die Sie im ausgewählten Kreis zu gegebener Zeit zum Besten geben können. Und vergessen Sie nicht, sich zu belohnen!

Die Bestandsaufnahme

Nach diesen »goldenen Worten« wird es Zeit für die nächsten, konkreten Vorbereitungen.

Die Finanzlage

Als Erstes sollten Sie eine Bestandsaufnahme Ihrer momentanen Situation machen. Dazu gehören zuallererst Ihre Finanzen. Denn danach richtet sich auch, wie viel Zeit Sie in Ihre Suche investieren können, was ein Job finanziell für Sie bringen muss, damit Sie gut zurechtkommen, und welche Möglichkeiten der Neuorientierung Sie haben. Wollen Sie sich selbständig machen, bedarf es sicherlich einer anderen finanziellen Voraussetzung, als wenn Sie sich als Angestellter bewerben.

Machen Sie sich also eine Liste, in der Sie auf der einen Seite notieren, wie sich Ihr finanzielles Guthaben zusammensetzt. Dazu gehören Ihre Einnahmen wie künftiges Arbeitslosengeld, Ihre Abfindung, eventuell Einnahmen aus der Vermietung einer Eigentumswohnung, Sparbücher, Aktieneinlagen etc. Können Sie das Einkommen Ihres Partners mit dazurechnen? Gibt es Wertgegenstände, die Sie notfalls verkaufen oder beleihen können?

Auf der anderen Seite notieren Sie sich Ihre Ausgaben – Miete, Versicherungen, Lebensunterhalt (Lebensmittel, Kleidung, Benzin), finanzielle Verpflichtungen an Lebenspartner, Kinder etc., Extraausgaben für Vereine, Urlaub etc. Rechnen Sie eventuell noch Mehrkosten für Ihre Bewerbung mit ein – für Papier, Mappen, Porto, ein neues Bewerbungsoutfit etc.

Überlegen Sie sich, wie Sie sparen können. Streichen Sie die zwei großen Urlaube im Jahr und gönnen Sie sich eine Auszeit zu Hause oder in der näheren Umgebung. Verkaufen Sie Ihr großes Auto und kaufen Sie sich ein kleineres. Fahren Sie öfter Fahrrad. Das spart Benzin und hält fit. Fahnden Sie nach Schnäppchen in den Geschäften und in Zeitungen. Viele Second-Hand-Läden haben längst nicht mehr den Ruf, alte, abgetragene und unmoderne Kleidung zu verkaufen. Eine gute Adresse für Kleidung sind auch diverse Outlet-Stores (Verkauf ab Werk). Vermeiden Sie hohe Telefonrechnungen, insbesondere Gespräche über Handy.

Bringen Sie sich in Form!

Wir haben Ihnen im Vorfeld schon einige Ratschläge gegeben, wie Sie sich in der ersten Zeit nach der Kündigung wieder gut an den Start bringen können. Diese Ratschläge gelten natürlich auch jetzt. Denn schließlich werfen Sie neben Ihren beruflichen Qualifikationen Ihre Persönlichkeit in die Waagschale Ihres potenziellen Arbeitgebers. Und da ist es kein Schaden, wenn Sie Selbstbewusstsein verströmen und man Ihnen ansieht, dass Sie sich wohl fühlen in Ihrer Haut. Es geht nicht um Schönheits- und Jugendwahn. Es geht darum, dass Ihnen vieles leichter fällt und es Ihnen besser geht, wenn Sie etwas für Ihr Wohlbefinden tun und das auch für andere sichtbar wird. Außerdem haben Sie jetzt für viele Dinge erst einmal so richtig Zeit.

Treiben Sie Sport, gehen Sie spazieren, fahren Sie Fahrrad, schwimmen Sie … Das ist die beste Möglichkeit, trübe Gedanken zu verscheuchen und Ihr Selbstbewusstsein aufzupäppeln. Außerdem wird der Kopf frei und Sie werden überrascht sein, wie viele Ideen Sie auf einmal haben.

Treffen Sie Freunde, gehen Sie ins Kino, gönnen Sie sich einen Absacker in Ihrer Lieblingskneipe. Belohnen Sie sich für die jahrelange Arbeit, die Sie für Ihre alte Firma geleistet haben, und gratulieren Sie sich zu Ihrem Durchhaltevermögen. Gönnen Sie sich einen festen »Feierabend« in der Woche. Das eröffnet neue Perspektiven und lenkt ab. Sprechen Sie mit Ihren guten Freunden über Ihre Situation und sagen Sie ihnen, dass Sie sich gewisse teure Freizeitaktivitäten im Moment verkneifen müssen. Damit ersparen Sie sich deprimierendes Herumlavieren. Außerdem gibt es viele Dinge, die man gemeinsam unternehmen kann, ohne ein Vermögen dafür ausgeben zu müssen. Sollten Ihre Freunde und Bekannten kein Verständnis zeigen, waren es keine wirklichen Freunde.

Ernähren Sie sich gesund. Fettreiches Essen ist ein hervorragender Seelentröster bei akutem Kummer, wird sich aber auf Dauer in eine Energie- und Denkblockade erster Güte verwandeln. Essen Sie Obst und Gemüse, achten Sie vor allem auf Abwechslung, lassen Sie sich beim Gang über den Markt inspirieren, probieren Sie neue Rezepte aus. Trinken Sie mindestens zwei bis drei Liter Wasser, Kräutertee oder Säfte am Tag. Das entschlackt und bringt Sie in Form. Hüten Sie sich vor zu viel Alkohol. Er mag Ihnen einmal einen Abend verschönen, aber der wattige Kopf am nächsten Tag kostet Sie wertvolle Zeit für Ihre Bewerbung und bringt Ihnen am Abend nur ein schlechtes Gewissen.

Kümmern Sie sich um Ihr geistiges Wohlbefinden. Lesen Sie (nicht nur Fachinformationen), tagträumen Sie, machen Sie den Sprachkurs, zu dem Sie nie gekommen sind, besuchen Sie Vorträge oder gehen Sie in Museen. Vervollkommnen Sie Ihre Fähigkeiten, wecken Sie schlummernde Talente und reaktivieren Sie die versandeten. Kurz: Setzen Sie Ihre Gedanken in Trab und lassen Sie sich inspirieren. So kommen Sie auch gut ins Gespräch und können interessante Kontakte knüpfen.

Wie Sie Ihr Traumziel finden und wie Sie es am besten erreichen

So, wie Ihre Reise ein Ziel hat, für das sich der ganze Vorbereitungsaufwand lohnt, sollten Sie sich jetzt Ihr berufliches Traumziel suchen. Wenn Sie verreisen, werden Sie sich Gedanken über Ihr Reiseziel machen. Es entspricht entweder ganz und gar Ihren Vorlieben oder ist das genaue Gegenteil davon. Sind Sie eher der stille Typ? Dann wäre das Buchen einer Partymeilen-Insel nicht das Richtige für Sie – oder eben doch, wenn Sie das völlig Neue reizt. Lieben Sie das tosende Leben oder kulturelle Vielfalt, sind Sie an einem skandinavischen See oder in der kanadischen Einsamkeit nicht wirklich gut aufgehoben – es sei denn, Sie wollen wissen, ob Sie auch das aushalten könnten.

Genau diese Gedanken sollten Sie sich jetzt über Ihren zukünftigen Job machen. Dazu müssen Sie erst einmal herausfinden, was Sie ausmacht und was Sie wollen. Das ist gar nicht leicht. Sie werden jetzt vielleicht sagen, dass Sie wirklich schon lange genug mit sich selbst zu tun haben, um zu wissen, was Ihnen liegt, und dass Sie sich in- und auswendig kennen? Das ist sicher richtig, aber wie oft haben Sie das schon formuliert und in eine ansprechende, neugierig machende Form gebracht?

Versuchen Sie einmal, für Ihren besten Freund drei treffende Adjektive zu finden, die außergewöhnlich sind und seine besten Seiten auf den Punkt bringen. Und damit sind nicht die Adjektive wie »treu«, »zuverlässig« oder »ein Kumpel zum Pferdestehlen« gemeint. Sie beschreiben Grundvoraussetzungen einer Freundschaft und machen niemanden neugierig, Ihren Freund kennen lernen zu wollen. Gute treffende Adjektive lassen konkrete Bilder im Kopf des Zuhörers entstehen. Sie werden sehen, dass es Ihnen nicht leicht fällt, diese drei Worte zu finden, ohne dass sie kitschig, übertrieben oder nicht genau genug sind. Noch schwieriger wird es sein, sich selbst zu beschreiben, ohne sich wie ein Prahlhans vorzukommen oder Ihr Licht zu sehr unter den Scheffel zu stellen.

Außerdem sind Sie in einem Alter, in dem es Ihnen passieren kann, dass manche Ihrer Eigenschaften und Talente im Laufe der Zeit zu kurz gekommen sind und Sie sich deswegen schon gar nicht mehr daran erinnern können.

Das Selbstbild

Um also über Ihr komplettes Innenleben Aufschluss zu erhalten, ist ein »Selbstbild« vonnöten.

Ihre beruflichen Fähigkeiten

Notieren Sie sich als Erstes Ihre beruflichen Fähigkeiten. Dazu gehören: Ihre Ausbildung, Ihr berufliches Wissen, Ihre Spezialkenntnisse, Ihre Berufserfahrung, Ihre bisherigen Aufgabengebiete, Ihre fachspezifischen Fähigkeiten, Ihre Qualifizierungsmaßnahmen, die Projekte, an denen Sie beteiligt waren oder sogar geleitet haben, und vor allem Ihre Erfolge.

Letzteres wird Sie mit Sicherheit beflügeln und Sie werden feststellen, dass es gar nicht so wenige waren. Lassen Sie sich dafür Zeit. Wichtig sind nicht nur die großen Ereignisse, sondern auch die kleinen – dass Sie Ansprechpartner und Ratgeber für Ihre Kollegen waren, dass Sie mit Ihrer Ruhe eine gereizte Stimmung bereinigt und eine Produktion doch noch zu einem guten Ende gebracht haben, dass Sie bei Ihren Kollegen einen großen Vertrauensbonus hatten etc. Berufliche Erfolge sind auch eine gute Idee für ein Produkt, die Akquise eines großen, liquiden und vor allem zufriedenen Kundenstamms, die Planung und/oder Leitung eines Projekts, Verbesserungsvorschläge zur Steigerung der Effizienz und ihre erfolgreiche Umsetzung oder eine Mitarbeiterschulung.

Ein Personalchef wird in einer Bewerbung an einer solchen Liste erkennen, dass Sie motiviert sind, komplex denken und punktgenau Ihre Talente zum Einsatz bringen können. Das sind die Voraussetzungen, die die Mitarbeiter einer erfolgreichen Belegschaft haben müssen.

Ihre außerberuflichen Fähigkeiten

Als Nächstes stehen Ihre außerberuflichen Fähigkeiten auf dem Programm. Haben Sie irgendwelche Sprachkenntnisse? Verfügen Sie über pädagogische Talente oder sind Sie gut im Führen? Sie wissen, dass Sie für solche Positionen in Ihrem Alter prädestiniert sind. Sind Sie sozial oder politisch engagiert oder haben Sie diesbezügliche Kompetenzen? Sind Sie handwerklich begabt oder verfügen Sie über technische Fähigkeiten? Sind Sie vielleicht künstlerisch oder sportlich begabt?

Fragen für Ihre Selbsteinschätzung

Im Folgenden finden Sie einen Fragenkatalog, der detaillierter auf diese Thematik eingeht. Die Fragen unterstützen Sie dabei, ein genaueres, vielschichtigeres Bild von sich zu entwickeln. Wir empfehlen, eine schriftliche Liste mit Ihren Eigenschaften anzulegen. Bei Bedarf können Sie die Liste immer wieder abändern und Punkte streichen oder hinzufügen. Es ist übrigens nicht uninteressant zu beobachten, wie sich eine solche Liste, sprich: wie sich Ihre Eigenwahrnehmung im Lauf der Zeit anders gestaltet.

Folgende Fragen helfen Ihnen bei Ihrer Selbsteinschätzung:

- Was sind die Stärken, die mich am meisten auszeichnen und die mich am weitesten bringen – und wie kann ich sie fördern?
- Welche Schwächen habe ich und was kann ich dagegen tun?
- Was habe ich bis jetzt erreicht?
- Was habe ich mir privat vorgenommen und was davon erreicht? Wenn ich etwas nicht erreicht habe, warum nicht?
- Was gefällt mir an meiner momentanen persönlichen Situation?
- Was missfällt mir an meiner momentanen persönlichen Situation?
- Möchte ich etwas daran ändern und wie schnell geht das?
- Wie ist meine familiäre Situation?
- Habe ich Probleme in der Familie und wenn ja, lassen sie sich lösen?
- Beeinflusst mich meine private Situation bei meiner Berufswahl?
- Wer in meinem beruflichen und privaten Umfeld fördert mich und wer hindert mich eher?
- Gibt es persönliche Gründe, die gegen einen Wechsel von Beruf oder Standort sprechen?
- Wo wird es in Zukunft schwieriger für mich, wo leichter?
- Was sind meine bevorzugten Aktivitäten in der Freizeit?
- Was davon könnte ich beruflich verwenden?
- In welchen Bereichen hätte ich gerne (mehr) Fähigkeiten und weswegen habe ich sie mir noch nicht erworben?
- Wo sind meine Defizite und warum ist das so?
- Wie kann ich sie abbauen?

- Was habe ich beruflich bis jetzt erreicht?
- Was habe ich mir beruflich vorgenommen und was davon erreicht?
- Warum habe ich es nicht erreicht?
- Ist es mir jetzt noch möglich? Was muss ich dafür tun?
- Welche meiner beruflichen Fähigkeiten und Talente könnten für einen potenziellen Arbeitgeber wichtig sein?
- Was bin ich für ein Typ – ein Team-Spieler oder ein Einzelgänger?
- Wie bin ich mit Vorgesetzten und Kollegen ausgekommen?
- Wer könnte mich beruflich fördern? Wer könnte mich behindern?

Stärken und Schwächen erkennen

Wir stellen Ihnen jetzt eine Selbstbeurteilungsskala vor, anhand derer Sie Ihre beruflichen und außerberuflichen Fähigkeiten genauer einschätzen können. Es handelt sich um Kompetenzen, über die Sie verfügen. Sie beziehen sich auf Bereiche wie Kommunikationsfähigkeit, Entscheidungsverhalten, Selbständigkeit etc.

Zunächst geht es nur darum, wie Sie sich selbst sehen. Sie brauchen diese Liste niemandem zu zeigen und Ihre Einschätzung vor niemandem zu rechtfertigen. Das ist wichtig zu wissen, damit Sie Ihre Wertung so angeben, wie Sie sie für richtig halten. Orientieren Sie sich nicht daran, wie sie sein sollte, weil es gerne gesehen wird, sich so gehört und ein Zuviel oder Zuwenig »politisch unkorrekt« ist.

Wenn Sie wollen, legen Sie danach die Kopie einer unausgefüllten Liste Familie und Freunden vor und bitten Sie sie, ihre Einschätzung über Sie anhand der Liste festzulegen. Sie werden überrascht sein, wie diese Liste in manchen Punkten von der Ihren abweicht und in welchen nicht. Das ist übrigens ein sehr guter Gradmesser dafür, wie Sie auf andere Leute wirken, also auch auf künftige Personalchefs.

Entscheiden Sie nach einer Skala von –3 bis +3. Dabei bedeutet –3 »sehr schwach ausgeprägt, kaum vorhanden« und +3 »sehr stark ausgeprägt, sehr stark vorhanden«.

+3 = sehr stark ausgeprägt
+2 = stark ausgeprägt
+1 = ausgeprägt
0 = teils, teils
–1 = weniger ausgeprägt
–2 = schwach ausgeprägt
–3 = sehr schwach ausgeprägt

Merkmalgruppe 1

Sensibilität	+3	+2	+1	0	–1	–2	–3
Zuhörfähigkeit	+3	+2	+1	0	–1	–2	–3
Kontaktfähigkeit	+3	+2	+1	0	–1	–2	–3
Aufgeschlossenheit	+3	+2	+1	0	–1	–2	–3
Teamorientierung	+3	+2	+1	0	–1	–2	–3
Kooperationsfähigkeit	+3	+2	+1	0	–1	–2	–3
Anpassungsfähigkeit	+3	+2	+1	0	–1	–2	–3
Kompromissbereitschaft	+3	+2	+1	0	–1	–2	–3
Diplomatie	+3	+2	+1	0	–1	–2	–3
Verhandlungsgeschick	+3	+2	+1	0	–1	–2	–3
Integrationsvermögen	+3	+2	+1	0	–1	–2	–3
Überzeugungspotenzial	+3	+2	+1	0	–1	–2	–3
Begeisterungsfähigkeit	+3	+2	+1	0	–1	–2	–3
Durchsetzungsfähigkeit	+3	+2	+1	0	–1	–2	–3
Motivationsfähigkeit	+3	+2	+1	0	–1	–2	–3
sprachliches Ausdrucksvermögen	+3	+2	+1	0	–1	–2	–3
schriftliches Ausdrucksvermögen	+3	+2	+1	0	–1	–2	–3
rhetorische Fähigkeiten	+3	+2	+1	0	–1	–2	–3
Teamfähigkeit	+3	+2	+1	0	–1	–2	–3
Anpassungsbereitschaft	+3	+2	+1	0	–1	–2	–3
soziale Kompetenz	+3	+2	+1	0	–1	–2	–3
Kommunikationsfähigkeit	+3	+2	+1	0	–1	–2	–3

Merkmalgruppe 2

Zielstrebigkeit	+3	+2	+1	0	–1	–2	–3
Selbstbewusstsein	+3	+2	+1	0	–1	–2	–3
Verantwortungsbewusstsein	+3	+2	+1	0	–1	–2	–3
Kritikfähigkeit	+3	+2	+1	0	–1	–2	–3
Selbstbeherrschung	+3	+2	+1	0	–1	–2	–3
Zuverlässigkeit	+3	+2	+1	0	–1	–2	–3
Toleranzfähigkeit	+3	+2	+1	0	–1	–2	–3
Unerschrockenheit	+3	+2	+1	0	–1	–2	–3
Bereitschaft zur Verantwortungsübernahme	+3	+2	+1	0	–1	–2	–3

Merkmalgruppe 3

Risikobereitschaft	+3	+2	+1	0	–1	–2	–3
Entscheidungsfähigkeit	+3	+2	+1	0	–1	–2	–3
Sicherheitsdenken	+3	+2	+1	0	–1	–2	–3
Delegationsbereitschaft	+3	+2	+1	0	–1	–2	–3
Delegationsfähigkeit	+3	+2	+1	0	–1	–2	–3
Belastbarkeit	+3	+2	+1	0	–1	–2	–3
Stresstoleranz	+3	+2	+1	0	–1	–2	–3
Lebensfreude	+3	+2	+1	0	–1	–2	–3
Flexibilität	+3	+2	+1	0	–1	–2	–3
Repräsentationsvermögen	+3	+2	+1	0	–1	–2	–3

Merkmalgruppe 4

Arbeitsmotivation/-wille	+3	+2	+1	0	–1	–2	–3
Tatkraft	+3	+2	+1	0	–1	–2	–3
Führungsmotivation/-wille/-fähigkeit	+3	+2	+1	0	–1	–2	–3
Eigeninitiative	+3	+2	+1	0	–1	–2	–3
Autonomie	+3	+2	+1	0	–1	–2	–3
Durchsetzungsvermögen	+3	+2	+1	0	–1	–2	–3
Selbstvertrauen	+3	+2	+1	0	–1	–2	–3
Ehrgeiz	+3	+2	+1	0	–1	–2	–3
Zielstrebigkeit	+3	+2	+1	0	–1	–2	–3
Durchhaltevermögen	+3	+2	+1	0	–1	–2	–3
Frustrationstoleranz	+3	+2	+1	0	–1	–2	–3
Erfolgsorientierung	+3	+2	+1	0	–1	–2	–3
Tatkraft	+3	+2	+1	0	–1	–2	–3
Vitalität	+3	+2	+1	0	–1	–2	–3
Leistungsbereitschaft	+3	+2	+1	0	–1	–2	–3
Idealismus	+3	+2	+1	0	–1	–2	–3
Identifikationsbereitschaft mit Unternehmen/Institution	+3	+2	+1	0	–1	–2	–3

Merkmalgruppe 5

Autonomie	+3	+2	+1	0	–1	–2	–3
Selbständigkeit	+3	+2	+1	0	–1	–2	–3
Verantwortungsbewusstsein	+3	+2	+1	0	–1	–2	–3
Unabhängigkeit	+3	+2	+1	0	–1	–2	–3
Zuverlässigkeit	+3	+2	+1	0	–1	–2	–3

Selbstdisziplin	+3	+2	+1	0	–1	–2	–3
Stresstoleranz	+3	+2	+1	0	–1	–2	–3
Ausdauer	+3	+2	+1	0	–1	–2	–3
Belastbarkeit	+3	+2	+1	0	–1	–2	–3
Geduld	+3	+2	+1	0	–1	–2	–3
Pflichtbewusstsein	+3	+2	+1	0	–1	–2	–3
Loyalität	+3	+2	+1	0	–1	–2	–3

Merkmalgruppe 6

analytisches Denken	+3	+2	+1	0	–1	–2	–3
konzeptionelles Planen	+3	+2	+1	0	–1	–2	–3
planvolles Vorgehen	+3	+2	+1	0	–1	–2	–3
kombinatorisches Denken	+3	+2	+1	0	–1	–2	–3
effiziente Arbeitsorganisation	+3	+2	+1	0	–1	–2	–3
Entscheidungsvermögen	+3	+2	+1	0	–1	–2	–3

Merkmalgruppe 7

Kosten/Nutzen-Bewusstsein	+3	+2	+1	0	–1	–2	–3
unternehmerisches Denken	+3	+2	+1	0	–1	–2	–3
systematische Arbeitsorganisation	+3	+2	+1	0	–1	–2	–3
Zieldefinitionsfähigkeit	+3	+2	+1	0	–1	–2	–3
Arbeitseffizienz	+3	+2	+1	0	–1	–2	–3
gesunder Materialismus	+3	+2	+1	0	–1	–2	–3
physische Fitness	+3	+2	+1	0	–1	–2	–3
gesundheitliches Wohlbefinden	+3	+2	+1	0	–1	–2	–3
psychische Konstitution	+3	+2	+1	0	–1	–2	–3
Selbstkontrollfähigkeiten	+3	+2	+1	0	–1	–2	–3

Auswertung

Bitte tragen Sie ein, welche +3- oder +2-Ankreuzungen und welche –3- oder –2-Zuordnungen Sie in den folgenden Merkmalsgruppen haben:

In der Merkmalgruppe 1
Persönlichkeit/Kommunikationsfähigkeit/soziale Kompetenz

In der Merkmalgruppe 2
Selbständigkeit

In der Merkmalgruppe 3
Entscheidungsverhalten

In der Merkmalgruppe 4
Leistungsmotivation

In der Merkmalgruppe 5
Selbstkontrollfähigkeit/Aktivitätspotenzial

In der Merkmalgruppe 6
Systematisch-zielorientiertes Denken und Handeln

In der Merkmalgruppe 7
Wichtige globale Merkmale

Sie haben natürlich jederzeit die Möglichkeit, Eigenschaften oder Kompetenzmerkmale einzufügen, wenn Sie sie auf der Liste vermisst haben, und sie genauso zu bewerten wie die anderen. Ziel der Auswertung ist, ein möglichst komplettes Bild von Ihren Stärken und Schwächen zu gewinnen und festzustellen, in welche Richtung Ihre Berufswahl gehen könnte.

Wenn Sie Ihre positiven Fähigkeiten ansehen: Wie könnte sich eine werbewirksame Botschaft mit diesen Eigenschaften für den künftigen Arbeitgeber anhören? Wenn Sie sich Ihre Defizite ansehen: Sind es Defizite, die Sie beheben könnten? Beispielsweise, indem Sie Kurse besuchen, Fachliteratur dazu lesen oder schlicht versuchen, eine schlechte Gewohnheit, die so ein »Defizit« auch sein kann, zu ändern?

Dabei ist zu beachten, dass es Dinge gibt, die man nicht verändern kann, zumindest nicht, wenn man nicht unglücklich mit der Veränderung sein will. Ein Mensch, der sich schwer tut, sich in der Öffentlichkeit zu präsentieren, wird kaum als perfekter Pressesprecher geeignet sein, der mit den Medien spielt, sich immer souverän und selbstbewusst gibt und in Sekundenschnelle auch auf unerwartete Attacken zu reagieren weiß. Ein ausgesprochen technisch orientierter Mensch wird sich in der Welt der leichten Muse schwer tun. In beiden Fällen handelt es sich dann auch nicht um ein Defizit im klassischen Sinne. Es sind lediglich Eigenschaften, die Sie für etwas geeignet erscheinen lassen oder nicht. Für Ihr allgemeines Wohlbefinden ist es immer besser, sich nach dem auszurichten, was vorhanden ist, als nach etwas zu streben, was Ihnen nicht entspricht. Sie können auch darin gut sein, aber um in der Arbeitswelt seinen Platz zu finden und vor allem zu halten, ist es wichtig, das zu tun, was man am besten kann.

Übrigens gibt es auch Defizite, die in dem Bereich, den Sie anstreben, keine Rolle spielen. Also müssen Sie sie in einer Bewerbung auch nicht explizit erwähnen.

Als Nächstes markieren Sie in der Liste die Eigenschaften, von denen Sie denken, dass sie für den Beruf, den Sie anstreben, wichtig sind. Wenn Sie jetzt Ihre Eigenschaften mit dieser neuen Liste vergleichen: Wie viele Übereinstimmungen gibt es? An den Punkten, an denen die Listen voneinander abweichen: Gibt es Möglichkeiten, diese Unterschiede zu beheben?

Wie bereits angedeutet, können Sie diese Liste auch Familie oder Freunden geben, mit der Bitte, Sie nach dieser Liste zu beurteilen. Erstens wissen Sie dann, wie Sie von außen wahrgenommen werden – wie Sie auch ein Personalchef sieht – und zweitens sehen sie vielleicht Dinge in Ihnen, die Ihnen noch gar nicht bewusst waren und die eine Überlegung wert wären.

Wenn Sie diese Liste jetzt wie empfohlen bearbeitet haben, wissen Sie schon sehr viel über sich. Es wird Ihnen leichter fallen, sich zu beschreiben. Nachdem Sie jetzt auch Ihre Stärken und Schwächen besser kennen, können Sie realistisch einschätzen, für welchen Beruf Sie geeignet sind und ob Ihr Traumberuf für Sie der richtige ist. Sollten Sie sich eingestehen müssen, dass er es nicht ist, seien Sie nicht zu enttäuscht. Besser, Sie erkennen es im Vorfeld, ersparen sich jede Menge Frustration und finden stattdessen etwas, womit Sie sich wohlfühlen und wo Sie ohne allzu große Mühen viel erreichen können.

Sie sind jetzt in der Lage, mindestens fünf positive und fünf »defizitäre« Merkmale zu benennen, die Sie für Ihre Bewerbung verwenden können. Ein Tipp: Bei Vorstellungsgesprächen macht es sich immer gut, Eigenschaften in kurze (!) Erlebnisse einzubinden, um zu zeigen, wofür sie gut sind. Wenn Sie sich jetzt schon diese Geschichten notieren, in denen diese Eigenschaften Ihnen weitergeholfen haben, sparen Sie sich später viel Zeit.

Nicht zu unterschätzen ist übrigens, wie sich Eigenschaften im Laufe der Zeit verändern. Das wird besonders in Ihrem Fall eine Rolle spielen. Interessant wird es, wenn Sie jemanden befragen, der Sie schon sehr lange kennt und in allen möglichen Lebenslagen an Ihrer Seite war. Der Charakter wird sich sicher nicht verändern, aber das Leben erfordert es oft genug, gewisse Fähigkeiten auszubauen und andere zu vernachlässigen, um mit dem, was so passiert, bestmöglich umgehen zu können. Solche Prozesse sind aber umkehrbar, beispielsweise, wenn die Situation überstanden ist, und man den Weg nur noch aus

Gewohnheit in eine Richtung geht. Denken Sie darüber einmal nach, aber machen Sie daraus kein Trauerspiel über verpasste Chancen. Es geht nur darum, Ihr Potenzial in seiner ganzen Bandbreite vor sich zu sehen und für Ihre jetzige Situation voll auszuschöpfen.

Deswegen ist es so wichtig, Ihre Fähigkeiten zu kennen, weil Sie sich, um wirklich erfolgreich zu sein, immer weiterentwickeln und spezialisieren müssen. Heute gibt es in jeder Branche ein Überangebot an Interessenten. Für Sie kommt es darauf an, branchenspezifisch etwas Besonderes zu bieten – sei es qualitativ oder dadurch, dass Sie mit irgendeiner fachspezifischen Besonderheit eine Marktlücke erschlossen haben.

Sekretärinnen gibt es viele. Verfügen Sie aber über Kenntnisse in Chinesisch, dem Markt der Zukunft, oder der Blindenschrift, haben Sie ein ganz besonderes Organisationstalent oder eine Zusatzqualifikation, heben Sie sich schon aus der Masse der Bewerber ab. Oft sind es die Kleinigkeiten, die aus einer normalen Tätigkeit etwas Besonderes machen. Wie oft haben Sie sich schon gedacht: *»Man könnte doch eigentlich mal versuchen …«* oder *»Wenn es doch etwas gäbe, das mir diese Tätigkeit erleichtern würde«* – versuchen Sie's! Vielleicht liegen Ihre Freunde Ihnen seit Jahren in den Ohren: *»Du musst damit unbedingt etwas machen!«* oder *»Ohne deine Art, das und das so und so zu machen, hätte ich das nicht geschafft!«* Hören Sie zu und überlegen Sie, ob sich damit nicht tatsächlich etwas machen ließe. Ein Beispiel am Rande: Eine Brauerei stand vor dem Aus – ihr Braumeister, übrigens ein Mann über 50, hat einen Weg gefunden, in den Kesseln Limonade auf der Basis biologisch-ökologischer Grundstoffe herzustellen. Es ist mittlerweile ein Kultgetränk in ganz Deutschland und hat den Familienbetrieb wieder in die schwarzen Zahlen gebracht – mit der richtigen Idee, einem kleinen Abändern der gedanklichen Richtung und ein bisschen Tüftelei.

Und noch etwas: Je konsequenter Sie eine Zielrichtung verfeinern, desto mehr werden Sie sich einen guten Ruf als Spezialist erwerben. Vieles geschieht über Mund-zu-Mund-Propaganda. Je kleiner das Gebiet ist, das Sie beackern, desto intensiver lernen Sie es kennen und können die Möglichkeiten voll ausschöpfen. Je spezialisierter Sie sind, desto mehr ist Ihre Arbeit wert. Die Zeiten, in denen es verpönt war, über Geld zu sprechen, sind vorbei. Natürlich ist Flexibilität auch hier angebracht. Nur sollte Ihr Gegenüber wissen, dass Sie den Wert Ihrer Arbeit kennen.

Versuchen Sie doch an diesem Punkt Ihrer Bestandsaufnahme einmal spaßeshalber, eine Werbebotschaft zu entwickeln, in der Sie auf Ihre Person aufmerksam machen. Nehmen Sie sich die knackigen Spots aus Radio und Fernsehen als Vorbild und texten Sie Ihren eigenen Spot mit Wiedererkennungseffekt.

Inselromantik oder Traumstadtflair, Angestellter oder Selbständiger

Nachdem Sie jetzt wissen, was für ein Typ Sie sind und was Sie auszeichnet, müssen Sie nur noch entscheiden, wo Sie das alles einsetzen wollen. Insel oder Traumstadt? Angestellter oder Selbständiger? Künstler oder Techniker? Werkstatt oder Schreibtisch?

Das Naheliegendste ist natürlich, sich in seinem alten Beruf nach etwas Neuem umzusehen. Nachdem wir Ihnen geraten haben, das zu tun, was Sie am besten können, wird Ihnen diese Lösung am nächsten sein. Wahrscheinlich ist sie so selbstverständlich, dass Sie über eine Alternative gar nicht nachgedacht hätten.

Aber ist das, was Sie jahrelang gemacht haben, tatsächlich das Beste? Waren Sie ein ganz passabler Büroleiter, dessen Kochkünste aber im Freundeskreis legendär sind? Warum nicht Mietkoch werden oder ein Catering-Unternehmen gründen? Gibt es schon? Geben tut es alles. Sie werden sich schwer tun, etwas gänzlich Neues zu finden. Die Kunst liegt darin, mit Ihrer persönlichen Note zu variieren und zu verfeinern. Wichtig ist, dass Sie es machen – und nicht Herr Schmidt von nebenan – und wie Sie es machen. Versuchen Sie Ihre Ideen umzusetzen, so verrückt sie auch sein mögen. Sonst macht es binnen drei Monaten ein anderer. Es lohnt sich zumindest, sie auf ihre Machbarkeit zu überprüfen.

Bei all Ihren Überlegungen sollten Sie als Erstes die Frage stellen: »Was ist möglich?« Wir wollen Sie dazu ermutigen, über Alternativen nachzudenken, aber nicht um jeden Preis. Für einen Hobbyfotografen, der alle drei Monate von seinen Lieben ansehnliche Bilder schießt, wird es schwer werden, sich in der Heerschar professioneller Fotografen zu behaupten. Haben Sie sich aber in Ihrer Freizeit schon lange alles Wissenswerte über die (technischen) Hintergründe angeeignet und Bilder gemacht, die technisch und künstlerisch ohne weiteres mit denen eines Profis mithalten können – warum nicht einen Gedanken daran verschwenden, sein Hobby zum Beruf zu machen. Die Berufspraxis, die Ihnen fehlt, machen Sie durch Ihre Leidenschaft wieder wett. Vielleicht genügt Ihnen auch erst einmal ein Halbtagsjob irgendwo, der Ihnen Zeit genug lässt, Ihre Künste zu vervollkommnen.

Die Frage der Machbarkeit

Als Leitfaden für den Aspekt der Machbarkeit haben wir Ihnen ein paar Fragen zusammengestellt, die Ihnen weiterhelfen werden:

- Wie sehen meine beruflichen Ziele aus, was meine Position und mein Gehalt betrifft?
- Welche Zukunftsaussichten hat meine Branche?
- Was könnte an beruflichen Schwierigkeiten auf mich zukommen?
- Wie weit beeinflussen familiäre oder generell private Umstände meine Entscheidung?
- Wäre ein Ortswechsel oder eine berufliche Neuorientierung denkbar?
- Gibt es einen Traumjob, den ich habe, und erfülle ich die Voraussetzungen dafür?
- Bin ich ein Teamspieler oder arbeite ich lieber allein?
- Was habe ich für Gehaltsvorstellungen und wie realistisch sind sie? Wie viel brauche ich, um gut über die Runden zu kommen?
- Wie viel Zeit möchte ich in meine neue Arbeit investieren? Reicht ein Halbtagsjob oder will ich wieder eine volle Stelle? Bin ich bereit, noch einmal voll durchzustarten, wenn ich beschließe, mich selbständig zu machen?
- Bin ich eher der ausführende Typ oder der bestimmende Typ?
- Kann ich mein Hobby zum Beruf machen?
- Was hat mich an meiner letzten Arbeit sehr gestört oder was hat mir besonders gut gefallen?

Haben Sie ein bestimmtes Ziel im Kopf, hören Sie sich im Bekanntenkreis um. Vielleicht kennen Sie jemanden, der genau diese Arbeit hat, Ihnen davon erzählen oder sogar die ersten Kontakte vermitteln kann. Das ist sehr hilfreich, um das Bild Ihres Traumjobs so genau wie möglich, mit all seinen Sonnen- und Schattenseiten zu zeichnen. Damit Sie wissen, auf was Sie sich einlassen.

Denn das ist der kleine Unterschied zur Reise: Eine enttäuschende Reise lässt sich verschmerzen. Eine berufliche Fehlentscheidung allerdings kann sich zu einem Horrortrip auswachsen. Also überstürzen Sie nichts und sammeln Sie alle Fakten, die Sie kriegen können.

Ein Argument, das Sie sich unbedingt verkneifen sollten, ist wieder einmal das Ihres Alters. Sagen Sie nicht: *»Ja früher, da hätte ich das noch mal in Angriff genommen, aber heute … in meinem Alter …«*

Erstens haben Sie es auch da nicht in Angriff genommen, zweitens hätten Sie Ihr Projekt früher vielleicht mangels Erfahrung und Krisenbewältigungskompetenz an die Wand gefahren und drittens hätten Sie damals die Kontakte nicht gehabt, die Sie heute haben.

Flexibilität

Ein weiterer wichtiger Punkt ist für eine erfolgreiche Suche nach einem neuen Arbeitsplatz unabdingbar: Flexibilität, sowohl die geistige als auch die örtliche und zeitliche.

Viele Firmen sind an Quereinsteigern interessiert, denn sie setzen auf Innovation und neue Impulse. Die können Sie ihnen liefern, indem Sie Ihre bewährten Qualifikationen in einen neuen Zusammenhang bringen und Bewährtes aus Ihrer Branche mit etwas Improvisations- und Variationsgeschick auf eine andere Branche anwendbar machen.

Allen Arbeitnehmern werden weite Wege, Gehaltsverzicht oder anderweitige Kompromissbereitschaft zugemutet – also wird auch Sie das betreffen. Wenn Sie nicht wie ein »Älterer« behandelt werden wollen, müssen Sie dieselben Anforderungen akzeptieren, wie sie alle anderen auch zu erfüllen haben. In einem Job, der Ihren Qualitäten voll und ganz entspricht, wird Ihnen das spielend gelingen, und daran wird auch Ihr Alter nichts ändern. Außerdem – nichts ist für ewig. Wenn Sie sich auf einen Kompromiss einlassen, haben Sie schon einmal einen Fuß in der Tür, und wenn Sie sich unentbehrlich machen, bald ein Schild mit Ihrem Namen an derselben.

Ortswechsel

Auch einen Ortswechsel sollten Sie nicht von vorneherein ausschließen. Bemühen Sie nicht das Argument »Einen alten Baum verpflanzt man nicht«. Das blockiert Sie nur. Wenn Sie eine Aufgabe so reizt und der einzige Haken ein Umzug ist, dann werden Sie im Umfeld dieser Aufgabe mit Sicherheit Menschen finden, die Ihnen das Umgewöhnen erleichtern. Vielleicht haben Sie am neuen Wohnort ja Freunde, die sich sehr freuen würden, Sie in ihrer Nähe zu haben. Neben der Möglichkeit zu pendeln erlaubt es Ihnen vielleicht ein Teilzeitarrangement auf Wochen- oder Saisonbasis, Ihre Zeit zwischen zwei Wohnorten stressfrei aufzuteilen. Außerdem gilt auch hier: Jüngere Kollegen mit Familie sind ebenso verpflichtet wie Sie, über ihren Schatten zu springen – mit unter Umständen größeren Risiken.

Position und Gehalt

Seien Sie auch flexibel, was Ihre Position oder Ihr Gehalt angeht. Es kann natürlich nicht darum gehen, dass Sie sich unter Wert verkaufen, aber wenn Sie nicht ausschließlich auf das Geld angewiesen sind – ist es nicht wichtiger, einen Job zu haben, der Ihnen Spaß macht, gerade, wenn die letzte Arbeitsstelle eine pure Vernunftentscheidung war? Lohnt es sich nicht, dafür Abstriche zu machen? Was können Sie bestenfalls in diesem neuen Job erreichen? Eine steile Karriere wird es vielleicht nicht mehr sein – möglich ist es, aber Sie sollten es nicht voraussetzen.

Gerade, wenn es darum geht, in eine neue Branche einzusteigen – verhandeln Sie doch mit Ihrem Chef darum, zu festgelegten Konditionen eine Probezeit zu absolvieren, in der Sie weniger verdienen, und nach dieser Zeit neu zu verhandeln. Oder bieten Sie an, Sie leistungsbezogen zu bezahlen. Das signalisiert Ihre Motivation und wird Ihr Gegenüber beruhigen, dass Sie keiner von den »Älteren« sind, die eine Sonderbehandlung aufgrund ihres Alters für sich einfordern oder dass er für Sie nicht horrendes Geld bezahlen muss, nur weil Sie älter sind.

Leider können Sie seit Ende April 2006 nicht mehr anbieten, Sie auf der Basis eines unbegründet befristeten Vertrages einzustellen, um sich gegenseitig »auf Herz und Nieren zu prüfen«, bevor Sie einen unbefristeten Vertrag eingehen. Mit dieser Möglichkeit sollten ursprünglich Arbeitgeber dazu gebracht werden, Sie einzustellen, und ihnen so die Angst vor Schwierigkeiten bei einer eventuellen Kündigung genommen werden. Diese Regelung der Bundesregierung ist aber nach einem Grundsatzurteil des EuGH ungültig, weil sie Ihre Altersgruppe diskriminiert. Der Grund – Sie genießen dann keinen Kündigungsschutz. Diesem Urteil ist die deutsche Rechsprechung gefolgt (BAG Az: 7 AZR 500/04). Im Klartext heißt das, dass alle befristeten Verträge, die aufgrund der alten Regelung zustande gekommen sind, automatisch unbefristet sind. Das Argument der Arbeitgeber, wenigstens rückwirkend einen gewissen Schutz zu genießen, wurde abgewiesen mit der Begründung, die Rechtslage sei bekanntermaßen nie wirklich sicher gewesen. Das Angebot einer Teilzeitregelung ist aber selbstverständlich immer noch möglich.[65]

Wie Sie auf Umwegen zu Ihrem Traumjob kommen

Auf Reisen ist es oft wesentlich interessanter, Land und Leute abseits der Hauptstraßen auf den Nebenwegen kennen zu lernen oder auch einmal einen Umweg in Kauf zu nehmen. Es wird manches Mal mühsamer gewesen sein, aber die Geschichten, die Ihnen so widerfahren – die spontane Einladung zu einer Hochzeit, einem Essen, ein kleines Geschenk, eine Führung nur für Sie etc. – wären Ihnen nie passiert, hätten Sie sich immer an die vorgeschriebene Route gehalten.

So etwas kann Ihnen auch widerfahren, wenn Sie sich entschließen, auf andere Weise als über den klassischen Weg der Stellenanzeige an Ihren neuen Arbeitsplatz heranzukommen. Es kostet Sie mehr persönlichen Einsatz und bringt Sie nicht immer sofort zum Erfolg, aber auch hier werden Sie Geschichten erleben, die vielleicht erst einmal keinen neuen Job, aber ein eindrückliches Erlebnis bringen, bei dem Sie Leute kennen lernen, die Ihnen irgendwie einmal wichtig werden könnten etc.

Haben Sie beispielsweise eine Traumfirma, bieten Sie den Verantwortlichen doch an, ein oder zwei Monate dort zu *hospitieren* oder ein *Praktikum zu machen*. Diese Möglichkeit ist nicht nur den jungen Schulabgängern vorbehalten. Eine Hospitanz bzw. ein Praktikum bieten eine Menge Vorteile. Sie zeigen schon durch Ihre Anfrage Eigeninitiative – und vor allem Flexibilität. Sie werden in relativ kurzer Zeit feststellen, ob der Beruf, den Sie sich ausgesucht haben, Ihren Vorstellungen entspricht oder ob Sie dafür geeignet sind. Machen Sie Ihre Arbeit gut, wird man sich das merken und Sie ansprechen, wenn etwas frei wird. Und Sie haben wieder etwas, womit Sie Ihren Lebenslauf füllen können, und eine weitere Qualifikation. Sie geben damit auch Ihrem Arbeitgeber die Möglichkeit, sich ganz ohne Druck von Ihren Qualitäten zu überzeugen.

Wer weiß, vielleicht entsteht ja auch etwas wie eine *freie Mitarbeit* daraus. Auch das ist eine Möglichkeit, über die Sie Ihrem Ziel einer Anstellung ein ganzes Stück näher kommen können. Vielleicht reicht es Ihnen ja auch, freier Mitarbeiter zu sein, denn damit sind Sie unabhängig und können sich auch unter dieser Prämisse bei anderen Firmen bewerben. Sie übernehmen Aufgaben auf Teilzeitbasis – also zeitlich befristet oder projektbezogen. Damit sind Sie auch Herr Ihrer Zeit, denn Sie entscheiden, wie viel und für wen Sie arbeiten wollen. Freie Mitarbeiter sind oft für ein Unternehmen lebenswichtig, weil es sich keine Festangestellten leisten kann, aber Unterstützung braucht. Auf alle Fälle ist das eine gute Möglichkeit, Kontakte zu knüpfen, Erfahrung zu sammeln und sich einen guten Ruf zu erwerben.

Wenn Sie sozial engagiert sind, werden Non-Profit-Unternehmen wie karitative Verbände, Gemeinden oder Vereine Ihre Hilfe sicher dankbar in Anspruch nehmen. Wenn es auch kein Geld bringt, so doch wenigstens Kontakte, die für Ihr Netzwerk interessant sein könnten. Gerade im sozialen Bereich sind solche Firmen auf weitreichende Kontakte angewiesen. Außerdem lenkt Sie die neue Beschäftigung vom Grübeln über Ihre Situation ab. Sie werden sehen, wie kreativ Sie auf einmal darin sind, für sich selbst etwas zu tun. Vielleicht haben Sie auf einmal Ideen, die mit den Vereinen umgesetzt werden können, oder es entsteht etwas daraus, was zu einer berufliche Basis wird. Sie werden sich also gegenseitig nutzen. Dasselbe gilt natürlich auch für Vereine und Verbände im kulturellen Bereich.

Im Übrigen gibt es im ehrenamtlichen Bereich wie auch in der Wirtschaft Möglichkeiten, wie Sie Ihr Wissen an den Mann bringen können und selbst einen Nutzen davon haben, weil Sie viel an Wissen und Inspiration wieder zurückbekommen. Verbände wie die »Business Angels«, das »Wirtschaftsseniorennetzwerk Rotenburg an der Wümme« oder die Vereinigung »Alt hilft Jung« haben Mitglieder, die früher einmal in der Wirtschaft oder im Handwerk tätig waren und heute bereit sind, ehrenamtlich ihr Wissen an Jungunternehmer weiterzugeben – ein Prinzip, das sich sehr bewährt hat.

Warum sollte ein junges Unternehmen mit der modernsten Technik, neuen Ideen und Ihrem Know-how nicht ausgesprochen erfolgreich werden? Zumindest die typischen Anfängerfehler lassen sich vermeiden und egal, wie modern die Technik auch ist – die Kunst des Verhandelns, Taktierens und Entscheidens bleibt immer gleich. Die »Business Angels« bieten übrigens ihre Hilfe auch unter dem finanziellen Aspekt an – sozusagen als Teilhaberschaft. Sie investieren und sind am Gewinn beteiligt. Weitere Informationen finden Sie unter *www.business-angels.de*, *www.wirtschaftssenioren-row.de* oder *www.althilftjung.de*.

Zieht es Sie ins Ausland, ist die Adresse *www.ses-bonn.de*, der Senioren Experten Service, die richtige für Sie. Dort können Sie, in welcher Berufssparte auch immer, ehrenamtlich interessante Projekte im In- und Ausland betreuen und unterstützen.

Warum entdecken Sie nicht die journalistische Seite an sich und schreiben über Ihre Erfahrungen Artikel für Fachzeitschriften oder setzen Ihr Wissen um, indem Sie Seminare geben? Das macht Sie auch bekannt und – wie gesagt – Ihrem Lebenslauf schadet es nicht.

Arbeit auf Zeit

Eine immer wichtigere Bedeutung bekommt die Zeitarbeit. Sie funktioniert als eine Art Dreiecksverhältnis. Sie schließen mit der Verleihfirma, also dem Zeitarbeitsunternehmen, einen Leiharbeitsvertrag. Damit übernimmt die Zeitarbeitsfirma die Funktion des Arbeitgebers. Sie sind ihr die Erbringung Ihrer Arbeitsleistung schuldig, das Unternehmen trägt alle Pflichten eines Arbeitgebers, ist also auch für Ihren Lohn, für die Zahlung der vermögenswirksamen Leistungen und für Ihren Urlaub verantwortlich. Außerdem übernimmt es bei Bedarf Qualifizierungsmaßnahmen.

Weisungsbefugt ist die Entleihfirma, bei der Sie Ihre Arbeit ableisten. Zwischen Ver- und Entleihfirma besteht ein so genannter Arbeitnehmerüberlassungsvertrag, Sie – als Leiharbeitsnehmer – haben mit der Zeitarbeitsfirma einen individuellen Leiharbeitsvertrag.

Seit 1. Januar 2004 gibt es übrigens keine Beschränkung mehr für die Dauer Ihrer Beschäftigung bei der Entleihfirma. Sie belief sich früher auf maximal 24 Monate. Seit dem 1. April 2004 ist auch geregelt, dass Ihr Lohn und Ihre wesentlichen Arbeitsbedingungen den Tarifverträgen entsprechen, und wenn kein Tarifvertrag auf Sie passt, sie denen anderer Mitarbeiter innerhalb der Entleihfirma angepasst sein müssen.

Wenn Sie sich für das Modell der Zeitarbeit interessieren, informieren Sie sich bei einer dieser Firmen, bei einem Experten oder auf der Seite *www.zeitarbeit.teamarbeit-fuer-deutschland.de* über den aktuellen rechtlichen Stand und Ihre Möglichkeiten.

Vorteile hat dieses Modell für beide Seiten. Die Entleihfirma ist nicht darauf angewiesen, feste Mitarbeiter in Krisenzeiten zu bezahlen, sondern greift kurzfristig, bei erheblichen »Auftragsspitzen«, auf Sie als Leiharbeiter zurück und kann damit flexibel auf alle möglichen Anforderungen reagieren. Viele Firmen wenden sich auch an Zeitarbeitsfirmen, wenn eine Stelle wegen Schwangerschafts- oder Mutterschaftsurlaub mittelfristig frei ist oder der Stelleninhaber sich eine Auszeit gönnt. Auch für projektbezogene Aufgaben, für die das Stammpersonal schlecht abgezogen werden kann, sind Leiharbeiter gern gesehen.

Für Sie bietet sich der Vorteil, dass Sie verschiedene Arbeitsplätze in verschiedenen Firmen kennen lernen können, was wieder ein Plus an Kontakten bringt, jede Menge Erfahrung schafft und Sie sehr flexibel werden lässt. Zeitarbeit bietet Ihnen die beste Gelegenheit, Ihr Können unter Beweis zu stellen, ohne Ihren Chef in finanzielle oder moralische Überlegungen zu stürzen. Das Schöne für Sie: Sollte es einmal Ärger geben, ist es jederzeit möglich, die Firma schnell und problemlos zu wechseln.

Die Zeitarbeit boomt. Zwei Drittel der Zeitarbeiter waren vor ihrem Eintritt in eine Zeitarbeitsfirma arbeitslos, ein Drittel von ihnen wurde von der Entleihfirma übernommen. Ein Ende der Entwicklung ist nicht abzusehen. Wenn man europaweit die Zahlen mit anderen Ländern vergleicht, ist der Sektor Zeitarbeit in Deutschland noch schwach entwickelt, hat aber ein ungeheures Potenzial. Nach einer McKinsey-Studie, die vom Weltverband der Personal-Dienstleister Conféderation Internationale des Entreprises de Travail Temporaire (CIETT) in Auftrag gegeben wurde, besteht eine potenzielle europaweite Wachstumsrate von bis zu 21 Prozent. Das bedeutet, dass Zeitarbeitsfirmen zum Jahr 2010 vier Millionen neue Arbeitsplätze in Europa schaffen könnten. Weil sie den wachsenden Bedarf erkennen, haben sich die zehn Marktführer der Zeitarbeitsfirmen zusammengeschlossen und sich gemeinsam mit dem Landesarbeitsministerium und dem Landesarbeitsamt von Nordrhein-Westfalen im Jahr 2001 verpflichtet, eine Initiative »Zeitarbeit mit 50plus« zu starten und verstärkt Arbeitnehmer ab 50 einzustellen.[66]

Explizit willkommen sind Sie als älterer Arbeitnehmern übrigens bei den Zeitarbeitsfirmen ZIW mit einem eigenen Konzept 50plus (*http://www.ziw-zeitarbeit.de/aktuelles*), Randstad und Manpower. Nach der Prognose des Geschäftsführers von Manpower, Thomas Reitz, werde »der demografische Wandel dazu führen, dass immer mehr ältere Arbeitnehmer gesucht würden. Ältere Arbeitnehmer hätten außerdem Schlüsselqualifikationen, die jüngere Arbeitnehmer oft nicht haben. Sie sind in der Zeitarbeit wegen ihrer Erfahrung, der guten Allgemeinbildung und der sehr guten Ausdauer sehr gefragt.« Heide Franken, Geschäftsführerin bei Randstad Deutschland, konstatiert, dass Arbeitgeber nach Rückfragen bereit wären, noch mehr ältere Arbeitnehmer einzustellen, wenn die Arbeitsverträge flexibler wären.[67]

Sein eigener Herr sein – Ratschläge zum Thema Selbständigkeit

Wenn Sie schon darüber nachdenken, ob Sie nicht in eine neue Richtung gehen wollen – haben Sie nicht schon einmal damit geliebäugelt, sich mit dem Know-how und den speziellen Kenntnissen, die Sie haben, selbständig zu machen?

Sicherlich ist diese Entscheidung auch typabhängig. Wenn Sie lieber Aufgaben ausführen als sie sich zu überlegen, wenn Sie nicht der Typ sind, große Verantwortung zu übernehmen, mag diese Form des Gelderwerbs vielleicht nicht die richtige für Sie sein.

Aber auch hier gilt: Es gibt keinen Grund, des Alters wegen Scheu vor diesem Schritt zu haben – im Gegenteil. Sie konnten in Ihrer langjährigen Berufskarriere sehr gut die Strukturen Ihres alten Unternehmens und das der Konkurrenzunternehmen studieren und kennen potenzielle Fehlerquellen und die Voraussetzungen, die es braucht, um ein erfolgreiches Unternehmen zu führen.

Wir haben es Ihnen im ersten Teil schon bewiesen: Sie verfügen gerade jetzt über alle Kompetenzen, die eine Führungspersönlichkeit auszeichnen – warum sie also nicht als Chef seines eigenen kleinen Unternehmens in klingende Münze umsetzen? Wenn Sie der Zeitaufwand und der körperliche Stress schrecken – fühlen Sie sich im Allgemeinen fit, sind das keine Gründe, sich von Ihren Plänen abhalten zu lassen. Denn Sie wissen ja: Erwiesenermaßen unterscheidet sich Ihre Leistungsfähigkeit nicht von der eines Jüngeren.

Wenn Sie immer noch unschlüssig sind und nicht so genau wissen, auf was

Sie sich da einlassen, finden Sie im Folgenden Fragen, die Ihnen eine Entscheidung vielleicht vereinfachen.

Sind Sie der Typ für die Selbständigkeit?

- Haben Sie kaufmännische Kenntnisse?
- Wenn nicht, haben Sie die Möglichkeit und das Interesse, sie sich zu beschaffen, oder haben Sie zumindest einen guten (Steuer-)Berater?
- Haben Sie eine eigene Idee und eine realistische Vorstellung davon, wie Sie sie umsetzen wollen?
- Können Sie sie umsetzen, ohne großen personellen, technischen und finanziellen Aufwand? Haben Sie die Kreditkonditionen Ihrer Bank geprüft?
- Sind Sie finanziell so gestellt, dass Sie eine Zeit überbrücken können, bis Ihre Idee greift?
- Brauchen Sie ein Ladenlokal, ein Büro, ein Lager oder eine Werkstatt?
- Wenn ja, ist es möglich, die Mindestmietdauer möglichst kurz zu halten (also keine Mietverträge mit zehnjähriger Laufzeit abschließen zu müssen)?
- Haben Sie sich ausreichend über die Chancen innerhalb Ihrer Branche informiert?
- Gibt es Bedarf für Ihre Idee und ist sie erfolgversprechend?
- Verfügen Sie über genügend Kontakte, um sich bekannt machen zu können?
- Sind Sie bereit, eine nicht näher bestimmbare Dauer ohne feste Zeiten, ohne Wochenende und ohne Urlaub zu arbeiten?
- Haben Sie ein so dickes Fell, dass Sie auf die Sicherheit eines Festgehalts verzichten und auch die Aufs und Abs, die Ihnen als Unternehmer begegnen werden, mit einiger Gemütsruhe hinnehmen können?
- Sind Ihre Familie und Ihre Freunde bereit, Sie zu unterstützen, zeitweise auf Sie zu verzichten bzw. das Risiko mitzutragen?

Wenn Sie sich für diesen Weg interessieren, informiert Sie die Internetseite des Bundesministeriums für Wirtschaft und Arbeit – *www.bmwa.bund/Navigation/Existenzgruender.html* – umfassend über die Themen Ich-AG, Existenzgründung, (finanzielle) Förderprogramme, Broschüren, Schulungen, weitere Links, Adressen und Kontakte.

Sie können sich als Freiberufler oder als Gewerbetreibender selbständig machen. Freiberuflich sind Sie dann, wenn Sie in Ihrer Arbeit maßgeblich sich und Ihre Qualifikationen einbringen. Als Gewerbetreibender handeln Sie mit Produkten oder Dienstleistungen.

Die Grenzen sind manchmal fließend. Sollten Sie sich nicht sicher sein, unter welche Kategorie Sie mit Ihrer Geschäftsidee fallen, hilft Ihnen das Gewerbeamt in Ihrer Stadt oder die Seite *www.freiberufler.net* sicher weiter.

Bei einer Firmengründung gibt es verschiedene Rechtsformen. Alles Wichtige über die Gründung einer GbR (Gesellschaft des bürgerlichen Rechts), OHG (Offene Handelsgesellschaft), KG (Kommanditgesellschaft), GmbH (Gesellschaft mit beschränkter Haftung), GmbH & Co. KG oder einer AG finden Sie in der reich sortierten Fachliteratur.

Die beste Schule ist, aus den Fehlern anderer zu lernen, seine Schlüsse zu ziehen, zu ergründen, woran es lag, und zu versuchen, es besser zu machen. Vieles hängt natürlich vom Glück oder äußeren Umständen ab. Wenn Sie Revue passieren lassen, was in Ihrer alten Firma rund oder weniger rund gelaufen ist, wird Ihnen das schon sehr weiterhelfen.

Das Wichtigste in diesem Fall ist eine gute Information. Suchen Sie in Ihrem Umfeld Leute, die sich vor kurzem selbständig gemacht haben oder es vorhaben, sammeln Sie gute und schlechte Erfahrungsberichte, informieren Sie sich unter *www.unternehmertipps.de* und *www.existenzgruender.de*. Daraus werden Sie sich ein objektives Bild machen können und eine Entscheidung fällen.

Selbständig mit Netz und doppeltem Boden – das Franchising

Eine Form der Selbständigkeit, die Ihnen einerseits Beschränkungen auferlegt, Ihnen andererseits aber ein gewisses Maß an Sicherheit bietet, ist das Franchising. *Mc Donalds*, die Kette *Das Depot*, das *Mövenpick Weinland* etc. sind bekannte Franchisegeber, die eine Lizenz an Sie vergeben, ihre Waren oder Dienstleistungen auf selbständiger Basis zu vertreiben. Um die Produkte, die Werbung und das Kontrollsystem brauchen Sie sich nicht zu kümmern. Das ist Sache des Franchisegebers, der dafür eine monatliche Gebühr von Ihnen verlangt. Neben dieser Gebühr müssen Sie auch noch eine Einstiegsgebühr und relativ hohe Investitionssumme mit einkalkulieren. Auf alle Fälle sind kaufmännische Kenntnisse wichtig.

Ihr Vorteil ist, dass der Franchisegeber – je nach Ihrer Wahl – meist bekannte und qualitativ hochwertige Produkte vertreibt und Sie damit rechnen können, nicht auf Ihren Waren sitzen zu bleiben.

Ihr Nachteil ist, dass Sie wenig kreative Freiräume haben und in Ladeneinrichtung und Werbeideen sehr an den Franchisegeber gebunden sind.

Weiterführende Informationen zu diesem Thema finden Sie in der reichhaltigen Literatur im Fachhandel oder unter *www.dfv-franchise.de*. In diesem Infoportal finden Sie alle möglichen Franchiseanbieter, (rechtliche) Tipps, aktuelle Trends und Links zu anderen Portalen zu diesem Thema. Dort finden Sie übrigens auch Rat und Hilfe, sollte Ihnen an Ihrem Geschäftspartner etwas seltsam vorkommen oder Sie schon an eines der »schwarzen Schafe«, die sich auch in dieser Branche tummeln, geraten sein.

Bewerbungsphase 1: Die effektive Recherche

Haben Sie sich entschieden, als Angestellter zu arbeiten? Dann gilt es jetzt, schnell, effektiv und kräfteschonend die Jobsuche anzugehen und nach potenziellen Stellen zu suchen. Für die Zeit der Recherche gibt es einiges zu beachten, wenn Sie sich unnötige Frustattacken ersparen wollen.

Sammeln Sie erst einmal alle Informationen, die Sie über Ihre Wunschbranche finden können. Fündig werden Sie im *Internet* auf den Seiten der jeweiligen Berufsverbände oder Handwerkskammern, in Erfahrungsberichten, in Foren oder im Chat. Archivieren Sie Ihr Material am besten in Ihrem Computer unter »Favoriten« in einem eigenen Ordner. Achten Sie darauf, dass die Informationen aktuell sind. Oft sind im Internet veraltete Informationen zu finden, die nie aus dem Netz genommen wurden.

Fachzeitschriften, *Magazine* oder *Broschüren der Verbände und Kammern* sind ebenfalls eine gute Fundgrube, sich zu orientieren und Stellenanzeigen zu finden. Titel dieser Fachzeitschriften nennt Ihnen der zuständige Berufsverband. Versuchen Sie nicht nur Informationen zu beziehen, die von den Verbänden kommen, sondern auch Erfahrungsberichte von Leuten, die in dieser Branche gearbeitet haben und hinter die Kulissen sehen konnten. So vermeiden Sie Einseitigkeit und können sich ein objektiveres Bild machen.

Außerdem erfahren Sie bei Ihrer Recherche viel darüber, wie es Ihrer Wunschbranche gerade geht und welche Branchen generell im Aufwind sind. Firmen in diesen Branchen werden sicher expandieren und qualifizierte Leute suchen. Viele Branchen, deren Hauptkundenstamm ältere Kunden sind oder deren Basis Vertrauen und Seriosität ist, sind speziell an älteren Mitarbeitern interessiert – wie die Finanzbranche, das Handwerk oder die Möbel-, Automobil- und Textilbranche im Verkaufsbereich.

Seien Sie realistisch genug, sich nicht unbedingt in dem Teil der Medienbranche, deren Zielgruppe die Jugend ist, zu bewerben, und auch nicht bei dem hippen Jungdesigner, der die aberwitzigsten Möbel mit oft fraglichem Nutzwert für den nicht minder hippen Jungunternehmer kreiert.

Adressen der für Sie interessanten Unternehmen finden Sie in speziellen Nachschlagewerken wie im *Handbuch der deutschen Wirtschaft*, im *Handbuch der Großunternehmen* sowie im *Handbuch der mittelständischen Unternehmen* von Hoppenstedt, im *Taschenbuch des öffentlichen Lebens* von Oeckl etc. Das Internet hat für Sie Informationen dazu u.a. unter *www.jobware.de*, *www.creditreform.de*, *www.deutsche-wirtschaft.de* und *www.genios.de*. Ein sicherer Tipp sind natürlich nach wie vor Branchen- und Telefonbücher.

Gibt es für Sie ein Lieblingsunternehmen, schreiben Sie doch einmal an die *Abteilung für Presse- und Öffentlichkeitsarbeit* und lassen sich wesentliche Informationen über Produkte, Geschäftsphilosophie und die Geschäftszahlen schicken. Große Unternehmen haben zu diesem Zweck eine eigene Pressemappe, die meistens sehr viel Wissenswertes bietet. Diese Informationen werden später noch wichtig werden für Sie, nämlich dann, wenn Sie sich an das Schreiben Ihrer Bewerbung machen bzw. wenn es um Ihr Vorstellungsgespräch geht. Verfügen Sie nämlich über ein fundiertes Wissen der wichtigsten Daten, Produkte und aktuellen Aktivitäten dieser Firma, macht das einen guten Eindruck.

Übrigens lohnt es sich, auf die *Unternehmensphilosophie* der betreffenden Firma zu achten. Denn daraus lässt sich bereits ableiten, wie sie zu dem Thema »ältere Arbeitnehmer« steht. Interessant wird es, wenn die Firma eine eigene Diversity-Abteilung hat – ein Trend aus Amerika. »Diversity« bedeutet »Vielfalt« – an Ansichten, Lebensformen, Herkunft, Alter etc. und bezieht sich in diesem Fall auf buntgemischte Belegschaften. Man verspricht sich davon mehr Kreativität, Innovation und die verschiedensten Impulse und bekommt das in aller Regel auch. Unterschiede werden als Bereicherung aufgefasst. Die Diversity-Abteilung in einem Unternehmen sorgt dafür, dass bei den Personalentscheidungen auf eine ausgewogene Zusammensetzung der Belegschaft geachtet wird – nicht nur um der bloßen Vielfalt willen. Aufgabe eines Diversity-Managers ist es beispielsweise, die Vorbehalte zwischen älteren und jüngeren Mitarbeitern zu erkennen und auszuräumen und die Vorzüge der gemeinsamen Arbeit im Sinne einer effektiven Arbeitsorganisation zu nutzen. Firmen wie Daimler Chrysler, die Dresdner Bank, Ford, Siemens, die Deutsche Bank, die Commerzbank und die Deutsche Lufthansa haben eine solche Abteilung und sind mit der Optimierung des Betriebsklimas und der steigenden Produktivität sehr zufrieden.

Wenn Sie sich lieber selbst ein Bild von Ihrer Wunschbranche machen wollen, empfehlen wir Ihnen den Besuch von *Fachmessen*, *Kongressen* oder *Vorträgen*. Hier sehen Sie alle Produkte und bekommen etwas von der Stimmung in der Branche mit. Termine nennen Ihnen die entsprechenden Berufsverbände. Diese Veranstaltungen bieten übrigens eine hervorragende Möglichkeit, Kontakte zu knüpfen und im Gespräch wertvolle Hintergrundinformationen zu erfahren, die es so auf keiner Internetseite und in keiner Zeitschrift gibt. Ein guter Tipp: Sammeln Sie Visitenkarten. So haben Sie schon ein paar Ansprechpartner mehr, die Sie bei Ihrer eigentlichen Suche um Rat fragen können. Mehr dazu erfahren Sie im Kapitel »Networking – ein Netzwerk voller Möglichkeiten« auf Seite 108.

Nach wie vor eine gute Möglichkeit, eine Stelle zu finden, ist das Studium der *Stellenmärkte* der regionalen und überregionalen Zeitungen. Dort finden Sie Stellenanzeigen nach Branchen sortiert. Eine relativ bequeme Variante ist, einen so genannten Ausschnittdienst zu beauftragen. Er sucht nach Ihren Angaben die passenden und aktuellsten Stellenanzeigen aus allen relevanten Zeitungen heraus und schickt sie Ihnen zu. Die Adressen verschiedener Ausschnittdienste finden sich im Internet unter dem Suchbegriff »Ausschnittdienst«.

Die Internetseite des unabhängigen Jobbörsen-Branchendienstes Crosswater Systems – *www.crosswater-systems.com* – bietet eine Auflistung aller *Jobbörsen* von A–Z und alle möglichen Informationen rund ums Thema Job, Brancheninformationen, Weiterbildung etc. Die bekanntesten Jobbörsen sind *www.monster.de*, *www.jobrobot.de*, *www.stepstone.de* und *www.jobscout24.de*. Auch die Arbeitsagentur verfügt mittlerweile über einen virtuellen Stellenmarkt unter *www.arbeitsagentur.de*.

Immer interessanter wird die Jobsuche über das Internet. Diese Möglichkeit gibt es seit Jahren, wurde aber immer etwas misstrauisch beäugt und stiefmütterlich behandelt. Veraltete Jobangebote und schlecht gepflegte Firmenwebsites waren nicht selten. Das alles hat sich aber in der letzten Zeit sehr verändert. Die Akzeptanz der Firmen bezüglich dieses Mediums ist mittlerweile unbestritten. Sie bemühen sich sehr um die Aktualität und Attraktivität ihrer Seiten. Es ist fast schon Standard, dort unter dem Link »Jobs« Stellenangebote anzubieten.

Das Prinzip ist sehr einfach. Arbeitgeber stellen ihre Stellenangebote über Jobbörsen ins Netz, die Sie dann über eine »Suchmaske« finden können. Mittlerweile gibt es viele Jobbörsen, die branchenbezogen arbeiten. Als Stellensuchender geben Sie in diesem digitalen Formular Ihren Berufswunsch nebst Wunschregion und diverse andere Details ein. Innerhalb kürzester Zeit erhalten Sie aus der Anzahl an Stellenangeboten, die an die Jobbörse geschickt wurden, diejenigen, die am ehesten zu Ihrer Anfrage passen. Oft enthalten diese Angebote neben der Postadresse einen Link auf die Internetadresse der betreffenden Firma. Dort finden Sie weitergehende Informationen über das Unternehmen.

Online-Bewerbungsformulare werden immer beliebter. Neben den vorgegebenen detaillierten Fragen gibt es häufig die Möglichkeit, in Textfeldern Ihre Bewerbung persönlich zu gestalten. Mehr zu dem Thema »Online-Bewerbung« finden Sie auf Seite 165.

Obwohl sich die Akzeptanz und Qualität im Internet wesentlich verbessert hat, sollten Sie immer überprüfen, wie alt Ihre Informationen sind oder von wann die Stellenanzeige ist. So vermeiden Sie unnötige Frusterlebnisse und Blamagen.

Stellenanzeigen – Die klassische Variante der Jobsuche

Generell gilt: Wenn Sie eine Stellenanzeige in die Zeitung setzen, ist das schon einmal ein Zeichen dafür, dass Sie Eigeninitiative ergreifen und motiviert sind, an Ihrer Situation etwas zu ändern. Das Studium der Stellenanzeigen ist für Sie aus zwei Gründen interessant.

Erstens haben Sie natürlich auch über diesen klassischen Weg die Chance, Ihren Traumjob zu finden. Sie sollten sich aber bewusst machen, dass nur knapp ein Drittel der Stellen überhaupt über diesen Weg vergeben werden. Wenn Sie also auf eine Stellenanzeige keine Antwort erhalten, seien Sie nicht frustriert. Es kann durchaus über einen der anderen Wege funktionieren, die wir Ihnen noch aufzeigen werden.

Zweitens werden Sie anhand diverser positiver und negativer Beispiele erkennen, was eine gute Anzeige ausmacht. Versetzen Sie sich spaßeshalber einmal in die Rolle eines Personalchefs mit wenig Zeit und überprüfen Sie einige Stellengesuche Ihrer potenziellen Mitbewerber auf folgende Fragen:

- Ist der Text eher Standard oder ist ihm anzusehen, dass sich da jemand wirklich Mühe gegeben hat?
- Wie ist die Anzeige platziert oder optisch gestaltet?
- Entspricht die Aufmachung dem gesuchten Job oder ist sie zu über- oder untertrieben?
- Wie sieht die Anzeige aus, die Sie wirklich anspricht und für die Sie einen zweiten Blick riskieren?
- Können Sie sich ein Bild des Stellensuchenden machen?
- Ist aus seinen Formulierungen ersichtlich, wie seine Wunschstelle aussehen soll?

Was ein gutes Stellenangebot ausmacht

Bevor wir ins Detail gehen, stellen wir Ihnen die wichtigsten Kriterien für ein effektives Stellenangebot in Kurzfassung vor, auf die Sie schon einmal achten können, um ein Gefühl dafür zu bekommen, wo die Reise hingehen soll.

Wenn Sie die Angebote lesen:

- Können Sie sich anhand der Anzeige unter der suchenden Firma etwas vorstellen?
- Ist die ausgeschriebene Stelle so beschrieben, dass Sie sofort wissen, was Sie für Anforderungen zu erfüllen hätten?
- Vermittelt der Text, dass man sich bei der Suche Mühe gibt?
- Haben Sie das Gefühl, dass es sich um eine Firma mit gutem Betriebsklima handelt?
- Gibt es einen konkreten Ansprechpartner?

Sollten Sie das Gefühl haben, dass Ihre Qualifikationen nicht ganz dem gesuchten Stellenprofil entsprechen, und reizt Sie die Stelle dennoch – zögern Sie nicht und versuchen Sie es trotzdem. Versprechen Sie sich andererseits auch nicht zu viel von einer Stelle, die Ihnen da angepriesen wird. Denn für beide Fälle ist das Ergebnis einer Umfrage unter 8600 Jobsuchenden in acht europäischen Ländern interessant, nach denen in Deutschland immerhin 51 Prozent der Befragten angaben, die Stellenbeschreibung hätte sich »oft« anders gelesen als es der Realität entsprochen hätte und wäre somit eine Enttäuschung gewesen. 39 Prozent hatten dies zumindest schon einmal erlebt und nur zehn Prozent hatten ein solches Negativerlebnis noch nie. Fazit: Firmen – nicht alle – übertreiben gerne in ihren Stellenbeschreibungen.[68] Deswegen lassen Sie sich nicht abschrecken, wenn Sie nicht ganz perfekt sind. Es reicht, wenn Sie zu zirka 60 Prozent den Anforderungen entsprechen. Überprüfen Sie durch Nachfragen beim entsprechenden Ansprechpartner, ob die Stelle auch wirklich das hält, was sie verspricht.

Ganz sichere Frusterlebnisse bei der Suche vermeiden Sie, wenn Sie beim Studium der Stellenanzeigen Anzeigen wie *»Innovatives junges Team sucht aufgeweckten, frischen etc.«* ignorieren. Ein gutes Zeichen ist es, wenn das Wunschalter gar nicht erst erwähnt wird.

Was ein Stellengesuch wirkungsvoll macht

Damit Ihre Anzeige angenehm auffällt und dem Personalchef all das vermittelt, was er sich von Ihnen wünscht, sollte Ihr Stellengesuch folgende Kriterien erfüllen:

- eine spannende Überschrift, die beim Überfliegen der Zeitungsseite neugierig macht und zum Weiterlesen animiert, und

- eine hohe Zahl von relevanten Informationen, die den Leser überzeugen, Sie seien ein geeigneter Mitarbeiter.

Entscheidend und damit das Schwierigste an einer Stellenanzeige ist die Formulierung des Anzeigentextes. Er soll Sie und Ihr Anliegen in wenigen, aber aussagekräftigen, möglichst nicht zu allgemeinen Worten auf den Punkt bringen und alle relevanten Informationen sachlich, aber ansprechend enthalten. Die Beschreibung Ihrer Person darf nicht zu übertrieben, aber auch nicht zu farblos sein – aus Furcht, z. B. überheblich zu wirken.

Der Text vermittelt einen ersten Eindruck Ihrer Persönlichkeit. Wie genau wissen Sie, was Sie wollen? Wie schätzen Sie sich und Ihre Qualitäten ein? Was sind Sie sich wert? Wie kreativ und flexibel sind Sie? All das kann und sollte ein Personalchef an Ihrer Anzeige ablesen.

Doch bevor Sie sich daran setzen, solche Formulierungen zu finden, brauchen Sie erst einmal ein geeignetes Medium, in das Sie Ihre Anzeige setzen wollen. Denn wenn Sie branchenspezifisch suchen, ist es effektiver, Ihre Anzeige in entsprechenden Fachzeitschriften zu schalten, um sich Geld und Zeitverlust zu sparen. Außerdem finden Sie in diesen speziellen Magazinen Anzeigen, die Sie sich als Vorlage in puncto Fachjargon, Stellenbezeichnungen etc. ansehen können.

Schritt 1: Die Suche nach einem geeigneten Medium

Die Wahl des richtigen Mediums ist Grundvoraussetzung für den Erfolg einer Anzeige. Verallgemeinernd gilt: Volks- und Betriebswirte, die sich überregional bewerben wollen, wählen das *Handelsblatt*, Mediziner und Geisteswissenschaftler *Die Zeit*, Ingenieure die *VDI-Nachrichten*. Übrigens ist speziell für ältere Ingenieure, die wieder in ihren Beruf einsteigen, die WaI-Initiative (Wiedereingliederung arbeitssuchender Ingenieure) interessant, die sich speziell an ältere Interessenten richtet. Unter *www.wai-projekt.de/heim.htm* finden Sie viel Wissenswertes zu diesem Thema. Dieses Projekt funktioniert als ehrenamtliche Vermittlungsstelle zwischen Firmen und arbeitssuchenden Ingenieuren. Für Handwerker und viele andere Branchen sind Fachzeitschriften der entsprechenden Innungen oder Berufsverbände die richtige Adresse.

Wollen Sie am Ort bleiben, werden Sie fündig in großen regionalen Zeitungen. Empfehlenswert ist die jeweilige Mittwochs-, ganz sicher aber die Samstagsausgabe. Beispiele für regionale Tageszeitungen sind *Berliner Morgenpost*, *Kölner Stadtanzeiger*, *Stuttgarter Zeitung*, *Hannoversche Allgemeine*, *Mainzer Allgemeine Zeitung*, *Leipziger Volkszeitung*, *Westdeutsche Allgemeine* usw.

Sind Sie auch für einen Ortswechsel zu haben, ist beispielsweise für den gesamten süddeutschen Raum die *Süddeutsche Zeitung* interessant. Bundesweit sind *Frankfurter Allgemeine Zeitung*, *Frankfurter Rundschau* und *Die Welt* zu empfehlen.

Wie bereits angesprochen, gibt es für viele Branchen spezielle Fachmagazine, die auch von den betreffenden Personalchefs bevorzugt gelesen werden. Für die Werbebranche beispielsweise gilt *Werben & Verkaufen* als Pflichtlektüre, für Juristen die *Neue Juristische Wochenschrift*.

Informationen über geeignete Magazine und Inseratsmöglichkeiten geben Ihnen gerne die zuständigen Industrie- und Handelskammern, Verbände, Innungen und Gewerkschaften. Dort bekommen Sie auch Hintergrundinformationen über die Branche an sich, wichtige Termine, Hinweise zu Seminaren etc. Sind Sie Mitglied im Berufsverband, besteht oft die Möglichkeit, günstiger inserieren zu können.

Hilfreich ist es auch, sich mit jemandem aus der betreffenden Branche zu unterhalten. Das kann übrigens gleichzeitig eine gute Kontaktmöglichkeit sein, an andere aufschlussreiche, branchenspezifische Informationen heranzukommen, die Sie auf etwas bringen können, das Sie vorher noch nicht bedacht hatten, gerade wenn sie von einem Praktiker stammen.

Schritt 2: Ein Vergleich lohnt sich – was Stellengesuche wie -angebote effektiv macht

Zunächst einmal lohnt es sich herauszufinden, welche Stellen per Stellenangebot von Arbeitgeberseite ausgeschrieben werden. Die beschriebenen Anforderungsprofile geben neben den Qualifikationsanforderungen Aufschluss über die Aufgabenbereiche, die mit einer solchen Stelle verbunden sind.

Als Nächstes empfiehlt es sich, die Stellengesuche anderer Mitbewerber anzusehen. Sie können viel daran lernen, was eine Stellenanzeige gut oder schlecht macht und welche Fehler Sie vermeiden sollten, wenn Sie sie nach den folgenden Kriterien beurteilen:

- Was gefällt Ihnen spontan an der Anzeige und was nicht?
- Sagt der Stellensuchende deutlich, was er zu bieten hat und über welche Qualifikationen er verfügt?
- Geht aus dem Text eindeutig hervor, was er sucht?
- Enthält die Anzeige viele Allgemeinplätze und Selbstverständlichkeiten oder wirkt sie durch ihre Formulierung individuell?
- Ist die Anzeige insgesamt wirklich aussagekräftig?
- Würden Sie sich als Personalchef angesprochen fühlen?

Schritt 3: Die Formulierung – der Königsweg zum Erfolg
Bevor Sie mit dem Texten anfangen, gilt es, drei Fragen zu beantworten:

- Was wollen Sie mit der Anzeige erreichen?
- Was wollen Sie vermitteln?
- Mit welchen Argumenten wollen Sie überzeugen?

Ein Patentrezept gibt es für eine gelungene Formulierung leider nicht. Aber es gibt einige Punkte, an die Sie sich halten können. Der Text muss präzise wiedergeben, was Sie anbieten und was Sie suchen. Er darf also weder zu über- noch zu untertrieben sein und sollte alle Informationen enthalten, die ein Personalchef braucht, um sich für Sie zu interessieren. Ihr Stellengesuch wird sehr gründlich und vor allem zwischen den Zeilen gelesen.

Folgende Angaben dienen lediglich als Eckwerte und nicht als feste Vorgabe. Ihr Text sollte enthalten:

- Ihre wichtigsten fachlichen Qualifikationen
- Ihre beruflichen Erfolge
- eine präzise Angabe, was Sie suchen
- Ihr Alter und Geschlecht
- gegebenenfalls eine Angabe zu Ihrer Mobilität

Wenn Sie sich (noch) in ungekündigter Stellung befinden, erwähnen Sie das in jedem Fall. Sind Sie arbeitslos, sind Sie nicht verpflichtet, das im Stellengesuch zu erwähnen, und sollten das auch nicht tun. Obwohl mittlerweile viele Personalchefs weniger die Arbeitslosigkeit als Problem sehen, sondern eher, wie jemand damit umgeht, muss man seinen potenziellen Chef nicht unbedingt von vornherein mit der Nase darauf stoßen. Vermeiden Sie also das Wort »arbeitslos«. Wenn man Sie später danach fragt, geben Sie an, dass Sie sich gerade weiterbilden, freiberuflich tätig sind oder Ähnliches.

Auch Worte wie »dringend« oder »zum baldmöglichsten Termin« sollten Sie besser nicht verwenden, auch wenn es den Tatsachen entspricht. Denn Sie begeben sich so in eine psychologisch ungünstige Verhandlungsposition, weil ein Personalchef eine brisante finanzielle Situation vermuten und versuchen könnte, Sie im Gehalt ein wenig zu drücken. Vielleicht wittert er aber auch Probleme persönlicher oder beruflicher Natur, mit denen er sich nicht konfrontieren möchte.

Für Ihren Text gilt generell: Sie haben sehr wenig Platz zur Verfügung. Also formulieren Sie klar und präzise. Was in der Überschrift steht, muss nicht mehr in den Text. Adjektive wie »ehrlich, fleißig, zuverlässig, pünktlich« machen keinen besonders guten Eindruck, weil diese Eigenschaften selbstverständliche Voraussetzung sind und keiner besonderen Erwähnung bedürfen.

Vermeiden Sie Plattitüden wie die »neuen Wirkungskreise« oder die »Suche nach neuen Herausforderungen«. Damit signalisieren Sie nur, dass Sie nicht wissen, was Sie wollen, und darauf hoffen, dass es vielleicht jemand anderes weiß und Ihnen etwas Interessantes anbietet. Auch wenn Sie damit zeigen wollen, wie flexibel und nach allen Seiten offen Sie sind – ein Personalchef wird Sie nicht ernst nehmen und Ihren Einsatz als unglaubwürdig und uninteressant abstempeln.

Vermeiden Sie, die Aufmerksamkeit allzu sehr auf Ihr Alter zu lenken. Pseudo-witzige oder latent-beleidigte Formulierungen wie *»Ich bin zwar schon über 50, bin aber trotzdem noch …«*, *»Junggebliebener, agiler Mittvierziger will es noch einmal wissen«*, *»Hilfe, ich bin 50, wer gibt mir eine Chance?«* oder gar *»Ich bin schon 52. Versuchen Sie es trotzdem mit mir?«* wirken aufgesetzt und vermitteln dem Personalchef nicht gerade das Gefühl, dass Sie souverän mit Ihrem Alter umgehen.

Bleiben Sie also in diesem Punkt zurückhaltend und punkten Sie lieber mit Ihrer Erfahrung und Ihren beruflichen Erfolgserlebnissen. Denn die Kombination aus Alter, Ihren Kompetenzen und dem Inhalt Ihres angesammelten Wissens wird der entscheidende Grund sein, weswegen ein Personalchef Sie einlädt.

Vermeiden Sie Abkürzungen, mit Ausnahme der üblichen: w. für weiblich, m. für männlich (falls das Geschlecht nicht schon aus der Überschrift hervorgeht), langj. für langjährig, J. für Jahre bei der Altersangabe, Dipl. für Diplom. Andere Abkürzungen machen es schwer, den Inhalt des Textes sofort zu verstehen und kein Personalchef hat Zeit und Lust, sich durch einen Text zu quälen, der, um ihn in seiner ganzen Länge in das Anzeigenformular zu quetschen, vor rätselhaften Abkürzungen nur so wimmelt.

Schritt 4: Der Eyecatcher-Effekt – eine gute Überschrift ist die beste Eintrittskarte

Die Überschrift ist das Erste, was dem Leser ins Auge fällt. Um ihn dazu zu bringen, weiterzulesen, muss sie so spannend und prägnant wie möglich sein. Da es um Sie geht, sollten in der Überschrift eher Ihre Qualifikationen stehen als das, was Sie suchen. Wenn Sie sich an unseren Rat aus dem Kapitel »Reisevorbereitung« gehalten haben, können Sie sich und Ihre Qualifikationen ja schon mit einigen wenigen Worten skizzieren. Damit und mit Ihrem Wissen aus

Schritt 2 und 3 sollten Sie sich an die Formulierung einer persönlichen Werbebotschaft wagen. Nehmen Sie wirklich nur die Qualifikationen in die Überschrift, die Sie zu einem Spezialisten machen, damit Sie sich von Ihren Mitbewerbern abheben können. Das verdeutlichen die folgenden Beispiele:

Volljuristin
Schwerpunkt Online-Recht

Betriebswirtin/Schwerpunkt Controlling

Arzthelferin mit
Zusatzausbildung zur Heilpraktikerin

Damit sind Ihr Beruf und Ihre spezielle Ausrichtung so klar gesetzt, dass ein Personalchef, ohne Zeit zu verlieren, sofort weiß, mit wem er es zu tun hat und ob er so jemanden wie Sie braucht. Bleiben Sie aber sachlich und übertreiben Sie nicht. Schließlich haben alle Jobs mit Verlässlichkeit und Seriosität zu tun. Da haben solche Beschreibungen wie »Super-Manager« oder »Voll-Profi« nichts zu suchen. Natürlich sollte in die Überschrift nur eine Besonderheit, die Ihrem künftigen Chef auch nützlich sein kann. Wenn Sie keine besonderen Zusatzqualifikationen haben, empfiehlt es sich, in die Überschrift den Arbeitsbereich zu setzen, den Sie anstreben – gerade wenn es sich um eine Branche handelt, in der es viele Stellenbewerber gibt.

Vertriebsingenieurin
Dipl.-Ing. Maschinenbau

Qualitätsmänagement
Dipl.-Ing. Elektrotechnik

Rein grafisch muss die Überschrift fett gedruckt und in einem größeren Schriftgrad gehalten sein als der Rest des Textes.

Schritt 5: Rollentausch – Was sagen Sie als Personalchef?
Machen Sie sich jetzt einmal deutlich bewusst, was vorhin nur als »Vorübung« gedacht war. Versetzen Sie sich in die Lage eines Personalchefs. Sie haben eine Stelle mit klar umrissenen Aufgaben zu vergeben, eine ganz genaue Vorstellung von dem, was Sie wollen, so gut wie keine Zeit, lange zu suchen, aber den Druck, die Stelle möglichst schnell bestmöglich zu besetzen.

Nehmen Sie den noch ungelesenen Stellenteil Ihrer Zeitung und überfliegen Sie ihn kurz. An welcher Anzeige bleiben Sie auf Anhieb hängen und warum?

Ist es die Positionierung, die Aufmachung, die Überschrift oder die Wortwahl des Textes? Oder die Kombination aus allem?

Überprüfen Sie Ihren Text auf das, was Sie als mögliche Antwort herausgefunden haben. Verlieren Sie Ihr Ziel nie aus den Augen – einen Menschen, der sich aufs Wesentliche konzentriert, davon zu überzeugen, dass Sie das Wesentliche anzubieten haben.

Schritt 6: An was Sie sonst noch denken sollten

Stellen Sie sicher, dass Sie immer und sehr leicht erreichbar sind. Geben Sie daher in Ihrer Anzeige grundsätzlich eine Telefon- oder Faxnummer an, unter der Sie zuverlässig zu erreichen sind. Schalten Sie eine Chiffreanzeige, sollten Sie trotzdem eine Telefonnummer angeben. Auch die Angabe Ihrer E-Mail-Adresse ist empfehlenswert. Sie müssen ja nicht Ihre persönliche Adresse nehmen. Richten Sie sich eigens eine neue E-Mail-Adresse ein, die nicht unbedingt Ihren vollen Namen enthalten muss (falls Sie sich für eine Chiffre-Anzeige entscheiden, denn sie dient schließlich dem Zweck, die Identität des Inserenten nicht zu offenbaren, beispielsweise, weil noch ein bestehender Arbeitsvertrag existiert). Sollten Sie kein Fax oder Internet haben, stellen Sie sicher, dass Sie über einen Freund oder gegebenenfalls über Ihre Outplacement-Beratung (unter Ihrem Namen) zuverlässig erreichbar sind, und sorgen Sie dafür, dass Sie die Nachricht baldmöglichst bekommen.

Denn die Entscheidung, Sie einladen zu wollen, fällt meist im Bruchteil einer Sekunde, kann aber genauso schnell wieder in Vergessenheit geraten, wenn es zu einem mühsamem Suchspiel wird, Sie zu finden, die Telefonnummer nicht funktioniert, kein Anrufbeantworter läuft o. Ä. Ein Personalchef wird zu jeder Zeit von allen Seiten mit Informationen bombardiert – vertun Sie nicht die Chance, wegen zu viel Zeitverlust und Aufwand durch sein Gedächtnisraster zu fallen.

Rahmenbedingungen – wörtlich genommen

Der kreativste und treffendste Text wird Ihnen nichts nützen, wenn er nicht den passenden Rahmen erhält – und das meinen wir wörtlich. Die optische Aufmachung und die richtige Positionierung können entscheidend sein. Die äußeren Bedingungen für eine gelungene Anzeige sind folgende:

Die passende Größe

Sie ist wichtig, weil sie auch etwas über Ihre Persönlichkeit aussagt. Bewerben Sie sich mit einer halben Seite als Fachverkäuferin, wird ein Personalchef darin ein derart ausgeprägtes Ego vermuten, dass er sich die Probleme, die damit zwangsläufig innerhalb eines Teams entstehen könnten, nicht antun wollen wird. Bewerben Sie sich um eine Führungsposition mit einer Anzeige, die nur mit Mühe als Dreizeiler in dezenter Schrift in der rechten unteren Ecke des Stellenteils zu finden ist, lässt das eher darauf schließen, dass Sie ein massives Problem mit Ihrem Selbstbewusstsein haben. Man wird bei Ihnen ein ähnlich dezentes Führungsverhalten vermuten, was chaotische Zustände in Ihrer künftigen Abteilung erahnen lässt – ebenfalls keine gute Ausgangsposition für Sie. Lassen Sie sich deshalb von Anzeigen inspirieren, die in Ihrem Bereich geschaltet werden, und finden Sie einen goldenen Mittelweg – nicht zu groß, nicht zu klein.

Adäquate Kosten

Hier kommt es darauf an, wofür Sie sich bewerben. Die Kosten hängen selbstverständlich auch mit der Größe Ihrer Anzeige zusammen. Geben Sie nur so viel für Ihre Anzeige aus, wie es Ihrem Berufswunsch entspricht. Die oben erwähnte Fachverkäuferin wird mit einer halben Seite nicht Engagement, Eigeninitiative und Esprit signalisieren, sondern sich eher der Lächerlichkeit und dem Verdacht, nicht mit Geld umgehen zu können, preisgeben. Der Manager-Typ mit der dezenten Anzeige wird sich neben mangelndem Selbstbewusstsein auch noch den Vorwurf des Geizes gefallen lassen müssen.

Als Faustregel gilt: Investieren Sie für eine Anzeige in einer überregionalen Zeitung bis zu einem Prozent Ihres anvisierten Jahresgehalts, regional bis zu einem halben Prozent. Rechnen Sie jedoch mit bis zu drei Anzeigen, die Sie in Auftrag geben.

Eine ansprechende optische Gestaltung

Wie wir bereits erwähnt haben, ist es hier von Bedeutung, dass sich die Überschrift grafisch durch eine fette und etwas größere Schrift vom Text abhebt. Wollen Sie die Eyecatcher-Wirkung verstärken, können Sie sich überlegen, Ihre Anzeige in einen Rahmen zu setzen. Er sollte aber von der Linienstärke harmonisch dazu passen. Auch die psychologisch richtige Positionierung will gut überlegt sein. Über sonstige Gestaltungsvarianten berät Sie ein Mitarbeiter der Anzeigenabteilung der jeweiligen Zeitung sicher gern.

Der Zeitaufwand

Zum Schluss noch ein paar Bemerkungen zum Zeitaufwand:

Sie werden sicher schon gemerkt haben, dass sich eine solche Anzeige nicht aus dem Ärmel schütteln lässt. Nehmen Sie sich also viel Zeit und vertrauen Sie auf Ihr Unterbewusstsein. Sie können sich zwischendrin mit etwas anderem beschäftigen. Ihr Unterbewusstsein wird Ihnen nach angemessener Zeit ein paar zündende Ideen liefern. (Füttern müssen Sie es natürlich!)

Wenn Sie den Text fertig geschrieben haben und zufrieden sind, laufen Sie nicht gleich zum Anzeigenschalter. Geben Sie ihn erst einmal an Familie und Freunde weiter und lassen Sie ihn über Nacht liegen. In der Freude, einen guten Text formuliert zu haben, wird man oft betriebsblind und vergisst, etwas Wesentliches zu erwähnen, was später maßlosen Ärger verursachen kann, macht Rechtschreibfehler oder versäumt gar, seine Telefonnummer anzugeben, weil einem das so selbstverständlich erscheint, dass man gar nicht mehr darauf achtet.

Finden Sie und Ihre Freunde und/oder Familie am nächsten Tag die Anzeige noch immer gelungen, können Sie aktiv werden.

Sind Sie mit Ihren Schreibkünsten unzufrieden oder erscheint Ihnen die Anstrengung zu groß, nimmt Ihnen ein Karriereberater oder ein Mitarbeiter der Arbeitsagentur jederzeit das Schreiben ab. Manchmal trägt die Agentur sogar die Kosten dafür.

Sobald die Anzeige erschienen ist, sollten Sie Ihre Unterlagen wie Lebenslauf und Zeugniskopien immer griffbereit haben, um schnell reagieren zu können. Ist die Anzeige erschienen und es passiert erst einmal nichts, seien Sie nicht frustriert. Bis zu drei Versuche sollten Sie unternehmen, ehe Sie aufgeben.

Vom Umgang mit Personalberatungsgesellschaften

Aufgabe von Personalberatungsgesellschaften ist es, im Auftrag von Firmen geeignete Bewerber für freie Stellen zu suchen. Diese Dienstleistung wird gern in Anspruch genommen, weil es den Firmen Zeit spart und gute Personalberater über eine sehr große Erfahrung, viele Kontakte und den »richtigen Riecher« verfügen. Sie werden ausschließlich im Erfolgsfall mit einer Provision bezahlt und dürfen nur mit einem Auftrag aktiv werden. Ein Personalberater wird sich also alle erdenkliche Mühe bei der Auswahl der Bewerber geben.

So ein Bewerbungsverfahren entspricht dem üblichen Vorgehen, nur dass Sie es nicht mit Ihrem potenziellen Chef zu tun haben, sondern mit einem Personalberater. Er wird aber ebenso wie dieser Ihre Unterlagen prüfen und das erste Vorstellungsgespräch mit Ihnen führen. Ist es erfolgreich, werden Sie über ihn Ihren potenziellen Chef zum zweiten Vorstellungsgespräch kennen lernen.

Wenn Sie es also während Ihrer Bewerbung mit einer solchen Gesellschaft zu tun haben, empfiehlt es sich, auf Folgendes zu achten:

Die Personalberatungsgesellschaft vertritt zwar den eigentlichen Arbeitgeber (dessen Identität Sie erst kennen lernen werden, wenn es zu einer Einladung bei ihm kommt), ist aber trotzdem Entscheidungsträger. Machen Sie also nicht den Fehler, einen Personalberater nicht ganz ernst zu nehmen, weil er »nur« der Vertreter ist. Er genießt in diesem Moment das volle Vertrauen seines Auftraggebers und seine Entscheidung über Ihr Wohl und Wehe wird kaum angezweifelt werden.

Sollte aus der Bewerbung nichts werden, der Personalberater aber trotzdem von Ihren Fähigkeiten überzeugt sein, wird er Sie für die nächste passende Stelle im Kopf behalten. Ein Gespräch mit ihm lohnt sich allemal, denn er kann Ihnen viel über Ihre Wunschbranche erzählen und kennt aufgrund seiner Kontakte oft als einer der Ersten geeignete freie Stellen.

Achten Sie aber immer darauf, dass Sie nicht zu viel von sich preisgeben, so sympathisch Ihr Gegenüber auch sein mag. Er wird Sie unter Umständen bis in Ihre Intimsphäre befragen. Also halten Sie sich mit Alkohol (falls es zu einem gepflegten Essen in entspannter Atmosphäre kommen sollte) zurück und werden Sie nicht zu vertrauensselig. Geben Sie niemals Informationen über Ihren alten Arbeitgeber preis und tun Sie Ihre Meinung nicht über Dinge kund, die sich als Bumerang für Sie erweisen können. Alles, was Sie sagen, insbesondere Kritik, kann gegen Sie verwendet werden.

Erweist sich die Entscheidung, Sie einzustellen, als Fehler, muss die Personalberatungsgesellschaft im schlimmsten Fall die Provision an den Auftraggeber zurückbezahlen. Nicht nur der finanzielle Aspekt schmerzt dabei, auch der Imageschaden ist kaum wieder gutzumachen. Ein Personalberater wird Sie also ganz besonders auf Herz und Nieren prüfen.

Hilfe durch Karriereberatung

Sind Sie sich unsicher darüber, ob Sie sich gut verkaufen können und ob es richtig ist, wie Sie Ihre Stellensuche angehen, nehmen Sie doch die Hilfe eines Experten in Anspruch. Ein Karriereberater berät Sie sehr individuell in allen Fragen, die Ihre berufliche Zukunft betreffen. Die Ratschläge aus unserem Buch werden Sie von ihm ausführlicher und individuell auf Sie zugeschnitten erhalten. Er erarbeitet mit Ihnen, welche berufliche Richtung für Sie geeignet ist, was Sie für ein Mitarbeiter-Typ sind, wie Sie sich am besten verkaufen etc. Selbstverständlich wird er Ihnen auch bei der Bewerbung behilflich sein.

Prinzipiell ist es möglich, dass er Ihnen die Arbeit abnimmt und Sie auch zu Ihren Gesprächen begleitet. Empfehlenswert ist das aber in keinem Fall. Es suggeriert eher Unselbständigkeit. Außerdem müssen *Sie* sich schließlich im Vorstellungsgespräch verkaufen und so authentisch wie möglich sein. Das schaffen Sie nur, wenn Sie die meiste Arbeit, wenn auch unter Anleitung, selbst gemacht haben und wissen, wovon Sie reden. Eine Beratungsstunde kostet Sie, je nachdem, was Sie von Ihrem Karriereberater wollen, zwischen 80 und 160 Euro.

Die Arbeitsagentur

Es kann sich durchaus lohnen, über die Arbeitsagentur sein Glück zu versuchen. Gerade für Arbeitnehmer ab 50 ist sie momentan sehr aktiv. Mit der »Initiative 50plus« des Bundesministeriums für Wirtschaft und Soziales vom November 2006 soll die Erwerbsbeteiligung älterer Arbeitnehmer weiter gefördert werden. Die Arbeitsagentur kann Sie über die neuesten Regelungen zur Wiedereingliederung älterer Arbeitsloser beraten. Das betrifft vor allem den Kombilohn und die neu gestalteten Eingliederungszuschüsse.

Allerdings sollten Sie sich nicht zu viel von Ihrem Arbeitsvermittler versprechen. Viele Firmen melden ihre freie Stellen oft gar nicht mehr der Agentur. Außerdem spielt es auch eine Rolle, wofür Sie sich bewerben. Interessieren Sie sich für eine höher dotierte Führungsposition, kann es bei einem potentiellen Arbeitgeber beinahe einen schlechten Eindruck machen, wenn Sie auf Vermittlung der Arbeitsagentur kommen. Die Agentur hat deswegen speziell eine Zentralstelle für die Vermittlung von Führungskräften (ZAV) eingerichtet, um ihr schlechtes Image loszuwerden. In einem eigenen Blatt – *Markt und Chance* – werden Bewerber vorgestellt und Stellenanzeigen veröffentlicht.

Nehmen Sie diesen Weg aber nur als eine Möglichkeit von vielen. Lassen Sie nichts unversucht und handeln Sie vor allem eigeninitiativ. Das ist immer ein sehr schlagkräftiges Argument, dessen Einsatz in Ihrem Fall noch am elegantesten gegen Vorurteile wirkt.

Der versteckte Arbeitsmarkt

Über die eben beschriebenen klassischen Wege werden allerdings lediglich etwa ein Drittel der freien Stellen besetzt. An die anderen zwei Drittel – den so genannten versteckten Arbeitsmarkt – kommen Sie nur über Umwege. Um in unserem Bild von der Reise zu bleiben: Spannender, erfahrungsreicher und erfolgversprechender als die geraden, gut beschilderten Hauptstraßen sind oft die verschlungenen Pfade abseits der Hauptroute.

Viele Firmen schreiben ihre freien Stellen nicht offiziell aus oder melden sie nicht an die Arbeitsagentur, weil sie es bei einer Stellenausschreibung meist mit Unbekannten zu tun haben werden und lediglich ihr erster Eindruck vom Bewerber und seinen Unterlagen für eine Entscheidung reichen müssen. Damit ist das Risiko einer Fehlbesetzung sehr hoch. Bei vielen Positionen kommt es vor allem auf die Persönlichkeit desjenigen an, der sie füllen soll. Referenzen von Menschen, die man nicht kennt, gute Prüfungsergebnisse und ein netter erster Eindruck sagen noch nichts darüber, ob derjenige vertrauenswürdig, stressfest und von seinem Wesen her fähig genug ist, auch heikle Situationen zu bewältigen.

Deswegen verlassen sich die meisten Personalchefs lieber auf Empfehlungen und Referenzen von Geschäftsfreunden oder Kollegen oder haben selbst schon jemanden im Auge, den sie länger kennen und von dem sie wissen, dass er sich bereits bewährt hat.

Es gibt mehr offene Stellen, als Sie denken. Sie werden frei, weil Angestellte befördert werden, in den Mutterschaftsurlaub gehen, sich eine Auszeit gönnen, eine längere Weiterbildungsmaßnahme in Anspruch nehmen, umziehen oder in Rente gehen. Dafür benötigen Sie ein funktionierendes Networking. Immerhin 20 Prozent der Stellen werden auf diese Weise besetzt. Es lohnt sich also, sich darüber ein paar Gedanken zu machen. Das Entscheidende für Sie ist, möglichst frühzeitig zu erfahren, wo es eine solche Veränderung gibt und wie Sie sich am besten um die freie Stelle bemühen können.

Sicher haben Sie schon auf der Suche nach einem geeigneten Fachmann Freunde oder Verwandte nach einer Empfehlung gefragt. Sie werden dabei nur Leute ansprechen, von denen Sie annehmen, dass sie über fundiertes Wissen verfügen oder eine sehr gute Menschenkenntnis und große Erfahrung haben. Ebenso werden Sie schon in manchen Fällen um Rat gefragt worden sein.

Networking – ein Netzwerk voller Möglichkeiten

Genau das ist das Prinzip von Networking – das Nutzen und die Pflege Ihrer Kontakte und der ständige Aufbau von neuen Kontakten. Und so funktioniert es in der Arbeitswelt: Gibt es eine freie Stelle, sprechen die Verantwortlichen oft schon Monate vorher im kleinen vertrauten Kreis mit Kollegen oder Partnern über die anstehende Neubesetzung. Kennen Sie zufällig jemanden, der zu einem solchen Kreis gehört, der von Ihrer Situation weiß und viel von Ihnen hält, haben Sie gute Chancen, sich zumindest einmal dort zu melden unter Berufung auf Ihren Tippgeber.

Manchmal werden auch Stellen neu geschaffen und existieren erst einmal nur in den Köpfen der Chefs. Sind Sie da über Kontakte zur richtigen Zeit am richtigen Ort, sind Ihre Chancen groß, auf Interesse zu stoßen, vor allem, wenn Sie einer noch unklaren Vorstellung der Position Ihr Profil geben können. Vielleicht erfahren Sie aber auch von jemandem, dass seine Firma in Schwierigkeiten steckt und zu einem Problem dringend eine Lösung sucht. Wenn Sie eine Idee dazu haben und auch noch wissen, wie man sie schnell und kostensparend umsetzt, werden Ihnen sicher die Bürotüren der Chefetage offen stehen. Ganz besonders interessant wird es natürlich, wenn Sie in der Lage sind, Bedürfnisse zu wecken, wo noch gar keine waren. Damit haben Sie mindestens schon einmal einen Fuß in der Tür und gute Chancen, mehr daraus zu machen.

Wenn Sie glauben, nicht über die Kontakte zu verfügen, die Sie weiterbringen können, oder Ihre Kontakte voll ausgeschöpft zu haben, täuschen Sie sich unter Umständen.

Erstens haben Sie mehr Kontakte, als Ihnen spontan einfallen, und zweitens kommt es darauf an, immer wachsam zu sein, Chancen zu sehen und sie mutig zu ergreifen.

Natürlich besteht Ihr Netzwerk in erster Linie aus Familie, Freunden und Kollegen. Aber was ist mit Ihrem Arzt, Ihrem Rechtsanwalt, Ihrem Steuerberater, den Lehrern Ihrer Kinder, den Inhabern der Geschäfte, in die Sie gehen, Ihrem Friseur, dem Besitzer Ihres Stammlokals nebst Stammgästen? Was ist mit alten Schulfreunden, Nachbarn, Kunden, Ex-Kollegen, Ex-Chefs oder Vereinskameraden? Nicht uninteressant sind übrigens die Eltern der Freunde Ihrer Kinder. Über die lieben Kleinen begegnet man sich bereits im Kindergarten und gewinnt immer wieder neue Kontakte dazu, bis der Sprössling die Schule verlässt. Vielleicht gibt es ja da jemanden, der in Ihrer Branche tätig ist und etwas weiß?

Machen Sie sich doch einmal eine Liste all Ihrer Verwandten, Freunde, Bekannten, Kollegen, Ausbilder und der anderen Menschen, mit denen Sie in irgendeiner Beziehung stehen. Überlegen Sie sich zu jedem Einzelnen, was er beruflich macht, was er für Freunde hat usw. Sie werden staunen, wie viele Ansatzpunkte Sie finden, die es geschickt zu nutzen gilt.

Die goldenen Regeln des Networkings

Für den Umgang mit Ihren Kontakten gibt es bestimmte Regeln:

Oberstes Gebot ist absolute Vertraulichkeit. Erhalten Sie von jemandem einen Tipp, behalten Sie ihn unbedingt für sich oder nennen Sie bei anderen zumindest keine Namen. Das Gegenteil könnte für Ihren Kontaktmann unter

Umständen böse Folgen haben, wenn sein Chef ihn des Vertrauensbruchs bezichtigt. Fragen Sie ihn auch unbedingt, ob Sie sich auf ihn beziehen dürfen, wenn Sie sich nach seinem Hinweis bei einem Arbeitgeber melden.

Nehmen Sie den Kontakt zu einem günstigen Zeitpunkt auf. In einer entspannten Atmosphäre, bei einem guten Essen oder einer kleinen Feier spricht es sich oft leichter. Vielleicht hat Ihr Gastgeber Sie ja extra eingeladen, um Sie jemandem vorzustellen. Dann haben Sie leichtes Spiel. Sie sollten aber trotzdem darauf achten, Ihren Gesprächspartner nicht »totzureden«, es sei denn, er ist wirklich an dem Gespräch mit Ihnen interessiert. Ansonsten umreißen Sie kurz, worum es geht, und machen Sie mit ihm einen Termin zu einem anderen Zeitpunkt und Ort aus.

Interessiert Sie jemand, ohne dass von einer dritten Person ein Kontakt hergestellt wird, achten Sie darauf, ob er Ihnen per Körpersprache oder eindeutigem Verhalten seine Gesprächsbereitschaft signalisiert oder nicht. Nichts ist schlimmer, als ein wichtiges Gespräch zu stören oder jemanden aus seinen Gedanken zu reißen. Damit lassen Sie auch die Eigenschaft vermissen, die im Geschäftsleben eine besonders wichtige Rolle spielt – Takt- und Fingerspitzengefühl.

Sind Sie mit jemandem ins Gespräch gekommen, hören Sie zu, was er Ihnen zu sagen hat. Wichtige Informationen sind oft in Nebensätzen versteckt oder nur zwischen den Zeilen zu hören. Schließlich kann Ihr Gesprächspartner erst einmal gar nicht wissen, was Sie genau wollen, gerade, wenn Sie erst am Anfang Ihrer Recherche stehen. Erschlagen Sie ihn nicht verbal und preisen Sie sich vor allen Dingen nicht als ultimativen Heilsbringer an. Ist das Gespräch angenehm, können Sie ihn sicher am Ende der Unterhaltung fragen, ob er noch einen Tipp für Sie hat. Verfügt er über interessante Informationen über eine andere Branche, die Sie interessieren würde, signalisieren Sie ihm, dass Sie sich auch einen Branchenwechsel vorstellen könnten.

Gehen Sie auch sehr vorsichtig mit Insiderinformationen um, die Sie erhalten haben. Der Satz »*Guten Abend, mein Name ist Schmidt, ich habe gehört, Sie haben Probleme. Ich bin der Mann, der sie lösen kann*«, ist ein Stimmungskiller und bringt Ihren Kontaktmann in Verlegenheit, outet Sie als unfähig, eine verantwortliche Position zu übernehmen. Gerade in schlechten Zeiten sollte man sehr vorsichtig sein, denn auf eine Stelle kommen Hunderte gut ausgebildeter Bewerber, die Ihnen für einen solchen Fehler sehr dankbar sein werden.

Unterschätzen Sie es nicht, wenn jemand Ihnen nicht mit einem Job oder einem Namen dienen kann, sondern »nur« einen Tipp für Sie hat, wo Sie noch suchen oder fragen können. Denn auf diesem Weg tun sich wieder neue Möglichkeiten auf, mit denen Sie nie gerechnet hätten.

Überlegen Sie sich auch gut, wen Sie ansprechen. Ihren alten Schulkameraden, von dem Sie sich im Streit getrennt haben und den Sie eigentlich nie richtig leiden konnten, nur anzurufen, weil Sie wissen, dass er jetzt eine wichtige Position in einer großen Firma innehat und mit den Entscheidungsträgern Ihrer Branche regelmäßig golfen geht, ist keine besonders gute Idee. Ihre Kontaktaufnahme wird Misstrauen erzeugen, vor allem, wenn Sie bereits im ersten Telefonat nach 30 Jahren mit der Tür ins Haus fallen. Das macht einen denkbar schlechten Eindruck und outet Sie als »Vorteilsheischer«.

Benutzen Sie Ihre Kontaktpersonen nicht nur. Kontakte muss man auch pflegen. Revanchieren Sie sich zu gegebener Zeit, halten Sie immer wieder lockeren Kontakt. Die besten Kontakte sind sowieso die, die langsam und mit der Zeit gewachsen sind. Bei allen anderen neu hinzugekommenen sollten Sie nicht lange darum herumreden, sondern höflich, aber direkt um einen Rat bitten. Denn es irritiert eher, wenn Sie sich krampfhaft bemühen, ein vertrautes Verhältnis zu jemandem aufzubauen, mit dem Sie offensichtlich außer Ihrem gemeinsamen beruflichen Interesse wenig verbindet. Vergessen Sie nicht, sich auf alle Fälle bei Ihrem Kontaktmann zu bedanken, selbst wenn aus der Geschichte nichts geworden ist.

Bekommen Sie eine Empfehlung, sich bei einem Dritten zu melden, tun Sie das unbedingt, selbst wenn Sie meinen, dass das Zeitverschwendung ist. Unter Umständen hat Ihr Kontaktmann bereits Himmel und Hölle in Bewegung gesetzt, um Ihnen zu helfen, und es wäre sehr unangenehm für ihn, wenn Sie es ihm so danken würden. Außerdem hätten Sie diesen Kontakt mit Sicherheit verloren.

Kontakte zu knüpfen ist übrigens nicht so schwer, wie oft angenommen wird. Man muss nur Augen und Ohren offen halten und die Chancen nutzen. Das kann auf Veranstaltungen, auf Messen oder Kongressen sein, aber auch am Abend im Lokal, auf dem Spielplatz, beim gemeinsamen Warten auf die Bahn. Beobachten Sie Ihre Umgebung. Vielleicht kommen Ihnen dabei Ideen, neue Pläne, vielleicht fällt ein Wort, das Sie in eine völlig neue Denkrichtung bringt. Sie müssen nur »auf Sendung« sein.

In dieser Zeit wird Ihnen übrigens allerlei passieren. Unbekannte Menschen könnten Sie ansprechen, Freunde von Freunden, die gehört haben, was Sie suchen. Sie werden auf Leute treffen, die mit Ihrem Berufsfeld zu tun haben, werden in der Zeitung davon lesen und sich wundern, warum Ihnen das vorher alles nicht aufgefallen ist. Entweder haben Sie nur nicht darauf geachtet, oder Sie entwickeln auf einmal eine Ausstrahlung, die Sie für Leute Ihres Schlags interessant macht.

Gewöhnen Sie sich auf alle Fälle an, sich Namen und Nummer Ihres Gesprächspartners zu notieren. Schreiben Sie sich dazu, worum es ging und was es gebracht hat. Überprüfen Sie regelmäßig, ob die Kontakte noch gültig sind. Es gibt in jedem Schreibtisch die Visitenkarten, deren Besitzer schon längst die Firma gewechselt haben, auf- oder abgestiegen sind etc. Wie peinlich, wenn Sie sich dann auf jemanden berufen, der dort seit Jahren nicht mehr ist und die Firma womöglich im Streit verlassen hat.

Das Spiel funktioniert übrigens auch umgekehrt. Gerade in Ihrem Alter werden Sie über mehr Kontakte verfügen als ein junger Kollege, der gerade erst von der Uni kommt. Vielleicht erkennt ein Personalchef beim Studium Ihres Stellengesuchs oder Ihrer Bewerbungsunterlagen, welchen Schatz er da auch an Kontakten bergen könnte, wenn er sich für Sie entscheidet. Denn manche Positionen, die man innehatte, beinhalten automatisch, dass man es mit vielen und unter Umständen auch wichtigen Leuten zu tun hatte.

Auch in einem Vorstellungsgespräch könnte es ganz hilfreich sein, den ein oder anderen Namen fallen zu lassen – aber denken Sie daran: Nicht übertreiben und diese »Waffe« nur einsetzen, wenn es sich ergibt oder Sie darauf angesprochen werden.

Bewerbungsphase 2: Erste Kontakte

Nachdem Sie jetzt wissen, über welche Talente Sie verfügen und wo Sie sie gerne einsetzen wollen, geht es nun darum, mit den entsprechenden Unternehmen in Kontakt zu kommen. Dazu können Sie auf eine Stellenanzeige reagieren und eine schriftliche Bewerbung abschicken oder von sich aus aktiv werden und die Firmen auf sich aufmerksam machen.

Das Telefon – die persönliche Art effektiver Kontaktaufnahme

Eine Kontaktaufnahme ist natürlich immer auf dem schriftlichen Weg möglich. Aber haben Sie schon einmal darüber nachgedacht, die ersten Kontakte telefonisch zu knüpfen? Denjenigen, die sich über diese Frage wundern, weil sie um die Vorteile solcher Anrufe längst wissen, sei gesagt, dass sie zu der verschwindend kleinen Minderheit der deutschen Bevölkerung gehören, die das Telefon als Bewerbungsmittel einsetzen.

Wofür ein Telefon gut sein kann

Das ist erstaunlich, denn das Telefon ist so vielseitig einsetzbar wie kaum ein anderes Bewerbungsmittel. Vor allen Dingen ersparen Sie sich damit jede Menge Zeit. Schreiben Sie einen Brief, vergeht mindestens ein Tag, bis er ankommt. Dann muss er gelesen, beantwortet und zurückgeschickt werden. Das kostet Sie sehr viel unnötige Zeit und vor allem Nervenkraft. Denn Sie werden jeden Tag warten und sich fragen, ob Sie vielleicht etwas falsch gemacht haben, wenn nicht sofort eine Antwort erfolgt.

Das alles können Sie sich mit einem kurzen Anruf sparen. Außerdem wird es geradezu von Ihnen erwartet als Zeichen von Engagement, Motivation und kommunikativer Begabung.

Das Telefon eignet sich hervorragend zum

Sammeln von Informationen

Wenn Sie sich noch in der Recherchephase befinden, können Sie über die Telefonzentrale der entsprechenden Firmen oder der für Sie interessanten Verbände ohne lange Umschweife wichtige Informationen erfragen. Entweder Sie erhalten in diesem Gespräch schon die Auskunft, die Sie haben wollen, oder Sie können sich entsprechendes Material zu den Themen, die Sie interessieren, schicken lassen. Ein solches Gespräch ist oft schon eine erste »Brücke« zu dem Unternehmen. Denn wenn Sie angenehm auffallen, wird das sicherlich im Gedächtnis bleiben. Notieren Sie sich auf alle Fälle die Namen, die Sie im Gespräch genannt bekommen, und natürlich den Ihres Gesprächspartners.

Lassen Sie ein solches Gespräch ruhig angehen. Denn erst einmal geht es ja nur darum, Informationen zu bekommen und zu sehen, ob Sie sich überhaupt bei dieser Firma bewerben wollen. Telefonieren Sie mit der Telefonzentrale eines Verbands, weiß man dort vielleicht etwas über freie Stellen oder kennt die besten Informationsmöglichkeiten. Ein solcher Anruf hat für Sie zwei Vorteile:

Erstens erhalten Sie detaillierte Informationen, die Sie sehr gut benutzen können, um in Ihrer schriftlichen Bewerbung individuell auf die Bedürfnisse der Firma einzugehen und sich gleichzeitig als die geeignete Person präsentieren zu können, die diese Bedürfnisse erfüllt. Damit zeigen Sie der Firma auch, dass sie Ihnen wichtig ist und nicht nach Branchenbuch-Adressenliste mit einer Standardbewerbung akkordmäßig abgearbeitet wurde.

Zweitens haben Sie von sich aus Initiative gezeigt und können umgekehrt erahnen, was auf Sie zukommt.

Knüpfen erster Kontakte

Wollen Sie auf eine Anzeige reagieren, rufen Sie in jedem Fall unter der angegebenen Nummer an oder lassen Sie sich gleich mit dem genannten Ansprechpartner verbinden. Für viele Firmen ist das fast schon Voraussetzung. Falls keine diesbezüglichen Daten angegeben sind, fragen Sie in der Telefonzentrale der Firma nach dem für Sie zuständigen Mitarbeiter.

Ist der Moment Ihres Anrufs günstig und sind Sie Ihrem Gesprächspartner sympathisch, entwickelt sich vielleicht ein kurzes Gespräch, in dem Sie viele zusätzliche Informationen erhalten, die so nicht in der Anzeige stehen und die Sie anderen Bewerbern gegenüber in Vorteil bringen. Sympathie erzeugen Sie z. B. immer dann, wenn Sie in der Lage sind, auf die Situation, in der sich der Angerufene gerade befindet, angemessen zu reagieren. Fragen Sie grundsätzlich, ob er gerade einen Moment Zeit für Sie hat. Wenn er verneint, bitten Sie ihn darum, ihn wieder erneut anrufen zu dürfen – zu einem Zeitpunkt, den Sie ihm alternativ vorschlagen (»*Passt es Ihnen Mittwoch Vormittag oder Donnerstag Nachmittag besser?*«). Sympathisch wirken Sie auch, wenn Sie im Laufe des Gesprächs Gemeinsamkeiten feststellen, wie z. B. die gemeinsame Herkunft (in der »Fremde« verbindet das oft ungemein), gemeinsame Hobbys, ein ähnlicher Ausbildungsgang oder dieselbe Universität, an der man studiert hat.

Kurze (!) Gespräche über Themen wie »*Ach, kennen Sie Herrn XY noch?*«

oder »*Wenn Sie XY mögen, kann ich Ihnen nur empfehlen, einmal nach Z zu fahren …*« sind keine Seltenheit und tragen enorm dazu bei, dass man Sie in sehr angenehmer Erinnerung behält.

Lassen Sie sich nicht irritieren, wenn es bei solchen Gesprächen nicht um die Arbeit geht. Sympathie erzeugt sich oft auf den »Nebenschauplätzen«. Denn kann sich Ihr Gesprächspartner mit Ihnen über seine Lieblingsthemen austauschen, sind Sie in diesem Moment sogar eine willkommene Abwechslung im tristen Arbeitsalltag, und dass Sie nicht nur etwas von Ihrem Job verstehen, sondern offensichtlich auch noch die gleiche Wellenlänge haben, wird das Interesse an Ihnen immens steigern.

Lassen Sie die Gespräche aber nicht ausufern, es geht lediglich um einen guten Einstieg. Und fangen Sie vor allem nicht an, Ihre ganze Lebensgeschichte am Telefon zu erzählen, oder noch schlimmer, als älterer erfahrener Mensch Ihre Fülle an beruflichen Erfolgen breitzutreten. Ist Ihr Gesprächspartner jünger als Sie, kann das leicht Misstrauen erregen und so wirken, als wollten Sie ihm gute Ratschläge erteilen oder ihn übertrumpfen. Bleiben Sie also immer wachsam und reagieren Sie auf jede Wendung des Gesprächs.

Achten Sie auch darauf, welcher »Gesprächstyp« Ihr Gesprächspartner ist. Ist er kurz angebunden, bringen Sie lieber gleich auf den Punkt, was Sie möchten. Vielleicht ist er ein Faktenmensch. Dann bringt Ihnen das mehr Sympathiepunkte, als wenn Sie lange darum herumreden.

Wenn es sehr gut läuft, sprechen Sie mit dem Chef selbst. Kommt es anders, unterschätzen Sie auf keinen Fall Ihren Gesprächspartner. Eine Sekretärin z. B. ist oft die rechte Hand eines Chefs und hat Einfluss. Es passiert nicht selten, dass ihr Chef sie um Rat fragt. Haben Sie also einen sympathischen Eindruck bei ihr hinterlassen, wird sie ihm sicher von Ihnen erzählen und ihm später Ihre Bewerbungsunterlagen zuverlässig und schnell vorlegen. Aber auch derjenige, der die Personalauswahl trifft, genießt meist das Vertrauen des Chefs. Denn eine gute Belegschaft ist der Motor jeder Firma. Notieren Sie sich auf alle Fälle den Namen Ihres Gesprächspartners. In Ihrem Anschreiben können Sie sich nämlich auf ihn beziehen.

Mit einem solchen Anruf umschiffen Sie auch die Hürde des ersten Satzes im Anschreiben Ihrer schriftlichen Bewerbung, weil Sie dann auf Ihr Telefonat verweisen können. Geben Sie dabei immer eine Zeitangabe an. Perfekt ist natürlich, wenn Sie Ihre Unterlagen am selben Tag oder jedenfalls sehr zeitnah abschicken oder persönlich abgeben. Dann ist die Erinnerung an Sie noch frisch. Bedanken Sie sich für das Telefonat. Den ersten Satz könnten Sie beispielsweise so formulieren:

»Zuerst einmal möchte ich mich für das informative und interessante Gespräch von (heute Vormittag, heute Nachmittag, gestern) … bedanken. Es hat mich darin bestärkt, mich bei Ihnen um die Stelle/Position als … bewerben zu wollen. Wie besprochen, sende ich Ihnen anbei …«

Haben Sie nicht mit dem Entscheidungsträger, sondern mit jemand anderem gesprochen, beziehen Sie sich namentlich auf ihn. *»Nach einem Telefonat mit Ihrer Mitarbeiterin, Frau XY …«* etc. Wenn Interesse besteht, wird man Frau XY sicher nach Ihnen fragen.

Ziel einer solchen ersten Kontaktaufnahme ist es also, Interesse und Eigeninitiative zu signalisieren, sich von anderen Mitbewerbern abzuheben, Informationen zu erhalten, die Sie in eine bessere Position bringen und – im besten Fall – viele Sympathiepunkte zu sammeln. Denn bei der Entscheidung, eine Stelle zu vergeben, geht es bekanntlich nicht nur um das Fachliche, sondern auch um Sympathie und Ihre Persönlichkeit.

Halten von Kontakten

Wenn Sie Ihre Unterlagen bereits abgeschickt haben, ist das Telefon das geeignete Mittel, um in angemessenen Abständen (etwa alle zwei Wochen) nachzufragen, was denn daraus geworden ist.

Halten Sie auf alle Fälle Ihre Unterlagen bereit, denn Sie werden sich ja nicht nur bei einer Firma beworben haben. Wenn sich jemand bei Ihnen meldet, oder wenn sich bei Ihrem erneuten Anruf ein Gespräch ergibt, sollten Sie darauf vorbereitet sein, dass Sie bereits einige Fragen gestellt bekommen über Ihr Kompetenzprofil bzw. zu Ihren Gehaltsvorstellungen. Darauf können Sie erst einmal ausweichend antworten und eher Ihre Motivation zu arbeiten herausstreichen als Ihr Interesse am Geld.

Nachfassen

Selbst wenn Sie eine schriftliche Absage erhalten, kann Ihnen das Telefon immer noch nützlich sein. Denn auf eine höfliche Nachfrage, woran es denn gelegen hat, erfahren Sie vielleicht wertvolle Hinweise, die Ihnen für die nächste Bewerbung nützlich sein können. Auf alle Fälle müssen Sie dann nicht tagelang Gedanken wälzen und sich für die Absage verantwortlich machen. Vielleicht hatte ein Mitbewerber eine zusätzliche, sehr nützliche Qualifikation, Sie waren in der letzten Runde und haben es nur ganz knapp nicht geschafft, oder man wollte lieber einen Mann als eine Frau bzw. umgekehrt. Ein kurzer Telefonanruf und Sie wissen Bescheid. Auch daraus kann sich übrigens wieder ein

Gespräch ergeben, in dem sich vielleicht andere Möglichkeiten für eine Zusammenarbeit auftun.

Gründe für eine Telefonallergie und was Sie dagegen tun können

Das sind also alles gute Argumente, sich des Telefons zu bedienen. Viele Menschen haben aber eine regelrechte Telefonallergie. Die Gründe sind vielfältig.

Sehr häufig spielt die eigene Einschätzung eine Rolle, keine angenehme Telefonstimme zu haben. Viele Menschen haben auch Angst, aufgrund ihrer Stimme zu viel von sich preiszugeben oder schon in irgendeine Schublade gesteckt zu werden. Denn über die Stimme entscheidet sich oft, ob man jemanden für sympathisch hält oder nicht. Die Befürchtung, dass die Stimme zittert oder sich überschlägt und dass man sich damit als unsouverän oder gar als »ungeeignet« erweist, ist groß.

Das ist in den meisten Fällen unbegründet. Denn es gibt verschiedene Methoden, seine Stimme zu schulen und sich auf ein solches Telefonat vorzubereiten. Faustregel ist: Je ruhiger Sie sind, desto ruhiger klingt auch Ihre Stimme.

Viele Menschen sind nervös, wenn sie zum ersten Mal irgendwo anrufen. Schließlich wissen sie nicht, was sie erwartet – ob sie gerade stören, wer da am Telefon ist, ob er sympathisch sein wird oder nicht. Sie können sich aber eine große Portion Nervosität nehmen, wenn Sie wissen, was Sie sagen wollen. Wie Sie sich entsprechend gut vorbereiten können, erfahren Sie etwas später.

Was Sie am Telefon zum Sympathieträger macht

Angestellte im Callcenter haben oft einen Spiegel am Arbeitsplatz, um ständig Ihre freundliche Ausstrahlung zu überprüfen. Auch Sie können einiges dafür tun, um am Telefon freundlich und überzeugend rüberzukommen.

Die Stimme

Es gibt verschiedene Methoden, sich stimmlich auf schwierige Telefonate einzustellen.

Zunächst einmal haben Sie den unschätzbaren Vorteil, dass Sie den Zeitpunkt, zu dem Sie anrufen, selbst bestimmen. Sind Sie also ein ausgemachter Morgenmuffel, hat es wenig Sinn, in aller Herrgottfrühe mit rauer, belegter Stimme den Dynamisch-Motivierten zu spielen, der als Einziger die ausgeschriebene Stelle ganz und gar ausfüllen kann. Außerdem gibt es tatsächlich Tage, an denen solche Telefonate schlicht nicht anstehen – an denen man einen Frosch im Hals hat oder sich so wattig fühlt, dass man keinen klaren Gedanken fassen kann. Das soll aber kein Alibi sein, den Anruf immer weiter aufzuschieben. Wenn Sie das Gefühl haben, dass heute Ihr Glückstag ist, nutzen Sie die Gunst der Stunde! Ihre Stimme wird das wie von selbst transportieren.

Mit einigen einfachen Tricks schaffen Sie es jederzeit, sich auf die Situation einzustellen – notfalls auch »künstlich«. Stellen Sie sich einfach vor, Sie würden Ihrem Gesprächspartner Auge in Auge gegenüberstehen. Kleiden Sie sich so, wie Sie sich wohl fühlen, stehen Sie aufrecht oder gehen Sie hin und her. Das bringt Sie in eine positiv gespannte Stimmung, und Ihre Stimme wird wesentlich energiegeladener klingen, als würden Sie im bequemen Hausanzug halb sitzend, halb liegend auf Ihrem Sofa lümmeln. So sollten Sie auf keinen Fall telefonieren. Man wird Ihnen eine gewisse Trägheit anmerken.

Trinken Sie am besten ein Glas Wasser, bevor Sie den Hörer zur Hand nehmen. Das nimmt den nervösen Hüstelreiz. Machen Sie ein paar Dehn- und Streckübungen. Das entspannt Sie und Ihre Stimme. Denselben Zweck erfüllen Gähnübungen. Tun Sie so, als ob Sie gähnen müssten, aber lassen Sie dabei den Mund geschlossen. Das dehnt den Rachenraum und führt dazu, dass Ihre Stimme besser »sitzt«. Atmen Sie ein paarmal tief ein und aus. Massieren Sie Ihre Füße. Das mag Ihnen seltsam vorkommen, aber Ihre Stimme braucht, wie jeder Ton, einen guten Resonanzkörper – Ihren Körper. Diese Dehnübungen machen ihn dazu. Nicht umsonst sagt man »Seine Stimme dringt durch Mark und Bein« oder »Seine Stimme kommt von ganz unten«. Ihre Stimme kann das mit ein bisschen Übung auch.

Hilfreich ist es auch, vor dem Telefonat sozusagen »trocken« laut auszusprechen, was Sie sagen wollen. Damit wissen Sie, wie Ihre Stimme sitzt und wie sich das, was Sie sagen wollen, anhört. Und denken Sie bitte nicht darüber nach, was alles schief gehen kann. Vielleicht ist da gerade jemand sehr froh über eine Ablenkung. Und wenn nicht, wird er es Ihnen sagen. Ist er unfreundlich, ist das sein Problem, nicht Ihres.

Während des Telefonats ist oberstes Prinzip – lächeln! Was sich albern anhört, weil Sie ja sowieso niemand sieht, hat physiologische und psychologische Gründe. Lächeln Sie doch einfach mal unmotiviert vor sich hin. Sie werden sehen, dass es nicht lange dauern wird, bis Sie wirklich lachen müssen – und wenn es nur ist, weil Sie sich albern vorkommen. Durch ein Lächeln werden viele Gesichtsmuskeln in Bewegung gesetzt. Dadurch entspannen sich Kehlkopf- und Rachenraum. Ihre Stimme hört sich wesentlich gelassener und freundlicher an. Versuchen Sie es: Sprechen Sie denselben Satz einmal mit finsterer Miene mit auf den Brustkorb gepressten Kinn und einmal in aufrechter Haltung, hocherhobenen Hauptes und mit einem strahlenden Lächeln.

Sprechen Sie langsam, ruhig und deutlich. Formulieren Sie nicht zu lange Sätze. Bleiben Sie selbst ruhig, sind Sie auch in der Lage, sich auf Ihren Gesprächspartner einzustellen, und laufen nicht Gefahr, ihn vor lauter Nervosität totzureden und gar nicht mitzubekommen, dass er schon seit einigen Minuten das Gespräch beenden möchte.

Telefonieren ist eine reine Übungssache. Suchen Sie sich zu diesem Zweck Unternehmen aus, die auf Ihrer Wunschliste nicht ganz oben stehen. So haben Sie bei Ihren ersten Telefonaten weniger Druck, und Sie werden sehen, dass es gar nicht so schlimm ist, wie Sie dachten.

Übrigens: Wenn Sie unsere Ratschläge auf ihre Tauglichkeit überprüfen wollen, nehmen Sie Ihre Stimme auf Band auf – einmal morgens nach dem Aufwachen oder wenn Sie gestresst oder nervös sind und, zum Vergleich, in einer entspannten, gelösten Stimmung und nach den Übungen. Erstens werden Sie sehen, dass eine gute Einstellung und ein paar Tricks wirklich helfen, und zweitens gewöhnen Sie sich an Ihre Stimme und werden bald nicht mehr über sie nachdenken.

Die Präsenz

Sie verschaffen sich einen großen Vorteil, wenn Sie am Telefon so präsent sind, dass man gar nicht an Ihnen vorbeikommen kann. Diese Ausstrahlung erreichen Sie nicht nur mit dem, was wir Ihnen zu Stimme und Stimmung gesagt haben. Machen Sie sich ein Bild von Ihrem unbekannten Gesprächspartner, damit Sie ihn sich während des Telefonats vorstellen können. Geben Sie ihm ein Gesicht, vielleicht sogar eine Biografie – so sympathisch wie möglich natürlich. So telefonieren Sie nicht mehr »ins Blaue« und können leichter Präsenz zeigen. Lassen Sie sich von Ihrem Instinkt leiten, um Ihren Gesprächspartner zu »knacken«. Oft sagt man im richtigen Moment Dinge, die einem die Tür öffnen, und man weiß gar nicht so genau, wie man darauf gekommen ist. Sie stehen lange genug im Berufsleben und wissen, in welcher Situation Ihr Gegenüber jetzt stecken mag. Signalisieren Sie Verständnis bei Zeitdruck. Falls ein Stichwort fällt, zu dem Sie etwas beitragen können, nutzen Sie die Chance.

Die Gesprächskompetenz

Konzentrieren Sie sich sowohl auf das, was Sie erreichen wollen, als auch auf denjenigen, der es Ihnen geben kann. Seien Sie immer aufmerksam, reagieren Sie auf die kleinste Schwankung und nützen Sie sie zu Ihren Gunsten. Erzählen Sie ihm kurz von Ihrer Idee, und er antwortet mit einem zögerlichen »*Das wäre wirklich sehr interessant, nur … die Kosten … die Zeit …*«, haben Sie schon wieder einen Punkt, an dem Sie einhaken können. Natürlich müssen Sie dazu Ihre Argumente im Kopf haben. Betrachten Sie das Ganze wie ein verbales Ping-Pong-Spiel. Je präziser Sie wissen, um was es Ihnen geht, und je überzeugter Sie selbst davon sind, desto überzeugender werden Sie auch am Telefon wirken.

Wie eine gute Vorbereitung ein Telefonat entschärfen kann – das Telefonskript

Ein weiterer Grund, weswegen Menschen das Telefon scheuen, ist ihre Unsicherheit, wie das Gespräch wohl verlaufen wird und wie sie dann darauf reagieren sollen. Über das Unbehagen, nicht zu wissen, mit wem man es zu tun hat und in welcher Situation sich derjenige befindet, haben wir bereits gesprochen. Es macht aber auch nervös, dem Gegenüber nicht in die Augen schauen zu können, um zu wissen, wie er auf das Gesagte reagiert. Je vertrauter Sie jedoch mit Ihren Fakten sind, desto besser werden Sie sich – wenn nicht über die Augen, dann doch über die Ohren – in die Situation einfinden.

Gegen ungeahnte Überraschungen hilft, sich vor dem Telefonat eine Art Skript zu schreiben. Notieren Sie als Erstes den Namen Ihres Ansprechpartners und die Telefonnummer, das Datum der Stellenanzeige und den Namen der Zeitung, in der Sie die Anzeige gelesen haben. Überlegen Sie, was Sie sagen wollen. Hilfreich ist es, die ersten beiden Sätze schriftlich auszuformulieren und sich ein paarmal vorher durchzulesen. Auch Ihre Fragen gehören auf Ihre Liste. Lassen Sie den Zettel immer neben dem Telefon liegen. Es kann Ihnen nämlich passieren, dass Sie, obwohl Sie sich sicher sind, in dem Moment, wo das Freizeichen ertönt, ein »Loch im Kopf«, ein »Blackout« haben und sich an nichts erinnern können. Das ist das »Lampenfieber«. Es ist vollkommen normal und quält auch noch die berühmtesten Schauspieler kurz vor ihrem Auftritt. Sobald das Zeichen zum Auftritt aber kommt, ist die ganze verloren geglaubte Fülle an Text wieder da. Sie können dies gut in den Griff bekommen, wenn Sie auf Ihren Zettel sehen. Sobald sich Ihr Gesprächspartner gemeldet hat, wird dieses Gefühl wie von selbst verschwinden.

Verwenden Sie den Zettel auch während des Gesprächs, damit Sie nichts vergessen von dem, was Sie sagen oder fragen wollten. Wenn Ihr Gesprächspartner Sie auf unerwartetes Gebiet gelockt hat, finden Sie so immer wieder zu dem zurück, was Sie noch sagen wollten.

Initiativ bewerben per Telefon

Das Telefon eignet sich auch hervorragend dafür, sich initiativ bei einer Firma zu bewerben. Das empfiehlt sich vor allen Dingen dann, wenn Sie durch eine Kontaktperson oder aus der Zeitung oder aus sonstigen Quellen erfahren, dass die Firma etwas braucht, was Sie haben – eine technische Lösung für ein Problem, eine besondere Fähigkeit wie z. B. eine seltene oder schwierige Sprache, oder wenn Sie von sich aus meinen, dass Sie dort gut aufgehoben sind und Ihre Einstellung einen beiderseitigen Nutzen bringt.

Wenn Sie sich initiativ bewerben wollen, ist es ganz besonders wichtig, sich gut zu verkaufen. Denn Ihr Anruf kommt für die Firma vollkommen unerwartet und Sie müssen damit rechnen, dass man weniger bereit sein wird, Ihnen zuzuhören. Deswegen ist gerade hier der gute Einstieg, der Ihren Gesprächspartner nicht verprellt, weichenstellend.

Wenn sich Ihr Gesprächspartner meldet, versuchen Sie sich den Namen zu merken und sprechen Sie ihn wieder damit an. Das schafft eine persönlichere Atmosphäre. Stellen Sie sich namentlich vor, nennen Sie Ihren Beruf und Ihre hervorstechendsten Qualifikationen und fragen Sie dann unbedingt, ob Ihr Gesprächspartner im Moment Zeit für Sie hat oder ob es ihm zu einem anderen Zeitpunkt lieber wäre.

»Herr Werner, haben Sie kurz Zeit für mich oder passt es Ihnen besser, wenn ich mich morgen melde, sagen wir, gegen 15 Uhr?«

Möchte er wissen, worum es geht, skizzieren Sie kurz Ihr Anliegen, ohne zu viel zu verraten, und versuchen Sie, den von Ihnen vorgeschlagenen Termin zu bestätigen. Hat er absolut kein Interesse, sollten Sie das so akzeptieren, bevor Sie sich unbeliebt machen. Hatten Sie Erfolg, bestätigen Sie beim Abschluss des Gesprächs den Termin nochmals.

»Ich bedanke mich für das kurze Gespräch und freue mich darauf, es morgen gegen 15 Uhr fortsetzen zu können.«

Die verschiedenen Wege zu Ihrem richtigen Gesprächspartner

Im Idealfall haben Sie sofort den richtigen Gesprächspartner am Telefon. Was aber, wenn Ihnen das nicht gelingt? Gerade, wenn Sie sich initiativ bewerben, ist Einfallsreichtum gefragt. Denn wie gesagt: Die Firmen wissen nichts von Ihnen. Sie müssen sich Telefonnummer und Name des zuständigen Mitarbeiters oder Chefs schon selbst erfragen und dann an der Sekretärin vorbeikommen. Wenn Sie sich auf jemanden beziehen können oder die Firma bereits Bescheid weiß, dass Sie sich melden werden, wird die Sache einfacher. Im Folgenden finden Sie für beide Fälle ein paar Ratschläge, wie Sie geschickt zu Ihrer richtigen Adresse kommen:

Die Telefonzentrale

Die Telefonzentrale einer Firma ist Ihr Anlaufpunkt, wenn Sie einen Kontakt vermittelt bekommen haben oder vor längerer Zeit Kontakt zu jemandem aus der Firma hatten und nun wissen möchten, ob Ihr Ansprechpartner noch für die Firma arbeitet bzw. wann er am besten zu erreichen ist. Sie wird Ihnen aber auch dann weiterhelfen, wenn Sie ohne eine Verbindung zur Firma den Namen und die Durchwahl eines geeigneten Ansprechpartners benötigen. Es kann sein, dass Sie nur die Nummer und den Namen der zuständigen Sekretärin bekommen. Schreiben Sie sich auch diesen Namen für alle Fälle auf, ist er auch noch so gut zu merken. Sicher ist sicher. Nichts ist unangenehmer, als nochmals anrufen und nachfragen zu müssen.

Wenn genügend Zeit bleibt, fragen Sie, ob Ihr Ansprechpartner im Moment im Hause ist oder wann er am besten zu erreichen ist. Nehmen Sie aber Rücksicht, wenn Sie merken, dass gerade viel zu tun ist. Bietet der Mitarbeiter in der Zentrale Ihnen an, Ihren Namen und Nummer für einen Rückruf zu notieren, hinterlassen Sie Ihre Angaben. Verlassen Sie sich aber nicht darauf. So etwas geht häufig ohne böse Absicht unter. Kündigen Sie deshalb an, dass Sie sich wieder melden werden. Sie können es ja damit begründen, dass Sie selbst öfter unterwegs sind. Damit hängen Sie sich auch nicht »in die Warteschleife«, sondern haben Ihr Schicksal noch ein bisschen selbst in der Hand.

Fassen Sie sich in beiden Fällen kurz. Denn die Mitarbeiter einer Telefonzentrale haben normalerweise wenig Zeit und müssen auf die verschiedensten Anliegen reagieren. Überlegen Sie sich also genau, was Sie sagen wollen, und formulieren Sie es präzise, aber sehr freundlich.

Das Wichtigste für Sie ist, den Namen Ihres Ansprechpartners richtig zu behalten, gerade wenn er sehr lang oder ungewöhnlich ist oder fremdländisch klingt. Lassen Sie ihn sich notfalls buchstabieren, dann gibt es keine Missverständnisse und Sie kennen gleich die richtige Schreibweise, wenn Sie schriftlich mit ihm korrespondieren sollten. Nichts ist peinlicher, als jemanden konsequent falsch anzusprechen. Notieren Sie sich seine Durchwahl. In vielen Fällen bietet Ihnen der Mitarbeiter an, Sie durchzustellen. Sollte es nicht funktionieren, versuchen Sie es selbst, bis Sie ihn am Telefon haben.

Wenn Sie einen Kontakt vermittelt bekommen, werfen Sie nicht mit wichtigen Namen um sich und treten Sie nicht zu forsch auf, indem Sie ein sofortiges Durchstellen verlangen oder die Dringlichkeit Ihres Anliegens betonen. Ein solcher Auftritt wird die Mitarbeiter nur gegen Sie einnehmen.

Wollen Sie sich nicht mit der Personalabteilung auseinandersetzen, vermeiden Sie das Wort »Bewerbung« und nennen Sie lediglich den Bereich, in dem Sie tätig werden wollen. Sie sind nicht in der Rolle des Bittstellers. Sagen Sie notfalls, es ginge um eine fachliche Information, und bitten Sie um den Namen des zuständigen Mitarbeiters.

Die Sekretärin

In vielen Fällen werden Sie es zunächst mit der Sekretärin des zuständigen Ansprechpartners zu tun bekommen. Das muss erst einmal nicht das Schlechteste sein. Denn überzeugen Sie sie mit Ihrem Temperament und Ihrer Spontaneität, haben Sie nicht nur einen kurzen Weg zu ihrem Chef, sondern auch eine Fürsprecherin an Ihrer Seite.

Die Aufgabe einer Sekretärin ist es, ihrem Chef den Rücken frei zu halten. Sollte sie Sie abwimmeln, hat das nicht unbedingt etwas mit Ihnen zu tun. Etwas leichter haben Sie es auch hier, wenn Sie sich auf einen Kontaktgeber beziehen können. Vielleicht weiß sie schon Bescheid und wird Ihnen sagen, ob und wann ihr Chef am besten erreichbar ist.

Lässt sie sich nicht von dem Namen der Kontaktperson beeindrucken, müssen Sie anders vorgehen. Erwähnen Sie zusätzlich zu dessen Namen, dass Sie gerade an einem Projekt arbeiten, das Sie ihrem Chef gerne vorstellen wollen. Haben Sie eine bestimmte Idee im Kopf, stimmt das ja sogar. Haben Sie keine, stimmt es irgendwie auch, denn das Projekt, an dem Sie arbeiten, ist, in dieser Firma einen Fuß in die Tür zu bekommen. Solange Sie damit niemanden in seinem guten Ruf schaden, sind solche »Tricks« legitim.

Fragt Sie die Sekretärin nach der Firma, für die Sie arbeiten, verleihen Sie Ihrem Namen einfach einen Firmentitel und sagen Sie: *»Ich bin für die Firma (Ihr Name) tätig.«*

Schließlich sind Sie ja wirklich sozusagen in Ihrer eigenen Mission unterwegs.

Wissen Sie, dass sich Ihr Kontaktgeber und Ihr Ansprechpartner aus einem Verein, einem Club etc. kennen, sagen Sie der Sekretärin einfach, dass Ihr Anruf etwas mit diesem Verein oder Club zu tun hat. Nachdem den meisten Chefs ihre knappe Freizeit und die Stätten, in denen sie sie verbringen, heilig sind, wird die Sekretärin ihm eine solche Information nicht vorenthalten wollen.

Es klingt zwar antiquiert, aber Titel aller Art machen immer noch Eindruck auf Gesprächspartner. Verfügen Sie also beispielsweise über einen Doktortitel – nennen Sie ihn. Auch der Hinweis, dass Sie aus einer anderen Stadt oder dem Ausland anrufen, stimmt viele Sekretärinnen gnädiger.

Sie wird sicher nach dem Grund Ihres Anrufs fragen. Jetzt ist es weder angebracht, von einer Bewerbung zu sprechen, noch, ihr zu sagen, dass es sich um etwas Persönliches handelt oder gar, dass sie das nichts angeht und Sie das nur mit ihrem Chef besprechen wollen.

Im ersten Fall wird sie Sie ohne großes Drumherum an die Personalabteilung verweisen, im zweiten Fall haben Sie es sich, wenn Sie Pech haben, voll und ganz mit ihr verdorben. Und das sollte Ihnen bei einer der engsten Vertrauenspersonen Ihres potenziellen Chefs möglichst nie passieren. Außerdem wird ihr Chef ihr alle Namen privater Kontakte gegeben und ihr deutlich gesagt haben, wen sie durchstellen kann und wen nicht.

Verkaufen Sie sich also lieber als jemand, der ihrem Chef etwas anzubieten hat, das er nicht ablehnen kann – und zwar auf gleicher Augenhöhe. Sagen Sie ihr einfach, dass Sie im selben Bereich wie ihr Chef arbeiten und mit ihm etwas besprechen möchten. Vielleicht zeigt es auch seine Wirkung, wenn Sie sagen, dass Sie sich einen Rat erhoffen.

Gibt es keine Kontaktperson, auf die Sie sich beziehen können, hilft nur ein stimmliches »Pokerface«. Bitten Sie – ohne Ihren Namen zu sagen – um ein Gespräch mit Ihrem Ansprechpartner. Beantworten Sie ihre Frage nach Ihrem Namen und eröffnen Sie das Gespräch direkt mit einer Frage:

»Ist es richtig, dass Herr XY Chef der Marketingabteilung ist?«

Nachdem die Sekretärin nicht wissen kann, wer Sie sind und ob Sie eventuell im Auftrag von jemand anderem anrufen, wird sie die Frage bejahen. Damit ist die Gesprächsatmosphäre etwas aufgelockert, denn Sie sind nicht gleich als Bewerber in der Defensive. Sie können dieses Level halten, indem Sie sagen:

»Ich bin mit ähnlichen Projekten wie Herr XY beschäftigt und würde gern etwas mit ihm besprechen. Sie wissen doch sicher über seine Termine Bescheid. Wann könnte ich ihn Ihrer Meinung nach am besten erreichen?«

Damit umschiffen Sie Ihre Bewerbersituation – ohne zu lügen, denn Sie wollen ja wirklich etwas mit ihm besprechen (nämlich Ihren neuen Job), und Sie erkennen die Kompetenz der Sekretärin an. Nachdem Sie ihr so signalisiert haben, dass es sich bei dem Gespräch mit ihrem Chef um eines in selber Augenhöhe handeln wird und es unter Umständen wichtig für ihn sein könnte, wird sie Ihnen sicher sagen, wann Sie sich wieder melden können.

Ist sie unerbittlich, müssen Sie sie schlicht umgehen. Versuchen Sie es sehr früh (sprich: zwischen 7 und 8 Uhr morgens), sehr spät am Abend oder am Wochenende. Es gibt viele Chefs, die als Erste kommen und als Letzte gehen. Meistens melden sie sich nicht mit dem üblichen *»Firma XY, Maier, was kann ich für Sie tun?«*, sondern lediglich mit *»Hallo?«* oder ihrem eigenen Namen.

Die besten Waffen sind Charme und Einfallsreichtum. Wenn Ihnen die Sekretärin auf die Schliche kommt, können Sie immer noch – natürlich scherzhaft – an ihr Mitgefühl appellieren. Viele Menschen wissen Hartnäckigkeit gepaart mit Witz und Kompetenz zu schätzen. Vielleicht kommt das auch Ihnen zugute. An der Art, wie jemand spricht oder reagiert, kann man relativ schnell erkennen, wie man am besten an ihn herankommen kann. Was Sie nicht tun sollten – geben Sie sich niemals als Opfer. Keine Tiraden von über 100 Bewerbungen, wachsender Verzweiflung und letzter Chance in Ihrem Alter etc. Damit berauben Sie sich erstens Ihrer Würde, zweitens Ihrer beruflichen Autorität und Kompetenz und bringen drittens die Sekretärin in eine sehr peinliche Lage, weil sie nicht weiß, wie sie darauf reagieren soll.

Der Chef

Geschafft: Sie haben tatsächlich Ihren gewünschten Ansprechpartner am Telefon. Jetzt geht es für Sie darum, ihn so weit zu bekommen, dass er Sie zu einem Vorstellungsgespräch einlädt – im Idealfall nicht, weil Sie ihn darum bitten, sondern weil er den Wunsch verspürt, jemanden mit Ihrer Kompetenz (und vor allem mit Ihrer Hartnäckigkeit, denn um ihn ans Telefon zu bekommen, gehört schließlich etwas) kennen zu lernen.

Haben Sie einen Kontaktgeber, können Sie sich direkt nach Nennung Ihres Namens auf ihn beziehen. Oft schlägt Ihnen Ihr Bekannter vor, was Sie Ihrem Gesprächspartner von ihm sagen können. Vielleicht hat er auch schon mit ihm telefoniert und ihn auf Ihren Anruf vorbereitet. Auf alle Fälle werden Sie damit einen guten Gesprächseinstieg haben. Fragt er Sie, woher Sie sich kennen, ist es schon einmal von Vorteil, wenn Sie sich aufgrund Ihrer Arbeit kennen gelernt haben. Dann fällt Ihnen der Übergang zum eigentlichen Thema nicht so schwer.

Als Nächstes wird die Frage nach dem Grund Ihres Anrufs kommen. Bleiben Sie bei der Variante, die Sie eventuell der Sekretärin bereits erzählt haben. Sie suchen keinen Job, Sie wollen einen Rat, weil Sie sich beruflich verändern wollen und gehört hätten, dass Ihr Gesprächspartner Spezialist auf seinem

Gebiet ist. Dabei können Sie geschickt (und kurz) einfließen lassen, was Sie schon alles gemacht haben und wo Ihre Interessen jetzt liegen. In diesem Fall macht sich eine gute Vorbereitung – auch das Detailwissen über die Firma – ausgesprochen bezahlt. Denn Sie können ihn nicht nur um einen Rat bitten, z. B. wie Sie sich in dieser Branche einen Namen machen können, und sich dabei so kompetent zeigen, dass Ihr Gesprächspartner diesen »Schatz« lieber selbst bergen möchte, bevor es jemand anderer tut. Sie haben auch die Chance, aufgrund Ihres Wissens Ihrem Gesprächspartner gegenüber eine Idee anzureißen (ihn sozusagen anzufüttern) und ihn elegant mit diesem Köder zu einem Treffen zu überreden.

»Ich habe mich mit dem Thema XY beschäftigt und bin dabei auf eine Idee gekommen, wie man kostengünstig und ohne große (Produktions-)Umstellung/Aufwand/Mühen den Umsatz verdoppeln könnte. Wenn Sie wollen, können wir uns gerne einmal darüber unterhalten. Wie wäre es nächste Woche Donnerstag um 16 Uhr?«

Grundlage einer solchen Aussage ist natürlich, dass so eine Idee tatsächlich existiert. Ein großer Bluff, die »heiße Luft« wird Sie in der ganzen Branche bloßstellen, bevor Sie überhaupt anfangen durften. Aber wenn Sie die Sahnestückchen Ihrer Qualifikationen oder eine wirklich machbare Idee präsentieren, wird kein Chef der Welt Ihnen einen Termin abschlagen. Ein Pluspunkt für Sie, wenn er gar nicht merkt, dass Sie sich eigentlich bewerben wollten. Merkt er es doch, wird er es sicher als sehr originell honorieren und gespannt sein auf das, was Sie ihm zu sagen haben.

Bestärken Sie ihn darin in der Verabschiedung, in der Sie Ort und Zeit nochmals einmal bestätigen und ihm versichern, dass sich sein Zeitaufwand sicher lohnen wird.

Was Ihnen das Telefon über die Firma verrät

Das Telefon kann für Sie sehr hilfreich sein, weil Sie mit ihm am direktesten Informationen weitergeben und erhalten, Stimmungen sofort erkennen, postwendend reagieren und improvisieren, neue Aspekte einfließen lassen oder alte korrigieren können. Es verhilft Ihnen auch zu einem ersten Eindruck von der Firma Ihrer Wahl. Das beginnt in der Telefonzentrale. Ist es laut und hektisch? Werden Sie »abgearbeitet« oder freundlich behandelt? Herrscht trotz Stress eine angenehme Atmosphäre, die auf eine gute Organisation schließen lässt?

Wenn Sie in die Warteschleife geschickt werden: Empfängt Sie da Musik? Wenn ja, welche? Ein klassisches Streichquartett, esoterische Klangexperimente, powervolle Motivationsmusik, »Die kleine Nachtmusik« in der Version von Richard Claydermann oder ein eigens komponierter Firmensong, auf Wunsch käuflich zu erwerben? Oder schlicht die Daueransage, dass Ihre Verbindung gehalten wird? Wie ist die Büroatmosphäre, wenn Sie bei der Sekretärin landen? Hört sie Musik? Arbeitet sie in einem Großraumbüro? Wirkt sie selbst gelassen, weil gut organisiert, oder eher etwas hektisch?

Auch die Gesprächsatmosphäre verrät Ihnen viel über die Firma. Jauchzen alle Mitarbeiter unglaubwürdig ins Telefon und vermitteln sie aufgesetzte Motivation? Hört man ihnen jahrelange Routine und deutliche Resignation an? Oder sind sie freundlich und versuchen sie ihr Möglichstes? Spricht der Chef nur über sich und seine wundersame Erfolgsgeschichte oder hört er Ihnen ernsthaft zu und stellt Fragen? Wenn er Ihnen absagt, tut er es angemessen respektvoll oder so, als wolle er Sie quasi vom Hof jagen?

All das sind vielleicht nur Kleinigkeiten, aber zusammengesetzt bilden sie ein Puzzle, das einiges zu Entscheidung beitragen kann, ob diese Firma Ihnen zusagt.

Was das Telefon über Sie verrät

Aber auch ein Personalchef will auf diese Weise etwas über Sie erfahren – und das zu den unmöglichsten Zeiten, abends oder am Wochenende. Es interessiert ihn, wie und mit wem Sie leben, und er versucht, anhand aller möglicher Indizien herauszufinden, ob Sie aufgrund Ihrer Lebenssituation tatsächlich die Kompetenz vermitteln können, die Sie vorgeben zu haben, und ob Sie zu der Firma passen.

Den ersten Eindruck wird er bereits über Ihren Anrufbeantworter bekommen.

Deswegen empfehlen wir Ihnen, sofort nach Beginn Ihrer Bewerbungsphase eine kurze (!) professionell-freundliche Telefonansage mit deutlich verständlichem Namen und gegebenenfalls einer Nummer, unter der Sie noch zu erreichen sind, auf Band zu sprechen. Die Lieblings-Heavy-Metal-Band, der lange geräuschvolle Vorlauf mit dem ganz witzigen Piep zum Schluss, die heitere *»Hallo … Hallo … Wer ist denn da … Haha, reingefallen, ich bin im Moment nicht da!«*-Variante, die stammelnde Kinderstimme, die unnötig zeitraubend die unfassbare Nachricht verkündet, dass Mama und Papa und Marie nicht da sind, all das sollte tabu sein. Unbedingt zu vermeiden ist statt der erwarteten Bandansage ein langer quälender Fax-Pfeifton.

Bereiten Sie Ihre Familie oder Mitbewohner auf einen eventuellen Anruf vor und legen Sie Zettel und Stift parat, damit sie Name und Telefonnummer des Anrufers, den Zeitpunkt für einen erwünschten Rückruf und die wichtigsten Informationen für Sie notieren können. Besprechen Sie mit ihnen, was sie dem Anrufer für den Fall, dass Sie nicht da sind, sagen sollen. Sie haben in dieser Zeit natürlich sehr wichtige Dinge zu tun, die alle dazu beitragen, Sie fit für Ihre neue Aufgaben zu machen. Die leger-mufflig-pubertierende Antwort Ihres 17-Jährigen: »*Papa ist beim Stammtisch!*« ist dazu weniger angetan. Sie sind in der Bibliothek, beim Sport oder haben ganz einfach einen Termin.

Sorgen Sie für eine möglichst ruhige Gesprächsatmosphäre. Bitten Sie Kinder und Haustiere aus dem Zimmer und stellen Sie die Musik ab. Wenn Sie der Anruf in einer äußerst ungünstigen Situation erwischt, bitten Sie den Anrufer, ihn in zwei, drei Minuten zurückrufen zu dürfen, und erfinden Sie einen Besuch oder einen Nachbarn an der Tür. Das verschafft Ihnen genug Zeit, sich zu beruhigen, die passenden Unterlagen ans Telefon zu holen und sich mental auf das Gespräch einzustellen. Atmen Sie ein paarmal tief ein und aus und holen Sie sich das berühmte Glas Wasser.

Was Sie nicht tun sollten, ist, sich noch zusätzlich aufzuheizen – in positiver oder negativer Form. Es ist nur ein Anruf. Er signalisiert Interesse, aber damit haben Sie noch nicht Ihr Namensschild mit dem Firmennamen darunter am Anzug. Hüten Sie sich also vor euphorischen Gefühlsausbrüchen. Das macht Sie nur leichtsinnig, gedankenlos und führt zu taktischen Fehlern. Es ist aber auch keine Katastrophe. Also kein gebetsmühlenartiges »*Ogott … ogott ogott!*« und hektisches Herumgefuhrwerke. Sie haben sich bestens vorbereitet. Es reicht eine Minute in Ruhe, um sich die Fakten wieder zu verdeutlichen.

Machen Sie sich auf Fragen nach Ihren Gehaltsvorstellungen gefasst, aber auf alle Fälle auf die Frage, warum ausgerechnet Sie der geeignete Kandidat für die Firma sein sollten. Das haben Sie sich natürlich alles schon überlegt, aber spulen Sie Ihre Argumente nicht einfach so ab. Das ist Ihre Gelegenheit, Ihre schriftlichen Argumente, in einer Art Generalprobe für Ihr eigentliches Vorstellungsgespräch vorzutragen. Wie Sie sich gut vorbereiten, erfahren Sie auch ab Seite 226 »Das Vorstellungsgespräch«. Erwähnen Sie nur die Punkte, die für Ihren Gesprächspartner am interessantesten sind, und ersparen Sie sich und ihm einen dramaturgisch ausgefeilten Lebenslauf in Romanlänge. Präsentieren Sie gut gelaunt und motiviert, aber kurz und präzise die Sahnestückchen in Ihrer beruflichen Laufbahn (in weniger als 60 Sekunden). Lassen Sie sich auch niemals durch Pannen in Ihrem Umfeld irritieren. Kurze Hektik in der Wohnung,

Schreckensschreie und übelriechender Qualm aus der Küche … das alles spielt jetzt keine Rolle.

Sprechen Sie ruhig und langsam. Es lässt Sie ruhiger und sicherer werden. Passen Sie sich der Geschwindigkeit Ihres Gesprächspartners an. Das wird ihn unbewusst für Sie einnehmen.

Wenn alles nichts nützt …

Wenn all diese Tipps nicht dazu beitragen konnten, sich mit dem Telefon anzufreunden, können Sie natürlich auch persönlich aktiv werden. Es ist genauso ein Zeichen von Eigeninitiative, wenn Sie selbst bei Ihrer Wunschfirma vorbeischauen und vor Ort nachfragen, wer für Sie zuständig ist, oder Ihre Unterlagen bei der Sekretärin abgeben.

Auch für diesen Fall sollten Sie gut vorbereitet sein. Wer weiß, vielleicht laufen Sie dem Personalchef ja direkt in die Arme und er hat gerade ein paar Minuten Zeit. Vielleicht ist die Sekretärin einem netten Gespräch nicht abgeneigt oder Sie erfahren Wissenswertes vom Pförtner.

Diese Variante hat auch den unschätzbaren Vorteil, dass Sie sich sozusagen live und in Farbe Ihre künftige Wirkungsstätte ansehen und beurteilen können, ob sie zu Ihnen passt.

Bereiten Sie sich auch optisch auf Ihren Gang zur Firma vor. Nachdem Sie dort niemanden kennen, können Sie auch nicht wissen, wer wichtig ist und wer nicht. Kleiden Sie sich auf alle Fälle so, dass man den Inhalt Ihrer Bewerbungsunterlagen mit Ihrer optischen Erscheinung in Zusammenhang bringen kann. In Ihrem mit dem Einkauf beladenen Auto im Freizeitoutfit auf dem Heimweg leger mal eben am Firmenbriefkasten vorbeizufahren, ist nicht der Zweck der Übung und eine verschenkte Gelegenheit.

Achten Sie darauf, dass Ihre Unterlagen komplett und sauber geordnet sind. Dazu erfahren Sie mehr im nächsten Kapitel.

Bewerbungsphase 3: Die schriftliche Bewerbung

War es schon spannend, in kurzen Worten im Stellengesuch und während eines möglichen Telefongesprächs mit Ihrem künftigen Chef Ihre beruflichen Schokoladenseiten hervorzuheben, ist die schriftliche Bewerbung bezüglich Kreativität und eines gewissen taktischen Geschicks so etwas wie die Königsdisziplin. Sie ist sozusagen ein Spiegel Ihrer Persönlichkeit. An allen Details kann der geübte Personalchef erkennen, wer Sie sind, wie Sie arbeiten und vor allem, wie viel Selbstwert Sie sich beimessen.

Machen Sie also nicht den Fehler wie viele Ihrer Mitbewerber und nehmen Sie diese Phase in Ihrer Bewerbung nicht auf die leichte Schulter. Sie ist wie ein Visumsantrag für ein ansonsten unzugängliches Land. Es gehört natürlich Glück dazu, hineinzukommen, aber Sie können viel dafür tun, ihm auf die Sprünge zu helfen.

Ein Personalchef achtet auf die äußerliche Präsentation und den Zustand Ihrer Unterlagen – bezüglich Rechtschreibung, Seitengestaltung und Aufmachung. Das sagt ihm, wie sorgfältig und wie geduldig (natürlich auch wie kreativ) Sie sind. Die Wahl Ihres Fotos verrät ihm, wie Sie sich einschätzen bzw. was Sie aus sich machen können und wollen. Lücken im Lebenslauf wird er hin und wieder erkennen, aber honorieren, wenn er sieht, wie Sie damit umgehen.

Wie wir Ihnen im ersten Teil ausführlich geschildert haben, ist die Meinung der Personalchefs über das Thema ältere Arbeitnehmer geteilt. Im Gegensatz zu früher aber ist sie wenigstens geteilt, und das nicht ausschließlich zu Ihren Ungunsten. Nachdem Sie nicht wissen können, an wen Sie mit Ihrer Bewerbung geraten, empfehlen wir Ihnen, sich so zu bewerben, wie Sie sich am wohlsten fühlen und wie Sie sich am besten wiedererkennen. Denn wenn Sie sich zu sehr verbiegen, nur um es einem Personalchef recht zu machen, und sich zurechtdenken, was er denn von Ihnen wollen könnte, funktioniert das meistens sowieso nicht und macht Sie – sollten Sie damit Erfolg haben – auf Dauer nicht glücklich, falls es Ihrer Persönlichkeit ganz und gar nicht entspricht.

Eines jedoch legen wir Ihnen dringlichst ans Herz: Tragen Sie niemals Ihr Alter »im Bauchladen« vor sich her. Entschuldigen Sie sich nicht dafür, rechtfertigen Sie sich nicht, weisen Sie nicht schon im ersten Satz darauf hin und machen Sie sich nicht zum Opfer. Vielleicht wäre die bloße Tatsache einem Personalchef vollkommen egal gewesen und er beginnt nur wegen Ihrer Art, damit umzugehen, an Ihnen zu zweifeln. Wecken Sie keine schlafenden Hunde. Sie haben das überhaupt nicht nötig. Ein Personalchef kann sich schon allein an der Liste Ihrer beruflichen Erfolge an allen zehn Fingern abzählen, dass Sie kein Jungspund mehr sind. Vielleicht sucht er genau so jemanden – aber natürlich nur in Verbindung mit der Eigenschaft, die Ihnen so gerne zugeschrieben wird: Souveränität.

Wenn Sie sich erhoffen, dass er Ihnen aus Mitleid einen Termin geben wird – vergessen Sie's. Ein Personalchef wird dafür bezahlt, die Dinge kühl und sachlich zu sehen. Und jeder Versuch in diese Richtung kann sich zu Ihren Ungunsten auswirken. Auch pseudo-selbstironische Bemerkungen findet er sicher nicht besonders witzig, denn glauben Sie uns: Sie sind nicht der Erste, der das versucht. Das Ergebnis für Sie wird nicht anders ausfallen als oben geschildert.

Die Formulierung einer guten schriftlichen Bewerbung fällt nicht nur schwer, weil es ungewohnt ist, sich in den Mittelpunkt zu stellen. Wahrscheinlich ist es schon länger her, dass Sie sich irgendwo beworben haben. Im Folgenden werden Sie viele Empfehlungen und Hinweise finden, anhand derer Sie sich wieder auf den neuesten Stand bringen können.

Personalchefs legen meist Wert auf lückenlose, aufwärtsstrebende Lebensläufe. Ist Ihr Leben aber nicht immer so verlaufen – vielleicht auch, weil die Arbeit nicht ständig im Lebensmittelpunkt stand –, ist das trotzdem kein Grund, vor einer schriftlichen Bewerbung zurückzuschrecken. Sie werden ständig sehen, dass es sogar relativ einfach ist, Lücken so darzustellen, dass sie auf den ersten Blick nicht als solche erkennbar sind.

Werden Sie aufgefordert, Ihre gesamten Unterlagen an die Personalabteilung einer Firma zu schicken, sind damit folgende Bestandteile gemeint:

- Bewerbungsanschreiben
- Lebenslauf
- Foto
- Zeugniskopien

Weitere Anlagen können sein:

- Zertifikate über besondere Schulungen, Kurse
- seltener: Arbeitsproben (zum Beispiel Veröffentlichungen)
- eher selten: Handschriftenprobe
- selten: Referenzen/Empfehlungen oder gar das polizeiliche Führungszeugnis

Sehen Sie das Ganze spielerisch. Diese Unterlagen bieten Ihnen genügend Raum, sich so zu »be-werben«, wie Sie es für sich vertreten können, und so, dass es seine Wirkung bei dem Personalchef zeigt.

Ziel ist, eine Werbebotschaft in eigener Sache zu vermitteln, die eine Einladung zum Vorstellungsgespräch bewirkt. Die Bewerbung ist Ihre Eintrittskarte. Werfen Sie alles in die Waagschale, was Ihr Alter an besonderen Fähigkeiten zu bieten hat: Ihr komplexes Denken (für eine auf den Punkt gebrachte Bewerbung unerlässlich), Ihre ganze Erfahrung, Ihre Loyalität, Ihre Motivation und Ihre Genauigkeit.

Übrigens zahlt es sich auch jetzt wieder aus, wenn Sie schon in der Vorbereitungsphase begonnen haben, einen guten »Werbeslogan« für sich zu entwickeln.

Erfolgreiche Bewerbungsunterlagen zeigen, wo Sie herkommen und wo Sie hinwollen.

Sie werden sich aus den unterschiedlichsten Situationen heraus bewerben. Vielleicht haben Sie sich bis jetzt um die Familie gekümmert und wollen wieder in Ihren Beruf zurückkehren, Sie waren bis jetzt selbständig und ziehen aber einen Angestelltenstatus vor oder Sie wollten oder mussten sich aus diversen persönlichen Gründen eine Auszeit nehmen und möchten jetzt wieder durchstarten. Möglicherweise sind Sie arbeitslos oder stehen kurz davor, es zu werden. All diese Szenarien bieten Möglichkeiten, Ihre in diesen Phasen gemachten Erfahrungen in Ihrer Bewerbung so zu vermitteln, dass sie keine Störung, sondern vielleicht sogar eine Bereicherung für Ihre berufliche Kompetenz bedeuten. Es kommt nur darauf an, wie Sie Ihr Leben bis jetzt »präsentieren«.

Das Bewerbungsanschreiben

Ein Personalchef nimmt sich – je nach Routine und Temperament – eine bis maximal fünf Minuten Zeit für die erste Durchsicht der Bewerbungsmappen. Normalerweise widmet er sich erst dem Foto und dann dem Lebenslauf, und dann den übrigen Unterlagen. Das ist aber nicht immer der Fall.

Sehr häufig wird er aus Zeitgründen Ihre Unterlagen nur kurz von vorne bis hinten durchblättern, um dann sehr schnell zu entscheiden, eine Mappe wegzulegen, oder sich ihr noch einmal mit etwas mehr Ruhe zu widmen. Ausschlaggebend sind für ihn bei dieser ersten Durchsicht Ihre beruflichen Qualifikationen und Stationen, und weniger das Anschreiben.

Das wird er sich aber genauer ansehen, wenn Ihre Bewerbung es in die engere Auswahl geschafft hat, denn die Art, wie Sie sich »verkaufen«, wie Sie Dinge formulieren und auf den Punkt bringen können, erzählt sehr viel über Sie.

Egal, an welcher Stelle das Anschreiben in der Gunst des Personalchefs liegt: Sie sollten darauf in jedem Fall viel Sorgfalt verwenden. Um es so zu formulieren, dass es die Aufmerksamkeit und das Interesse eines Personalchefs erregt, empfehlen wir Ihnen, sich der AIDA-Formel aus der Werbepsychologie zu bedienen:

AIDA steht in diesem Zusammenhang für:
A = attention (Aufmerksamkeit für Ihre Bewerbung erzeugen)
I = interest (Interesse an Ihrer Person wecken)
D = desire (den Wunsch entstehen lassen, Sie zum Vorstellungsgespräch einzuladen)
A = action (die Handlungsaktivität Einladung provozieren)

Ihre Aufgabe ist es also, alle wichtigen Gründe, weswegen Sie für die Firma wichtig sein könnten, in kurzer, knapper Form so überzeugend zu formulieren, dass der Leser Lust verspürt, die Person dahinter kennen zu lernen, und seinem Wunsch auch Taten folgen lässt – beispielsweise in Form einer Einladung zu einem Vorstellungsgespräch.

Nehmen Sie sich sehr viel Zeit für das Anschreiben. Um die oben beschriebene Aufmerksamkeit zu erregen, haben Sie nicht allzu viel Raum. Die optimale Länge sind sechs bis acht gut lesbare, nicht zu kompliziert verschachtelte Sätze. Mehr als zehn Sätze sollte es nicht haben, denn sonst erregen Sie Ungeduld. Außerdem haben Sie damit Ihre Aufgabe nicht erfüllt – den Leser in Kürze zu animieren. Also keine halben Lebensbeichten, witzigen Anekdoten, wie Sie dazu kamen, sich für diese Branche zu entscheiden etc.

Für sechs bis acht Sätze können Sie durchaus bis zu acht Stunden an Zeitaufwand einberechnen. Bewerbungserfahrene konzipieren bis zu drei Varianten eines Anschreibens und lassen sie von Familie oder Freunden gegenlesen. Zusammen mit ihrer Kritik und ihren Tipps entwickelt sich dann ihr endgültiges, überzeugendes Ergebnis.

Bedenken Sie immer, dass Ihr Anschreiben dem Personalchef nicht nur Ihre Persönlichkeit zeigt, sondern auch Ihre Art zu arbeiten. Er leitet daraus ab, wie sorgfältig Sie sind, ob Sie in Strukturen denken oder eher chaotisch-leger, ob Sie eher nüchtern oder spielerisch mit Ihren Aufgaben umgehen. Je mehr Informatives Sie in möglichst wenigen gutgewählten Worten vermitteln, desto interessanter werden Sie für den Personalchef.

Ein Tipp zum Schluss: »Überschlafen« Sie Ihr Anschreiben eine Nacht und lesen Sie es am nächsten Tag noch einmal ganz in Ruhe durch. Finden Sie es dann immer noch treffend formuliert, ist es auch gut so.

Die Anrede

Schon in der Anrede können Sie Ihre Sorgfalt unter Beweis stellen. Denn hier lauert die erste Falle. Die Zeiten, in denen Briefe mit »*Sehr geehrte Damen und Herren*« begonnen haben, sind vorbei. Eine solche Ansprache signalisiert dem Personalchef lediglich, dass Sie entweder zu unaufmerksam oder zu lustlos waren, den Namen Ihres Ansprechpartners herauszufinden – besonders peinlich, wenn er expliziert in der Anzeige genannt ist. Es ist ein Zeichen Ihrer Aufmerksamkeit und Höflichkeit, den zuständigen Mitarbeiter oder Chef mit Namen anzusprechen. Nur, wenn der Name absolut nicht herauszubekommen ist, kann die alte Floskel akzeptiert werden.

In den meisten Stellenanzeigen ist der Name des Betreffenden erwähnt. Wenn nicht, ist er durch einen kurzen Anruf in der Telefonzentrale der Firma herauszubekommen – beispielsweise auch dann, wenn Sie sich initiativ bewerben (mehr dazu im Kapitel »Die schriftliche Initiativbewerbung« auf Seite 162).

Der gute Einstieg

Jeder noch so bekannte Schriftsteller kennt sie – die Angst vor dem leeren, weißen Blatt. Denn der erste Satz eines Artikels, eines Romans oder einer Erzählung entscheidet über die Lesergunst und darüber, ob sich der Leser für ihn und seine Geschichte interessiert und weiterlesen will oder nicht.

Dasselbe gilt für Ihr Anschreiben. Mit buchstäblich einem Satz können Sie sich aus der Masse der Mitbewerber herauskatapultieren und sich damit in die engere Auswahl schreiben.

Überraschen Sie den Leser positiv und verzichten Sie auf Standardanfänge wie: »*Hiermit bewerbe ich mich um …*« oder »*Ich beziehe mich auf Ihre Anzeige vom …*«. Ihr potenzieller Chef wird es Ihnen nach dem Lesen so und so vieler ebensolcher Anfänge danken.

Der erste Satz ist zugleich Ihre erste Möglichkeit, die folgenden Punkte zu erfüllen: Spannung erzeugen – Interesse wecken – Freundlichkeit vermitteln.

Hier einige mögliche Eröffnungen:

»*In Ihrer Anzeige vom … suchen Sie eine/n …*«

»*Sie beschreiben eine berufliche Aufgabe, die mich außerordentlich interessiert …*«

»Ich bin … und habe mit großem Interesse gelesen, dass Sie eine/n … suchen.«
»Sie suchen eine/n …«
»Mit großem Interesse habe ich Ihre Anzeige gelesen und möchte mich Ihnen als … vorstellen.«
»Ich stelle mich Ihnen als … vor und habe großes Interesse an …«
»Sie suchen … Ich biete …«

Der Mittelteil

Hier geht es darum, dem Personalchef so kurz und so plausibel wie möglich zu erklären, warum es sich für ihn lohnen wird, Ihnen seine kostbare Zeit und Aufmerksamkeit zu schenken.

Erwähnen Sie Ihre fachlichen Qualifikationen und persönlichen Qualitäten, die zu den im Anzeigentext genannten Anforderungen passen. Das ist auch der geeignete Rahmen, um daneben Ihre Erfahrung und Kompetenz in den Mittelpunkt zu stellen.

Übrigens gilt hier ganz besonders unser Ratschlag vom Anfang. Keine Entschuldigung oder Rechtfertigung für die Tatsache, dass Sie vom Alter her kein Studienabgänger mehr sind. Keine Sätze wie: *«Ich bin zwar schon 53, aber …«* Wie gesagt: Damit begeben Sie sich eher in die Opferrolle und ins Abseits.

Weisen Sie lieber auf Ihre sattsam bekannten Vorzüge hin wie breites Erfahrungswissen, verschiedene theoretische und praktische Kenntnisse, Ihre Führungsqualitäten, die auf Souveränität und vorausschauendem Denken basieren (bei einer Führungsposition), Ihre hohe Motivation und absolute Zuverlässigkeit.

Sind Sie arbeitslos, gibt es überhaupt keinen Grund, das in dem Anschreiben zu erwähnen. Der Leser wird es sich aus dem Lebenslauf erschließen, aber mit einem guten Anschreiben nehmen Sie ihn schon so für sich ein, dass er diese Tatsache zwar zur Kenntnis nehmen, aber sie nicht unbedingt ausschlaggebend für seine Entscheidung sein wird. Wie Sie das im Lebenslauf geschickt kaschieren können, erfahren Sie im Kapitel »Der Lebenslauf« auf Seite 137.

Der zentrale Punkt dieses Mittelteils ist, dem Personalchef sehr präzise zu erklären, dass und warum Sie perfekt in seine Firma passen. Er ist interessiert daran, die bestmögliche Lösung für seine Firma zu finden – vermitteln Sie ihm, dass Sie die beste Lösung sind. Aber bitte in einem sachlich-selbstbewussten Ton, nicht als letzten Hilfeschrei oder gar arrogant und überheblich.

Häufig gibt es bestimmte Redewendungen, Formulierungen und Fachbegriffe innerhalb einer Branche. Sie werden mit Sicherheit den Eindruck von Fachkompetenz vermitteln, wenn Sie sie in Ihren Text mit einbringen. Wenn Sie entsprechende Fachpublikationen lesen (was Sie sowieso tun sollten), wird Ihnen das leicht fallen. Achten Sie aber darauf, sich nicht anzubiedern. Als mögliche Formulierungen eignen sich Sätze wie folgende:

»… damit bin ich vertraut …«
»Den außerordentlichen Anforderungen dieser Aufgabe kann ich durch meinen vielseitigen Erfahrungshintergrund in einem besonderen Maße entsprechen …«
»… habe ich bereits mit Erfolg gemacht …«
»… bestens vertraut ist mir der … , da ich seit … in diesem Bereich gearbeitet habe.«
»Als meine besonderen persönlichen und beruflichen Stärken empfinde ich …«
»Aus meiner Sicht spricht für mich …«
»Ich bin überzeugt, dass meine Fähigkeiten und meine langjährige Erfahrung Ihrem Anforderungsprofil sehr gut entsprechen.«

Abschluss

Ein guter Abschluss ist ebenso wichtig wie ein gelungener erster Satz. Denn er rundet Ihr Anschreiben ab und trägt dazu bei, die Spannung zu halten und sie zum nächsten Part Ihrer Bewerbung zu transportieren. Zerstören Sie also den guten Eindruck nicht durch Plattitüden, sondern verabschieden Sie sich freundlich-souverän. Verbinden Sie Ihr Schlusswort damit, dass Sie sich über eine Einladung zu einem Vorstellungsgespräch freuen.

Je charmanter Sie den Personalchef zum nächsten Teil hinüberbegleiten, desto beeindruckter und gespannter wird er sein. Denn das war ja erst ein Vorgeschmack …

Beispiele

»Über eine Einladung zu einem Gespräch freue ich mich.«
»Für alle weiteren Auskünfte stehe ich Ihnen gerne in einem persönlichen Gespräch zur Verfügung.«
»Über ein persönliches Gespräch in Ihrem Unternehmen freue ich mich.«
»Ich würde mich sehr freuen, bald von Ihnen zu hören.«

Verfallen Sie am Ende nicht in eine Vertraulichkeit, die nicht besteht. Also keine *»herzlichen Grüße«* oder gar ein *»Hochachtungsvoll«*. Verabschieden Sie sich *»mit freundlichen Grüßen«* und wenn Sie etwas individueller sein wollen, mit dem Anhang *»nach München«* oder *»aus Berlin«*. Schreiben Sie Ihren Namen –

mit königsblauer Tinte – auf alle Fälle leserlich, ohne ihn darunter maschinenschriftlich zu wiederholen.

Der Lebenslauf

Herzstück der schriftlichen Bewerbung ist Ihr Lebenslauf. Sein Inhalt ist in den meisten Fällen entscheidend dafür, ob Sie zu einem Vorstellungsgespräch eingeladen werden oder nicht. Denn er enthält die Fakten Ihrer beruflichen Laufbahn wie Ihren beruflichen Werdegang, Ihre beruflichen Stationen, Ihre fachlichen Qualifikationen und Ihre (auch außerberuflichen) Qualitäten, nach denen der Personalchef entscheidet, ob Sie für die Stelle geeignet sind oder nicht. Profis in Sachen Personalauslese sind der Meinung, allein die Analyse des eingereichten Lebenslaufes stelle die entscheidende Weiche für die Einladung zum Vorstellungsgespräch. Deswegen bedarf es einer entsprechend guten Vorbereitung, einer sorgfältigen Auswahl der relevanten Qualifikationen, Ihrer Hobbys (nur die, die etwas über Ihre berufliche Eignung erzählen können) etc.

Da für jeden Personalchef andere Prioritäten gelten, nach denen er seine Stellen besetzt, ist es äußerst empfehlenswert, sich darauf einzustellen und mehrere Varianten eines Lebenslaufes zu entwerfen. Einige Hinweise auf diese Prioritäten finden Sie bereits in der Stellenanzeige, andere Informationen über die jeweilige Firmenpolitik entdecken Sie sicher auf der entsprechenden Website oder im Informationsmaterial.

Form und Inhalt

Zunächst einmal kommt es auf die richtige Form Ihres Lebenslaufes an. Handgeschriebene und ausformulierte Lebensläufe sind nicht erwünscht. Es signalisiert zwar einen echten Einsatz von Ihrer Seite, aber denken Sie immer daran, was dem Personalchef am wertvollsten ist – Zeit. Deswegen sind heute maschinen- oder computergeschriebene tabellarische Lebensläufe von zwei bis maximal vier Seiten Länge Standard. Sie haben hier auch die Gelegenheit, Ihrer Phantasie gestalterisch freien Lauf zu lassen.

Ein Lebenslauf muss so geschrieben sein, dass der Personalchef schnell und übersichtlich Klarheit über Ihr bisheriges berufliches Leben gewinnt. Er will auf einen Blick sehen können, ob das, was Sie an Leistungsmotivation, Kompetenz und Persönlichkeit zu bieten haben, dem Stellenprofil entspricht. Deswegen sollten alle wichtigen Informationen, die darüber Auskunft geben, klar und übersichtlich geordnet sein.

Einem Personalchef sind, wie bereits angesprochen, zwei Dinge wichtig: chronologische Lückenlosigkeit, Geradlinigkeit und permanentes Aufstreben in Ihrer beruflichen Karriere. Um das zu überprüfen, hat er die Möglichkeit der Zeitfolgenanalyse und der Positionsanalyse.

Mit der *Zeitfolgenanalyse* stellt er Lücken in Ihrem Leben fest. Zeiträume, die nicht beruflich genutzt wurden, sind vielen Personalchefs suspekt. Sie vermuten Arbeitslosigkeit oder private Probleme dahinter. Natürlich spekulieren sie auch über den Grund dieser Lücken. Sind Sie arbeitslos geworden, weil Sie unzuverlässig waren? Gab es vielleicht sonstige Probleme in Ihrem Berufs- oder Privatleben, die sich auf eine neue Anstellung auswirken könnten?

Einige Bedenken können Sie zerstreuen, indem Sie für die Zeit Ihrer Arbeitslosigkeit eine Art Weiterbildungsphase angeben, in denen Sie entsprechende Seminare oder Sprachkurse absolviert haben, um Ihre schon vorhandenen Kenntnisse zu erweitern und zu vertiefen (siehe Tabelle). Das macht einen guten Eindruck, denn, wie gesagt, vielen Personalchefs kommt es mittlerweile nur darauf an, ob und wie Sie die Zeit Ihrer Arbeitslosigkeit nutzen. Und damit beweisen Sie Engagement, Lern- und Einsatzbereitschaft. Übrigens sind kleine Notlügen nicht verboten – so könnten Sie beispielsweise Ihren Jahresurlaub zu einem »Auslandsaufenthalt« aufpeppen etc. Das sind gute Möglichkeiten, um Ihre kleinen »Unregelmäßigkeiten« im Lebenslauf elegant zu überspielen.

Einen Personalchef interessiert besonders, wie oft Sie in welchem Zeitraum Ihren Arbeitsplatz gewechselt haben, aber auch, ob Sie ihn überhaupt je gewechselt haben. Findet ein Arbeitsplatzwechsel in zu kurzen Abständen statt (d.h. deutlich unter fünf Jahren, wenn Sie älter als 33 Jahre sind), wird er dahinter Schwierigkeiten oder mangelndes Durchhaltevermögen vermuten. Mindestens fünf Jahre sollten Sie, als Bewerber ab Mitte 40 aufwärts, an Ihrem alten Arbeitsplatz gearbeitet haben.

Andererseits kann er Ihnen mangelnde Leistungsbereitschaft, geringe Risikofreude und eine kaum vorhandene Flexibilität vorwerfen, wenn Sie erst nach zehn oder fünfzehn Jahren Ihren Arbeitsplatz wechseln. Sie sehen schon: Was früher als Loyalität und Zuverlässigkeit galt, verbunden mit einer unschätzbaren wachsenden Erfahrung, wird heute ganz anders gesehen.

In der *Positionsanalyse* beschäftigt sich Ihr potenzieller Chef mit der Geradlinigkeit in Ihrem Berufsleben – dem »roten Faden«. Haben Sie ab dem Schulabgang zielstrebig ein bestimmtes Ziel verfolgt und Ihre ganze Berufszeit damit verbracht, es umzusetzen und es immer weiter auszubauen? Das beweist ihm eine Berufskarriere mit Jobwechseln in angemessenen Zeitabständen im selben

Bereich, die immer mehr Verantwortung für Sie bedeuten, eine dauernde Weiterbildung oder Spezialisierung – erkennbar an entsprechenden Weiterbildungszertifikaten und eventuell an Auslandsaufenthalten.

Oder haben Sie ein paarmal etwas angefangen und nicht zu Ende gebracht? Hat sich Ihr berufliches Ziel völlig verändert – sind Sie von einer Koch- über eine Friseurausbildung im Hotelgewerbe gelandet? Verfolgen Sie zwar ein Ziel, gibt es da aber mehrere Brüche in Ihrem Leben – erkennbar an Zeitabschnitten, aus denen nicht ersichtlich ist, was Sie gemacht haben?

Eine normgerechte Gestaltung Ihrer Bewerbungsunterlagen ist sehr wichtig, weil man daran auch ablesen wird, wie sehr Sie in der Lage sind, sich den gestellten Anforderungen anzupassen. Sie mögen die besten Qualifikationen aufweisen: Wenn Sie kein dem üblichen Standard gemäßes Bewerbungsanschreiben oder einen ebensolchen Lebenslauf vorlegen, werden Ihre Chancen sinken. Denn jeder Personalchef macht sich so seine Vorstellungen über die Bewerber, und er würde Ihnen in einem solchen Fall eher Desinteresse oder zumindest eine Arbeitshaltung vorhalten, die nicht seiner Firma entspricht.

Ihre Einstellung zur Arbeit muss deswegen aber nicht schlechter sein. Niemand zwingt Sie, sich Gegebenheiten anzupassen, für die Sie nicht gemacht sind. Auf Dauer werden Sie sowieso nicht damit glücklich. Es könnte sich auf Ihre Arbeitsleistung auswirken und entweder Sie oder Ihr Arbeitgeber würden über kurz oder lang kündigen. Auch diese Einschätzung soll aber kein Alibi sein, es nicht wenigstens zu versuchen, wenn die Anforderungen nicht allzu abwegig erscheinen. Denn Sie können mehr leisten, als Sie denken.

Wie Sie sich aber entscheiden und wie weit Sie sich anpassen, bleibt letztendlich Ihnen überlassen.

Ein Lebenslauf bezieht sich übrigens nur auf die beruflichen Fakten. In Ihrem Alter ist es nicht mehr notwendig, jede einzelne schulische Station aufzuzählen – im Gegenteil. Das würde eher unsouverän wirken und raubt nur kostbare Zeit. Der letzte Schul- oder Ausbildungsabschluss ist der Beginn der Schilderung Ihrer beruflichen Ausbildung. Auch Eltern und Geschwister erwähnt man nicht mehr in seinem Lebenslauf. Das wurde früher gerne praktiziert, um zu sehen, aus welchem »Stall« man kommt. Heute ist das kein Kriterium mehr und geht im Übrigen auch niemanden etwas an.

Ein Lebenslauf ist eher eine Plattform dafür, die interessanten beruflichen Aspekte, die Ihre Kompetenz ausmachen, zusammenzufassen und auf den Punkt zu bringen. Ziel ist es, den Leser am Ende der Lektüre so neugierig auf

Ihre Person, Ihre Kompetenz und Ihre Leistungsmotivation gemacht zu haben, dass er gar nicht anders kann, als Sie einzuladen.

An dem folgenden Schema können Sie sich orientieren, um Ihren Lebenslauf zu gestalten.

Persönliche Daten

- Vor- und Zuname
- Anschrift/Telefon
- Geburtsdatum und -ort
- Religionszugehörigkeit (muss nicht angegeben werden, es sei denn, sie ist für die angestrebte Stelle von Bedeutung, z. B. bei einer kirchlichen Einrichtung)
- Familienstand, gegebenenfalls Zahl und Alter der Kinder (aber nur, wenn Sie als Frau signalisieren wollen, dass die Kinder groß genug und Sie nicht mehr zeitlich gebunden sind)
- Staatsangehörigkeit (aber nur, wenn es nicht die deutsche bzw. österreichische oder Schweizer ist)
- Erwähnen Sie bitte nicht Ihre Eltern und Geschwister!

(Hoch-)Schulbildung

- In Ihrem Alter reicht es völlig, den Schulabschluss zu erwähnen. Alles andere ist zu lange her und interessiert nicht mehr
- ggf. Datum des Examens

Berufstätigkeit

- Art der Berufsausbildung
- Berufliche Stationen (u. U. mit besonderen Aufgaben, z. B. Abteilungsleiter o.Ä.)
- Arbeitgeber mit Ortsangaben
- alles mit Jahresangabe oder Monats- und Jahresangabe

Berufliche Weiterbildung

- Alles, was mit Ihrer Berufspraxis zu tun hat, also Seminare, Fortbildungen, Projekte etc.

Außerberufliche Weiterbildung

- Kurse, die für Ihre berufliche Ausrichtung relevant sind oder hilfreich sein könnten, z. B. Sprach- oder Computerkurse. Geben Sie besser keine Kurse an in Bereichen, an denen sich die Geister scheiden, wie z. B. Kurse in Traumdeutung oder irgendwelchen Psycho-Bereichen. Das verrät mehr über Ihre Persönlichkeit, als Ihnen lieb sein kann, und trägt evtl. dazu bei, dass zu Ihren Ungunsten entschieden wird

Sonstiges

- Auslandsaufenthalte, Übernahme von besonderen Verantwortungen, Mitarbeit an Neuentwicklungen etc.

Besondere Kenntnisse

- Zum Beispiel Fremdsprachen, EDV, Führer- und andere Scheine, evtl. Umgang mit bestimmten Maschinen, Techniken

Hobbys/Interessen

- Sport (gern gesehen, gerade bei Älteren: Sie zeigen, dass Sie sich fit halten!), Musik, Malerei, Ehrenamt und/oder soziales Engagement, evtl. politisches Interesse/Mitarbeit (am besten nur dann, wenn die Stelle zu dieser politischen Richtung passt oder selbst eine politische Einrichtung ist).
  Bringen Sie bitte nur die Hobbys und Interessen ein, die Ihrem Berufsziel förderlich sind. Streben Sie einen rein technischen Beruf an, ist es überflüssig, Ihr Engagement auf einer Kleinkunstbühne zu erwähnen. Wenn Sie aber z. B. Ihre Teamfähigkeit und damit soziale Kompetenz unterstreichen wollen, macht sich eine Mannschaftssportart sehr gut. Sind Sie Kassenwart in einem Verein, wird der Personalchef daraus Rückschlüsse auf Ihre Zuverlässigkeit, Genauigkeit und Vertrauenswürdigkeit ziehen.

Ort/Datum/Unterschrift

- Wichtig: das Datum mit jeder neuen Bewerbung aktualisieren
- Unterschrift mit königsblauer Tinte
- Verkneifen Sie sich bitte alle weiteren Erklärungen über den Wahrheitsgehalt etc.

Wie Sie Ihren Lebenslauf gliedern können

Grundsätzlich haben Sie zwei Möglichkeiten, wie Sie Ihren Lebenslauf gliedern können. In der *chronologischen Variante* schreiben Sie die wichtigsten Fakten zu Ihrer Ausbildung und Berufstätigkeit chronologisch auf, also vom Schulabschluss bis zur derzeitigen Tätigkeit. Sie können sich zusätzlich entscheiden, ob Sie die Ereignisse vom Anfang Ihrer Ausbildung bis zum heutigen Zeitpunkt aufführen (deutsche Form) oder ob Sie mit der jetzigen Tätigkeit beginnen und sich zeitlich bis in die Ausbildungszeit zurückbewegen (amerikanische Form).

In Ihrem Fall ist Letzteres zu empfehlen, denn je länger Sie im Berufsleben stehen, desto mehr gibt es dazu zu sagen. Nachdem die Aufmerksamkeit eines Lesers aber nachweislich in den ersten 30 Sekunden besonders hoch ist, und sich ein Personalchef eine bis höchstens fünf Minuten Zeit zum Lesen Ihrer Unterlagen nimmt, sind diese 30 Sekunden natürlich immens wichtig. Er sollte sie deswegen mit Daten verbringen können, die am aussagekräftigsten sind und die relevantesten Informationen über Sie und Ihre Eignung enthält, damit er das Interesse nicht verliert.

Die andere Lebenslauf-Variante arbeitet mit *Oberbegriffen*. Darin gliedern Sie Ihre berufliche Laufbahn nach Themenschwerpunkten und nicht nach zeitlicher Abfolge. Ein Beispiel zur Verdeutlichung:

Name:	Peter Wolff
Geburtsdatum:	15.1.1946
Familienstand:	verheiratet, 3 Kinder
Schulbildung:	1965 Abitur am Käthe-Kollwitz-Gymnasium, Köln
Weiterbildung:	2005 CAD – Kurs für …
Berufstätigkeit:	1967–1975 Technischer Zeichner, Architekturbüro Bellmann und Schneider Berlin

usw.

Haben Sie größere Pausen in Ihrem Lebenslauf zu überbrücken, ist diese Variante sehr zu empfehlen, weil Sie im Gegensatz zur chronologischen Variante nicht jeden Zeitraum belegen müssen. In der chronologischen Variante ist das nicht gut möglich, denn Lücken fallen dort sofort auf. Die Angabe von Zahl und Alter Ihrer Kinder ist zwar nicht notwendig, wäre aber als Mutter erwachsener Kinder zu überlegen, um zu verdeutlichen, dass Sie zeitlich nicht mehr gebunden sind.

Was tun bei einem »unperfekten« Lebenslauf?

Wie wir Ihnen oben schon angedeutet haben, bevorzugen Personalchefs den perfekten, lückenlosen Lebenslauf, der obendrein noch einen beständigen beruflichen Aufstieg dokumentiert. Leider gibt es im Leben immer wieder Ereignisse, die einen solchen Lebenslauf verhindern, bzw. Sie haben unter einer erfüllenden Lebensplanung etwas anderes verstanden als ein Personalchef. Eine wachsende Zahl von Bewerbern kann einen solchen glatten Lebenslauf nicht mehr vorweisen. Und je älter man wird, desto größer ist die Wahrscheinlichkeit, dass es in Ihrem beruflichen Leben die eine oder andere freiwillige oder unfreiwillige Lücke gibt.

Solche Lücken entstehen durch Auslandsaufenthalte, Erziehungsurlaub und immer häufiger durch Arbeitslosigkeit. Aber auch private Schicksalsschläge, die Sie physisch wie psychisch aus der Bahn geworfen haben, finanzielle Probleme oder Erkrankungen können dazu führen, dass Sie eine Weile aus dem Berufsleben ausscheiden müssen.

Personalchefs sehen dahinter aber auch gerne Probleme in Ihrer beruflichen Laufbahn – ob sie damit richtig liegen oder nicht, ist leider nicht relevant, denn sie werden nach ihrer Sicht der Dinge entscheiden und nicht nach der Ihren. Es sei denn, Sie schaffen es ins Vorstellungsgespräch, in dem Sie die Chance haben, gewisse Dinge geradezurücken.

Zu diesen »Problemen« gehören z. B. eine zu kurze oder zu lange Verweildauer im Job, Kündigungen (von denen man nicht weiß, ob sie Ergebnis von Problemen oder beruflichen Schwierigkeiten sind), ein zu hohes Bewerbungsalter, Über- bzw. Unterqualifikation, eine zu lange Studiendauer, unvollständige oder schlechte Arbeitszeugnisse.

Um angemessen reagieren zu können, müssen Sie erst einmal wissen, was Personalchefs hinter diversen Lücken und Problemen vermuten. Die nachfolgende Tabelle klärt Sie darüber auf. Die Spalte ganz rechts enthält Tipps von unserer Seite, wie Sie diese »Mankos« am besten kaschieren können. Stellen Sie sich darauf ein, dass Personaler manchmal nachhaken werden, z. B. wenn ihnen der berühmte »rote Faden« fehlt, oder weil es nicht zu leugnen ist, dass Sie mehrere Jobwechsel hatten. Überlegen Sie sich im Vorfeld Argumente, die Ihr »Manko« entkräften oder einen anderen positiven Aspekt in Ihrer Karriere ins Licht rücken.

Lücken im Überblick

»Lücke« im Lebenslauf: Zeiten ohne Berufstätigkeit	Vermutete Auswirkungen/Rückschlüsse auf Fachkompetenz	Leistungsmotivation	Persönlichkeit	*Tipps zum Kaschieren/ Umbenennen des »Problems«*
Arbeitslosigkeit: unter 1 J.	nicht auf aktuellem Stand	wenig erfolgsorientiert	wenig ehrgeizig	*berufliche Orientierung + Fortbildung, Ausland*
Arbeitslosigkeit: ab etwa 1 J.	starker Kompetenzverlust, v. a. technisches Know-how, IT	wenig Initiative, fraglich Arbeitswille	bequem; geringes Selbstvertrauen, Versorgungsmentalität	*selbständige Tätigkeit, Fortbildung, Pflege Angehöriger, Ehrenamt, Auslandaufenthalt*
Kindererziehungspause: Frauen, über 1 J.	starker Kompetenzverlust, v. a. technisches Know-how, IT	wenig zielstrebig, Familie wichtiger als Beruf	übertriebene Rücksicht; traditionell, überbehütend	*Familienmanagement, sowie: Fortbildungen, Ehrenamt, selbständige Tätigkeiten*
Kindererziehungspause: Männer, Erziehungsjahr	nicht ganz auf aktuellem Stand; Zunahme der sozialen Kompetenz	Risiko für Karriere, Chance der beruflichen Regeneration	ordnet sich Frau unter; Mut zum Abweichen aus Ernährerrolle	*Erziehungsjahr, sowie: Fortbildungen, Kontakt zu Kollegen*
Krankheit: über 3 M.	nicht ganz auf aktuellem Stand	Neigung zu beruflichem Desinteresse	ungesunde Lebensweise, fehlende Life-Work-Balance	*Fortbildung (auch im Selbststudium), freiberufliche Tätigkeiten, berufliche Neuorientierung*
Drogenabhängigkeit, Alkoholabhängigkeit Therapie über 3 M.	Kompetenzverlust, physischer und psychischer Abbau	kann rückfällig werden, evtl. nicht zuverlässig, potenzielles Sicherheitsrisiko	instabil, sehr abhängig von äußeren Umständen	*Aus- und Weiterbildung (sofern nicht in Therapieeinrichtung), selbständige Tätigkeit*
Freistellung von der Arbeit wegen Betriebsratstätigkeit: über 1 J.	Kompetenzverlust im fachlichen Bereich und Qualifizierung in Personalwesen und Recht	politisches Engagement wichtiger als Fachaufgabe	engagiert, aufmüpfig gegenüber Arbeitgeber, sieht alles überkritisch	*Koordinations-/Konzeptionsaufgaben (wenn Arbeitszeugnis schon vorliegt: muss passen!); in Freizeit ergänzend: Ehrenamt, politisches Engagement etc.*

»Lücke« im Lebenslauf: Zeiten ohne Berufstätigkeit	Vermutete Auswirkungen/Rückschlüsse auf Fachkompetenz	Leistungsmotivation	Persönlichkeit	*Tipps zum Kaschieren/ Umbenennen des »Problems«*
Auslandsaufenthalt: privat 3-12 M.	nicht ganz auf aktuellem Stand; verbesserte Sprachkenntnisse	weltoffen, pragmatisch, nicht karriereorientiert	flexibel, neugierig, selbständig, lustbetont	*ergänzen: Sprachkurse, interkulturelle Praxis, Praktika oder Jobs*
Auslandsaufenthalt: beruflich ab 1 J.	gewisse Distanz zum deutschen Arbeitsalltag, hervorragende Sprachkenntnisse	weltoffen, initiativ, pragmatisch, vital, stresstolerant	risikobereit, flexibel, kommunikativ, selbständig	*ergänzen: interkulturelle Praxis, Kontaktpflege mit deutschen Kollegen/Chef*

Probleme im Überblick

»Problem« Berufliche Positionen entsprechen nicht dem Idealbild	Vermutete Auswirkungen/Rückschlüsse auf Fachkompetenz	Leistungsmotivation	Persönlichkeit	*Tipps zum Kaschieren/ Umbenennen des »Problems«*
sehr kurze Verweildauer: unter 2 J. bei jungen, unter 4 J. bei älteren Bewerbern	keine vertieften Kenntnisse; kurze Einarbeitungszeit	geringes Durchhaltevermögen, nicht karriereorientiert	mangelnde Beständigkeit, lustbetont; flexibel	*mehrere Tätigkeiten unter einem Begriff zusammenfassen*
sehr lange Verweildauer: über 5 oder 6 J. bei jungen, über 10 J. bei älteren Bewerbern	Spezialkenntnisse, jedoch nicht mehr ganz aktuell	richtet sich in Stelle ein, scheut Herausforderungen; will in gleicher Firma Karriere machen	unflexibel, bequem, routineorientiert; geht langfristige Bindungen ein	*Tätigkeiten untergliedern, Spezialaufgaben und Erfolge betonen*
Bewerbungsanlagen: fehlende oder schlechte Arbeitszeugnisse	mangelnder Erfolg, Unfähigkeit	zu geringes Engagement, nicht sehr motiviert, faul	unangenehmer Zeitgenosse, geringes Durchsetzungsvermögen; Angst vor Chef	*Zeugnis nachfordern, eigenen Entwurf einreichen, Inhalt mit Chef diskutieren, evtl. dagegen klagen*
Kündigung: Entlassung verhaltensbedingt oder fristlos	evtl. auch Kompetenzprobleme	evtl. schlechte Leistungen	unangenehm, unmoralisch, kriminell	*darf nicht im Zeugnis erwähnt werden; eigene Kündigung angeben*
Kündigung: in Probezeit (durch Arbeitgeber)	Kenntnisse reichen trotz Einarbeitung nicht aus	zu geringes Engagement	nicht integrationsfähig, Arbeitnehmer schlecht ausgewählt	*darf nicht im Zeugnis erwähnt werden; eigene Kündigung angeben*

»Problem« Berufliche Positionen entsprechen nicht dem Idealbild	Vermutete Auswirkungen/Rückschlüsse auf Fachkompetenz	Leistungsmotivation	Persönlichkeit	*Tipps zum Kaschieren/ Umbenennen des »Problems«*
Kündigung: Selbst, aber ohne Anschlussjob	evtl. Probleme	für diesen Job: keine Motivation	nicht an Integration interessiert, allzu risikobereit; mutig, flexibel	*Unterforderung durch Job, Kreativität wurde unterdrückt, Fähigkeiten nicht genutzt; Kopf frei für Neuorientierung*
Zu alt (je nach Job, über 35–48 J.)	nicht mehr auf neuestem technischen Stand	will ruhige Kugel bis zur Rente schieben; oder: übereifrig	nicht mehr formbar, integrationsfähig; zu selbstbewusst	*keine Betonung des Alters!, sportliche Hobbys und aktive Engagements erwähnen*
über den Qualifikationsanforderungen	sehr gute, aber nicht die richtigen Kenntnisse	größeres Interesse an höherwertigen als den eigenen Aufgaben; immer auf Absprung zu besseren Stellen	gelangweilt, überheblich, Versager im eigenen Feld, schwach entwickeltes Selbstbewusstsein	*höherwertige Qualifikationen verkürzt darstellen, Praxis in passenden Positionen herausstellen; überzeugende Argumente (auch private) für diese Stelle anführen*
vorher im gleichen Feld selbständig gewesen	unabhängig; evtl. ohne Erfolg, glücklos	hoch, sofern selbstgesteuert, ansonsten schnell frustriert	zu autark, kann sich nicht unterordnen, nicht teamfähig	*Selbständigkeit als Angestelltenverhältnis darstellen, abhängige Tätigkeiten betonen; selbständige Kompetenzen betonen*
kein roter Faden erkennbar	keine vertieften Kenntnisse in einem Gebiet	nicht sehr motiviert oder karriereorientiert	ziellos, unausgeglichen, unsicher	*Tätigkeiten umformulieren und nach Branchen sortieren, nicht zeitlich*

Es gibt Lücken in Ihrem Lebenslauf, die Sie zugeben können, ohne dass sich das negativ für Sie auswirkt. Dazu gehören der Wehr- oder Zivildienst, längere Pflegezeiten von Verwandten oder längere Auslandsaufenthalte. Wenn Sie sich eine Auszeit gegönnt und sie zur Weiterbildung genutzt haben, brauchen Sie das nicht zu verschweigen. Denn diese »Lücken« zeugen eher von Ihrem sozialen

Engagement oder Verantwortungsgefühl, und das wird hoffentlich einen positiven Eindruck auf einen Personalchef machen.

In den anderen Fällen hilft Ihnen das Bewusstsein, dass bestimmte Ereignisse in Ihrem Berufsleben niemanden etwas angehen. Dazu gehören Krankheiten, Schwangerschaften, die Freistellung wegen Betriebsrattätigkeit oder ein notwendig gewordener Entzug.

Sie können diese Zeiten in Ihrem Lebenslauf elegant umgehen, ohne dass sie den Personalchef misstrauisch stimmen, indem Sie ihn nach der oben beschriebenen Variante mit Oberbegriffen anlegen, z. B. mit *»Tätigkeiten zwischen Abitur und Studium«* oder *»Selbständige Tätigkeiten«*.

Wenn Sie Ihre Arbeitslosigkeit z. B. mit einem Oberbegriff wie *»Bewerbungsphase«*, *»Orientierungszeit«* oder *»Fortbildungszeit«* belegen, vermeiden Sie den Begriff *»Arbeitslosigkeit«* und eventuelle damit verbundene negative Assoziationen. Dem Eindruck mangelnder Leistungsbereitschaft etc. können Sie auch begegnen, indem Sie Fachpraktika, besondere Kenntnisse, ehrenamtliche Tätigkeiten, freiberufliche Phasen, Fortbildungen und Hilfstätigkeiten in dieser Zeit angeben, die belegen, dass Sie Ihre Kenntnisse erweitert und Erfahrung gesammelt haben, auch ohne festangestellt gewesen zu sein.

Beginnen Sie Ihren Lebenslauf mit etwas Positivem, und nicht gerade mit Ihrer momentanen Arbeitslosigkeit.

Zu viele Wechsel, kein roter Faden

Häufige Wechsel oder ein fehlender »roter Faden« in Ihrem Berufsleben können bedeuten, dass man Ihnen unterstellt, kein Durchhaltevermögen, keine festen Zielvorstellungen zu haben oder an Ihrer Misere selbst schuld zu sein. Um einen Personalchef nicht unnötig auf solche Phasen zu stoßen, erwähnen Sie am besten sehr kurze Arbeitszeiten von wenigen Tagen bis mehreren Wochen erst gar nicht und ziehen Sie in dieser Zeit lieber eine mehrmonatige Phase der Arbeitslosigkeit, sprich: Weiterbildungsphase, vor. Wir empfehlen Ihnen, mehrere Kurztätigkeiten zu einem Job zusammenzufassen und dieser Phase einen Namen zu geben, der einen positiven Klang hat.

Gegen einen fehlenden »roten Faden« hilft etwas Phantasie. Denn das, was Personalchefs schätzen, ist eine klare Zielvorstellung oder eine gemeinsame Basis, auf der alle Ihre Tätigkeiten beruhen. Natürlich stellen sie sich darunter eine durchgehende Linie vom Ausbildungsende über erste Berufserfahrungen und weitere Stufen auf der Karriereleiter bis hin zu verantwortungsvollen Aufgaben in ein und demselben Bereich vor.

Aber was ist dagegen zu sagen, wenn Ihr »roter Faden« ein bisschen anders aussieht und sich auf Gemeinsamkeiten in Ihren wechselvollen Tätigkeiten bezieht? Vielleicht war die Gemeinsamkeit der Umgang mit Menschen, durch den Sie Ihr Fingerspitzengefühl, Einfühlungsvermögen und Ihre Menschenkenntnis schulen konnten? Oder sie waren alle kreativ oder technisch ausgelegt – was auch einen Erfahrungszuwachs bedeutet. Haben all Ihre Tätigkeiten etwas Exotisches an sich? Betonen Sie das und unterstreichen Sie damit, dass ungewöhnliche Tätigkeiten ungewöhnliche Einsichten bedeuten und dass sie auch unkonventionelle Lösungsansätze und neue Impulse für berufliche Probleme mit sich bringen können – für manch aufgeschlossenen Personalchef ein sehr interessanter Aspekt bei der Stellenbesetzung.

Finden Sie also die Gemeinsamkeiten heraus und bringen Sie alles an Jobs, freiberuflichen und ehrenamtlichen Tätigkeiten, Besuchen von Kongressen und Seminaren etc. in einen gewissen Zusammenhang. Diese Gemeinsamkeit sollte natürlich den Anforderungen Ihrer angestrebten Stelle entsprechen.

Zu lange Verweildauer

Die weitaus häufigste Erwerbsbiografie von Arbeitnehmern ab 45 aufwärts ist die einer mehr als zehn Jahre dauernden Tätigkeit in ein und demselben Betrieb. Sind Sie auf der Suche nach einer neuen Stelle und stehen Sie vor dem Problem, dass Ihnen die sehr lange Verweildauer im Betrieb als Ängstlichkeit oder mangelnde Lernbereitschaft etc. ausgelegt werden kann? Wenn die Tätigkeit noch dazu immer dieselbe war und Sie keinen nennenswerten Aufstieg oder keine besondere Weiterbildung vorweisen können, ist das für manchen Personalchef ein zusätzlicher Beweis seiner Theorie.

Ein solcher Eindruck lässt sich verhindern, indem Sie alle Aufgaben, die Sie in dieser Zeit neben Ihrer Arbeit im Betrieb gemacht haben, besonders aufführen und damit zumindest optisch den Eindruck erwecken, mehrere Funktionen erfüllt oder die ein oder andere Fähigkeit ausgebaut zu haben. Die Anleitung von Praktikanten oder die Organisation von Betriebsausflügen können Sie perfekt unter »*Ausbildertätigkeit*« und »*organisatorische Tätigkeiten*« verbuchen. Gab es im Rahmen Ihrer Tätigkeit auch Ortswechsel, sollten Sie das ebenfalls vermerken, um Ihre Flexibilität und Ortsunabhängigkeit zu unterstreichen.

Wiedereinstieg

Es gibt verschiedene private Situationen, aus denen heraus Sie wieder ins Berufsleben einsteigen wollen. Das, was Personalchefs daran beunruhigt, ist die Tatsache, dass Sie diese Zeit nicht nutzen konnten, um Ihre berufliche Erfahrung zu erweitern und dass fachliche Kenntnisse veraltet sind (besonders in überwiegend technischen Berufen). Es gibt aber auch hier ein paar Möglichkeiten, wie Sie diese Zeit so darstellen können, dass sie Ihnen trotzdem zu beruflich relevanten Fähigkeiten verholfen hat.

Wollen Sie nach jahrelanger Kindererziehung wieder ins Berufsleben zurück, haben Sie sich in dieser Zeit unbestreitbar Sozialkompetenzen, ein ungeheures Organisationsgeschick, Stressfestigkeit, Gelassenheit, Flexibilität und Improvisationstalent erworben. Wenn Sie diese Qualitäten noch mit ein paar Sprach- oder Computerkursen aufpeppen oder (wenn auch noch so kurze) Urlaubsvertretungen und/oder Aushilfstätigkeiten anführen können, ist das für Sie nur von Vorteil. Denn damit bekunden Sie Ihr Interesse, beruflich immer am Ball zu bleiben.

Steigen Sie nach einer austherapierten schweren Erkrankung oder nach einem Entzug wieder ins Berufsleben ein, müssen Sie das nicht in Ihrem Lebenslauf erwähnen, erst recht nicht, wenn dieses Ereignis schon Jahre her ist und seither alles in Ordnung war.

Anders ist es, wenn Sie sich bewerben und Ihre Gesundheitsprobleme noch bestehen oder sie chronisch sind. Ein Arbeitgeber hat ein Recht darauf, diese Tatsache zu erfahren, wenn sie Ihre Arbeitsleistung negativ beeinflussen könnte. Für manche Tätigkeiten, die eine bestimmte gesundheitliche Voraussetzung erfordern, kann er eine ärztliche Untersuchung verlangen.

Erklären können Sie diese Zeiten durch schwer nachprüfbare Tätigkeiten wie die Pflege Ihrer Kinder oder eines Verwandten, eines Auslandsaufenthaltes in einem Land, das kein Visum verlangt, durch ein Ehrenamt oder eine freiberufliche Tätigkeit.

Ein weiterer Grund für einen Wiedereinstieg ist eine Umschulung und berufliche Neuorientierung, z. B. wenn Sie merken, dass Sie in Ihrem alten Beruf keine Chancen mehr haben, oder Sie erst nach Jahren erkennen, wo Ihre wahren Stärken liegen etc. Ob Sie sich umschulen lassen oder eine längere Fortbildung in Ihrem alten Beruf bevorzugen – es sind meist mehrere Monate bis zu zwei oder drei Jahren, die Sie an Zeit investieren werden.

Eine Umschulung ist nichts Ehrenrühriges – im Gegenteil, sie demonstriert Ihre Absicht, etwas an Ihrer Situation zu ändern oder das zu tun, was Ihnen am besten liegt. Trotzdem sollten Sie ein plausibles Motiv dafür finden und darauf verweisen, dass ein Wechsel im beruflichen Leben durchaus auch eine Kompetenzerweiterung darstellen und man für die neue Stelle aus mehreren Erfahrungsquellen schöpfen kann. Geben Sie am besten Praktika, Nebenjobs oder andere Tätigkeiten an, die auf Berufserfahrung im neuen Umfeld schließen lassen, damit Sie nicht ganz als Anfänger dastehen.

Auch die Aufgabe jahrelanger Selbständigkeit zugunsten eines Angestelltenverhältnisses gehört in diesen Bereich. Was immer Sie für Gründe haben: Es gilt in der Bewerbung klarzustellen, dass Sie die Vorteile eines Angestelltendaseins sehen und dass Sie teamfähig und motiviert sind, Ihre Arbeitskraft auch in ein Unternehmen zu investieren, das nicht Ihr eigenes ist. Das ist wichtig, weil es Personalchefs gibt, die unsicher sind, ob Sie auf Ihre alte Chefrolle vorbehaltlos verzichten und sich ohne weiteres in eine Hierarchie, an deren Spitze nicht mehr Sie stehen, einfügen können. Außerdem könnten sie vermuten, dass Sie Ihre Firma aus reiner Unfähigkeit schließen mussten. Formulieren Sie Anschreiben und Lebenslauf also so, dass Gedanken in diese Richtung erst gar nicht auftauchen. Eine plausible Erklärung für die Aufgabe Ihrer Selbständigkeit sollten Sie sich trotzdem zurechtlegen. Details sind aber überflüssig.

Wappnen Sie sich als Mitte 40-Jähriger und aufwärts mit den Formulierungen in Ihrem Lebenslauf auf alle Fälle gegen die Begründung, »zu alt« zu sein. Wir haben Ihnen im ersten Teil aufgezeigt, wie die Faktenlage ist, welche Argumente Personalchefs anbringen und was Sie dagegen halten können. Nehmen Sie ihnen am besten schon ein bisschen den Wind aus den Segeln, indem Sie selbstbewusst (ohne zu übertreiben und den Faktor allzu sehr zu betonen) auf Ihre lange Berufserfahrung verweisen, die Ihnen Sicherheit in dem, was Sie tun, den Blick für Details wie auch für das Gesamte und die Gelassenheit in Krisensituationen eingebracht hat. Lassen Sie durchblicken, dass eine lange Berufserfahrung auch für Durchhaltevermögen und Zuverlässigkeit stehen kann. Betonen Sie Ihre Wechsel und die verschiedenen Aufgabenbereiche, mit denen Sie es im Laufe Ihres Berufslebens zu tun hatten, und stellen Sie dies mit dem aktuellen Anforderungsprofil in Zusammenhang. Verweisen Sie darauf, dass Sie sportlich aktiv sind und Hobbys haben, die Ihre geistige Fitness, Ihre Kreativität und Flexibilität unter Beweis stellen.

Auch immer wieder gern genannt ist das Argument »überqualifiziert«. Ein Personalchef könnte eine überhöhte Gehaltsforderung von Ihrer Seite vermuten. Er wird auch Sorge haben, ob Sie sich auf Dauer in eine Stelle einfinden können, die Ihnen ein geringeres »Leistungsniveau« abverlangt, oder nicht doch vor lauter Langeweile bald etwas Neues suchen oder für Unruhe an Ihrem Arbeitsplatz sorgen.

Um so etwas zu verhindern, empfehlen wir Ihnen, Ihre bisherigen Tätigkeiten den Anforderungen der Stelle anzupassen und herauszustreichen, welche Ihrer Erfahrungen Sie für diesen Arbeitsplatz besonders geeignet machen. Bereits durch das Anschreiben, in der Formulierung Ihres Lebenslaufs und durch ein vertrauenserweckendes Foto können Sie signalisieren, dass Sie sich sehr bewusst für die Stelle entschieden haben, Ihre Vorteile darin erkennen und nicht darauf aus sind, Ihren potenziellen Chef bewusst zu verärgern oder diese Stelle als »Durchgangsstation« zu sehen.

Ab Seite 168 finden Sie einige praktische Beispiele, anhand derer Sie nachvollziehen können, wie Bewerber ihre Lebensläufe und damit sich selbst geschickt »in Szene« gesetzt haben.

Die Dritte Seite

Eine besondere Art, auf sich aufmerksam zu machen, ist die so genannte »Dritte Seite«, die Sie Ihrem Lebenslauf anfügen können. Wir haben sie 1991 in unserer Beratungspraxis, dem Büro für Berufsstrategie in Berlin, entwickelt und sie verhalf bereits vielen Bewerbungskandidaten, die wir beraten haben, zum Erfolg, sprich: zur Einladung zu einem Vorstellungsgespräch.

Die »Dritte Seite« ist im Bereich der Presse ein geflügeltes Wort und steht dafür, dass es in Zeitungen und Zeitschriften an dieser Stelle immer etwas Besonderes zu lesen gibt – einen Kommentar, eine Glosse etc. Sie ist ein Blickfang, weil sie eine rechte Seite ist und somit beim Blättern den Blick sofort auf sich zieht.

Warum sollte ein solch wirksames Instrument nicht auch Ihnen nützen? Viele Informationen werden aus Zeitdruck oder der Meinung, man würde schon wissen, was kommt, schlicht überlesen – egal wie gut sie formuliert sind. Werden sie jedoch kurz und knapp auf einer Seite zusammengefasst, die mit einer verführerischen Überschrift gekrönt ist, können Sie sicher sein, dass sie beim Leser »hängen bleiben«.

Ein Personalchef überfliegt normalerweise mit einem Blick (wenn überhaupt) Ihr Anschreiben und wendet sich dann der Bewerbungsmappe zu. Ihn interessieren die Details zu Ihrer Person, beruflich wie privat. Er wird sich auf einen gewissen Standard in der Reihenfolge eingestellt haben und positiv überrascht sein, wenn er auf eine Seite stößt, die auf originelle, kurz gefasste Art und Weise die Schokoladenseiten Ihrer Persönlichkeit (auch Kompetenz und Leistungsmotivation) wiedergibt.

Denn hier können Sie ihm vermitteln, was Sie in Ihrer Arbeitsweise auszeichnet, was Sie zu Ihrer Bewerbung motiviert hat, was generell Ihre Arbeitsphilosophie ist etc. Diesen Raum sollten Sie nutzen, um das, was einem Personalchef am wichtigsten ist, noch einmal auf eine sehr persönliche, nicht an Standards gebundene Art und Weise herauszustreichen – Persönlichkeit, Leistungsmotivation und Kompetenz. Gerade Letzteres können Sie hier geschickt auf den Punkt bringen – Ihren Erfahrungsschatz, Ihre Kompetenz, Ihre Fähigkeit, komplexe Zusammenhänge so zu vermitteln, dass man daran erkennen kann, wie souverän Sie mit Ihrem Alter umgehen, Ihre Leistungsbereitschaft und Ihre Lust auf Neues. Das kann für einen Personalchef nur Vorteile haben. Machen Sie ihn neugierig mit Überschriften wie

- »Was Sie noch von mir wissen sollten ...«
- »Was ich noch sagen wollte ...«
- »Warum ich mich bewerbe«
- »Einige Worte zu meiner Person«
- »Resümee«.

Mit einer solchen »Dritten Seite« verschaffen Sie sich einen erheblichen Vorteil gegenüber Mitbewerbern, die vielleicht sogar jünger sind als Sie. Denn Sie haben in ihr eine Art Nische zur Verfügung, die den Fokus auf Sie ziehen kann. Aber achten Sie bitte auf die richtige Dosierung. Wie beim Anschreiben gilt: In der Kürze liegt die Würze! Diese Seite ist ein »Appetizer«, keine komplette Mahlzeit. Sie fungiert wie ein gutgemachter Trailer eines Kinofilms. Bringen Sie den Inhalt dieser Seite mit den Aussagen Ihrer schriftlichen Bewerbung und mit den wichtigsten Stationen in Ihrem Lebenslauf in Zusammenhang und formulieren Sie sie so, dass man daran Ihre Persönlichkeit erkennen kann.

Sympathie auf den ersten Blick – das Bewerbungsfoto

Die Wirkung einer »Dritten Seite« werden Sie durch ein gut gemachtes Foto mit Sicherheit um ein Wesentliches verstärken. Denn jeder Mensch macht sich beim Lesen wortwörtlich ein Bild von dem Schreiber der betreffenden Zeilen. Schaffen Sie es, den kompetenten Eindruck aufgrund Ihrer persönlichen Fakten durch ein Foto zu untermauern, das diese Kompetenz auch bildlich widerspiegelt und sie obendrein noch mit einer sympathischen Erscheinung verbindet, stehen Ihre Chancen nicht schlecht. Die Neugier eines Personalchefs könnte der Grund für eine Einladung sein.

Ein Foto ist natürlich nicht allein entscheidend. Es geht auch nicht darum, einen Schönheitswettbewerb zu gewinnen. Aber es kann, wenn es von einem professionellen Fotografen gemacht ist, Ihre wesentlichen Merkmale und Ihre Ausstrahlung bestens wiedergeben. Nicht umsonst ist die Fotografie ein nicht wegzudenkender Aspekt in der Werbung. Ein bestimmter Blick, ein Lächeln oder eine Geste bleiben im Gedächtnis und verbinden sich mit Eigenschaften, die jeder Personalchef gerne in seinem Team hätte.

Es kann sogar dafür sorgen, dass Sie aufgrund Ihrer Ausstrahlung zu einem Gespräch geladen werden, obwohl Sie nicht ganz den Anforderungen entsprechen – nur weil man Ihnen aufgrund des Fotos zutraut, auch ohne diese faktischen Voraussetzungen, den Job meistern zu können.

Übrigens ist ein Foto die perfekte Gelegenheit, um alle Vorurteile wegzuwischen, die man über »Ältere« haben kann. Sie können mit einem modischen Haarschnitt, dezent-eleganter Kleidung und (als Frau) mit einem dezenten Make-up ohne Worte klarstellen, dass Sie noch lange nicht zum »alten Eisen« gehören. Wie heißt es so schön: »Ein Bild sagt mehr als tausend Worte.« Wer wollte wohl ernsthaft Ihre Kompetenz in Frage stellen, wenn aus Ihren Augen Ihre ganze Energie strahlt und Ihre Haltung Motivation pur signalisiert? Natürlich sollte das Foto dem entsprechen, was die Stelle an Ausstrahlung verlangt. Das kecke Augenzwinkern und die Frisur in den wildesten Farben ist nicht geeignet, sich für den seriösen Posten einer Bank zu bewerben. Wir meinen auch nicht, dass Sie sich betont jugendlich geben sollen. Aber eine gute Portion Natürlichkeit und Charme kann Ihnen viele Türen öffnen.

Sie sollten Ihr Geld in einen professionellen Fotografen investieren, weil er mit einem Blick erfasst, wie er Sie am besten »in Szene« setzt. Er weiß, welcher Gesichtsausdruck und welche Haltung das signalisiert, was Sie ausdrücken wollen. Das klassische Format entspricht den Maßen 5,5 mal 4 cm oder ein wenig größer, hoch- oder querformatig. Auch ein quadratisches Format ist vorstellbar. Aber bleiben Sie im Rahmen. Ein halbseitiges Foto könnte zu ebensolchen psychologischen Betrachtungen führen wie die halbseitige Stellenanzeige der Fachverkäuferin.

Ein Schwarz-Weiß-Foto wird Sie auf alle Fälle aus der Masse der Bewerber absetzen. Es ist außergewöhnlich, vermittelt sowohl Zurückhaltung als auch Kompetenz und Seriosität – ein Trumpf Ihres Alters, den Sie hier ruhig ausspielen dürfen.

Entscheiden Sie sich für ein Farbfoto, wählen Sie für Ihr Outfit dezente Farben. Denken Sie immer daran, dass es der Stelle angemessen sein sollte, für die Sie sich bewerben. Das zeigt im Übrigen auch Ihre Stilsicherheit.

Ihr Foto wird im Hinblick auf vier Kriterien analysiert:

- Aussehen/Mimik
- Kleidung
- fotografische Qualität
- Fotoformat

Tipps für den Umgang mit Bewerbungsfotos

- Präsentieren Sie sich auf Ihrem Foto mit einem charmanten, selbstbewussten Lächeln und einem Blick, der dem Betrachter signalisiert, dass er sich auf Sie verlassen kann und in Ihnen auch eine menschliche Bereicherung für sein Team finden wird.
- Lassen Sie verschiedene Varianten anfertigen und wählen Sie die beste (sympathischste) davon mit Ihrer Familie oder Freunden aus.
- Schreiben Sie sicherheitshalber auf die Rückseite Ihres Fotos Ihren Namen mit Bleistift. Denn sollte es sich von Ihren Unterlagen lösen, kann man es jederzeit wieder richtig zuordnen (und Sie haben schon wieder Ihre Umsicht bewiesen).
- Platzieren können Sie es, wo Sie wollen: auf dem Deckblatt, der Einleitungsseite oder dem Lebenslauf – je nachdem, für welche Darstellungsform Sie sich entschieden haben.

Das Anlagenverzeichnis

Für ein solches Verzeichnis wird Ihnen der gehetzte Personalchef dankbar sein, wenn Ihre Anlagen eine größere Seitenzahl umfassen. Denn mit einer Liste der nachfolgenden Arbeits- und Ausbildungszeugnisse, evtl. sonstiger Nachweise (Fortbildungen) und Referenzen kann er sich schneller zurechtfinden, wenn er nach einem bestimmten sucht.

Zeugnisse

Auch wenn Personalchefs immer wieder behaupten, dass ihnen Schulnoten oder Arbeitszeugnisse nicht wichtig sind, sondern sie eher an der Einstellung und am persönlichen Eindruck eines Bewerbers interessiert sind, können Zeugnisse trotzdem einen großen Einfluss haben, und manchmal vielleicht sogar das Zünglein an der Waage sein.

In Ihrem Alter sollten Sie auf Grundschul- und Abiturzeugnis verzichten. Das wirkt etwas merkwürdig und so, als hätten Sie sonst nichts zu bieten. Das gilt auch für Diplom- und Examenszeugnisse. Fügen Sie sie nur bei, wenn sie nicht älter als zwanzig Jahre sind. Solche Zeugnisse sind den Bewerbungen jüngerer Kandidaten vorbehalten, die noch über keine Berufserfahrung verfügen und damit ihre zumindest theoretische Kompetenz unterstreichen wollen. Legen Sie möglichst nur den letzten Ausbildungsabschluss als Zeugnis bei.

Haben Sie Kurse in privaten Einrichtungen absolviert, sollten Sie die entsprechenden Zeugnisse nur anfügen, wenn sie für Ihr Berufsbild von Vorteil und für Ihre Bewerbung nützlich sind. Also bitte keine Zertifikate über den letzten Töpferkurs oder das Deuten von Traumbildern. Es gibt immer wieder Hobbys, mit denen Sie sich in ein fragwürdiges Licht setzen könnten, weil man über Sinn und Unsinn geteilter Meinung ist.

Handschriftenprobe

Eine Handschriftenprobe wird relativ selten verlangt. Sollte es dennoch einmal vorkommen, ist der Hintergrund, durch Ihre Handschrift etwas über Ihre Persönlichkeit zu erfahren. Das ist Aufgabe eines Graphologen. Es ist aber sehr umstritten, inwieweit man tatsächlich aus der Schrift eines Menschen etwas über seine Persönlichkeit erfahren kann. Deswegen sollten Sie sich über diesen Umstand keine Sorgen machen. Ihre Kompetenz können Sie an anderer Stelle sehr viel sachlicher unter Beweis stellen. Ein solcher »Beweis« kann auch für Sie ein Grund sein, sich dort gar nicht erst bewerben zu wollen, wenn Ihnen die Methode fragwürdig erscheint.

Inszenieren Sie doch z. B. Ihre »Dritte Seite« handschriftlich und geben Sie damit dem Inhalt einer solchen Seite eine sehr persönliche Note. Sie können natürlich auch eine Seite aus Ihrem Lieblingsbuch abschreiben. Aber besser ist es, sachlich zu bleiben und nicht zu viel von seinen privaten Vorlieben preiszugeben. Nutzen Sie die Chance besser, um für sich zu werben.

Um einen guten Eindruck zu erwecken, schreiben Sie Ihre Zeilen möglichst gerade (Zeichen für Geradlinigkeit), füllen Sie die Seite bis zu den standardgemäßen Rändern (Zeichen für Großzügigkeit) und unterschreiben Sie in der Größe der Schrift, die Sie bisher verwendet haben, um weder zu viel noch zu wenig selbstbewusst zu erscheinen.

Mit den besten Empfehlungen – die Referenzen

Referenzen sind eine Art persönlich gegebenes Attest Ihrer Qualifikationen, die ein Personalchef erst einmal nur in der Theorie kennt. Eine Person, die Ihnen Ihre Fähigkeiten und Ihren Einsatzwillen bestätigt, könnte also Ihre Bewerbung erheblich aufwerten. Das sollte natürlich nur jemand aus der Branche sein, dessen Urteil ein entsprechendes Gewicht hat. Außerdem erfüllt eine Referenz nur ihren Zweck, wenn der Aussteller eine Chef- oder Vorgesetztenposition hat oder (mit) Ihrem potentiellen Chef bekannt ist. In manchen Fällen zählt auch der Name einer bekannten Persönlichkeit oder einer Person, die in der Öffentlichkeit hohes Ansehen wegen ihrer Kompetenz genießt.

Kennen Sie so jemanden, bitten Sie darum, dass er Ihnen eine solche Referenz schreibt, aber stellen Sie sicher, dass er sie zu Ihrem Vorteil verfassen wird. Sie können ihm sicherlich sagen, worauf es bei Ihrer Wunschstelle ankommt, damit er Ihre betreffenden Eigenschaften entsprechend hervorheben kann.

Vorstellbar ist natürlich eine Referenz in mündlicher Form. Bitten Sie Ihren Referenzgeber auch um diese Möglichkeit. Dann können Sie dem Personalchef von sich aus anbieten, sich bei dieser Person über Sie zu erkundigen.

Arbeitsproben

In einigen Fällen wird in den Stellenanzeigen eine Arbeitsprobe verlangt. Das ist häufig in künstlerisch-kreativen oder wissenschaftlichen Berufen der Fall. Auch bei Journalisten ist eine solche Anforderung nicht unüblich. Sie werden ausgewählte Artikel ihrer Bewerbung beilegen. In der Werbebranche verweist man auf die letzte Werbekampagne, Wissenschaftler fügen eine Publikationsliste bei.

In allen anderen Branchen ist die schriftliche Bewerbung jedoch nicht der Ort, an dem Sie Ihre Arbeitsproben präsentieren. Dazu haben Sie Gelegenheit bei Ihrem Vorstellungsgespräch. Denn dann ist das Interesse an Ihrer (theoretischen) Qualifikation bereits geweckt, und Sie können mit praktischen Beweisen Ihrer Arbeit bestens punkten.

Aber auch wenn keine Arbeitsprobe explizit verlangt wird: Eigentlich ist eine schriftliche Bewerbung bereits eine Arbeitsprobe. Es ist also auf alle Fälle ratsam, sich damit besonders viel Mühe zu geben. Denn wir haben ja eingangs bereits erläutert, dass Personalchefs schon an der Form, dem Inhalt und der Präsentation Ihrer Bewerbung auf Ihren Arbeitsstil schließen.

Ist Ihre Bewerbung gut und übersichtlich strukturiert und präzise formuliert, spricht das für Ihre gedankliche Klarheit und die Fähigkeit, gut koordinieren und Prioritäten setzen zu können.

Auch das Datum Ihrer Bewerbung ist wichtig. Denn daran kann ein Personalchef ebenfalls einiges ablesen. Ist die Bewerbung kaum, dass die Stellenanzeige erschienen ist, auf seinem Tisch, könnte er vermuten, Sie haben es besonders nötig. Auf die unguten Folgen einer solchen Vermutung haben wir an anderer Stelle verwiesen. Lassen Sie zu viel Zeit vergehen, erweckt das eher den Eindruck, als würden Sie sich nur mit Unbehagen oder zumindest mit einiger Unlust bewerben wollen.

Ein paar Tage, bis maximal zwölf, sind eine gute Zeitspanne, die Sie vergehen lassen können, bevor Sie Ihre Bewerbung abschicken. Das gibt Ihnen auch genug Zeit, sie zu konzipieren, ein paar Tage liegen zu lassen und sie dann noch einmal mit ein bisschen Abstand zu überprüfen. In dieser Zeit empfiehlt sich auf alle Fälle ein kurzer Anruf bei der entsprechenden Firma. Damit haben Sie Ihr Interesse signalisiert und können sich dann ohne Hektik und ohne Gefahr von Flüchtigkeitsfehlern an die Arbeit machen.

Neue Möglichkeiten der Präsentation

Um in der Flut der Bewerbungen das Interesse auf den Inhalt Ihrer Bewerbung zu lenken, braucht es eine gelungene optische Aufmachung. Denn damit überzeugen Sie den Personalchef vielleicht auch ohne viele Worte, dass Sie sich Gedanken gemacht und sich Mühe gegeben haben. Das wird Sie ihm sympathisch machen.

Eine gute Bewerbung verfügt über einige Komponenten, mit deren Hilfe Sie den gestressten Leser auf angenehme Weise aus seiner »Leseroutine« reißen können. Neben der schon erwähnten »Dritten Seite« gibt es dafür die folgenden Möglichkeiten:

Das Deckblatt

Mit einem Deckblatt – dem Titel Ihrer Bewerbung – geben Sie dem Personalchef psychologisch die Möglichkeit, sich auf die kommende Informationsflut vorzubereiten. Sie werfen ihn damit nicht gleich in ein Meer von Zahlen und Fakten, sondern führen ihn sozusagen auf einem Steg dorthin. Er kann ein bisschen durchatmen und sieht außerdem, dass diese Bewerbung nur für ihn und nicht auch noch für tausend andere Kollegen gemacht wurde.

Das schaffen Sie beispielsweise mit den Worten *»Bewerbungsunterlagen für die Firma XY von XYZ, Diplomingenieur«*. Fügen Sie dann Ihre Adresse inklusive Telefonnummer hinzu. Sie können sich auch dafür entscheiden, nur Ihren Namen anzugeben (oder den Ihrer Wunschfirma) oder diesen Platz für Ihr Foto auszuwählen. Haben Sie ein Motto oder ein literarisches Zitat, das Sie in Ihrer Arbeitsweise oder Ihrer Lebensart gut wiedergibt, ist ein Deckblatt dafür auch bestens geeignet. Es sollte natürlich der Situation angemessen sein.

Inhaltsübersicht

Ist Ihre Bewerbung länger als zehn Seiten, empfiehlt es sich, ein Inhaltsverzeichnis über die Reihenfolge Ihrer Unterlagen anzulegen. Damit erleichtern

Sie es dem Leser, ohne langes Blättern an die Stelle Ihrer Bewerbung zu gelangen, die für ihn von Bedeutung ist. Er wird es Ihnen danken.

Einleitungsseite

Vor Ihren beruflichen Lebenslauf können Sie mit einer Einleitungsseite den Leser auf das Kommende vorbereiten, indem Sie Ihre beruflichen Höhepunkte und das, was Sie beruflich besonders auszeichnet, unter Ihre persönlichen Daten setzen. Eine solche Seite ist auch als Ort für Ihr Bewerbungsfoto denkbar.

Ihre »persönliche« Seite

Mit einer solchen Seite zeigen Sie dem Personalchef etwas von Ihrer Persönlichkeit – natürlich absolut im Rahmen. Er kann sich damit besser vorstellen, wer sich hinter all diesen Zahlen und Fakten verbirgt, denn es geht bei einer Einstellung ja auch darum, jemanden zu finden, der gut in die Firma passt. Das erreichen Sie, indem Sie sich ihm mit Ihrem Namen und Ihren persönlichen Daten wie Name, Beruf, Alter, Geburtsort, Familienstand, gegebenenfalls Kinder etc. vorstellen. Diese Seite gibt Ihnen die Gelegenheit, in ein, zwei Punkten, die Ihnen bezüglich Ihres Beruflebens am Herzen liegen, näher ins Detail zu gehen. Den positiven Eindruck verstärken Sie mit einem gelungenen Foto und mit Ihrer Unterschrift – in königsblauer Tinte.

Die optische Präsentation

Zu weiteren Möglichkeiten, sich für den Personalchef interessant zu machen, gehört natürlich eine äußerlich ansprechende Präsentation Ihrer Bewerbung. Kein Personalchef wird sich die Mühe machen, in einer Bewerbung, die schlecht ausgedruckt und unter Nichtbeachtung der einfachsten Standards in eine einzige Klarsichthülle geknautscht ist, danach zu suchen, ob sich dahinter vielleicht doch eine berufliche »Perle« verbirgt. Aber auch ein schreiend buntes, multimediales Anpreisen Ihrer Person ist nicht gerade zweckdienlich. Das erregt höchstens Misstrauen und im besten Falle Heiterkeit – es sei denn, Sie sind wirklich im künstlerisch-kreativen Bereich zu Hause.

Für eine optimale Bewerbung verwenden Sie am besten ein nicht zu dünnes (weil knittergefährdetes), 80 bis 100 g schweres, unliniertes, weißes oder dezent getöntes Papier im DIN-A4-Format, das Sie bitte nur einseitig beschreiben. Ein Geschäftspapier mit Briefkopf ist natürlich ebenso möglich. Sie können aber auch, um Kosten zu sparen, einen Briefkopf am Computer entwerfen.

Schreiben Sie Ihre Bewerbung möglichst am Computer oder auf einer sehr guten Schreibmaschine und sorgen Sie mit der Verwendung eines guten Tintenstrahl- oder Laserdruckers für einen erstklassigen Ausdruck ohne schiefe Zeilen und verwischte Tinte. Sie können sich Ihre Unterlagen übrigens in jedem Copy-Shop direkt von der Diskette/CD ausdrucken lassen.

Der Ausdruck selbst wirkt lebendiger, wenn Sie den so genannten »Flattersatz« verwenden, bei dem die Zeilen rechts am Rand unterschiedlich lang sind. Formatieren Sie Ihren Text daher linksbündig und nicht als Blocksatz.

Für Ihre Unterschrift sollten Sie sich königsblaue Tinte aus einem Federhalter oder Tintenschreiber gönnen. Andere Farben oder die Verwendung eines Kugelschreibers wirken unprofessionell.

Ihr Text muss absolut fehlerfrei sein. Rechtschreibung, eine einwandfreie Grammatik und eine korrekte Zeichensetzung sind Pflicht. Bitten Sie Ihre Familie oder Freunde, Ihre Bewerbung gegenzulesen. Auch wenn Sie sicher in Rechtschreibung sind – man ist manchmal betriebsblind und sieht manche Fehler nicht mehr. Deswegen auch hier unser Rat: Lassen Sie Ihre Bewerbung noch einen Tag liegen und überprüfen Sie sie noch einmal, bevor Sie sie abschicken. Auch wenn Sie denken, dass es in Ihrem Beruf vielleicht um etwas anderes geht – diese Dinge sind eine wichtige Voraussetzung. Denn daran kann man bereits erkennen, wie viel Mühe Sie sich mit der Arbeit, aber auch mit sich selbst geben. Schmieren Sie also nicht in Ihrem Text herum, drucken Sie ihn lieber noch einmal neu – auch wenn es nur um einen vergessenen Buchstaben geht.

Lassen Sie an beiden Seiten angemessene Ränder, sonst wirkt das Blatt zu vollgestopft. 4 cm links (denn es fällt Platz weg, wenn Sie Ihre Unterlagen heften oder binden wollen) und 3 cm rechts sind angemessen. Achten Sie mit einem geschickten Seitenumbruch darauf, dass die Seite nicht mitten im Satz abbricht oder auf der nächsten Seite gar nur noch drei Wörter stehen. Notfalls müssen Sie ein bisschen umformatieren oder andere Worte finden. Auch Lücken zwischen den Wörtern und am Ende des Satzes sollten Sie vermeiden. Fügen Sie Absätze ein. Das macht Ihren Text klar und übersichtlich.

Fertigen Sie die Kopien Ihrer (Arbeits-)Zeugnisse für jede Bewerbung neu an. Es ist selbstverständlich, dass sie nicht krumm und schief kopiert werden, keine tiefschwarzen Ränder aufweisen oder kaum zu lesen sind. Eine Möglichkeit einer etwas anderen optischen Präsentation Ihrer Anlagen wäre, die Kopien auf einem dezent getönten andersfarbigen Papier auszudrucken als Anschreiben und Lebenslauf.

Selbstverständlich sollten Ihre Unterlagen makellos sauber, frei von Eselsohren, Knitterspuren, Fettflecken o. Ä. sein. Vermeiden Sie es sowohl, sie komplett in eine Klarsichthülle zu quetschen, als auch, sie liebevoll einzeln Blatt für Blatt in eine solche zu legen. Sie haben mittlerweile die verschiedensten Möglichkeiten, sie adäquat zu präsentieren – in eigens dazu konzipierten Mappen, die Sie in jedem Fachgeschäft erwerben können, oder in gebundener Form. Auch hier gibt es mittlerweile die verschiedensten kostengünstigen und praktischen Möglichkeiten, über die Sie in jedem Copy-Shop auf Wunsch bestens informiert werden. Bleiben Sie aber bitte immer im Rahmen. Eine einfache, aber schöne und vor allem praktische Variante bringt oft mehr als eine Mappe, die zwar optisch beeindruckend, aber sehr zeitraubend ist, weil man dafür entweder eine Bedienungsanleitung oder Platz in Fußbodengröße braucht. Anregungen bietet Ihnen die Firma »Business Line« auf ihrer Seite *www.bewerbungs-mappe.de*.

Das Anschreiben wird lose auf den Rest der Unterlagen gelegt. Die traditionelle Reihenfolge der Unterlagen ist:

- Lebenslauf (Foto oben rechts, gut festgeklebt)
- eventuell Handschriftenprobe
- Arbeitszeugnisse (in Kopie)
- gegebenenfalls weitere Zeugnisse (z. B. berufliche Fortbildung)

Je wichtiger Ihre Unterlagen sind, desto weiter vorne sollten Sie sie einsortieren. Über den Zeitaufwand, den sich Personalchefs gönnen, und ihre Konzentrationslust aufs Wesentliche haben wir bereits berichtet.

Machen Sie sich unbedingt eigene Kopien von Ihren versendeten Bewerbungen, damit Sie jederzeit nachsehen können, was Sie geschrieben haben, wenn eine Reaktion kommt. Am besten ist es, Sie bewahren sie griffbereit in der Nähe des Telefons auf – äußerlich gut mit dem Namen der betreffenden Firma gekennzeichnet.

Für das Verschicken Ihrer Unterlagen empfiehlt sich – je nach Umfang – ein Briefumschlag in entsprechender Größe mit verstärktem Rücken, um ein Verknittern zu verhindern, wahlweise in Braun oder Weiß, eventuell mit Sichtfenster. Letzterer wirkt ästhetischer. Wählen Sie eine schöne Briefmarke aus, aber verzichten Sie auf Aufkleber aller Art – es sei denn natürlich auf Adressen- und Absenderetiketten. Sie wirken professioneller, wenn sie computer- oder maschinengeschrieben sind.

Versenden Sie Ihre Bewerbung als normale Briefsendung. Machen Sie daraus eine Eilsendung, erzeugt das den Eindruck, als hätten Sie es nötig. Verschicken Sie sie auf keinen Fall per Einschreiben-Rückschein oder Wertbrief, denn damit erreichen Sie nur, dass sich der Adressat bedrängt fühlt, und dann ist es fraglich, ob es Ihre Bewerbung überhaupt auf seinen Schreibtisch schaffen wird. Achten Sie unbedingt auf die richtige Frankierung. Nichts ist peinlicher, als wenn Ihr künftiger Chef auch noch Ihr Porto nachzahlen muss.

Wenn die Firma in Ihrer Ortsnähe ist, könnten Sie sich genauso gut überlegen, Ihre Unterlagen persönlich dort vorbeizubringen. Das zeigt Ihre Einsatzbereitschaft und hat den Vorteil, dass Sie bei dieser Gelegenheit vielleicht dem zuständigen Personalchef über den Weg laufen, mit seiner Sekretärin ein kurzes, nettes Gespräch führen oder ein paar wissenswerte Informationen vom Pförtner über die Firma erfahren können.

Entscheiden Sie sich für diese Variante, bereiten Sie sich aber entsprechend darauf vor. Mit angemessener Kleidung, gewaschenem Wagen und einigen Fakten über die Firma im Kopf, mit denen Sie, falls sich ein Gespräch entwickelt, Pluspunkte sammeln.

Andere Möglichkeiten der Bewerbung

Sie können Ihr Glück aber auch auf anderen Wegen versuchen.

Die Chiffre-Anzeige

Sie werden beim Studium von Stellenanzeigen des Öfteren auf Chiffre-Anzeigen gestoßen sein. Dabei ist nicht ersichtlich, wer diese Anzeige geschaltet hat. Wenn Sie darauf antworten, wird Ihre Bewerbung von der entsprechenden Zeitung an das jeweilige Unternehmen weitergeleitet. Eine Firma, die sich dafür entscheidet, eine solche Anzeige aufzugeben, möchte entweder keine unnötige Unruhe in ihre Mitarbeiterschaft bringen, wenn sie sich dazu entscheidet, eine Stelle neu zu besetzen, oder sie möchte expandieren, aber vermeiden, dass die Konkurrenz zu früh davon erfährt. Vielleicht handelt es sich aber auch um eine kleine Firma mit einem ungünstigen Standort oder momentanen Problemen, die auf diese anonyme Weise versucht, Bewerber für sich zu gewinnen. Wenn Sie die Stellenanzeige interessiert, antworten Sie ruhig darauf. Sich wieder zurückziehen, wenn Ihnen die Firma seltsam vorkommt, können Sie immer noch.

Auf Chiffre-Anzeigen reagieren Sie am besten zunächst einmal mit einer Kurzbewerbung (siehe Seite 164). Schließlich können Sie sich nicht genau auf das Profil der Firma einstellen, weil Sie ja auch nicht wissen, um welche Firma es sich handelt. Signalisiert sie Interesse und wissen Sie, um wen es sich handelt, können Sie jederzeit Ihre Bewerbung in Langform hinterherschicken. Mit einem kurzen Telefonat vorher gewinnen Sie schon einmal einen ersten Eindruck Ihres potenziellen Arbeitgebers.

Wollen Sie sich bewerben, obwohl Sie noch angestellt sind, können Sie verhindern, dass Ihr eigenes Unternehmen Ihre Unterlagen erhält, indem Sie diese mit einem Sperrvermerk versehen. Schicken Sie Ihre Bewerbung, die Sie mit der entsprechenden Chiffrenummer versehen haben, zusammen mit einem Brief an die Zeitung, in dem Sie darum bitten, sie nur weiterzuleiten, wenn es sich bei der Firma hinter der Chiffrenummer nicht um die Firma XY handelt (mit Adresse) handelt. Sollte es so sein, legen Sie vorsichtshalber einen frankierten Rückumschlag bei oder einen Umschlag mit dem Vermerk »Porto zahlt Empfänger« bei.

Die schriftliche Initiativbewerbung

Eine Form der Bewerbung, bei der Sie Ihre ganze Erfahrung ausspielen können, ist die schriftliche Initiativbewerbung. Das bedeutet, dass Sie Ihre schriftliche Bewerbung ohne Aufforderung an eine Firma Ihrer Wahl schicken. Ein solches Vorgehen erfordert ein bisschen Überwindung und stellt besondere Anforderungen an Ihr Talent, sich auf angenehme, ansprechende Weise in den Fokus eines Personalchefs zu drängen, der offiziell überhaupt nicht signalisiert hatte, eine Stelle zu besetzen. Es bietet aber jede Menge Chancen.

Erstens sind Sie der aktive Part. Vielleicht haben Sie bis jetzt in den Stellenanzeigen nichts für Ihre konkrete Vorstellung gefunden, wissen aber ganz genau, in welcher Firma oder Branche Sie sich verwirklichen könnten. Mit einer geschickt formulierten und gut aufgemachten Initiativbewerbung wecken Sie unter Umständen Bedürfnisse, die es vorher gar nicht gab, oder erscheinen zum richtigen Zeitpunkt mit Ihrem Angebot als »Retter in der Not«. Sie sollten aber auch sattelfest genug sein, eine Absage zu akzeptieren oder gar nichts von der Firma zu hören.

Wenn Sie sich nicht ganz aufs Glatteis begeben wollen, rufen Sie einfach kurz vorher in der Firma Ihrer Wahl an und lassen Sie sich mit dem zuständigen Personalchef oder besser noch mit einem Fachvorgesetzten verbinden (siehe Seite 113). Sondieren Sie die Lage und versuchen Sie herauszufinden, ob eine solche Bewerbung überhaupt Sinn macht.

Die Besonderheit an einer Initiativbewerbung ist, dass Sie sich mit der Bewerbung Ihrer Person besonders viel Mühe geben müssen, denn schließlich hat niemand auf Sie gewartet. Außerdem empfiehlt es sich, eine wirkliche Blindbewerbung, wie sie manchmal genannt wird, zu vermeiden und nicht wahllos eine Standardkundgebung Ihres Arbeitswillens an alle Firmen Ihrer Wunschbranche zu verschicken. Erfolgversprechend ist eine solche Aktion nur, wenn Sie sich eingehend mit der entsprechenden Firma beschäftigen, ihr Profil und ihre Philosophie kennen, wissen, wo eine Schwachstelle ist, für die Sie eine Lösung hätten, oder wenn Sie in Ihrer Bewerbung aufzeigen können, was Sie und diese Firma verbindet. Sinn macht es, zu recherchieren, was generell in dieser Branche entscheidend ist, wie es um die momentane Marktlage bestellt ist, wo es hakt und wo ihre Vorteile liegen. Wie Sie das machen können, haben wir Ihnen bereits im Kapitel »Reisevorbereitungen« auf Seite 63 geschildert.

Die Pluspunkte eines solchen Aufwands liegen auf der Hand:

Diese Art der Bewerbung ist für Sie absolut empfehlenswert, denn damit umgehen Sie das Risiko, nur des Alters wegen unter Hunderten von Bewerbungen aussortiert zu werden. Werden Sie aber von sich aus aktiv bei einer Firma, die offiziell nicht sucht, gibt es keine oder fast keine Konkurrenz. Gelingt es Ihnen, die Konzentration des Lesers auf sich zu ziehen, müssen Sie sie also mit niemandem teilen. Damit wird auch Ihr Alter eine geringere Rolle spielen. Denn wenn Sie überzeugend sind, wird es dem Personalchef egal sein, wie alt derjenige ist, der ihm da so beeindruckend seine Qualitäten vorstellt.

Weil es kein konkretes Stellenprofil von Seiten der Firma gibt, sind Sie viel freier in Ihrer Entscheidung, welche Ihrer mannigfaltigen Fähigkeiten Sie in den Vordergrund rücken wollen – es werden natürlich genau diejenigen sein, bei denen Sie sich nach eingehendem Studium des Firmenprofils sicher sind, dass sie zur Steigerung der Produktivität genau die richtigen sind.

Auch wenn Sie zu einem falschen Zeitpunkt kommen – ist Ihre Bewerbung gut gemacht und würden Sie von Ihren Qualifikationen grundsätzlich zu der Firma passen, wird man Ihre Unterlagen sicher behalten, bis es eine Vakanz gibt. Denn Ihre Einladung zu einem Gespräch kann der Firma zur gegebenen Zeit sicher viel Mühe und Kosten ersparen. Vermutlich teilt sie Ihnen in einem solchen Fall mit, dass sie grundsätzlich an Ihnen interessiert ist und sich für den Fall einer Vakanz bei Ihnen melden wird.

Vor allem aber beweisen Sie Risikofreude, Engagement und Motivation. Wenn Sie es zusätzlich schaffen, sich mit Ihrer Bewerbung als fehlendes Puzzlestück eines großen Ganzen zu präsentieren, stellen Sie damit ganz nebenbei noch die Vorzüge Ihres Alters unter Beweis – analytisches Denken, Erfassen einer komplexen Situation und die Fähigkeit, aufgrund Ihrer Erfahrung und Krisensicherheit zu einer rundum befriedigenden Lösung zu finden – die mit Ihrer Einstellung beginnt.

Außerdem verspricht eine Bewerbung, die so auf den Punkt zielt, dass in dieser Richtung auch im Berufsleben einiges von Ihnen zu erwarten ist. Und das macht allemal Lust, Sie kennen zu lernen.

Unterstreichen Sie die Wirkung Ihrer Bewerbung mit einer optisch ansprechenden Gestaltung. Schließlich rechnet niemand damit und sie kann deswegen leicht übersehen werden. Vermeiden Sie aber eine allzu marktschreierische Aufmachung, damit der angeschriebene Personalchef Ihre Bewerbung nicht etwa mit einem Werbekatalog verwechselt und sie ungelesen in den Papierkorb wirft.

Die Kurzbewerbung

Sie haben zwei Möglichkeiten, sich initiativ zu bewerben – in der Kurz- und in der Langversion. Die Langversion entspricht der ganz normalen schriftlichen Bewerbung, wie wir sie Ihnen beschrieben haben: mit Anschreiben, Lebenslauf, den klassischen Anlagen und den zusätzlichen Komponenten, mit denen Sie Interesse wecken können. Entscheidend ist vor allem eine überzeugende Argumentation. Der Name des Ansprechpartners ist hier ganz besonders wichtig.

Die Kurzversion dagegen besteht lediglich aus einem Bewerbungsanschreiben, das alle wichtigen Fakten zu Ihrer Person und die Argumente, warum Sie sich für eine Tätigkeit in dieser Firma für qualifiziert halten, enthält. Sie können eventuell noch einen Lebenslauf mit Foto beifügen, jedoch keine weiteren Anlagen.

Verweisen Sie aber im Anschreiben unbedingt darauf, dass Sie jederzeit bereit sind, bei Interesse diese Anlagen (Arbeitszeugnisse, Referenzen und/oder Arbeitsproben) nachzureichen. Diese Variante gibt Ihnen übrigens die Möglichkeit, ein bisschen mit den Tricks der Werbepsychologie zu spielen – Form und grafische Gestaltung stehen Ihnen frei. Versuchen Sie es doch z. B. einmal mit einem Folder, in dem Sie Ihre Qualitäten Seite für Seite »entfalten«. Oder finden Sie thematische Oberbegriffe, die Sie in einer Spalte fett als Frage formulieren und in der Spalte daneben mit Ihren Hauptargumenten bedienen. (»*Warum ich mich bewerbe?*«, »*Was mich auszeichnet?*«, »*Wofür ich stehe?*« etc.)

Argumente gibt es für beide Varianten. Viele bevorzugen die Kurzbewerbung, weil der Leser schnell und übersichtlich informiert werden kann und wenig Zeit verschwenden muss. Außerdem dient sie als »Appetizer«, der beim Adressaten Lust auf mehr von Ihnen wecken soll. Anderen ist die Langversion lieber in der Annahme, dass es ein Personalchef so einfach wie möglich haben will und bei Interesse bereits alle wesentlichen Informationen zur Verfügung hat und nicht erst lange um den Rest nachfragen möchte.

Wichtig ist jedenfalls ein gelungener Einstieg, ein »Aufhänger«, mit dem Sie so etwas wie einen persönlichen Zusammenhang zwischen Ihnen und der Firma herstellen. Denn die Praxis, sich inititativ zu bewerben, ist nicht ganz neu. Sie wird nur meistens sehr schlecht und zu beliebig umgesetzt, in der Hoffnung, allein durch die Tatsache schon Pluspunkte zu sammeln, dass man sich ohne Aufforderung beworben hat. Das Gegenteil ist der Fall. Eine belanglose Bewerbung, die nicht einmal den gängigen Standards entspricht, wird das Frustpotenzial auf beiden Seiten steigern – auf der Seite des Personalchefs, weil Sie ihm Zeit stehlen, auf Ihrer Seite, weil Sie nichts von dieser Firma hören werden und Sie sich vielleicht eine gute Chance verdorben haben.

Um einen wirklich guten Eindruck zu machen, sollten Sie sich also in puncto Ordentlichkeit, Übersichtlichkeit, dem Einhalten der Standards und einem guten Konzept besonders viel Mühe geben.

Die Online-Bewerbung

Was in anderen Ländern schon lange gang und gäbe ist, wird bei den deutschen Personalchefs erst in den letzten Jahren immer beliebter – die Bewerbung per E-Mail. Waren es Ende der 90er Jahre nach einer Studie des European Business Programms (EBP) nur etwa 28 Prozent der befragten Firmen, die Online-Bewerbungen für wünschenswert hielten[69], bevorzugen heute etwas mehr als die Hälfte der deutschen Unternehmen diese Form der Bewerbung. Das hat eine Umfrage der norwegischen Jobbörse »StepStone« ergeben, die in einer Befragung im Januar und Februar 2005 1800 Personalmanager in sieben europäischen Ländern zum Thema »Online-Bewerbung« durchgeführt hat. Aber immerhin 42 Prozent der Befragten treffen ihre Auswahl am liebsten noch anhand einer ausgedruckten klassischen Bewerbungsmappe. Die meisten Personalchefs drucken übrigens eine Online-Bewerbung aus. Damit wird sie letztendlich zu einer normalen schriftlichen Bewerbung und unterliegt denselben strengen Bewerbungskriterien.

Die deutschen Personalverantwortlichen bilden in diesem Punkt übrigens das Schlusslicht, denn in allen anderen Ländern geben 70 bis 80 Prozent ihrer Kollegen den digitalen Bewerbungen den Vorzug. Ein Grund für dieses zögerliche Verhalten ist bei 45 Prozent der deutschen Unternehmen die mangelnde Qualität der Online-Bewerbungen. Die Qualität scheint sich aber stetig zu verbessern, denn vor einem Jahr lag der Prozentsatz der Unzufriedenen noch bei 52 Prozent.

Gerade für Sie ist eine Online-Bewerbung eine durchaus bedenkenswerte Alternative, denn neben Ihren Fähigkeiten, die Sie in der Bewerbung erwähnen, beweisen Sie auch noch, dass Sie sehr interessiert an den neuen Medien sind und auch kompetent mit ihnen umgehen können – auch etwas, was man Ihnen in Ihrem Alter ja gerne abspricht.

Allerdings sind, wie die Umfrage zeigt, Online-Bewerbungen nicht jedermanns Sache. Viele Firmen sind nicht mit den neuesten Computerprogrammen ausgerüstet, eine grafisch höchst aufwändige Bewerbung kommt dort unter Umständen als heilloses Chaos aus verschobenen Tabellen oder Steuerzeichen an etc. Deswegen sollten Sie so eine Bewerbung nur abschicken, wenn sie ausdrücklich erwünscht ist oder wenn Sie es vorher telefonisch so besprochen haben. Fragen Sie dabei auch gleich nach dem gewünschten Dateiformat.

Bewerbung mit Online-Formular

Um sich ein Minimum an Qualität und Übersichtlichkeit zu sichern, stellen viele Firmen ein selbsterstelltes Online-Formular ins Netz. Achtung: Einige Formulare stehen nur ihrer Formschönheit und des guten Eindrucks wegen im Internet. Die Seiten werden aber kaum gepflegt. Wenn es auf einer solchen Seite keine Verlinkung zu einem Inserat auf der Seite einer Online-Jobbörse gibt oder keine Ansprechpartner genannt sind, kann das ein Zeichen dafür sein. Rufen Sie im Zweifel bei der betreffenden Firma an, bevor Sie Ihre Zeit verschwenden, und erkundigen Sie sich nach der Aktualität der betreffenden Stellenanzeige.

Einige dieser Formulare sind sehr einfach gestaltet und lassen kaum Raum für eine eigene Gestaltung oder dafür, auf Details näher einzugehen. Viele bieten Ihnen aber in Textfeldern die Möglichkeit, sich zu den Anforderungen in eigenen Worten zu äußern. Unter Umständen werden Sie auf mehreren Seiten sehr detailliert zu Ihren beruflichen, aber auch Ihren persönlichen Fähigkeiten wie Teamfähigkeit, Motivation etc. befragt. Nutzen Sie auf alle Fälle das Angebot eines Textfeldes, denn hier geht es darum, zu sehen, ob Sie in der Lage sind, Ihr Anliegen und Ihre Qualifikationen gut auf den Punkt zu bringen. Missachten Sie es und verlassen Sie sich darauf, dass die Qualifikationen, die Sie sonst angegeben haben, ausreichen, wird das Interesse an Ihrer Person merklich schwinden. Ihre Bewerbung wird per Klick in den Papierkorb verschoben.

Sichern Sie das ausgefüllte Formular in Ihrem Computer oder drucken Sie es aus, damit Sie es behandeln können wie eine normale, von Ihnen geschriebene Bewerbung, die in Ihren Bewerbungsordner gehört.

Schreiben Sie eine Online-Bewerbung, ohne sich an ein Formular zu halten, gibt es ebenfalls einige wichtige Dinge zu beachten.

Da, wie bereits erwähnt, nicht alle Firmen über den neuesten technischen Stand verfügen, sollten Sie sich bei der Gestaltung Ihrer Bewerbung an ein schlichtes, aber angenehmes Schwarz-Weiß-Layout halten. Auffallende Farben, blinkende Smileys oder andere kreative Ausrutscher verkneifen Sie sich besser, vor allem dann, wenn Sie sich um die Position in einer Bank o. Ä. bewerben. Denn nur der Weg Ihrer Bewerbung ist ein anderer, behandelt wird sie wie jede andere klassische Bewerbung auch.

Adressat Ihrer E-Mail ist die dafür vorgesehene Internetadresse. Ist sie nicht angegeben, erfragen Sie diese über die Telefonzentrale der Firma. Vermeiden Sie bitte Adressen wie info@Name-der-Firma.de, denn es ist vollkommen unklar, wo sie dann landet, und sorgt am Ende noch für unnötige Verwirrung und Spekulationen innerhalb der Firma, vor allem, wenn Sie eine Initiativbewerbung schicken, von der niemand etwas weiß.

Gibt es eine Stellenanzeige, berufen Sie sich darauf. Richten Sie Ihre E-Mail namentlich an den betreffenden Ansprechpartner. Formulieren Sie Ihr Anschreiben und Ihre Unterlagen ebenso individuell, als würden Sie sich auf die herkömmliche Art bewerben.

Ein Tipp zu den Anhängen: Sie sollten nicht zu viel Speicherplatz verbrauchen und in einem Dateiformat abgespeichert sein, das virensicher ist und bei dem Sie sicher sein können, dass Ihre Datei auch so ankommt, wie Sie sie formatiert haben. Speichern Sie Ihre Anhänge am besten als .rtf-Datei ab (Rich Text Format). Sie erfüllt am besten die genannten Voraussetzungen. Dagegen können HTML- oder .doc-Dateien für böse Überraschungen bei Ihnen und dem Empfänger sorgen.

Das Anschreiben wie auch der Lebenslauf werden in der E-Mail selbst verfasst. Das spart dem Leser Zeit, beim Lesen oder für das Ausdrucken.

Um zu überprüfen, wie Ihre Bewerbung beim Adressaten ankommt, richten Sie sich einfach eine zweite E-Mail-Adresse ein und senden Sie Ihre Bewerbung sozusagen an sich selbst. Übrigens sollte Ihre offizielle E-Mail-Adresse so seriös wie möglich sein – am besten, Sie belassen es bei Ihrem Namen, Michael-Müller@gmx.de beispielsweise. michael@fullmetalljacket.de dagegen wäre äußerst kontraproduktiv.

Sie können sich natürlich auch eine eigene »Bewerbungs-Homepage« zulegen, in der Sie alles Wissenswerte über sich ins Netz stellen, ein Porträtfoto z. B., Proben Ihrer Arbeit oder eine Referenzliste. Aber auch hier gilt: Wollen Sie angenehm auffallen, übertreiben Sie es nicht mit der Aufmachung dieser Seite. Alles, was unter Ihrem Namen veröffentlicht ist, lässt auf Ihre Persönlichkeit schließen. Dass man psychologische Betrachtungen über Sie anstellen wird, wird sich nicht vermeiden lassen und soll im positiven Sinne ja auch so sein. Manch interessierte Personalchef kann Ihre Seite aber gar nicht bewundern, weil es einige Firmen ihren Mitarbeitern unmöglich machen, Seiten aus dem

Internet zu laden. Auch hier hilft der Griff zum Telefon, um das herauszufinden.

Bewerbungsbeispiele

Anhand der folgenden praktischen Beispiele können Sie nachvollziehen, wie eine perfekte Bewerbung aussehen könnte, wie Sie Lücken in Ihrem Lebenslauf geschickt umgehen und wie Sie Ihre Bewerbung so gestalten, dass Ihr Alter nicht als Manko erscheint.

Zunächst sehen Sie an zwei Vorher-Nachher-Beispielen die klassischen Standardfehler innerhalb einer Bewerbung und wie man es besser machen kann. Außerdem sind sie ein gelungener Beweis dafür, wie man Lücken in seinem Lebenslauf gut kaschiert oder sie zumindest so präsentiert, dass sie kein Hindernis für die Einladung zu einem Vorstellungsgespräch darstellen sollten.

Im ersten Beispiel bewirbt sich ein Mann, der nach längeren persönlichen Problemen einen Wiedereinstieg in das Berufsleben sucht. Das zweite Beispiel sind die Unterlagen einer Frau, die sich um eine Stelle bewirbt, für die sie eigentlich überqualifiziert ist. Die gelungene Initiativbewerbung stammt von einem ehemaligen Selbständigen, der seinen Beruf aus gesundheitlichen Gründen aufgeben musste und sich mit der Idee einer Existenzgründungsberatung um eine Stelle in der zuständigen Handwerkskammer bewirbt. Wie eine erfolgversprechende Online-Bewerbung aussieht, zeigen die Unterlagen einer Frau, die ohne wirkliche Ausbildung und mit sehr wenig Berufserfahrung nach langer Familienpause den Einstieg ins Berufsleben wagt.

Version 1

Markus Faber
Theresienstraße 34
80123 München

München, den 14. April 2007

Spedition Müller
Müllerstraße 28
80658 München

Betr.: Ihre Stellenanzeige als Assistent der Speditionsleitung

Sehr geehrte Damen und Herren,
hiermit möchte ich mich gern als Assistent der Speditionsleitung bei Ihnen bewerben, denn ich habe eine große Erfahrung mit dem Speditionswesen, hatte immer viel Spaß dabei und kann deswegen sicher ein guter Mitarbeiter für Sie sein.

Leider haben mich in den letzten Jahren persönliche Probleme daran gehindert, meine Fähigkeiten weiter auszubauen. Doch das ist jetzt vorbei und ich bin sehr motiviert, noch einmal zu zeigen, was ich kann. Ich bin zwar alleinerziehender Vater von drei Kindern, aber das wird kein Problem sein, denn ihre Versorgung habe ich schon bestens organisiert.

Ich habe mich auch immer weitergebildet, wie Sie aus meinen Unterlagen sehen können, und kann durch die Aufgaben, die ich hatte, mit kaufmännischen Fähigkeiten und Erfahrung in Personalführung dienen.

Ich kann jederzeit anfangen, wenn Sie wollen, und würde mich sehr freuen, wenn Sie mir die Gelegenheit geben würden, mich einmal persönlich bei Ihnen vorstellen zu können.

Hochachtungsvoll

Markus Faber

Version 1

Lebenslauf

Name:	Markus Faber
Anschrift:	Theresienstraße 34, 80123 München
Telefon:	089/5789901 (mobil: 0177/332289)
Geburtsdatum u. -ort:	04.08.1961 in München
Familienstand:	geschieden; 3 Kinder (3, 5, 8 Jahre alt)
Nationalität:	deutsch

01.08.1968 – 30.07.1972	Schulbesuch der Anna-Grundschule in München
01.08.1972 – 30.07.1978	Schulbesuch der Oetker-Realschule in München mit Realschulabschluss (Note: gut)
01.09.1980 – 31.08.1983	Berufsausbildung als Kaufmann im Eisenbahn- und Straßenverkehr bei der Spedition Beierlein in München mit Berufsabschluss (Note: sehr gut)
01.10.1983 – 31.08.1984	Wehrdienst beim 3. Infanterieregiment in Hammelburg
22.09.1984	Eheschließung mit Elvira Bauer
01.09.1984 – 31.12.1984	Aushilfstätigkeit in der Tankstelle des Vaters in München
01.01.1984 – 31.10.1991	Berufspraxis in der Spedition Knapp & Söhne in München; davon fast 2 ½ Jahre als Sachbearbeiter, 2 Jahre als Vorarbeiter, die übrige Zeit als Hallenmeister Schwerpunkt: Preiskalkulation für internationale Transporte; eigene Kündigung
01.11.1991 – 28.02.2005	Spedition Biehler in Ingolstadt; davon 6 Jahre Schichtleiter mit Verantwortung für 6 Mitarbeiter, danach 4 Jahre Hallenmeister für alle 11 Beschäftigten, danach wieder Schichtleiter Schwerpunkte: Einteilung und Betreuung des Personals; Anleitung von Auszubildenden und neuen Mitarbeitern; Ermittlung von Kundenwünschen, Beratung und Kundenbetreuung, Angebotserstellung; Kündigung durch Arbeitgeber

Version 1

01.06.2001 – 30.10.2001	Fortbildung zum „Geprüften Verkehrsfachwirt, Fachrichtung Güterverkehr", an der Deutschen Außenhandels- und Verkehrsakademie, Bremen mit Prüfung vor der IHK München (Abschlussnote: 1,7)
20.01.2005 – 31.07.2005	Krankheit und Kuraufenthalt in Bad Münder am Deister
seit August 2005	Arbeit suchend (voll arbeitsfähig) als Verkehrsfachwirt oder Kaufmann im Eisenbahn- und Straßenverkehr in Speditionen oder Großmärkten

Kenntnisse und Fähigkeiten:

Fremdsprachen: Englisch gut in Wort und Schrift

EDV: MS Office mit Access und mehrere einschlägige Programme aus dem Speditionsbereich

Führerschein Klasse C und B

München, den 14. April 2007

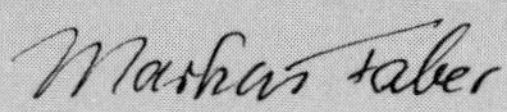

Version 2

Markus Faber | Verkehrsfachwirt
Theresienstraße 34 | 80123 München
Telefon 089 - 578 99 01 | Mobil 0177 - 33 22 89
E-Mail: markus.faber@gmx.de

München, 14. April 2007

Spedition Müller
Frau Leonhard
Müllerstraße 28
80658 München

Ihre Stellenanzeige im „Münchner Abendblatt" vom 7. April 2007
Assistent der Speditionsleitung

Sehr geehrte Frau Leonhard,

in Ihrer Anzeige beschreiben Sie ein Aufgabenfeld, das mich sehr interessiert, weil es ideal in meinen beruflichen Werdegang passt.

Ich bin Verkehrsfachwirt und habe mir in meinen bisherigen beruflichen Stationen umfangreiche Kenntnisse im kaufmännischen Bereich und in der Personalführung erworben. Als Vorarbeiter und Hallenmeister lernte ich auch die praktische Seite meines Berufs kennen. Das kam mir bei der Entscheidungsfindung in Sachfragen sehr zugute.

Nach einer Orientierungsphase, in der ich meine Kenntnisse am Computer und in Englisch erweiterte, möchte ich mich wieder sehr gern meinem Beruf widmen, der wegen seiner Vielfältigkeit immer wieder neue Herausforderungen bringt.
Auf die Gelegenheit zu einem persönlichen Gespräch freue ich mich.

Mit freundlichen Grüßen

Markus Faber

Version 2

Markus Faber | Verkehrfachwirt
Theresienstraße 34 | 80123 München
Telefon 089 - 578 99 01 | Mobil 0177 - 33 22 89

Bewerbungsunterlagen

für

Frau Leonhard

Kaisers & Partner KG

Bewerbung als Assistent der Speditionsleitung

Version 2

Markus Faber
geboren 04.08.1961 in München
unverheiratet

Angestrebte Position: Assistent des Speditionsleiters

Version 2

Werdegang

Berufspraxis

1991 – 2005 Spedition Biehler, Ingolstadt
Tätigkeit als Schichtleiter mit Verantwortung für sechs Mitarbeiter
Hallenmeister mit Verantwortung für elf Mitarbeiter mit den Schwerpunkten

Ermittlung von Kundenwünschen
Beratung und Kundenbetreuung Angebotserstellung
Anleitung von Auszubildenden und neuen Mitarbeitern, vor allem in den Bereichen Warenkunde, Kundeninformationen und PC-Programme

1984 – 1991 Spedition Knapp & Söhne in München
Tätigkeit als Sachbearbeiter, Vorarbeiter und Hallenmeister mit den Schwerpunkten:

Preiskalkulation für internationale Transporte
Anleitung von Auszubildenden und neuen Mitarbeitern

Arbeitspraxis

1984 Aushilfstätigkeit in Tankstelle Faber, München

Berufsausbildung

1980 – 1983 Ausbildung als Kaufmann im Eisenbahn- und Straßenverkehr
Spedition Beierlein, München

Schulausbildung

1968 – 1978 Grundschule und Realschule, München
erfolgreicher Realschulabschluss

Version 2

	Fortbildungen
1992	Aufbaukurs MS Word und Excel
1995	Aufbaukurs Business Englisch
1997	Workshop Personalführung
1999	Kurs Rechtsgrundlagen für Spediteure
2001	Geprüfter Verkehrsfachwirt Fachrichtung Güterverkehr Deutsche Außenhandels- und Verkehrs-Akademie, Bremen mit Prüfung vor der IHK München
	Kenntnisse und Fähigkeiten
Fremdsprachen	Englisch gut in Wort und Schrift
EDV	MS Office mit Access und alle einschlägigen Programme aus dem Speditionsbereich
Führerschein	Klasse 2 und 3
	Sonstiges und Interessen
1983 – 1984	Wehrdienst in Hammelburg
seit März 2005	Private Auszeit mit Regenerationsphase Orientierungsphase sowie Aktualisierung und Erweiterung meiner PC- und Englisch- Kenntnisse im Selbststudium Intensives Engagement als Trainer einer Fußballmannschaft

München, 14. April 2007

Markus Faber

Version 2

Warum mich das Aufgabenfeld reizt …

Die Weiterbildung zum Verkehrsfachwirt war die konsequente Fortsetzung meiner Ausbildung zum Kaufmann für Eisenbahn- und Straßenverkehr: Ich habe mir einen Traum erfüllt und viel dazu gelernt. Jetzt bin ich qualifiziert dafür, auf der planerischen Ebene zu arbeiten.

Als langjähriger Mitarbeiter von Speditionen, zeitweilig auch als Führungskraft mit Personalverantwortung, weise ich einen vielseitigen Erfahrungshorizont auf. Daher kann ich die Hintergründe strategischer Sach- und Personalentscheidungen gut einschätzen. Als Berufspraktiker trete ich der Hektik des Alltagsgeschäfts mit logischem Denken und Besonnenheit entgegen.

Zu meinem Bild einer erfüllenden Tätigkeit gehört, innerhalb eines gewissen Rahmens selbständig zu arbeiten. Mit großem Engagement und Initiative bewältige ich die mir gestellten Aufgaben. Ich freue mich über Anerkennung, gewinne Zufriedenheit aber auch durch das unausgesprochene Vertrauen und die Wertschätzung, die mir entgegen gebracht werden.

Zu den Unterlagen von Markus Faber

Herr Faber ist Kaufmann im Eisenbahn- und Straßenverkehr, der sich zum Verkehrsfachwirt weitergebildet hat. Er war erfolgreich im Speditionsbereich tätig, bis er nach seiner Scheidung alkoholabhängig wurde und in der Folge seine Stelle verlor. Nach seinem gelungenen Entzug nutzt er seither die Zeit seiner Arbeitslosigkeit, um sich weiterzubilden. Er bewirbt sich auf eine Stellenanzeige aus seiner regionalen Tageszeitung, in der ein Assistent der Speditionsleitung gesucht wird.

Version 1

Im Anschreiben hat Herr Faber schon, bevor er sein eigentliches Anliegen formulieren kann, einige Fehler begangen, die einem Personalchef unangenehm ins Auge fallen können. Erstens hat er in der Datumszeile das altmodische *»München, den ... »* verwendet, zweitens die Betreffzeile mit *»Betr.:«* gekennzeichnet, was heute absolut unüblich ist. In der Anrede verwendet er das ebenfalls aus der Mode geratene *»Sehr geehrte Damen und Herren«*. Das ist umso peinlicher, als der Name der Ansprechpartnerin in der Anzeige erwähnt war.

Das eigentliche Anschreiben klingt devoter, als es vermutlich gemeint war. Herr Faber wollte vermutlich seine Motivation deutlich machen, formuliert das aber etwas ungeschickt mit *»... könnte deswegen sicher ein guter Mitarbeiter für Sie sein«* und *»kann ... mit Fähigkeiten ... dienen«*. Die Formulierung *»... kann jederzeit anfangen, wenn Sie wollen«* geht ebenfalls in diese Richtung und signalisiert außerdem, dass Herr Faber unter Druck steht. Die Erwähnung seines Familienstatus und seiner persönlichen Probleme war sicherlich gut gemeint, um zu unterstreichen, dass er in der Lage ist, sich gut zu organisieren und Verantwortungsbewusstsein und Krisenfestigkeit zu zeigen. Es wird aber einen Personalchef (leider!) eher abschrecken. Zudem gehen ihn diese Angaben nichts an.

Mit dem Eindruck, den Herr Faber erweckt, stehen seine Chancen nicht gut, zumindest schwächt er von sich aus seine Verhandlungsposition.

Im *Lebenslauf* macht sich Herr Faber viele Chancen selbst zunichte, indem er bereits bei den Sozialdaten zu ehrlich ist. Den Familienstand *»geschieden«* zu nennen, ist ungeschickt, weil ein Personalchef dahinter Probleme vermuten könnte. Dass er als alleinerziehender Familienvater mit drei Kindern diesen Umstand in seinem Lebenslauf erwähnt, ehrt ihn, wird aber die oben beschriebene Wirkung auf Personalchefs haben. Das Wort *»unverheiratet«* genügt. Auch die Nationalitätsangabe ist bei seinem Namen überflüssig.

Das Foto wirkt, als sei er sich seiner Sache selbst nicht sicher.

Herr Faber hat sich für die chronologische Variante entschieden, was ihn in die Bredouille bringt, jede Phase seines Lebens genau anzugeben. Dadurch stechen Zeiträume einer »*Aushilfstätigkeit*« mehr hervor als notwendig hervor.

Persönliche Angaben wie die der Eheschließung sind unnötig und verdeutlichen mit ihrer Erwähnung eher, dass die Tatsache der oben erwähnten Scheidung noch immer nicht ganz überwunden ist und noch Konfliktpotenzial vorhanden ist – für jeden Personalchef eine abschreckende Vermutung.

Version 2

In der zweiten Version hat er bezüglich der formalen Standards alles richtig gemacht und zusätzlich dem Personalchef seine Erreichbarkeit durch die Angabe seiner Telefonnummer und E-Mail-Adresse erleichtert. Die Angabe seines Berufes neben seinem Namen zeigt sein berufliches Selbstbewusstsein.

Er bezieht sich auf die Stellenanzeige, indem er Ort und Datum ihres Erscheinens zitiert, und nennt die Ansprechpartnerin bei ihrem Namen.

Im Anschreiben selbst präsentiert er sich souverän und motiviert und signalisiert mit dem Verweis auf seine erworbenen Fähigkeiten, dass er sich des Potenzials seines Berufs bewusst und immer bereit dazu ist, dies weiter auszubauen.

Seine persönlichen Probleme – Scheidung, Alkoholabhängigkeit, Entzug und die Verantwortung für drei kleine Kinder – gibt er erst gar nicht an, sondern umschreibt sie geschickt mit dem Wort »*Orientierungsphase*«.

Die Schlussformel ist ebenfalls gut gewählt, weil sie durch das Vermeiden der Möglichkeitsform »*würde*« gesundes Selbstbewusstsein demonstriert.

Alles in allem hat er damit ein Anschreiben formuliert, das neugierig macht und sein Engagement demonstriert.

Im *Lebenslauf* hat sich Herr Faber für ein sehr schlichtes, übersichtliches Deckblatt entschieden, das angenehm ins Auge fällt. Auf der folgenden Seite finden sich lediglich sein Foto, das einen sehr vertrauenserweckenden Eindruck macht, durch den Hintergrund, das Format und dadurch, dass es leicht angeschnitten ist, lebendig wirkt, sowie die wichtigsten Sozialdaten.

Mit der Angabe »*unverheiratet*« umschifft er erst einmal geschickt die Hürde, die auf den ersten Blick seinen Status als alleinerziehender Familienvater mit drei Kindern darstellt. Indem er die angestrebte Position nach dem Deckblatt auf dieser Seite wiederholt, unterstreicht er sein Interesse, ohne allzu penetrant zu sein.

Sein beruflicher Werdegang ist auf den folgenden zwei Seiten übersichtlich verteilt. Dieser beginnt mit der Berufspraxis und geht auf der nächsten Seite mit den Fortbildungen weiter.

Herr Faber hat die amerikanische Reihenfolge gewählt, d. h. die letzte aktuellste berufliche Station zuerst und diese Stationen mit den klassischen Überschriften versehen. Seine Aushilfstätigkeit führt er unter dem Titel *»Arbeitspraxis«* auf. Er verzichtet auf genaue Datumsangaben und hebt stattdessen (sehr angenehm durch schlichtes Einrücken der Zeilen) seine Aufgabenbereiche hervor. Mit dieser Methode erspart er sich, dass seine »Lücke« allzu sehr ins Auge fällt.

Die Angaben seiner Fortbildungen hat er im Vergleich zur ersten Version ausgebaut. Sie beweisen seine Qualifikationen, zeigen sein Engagement und seine Eigeninitiative und lenken vom wenig vorteilhaften Auslaufen seiner Karriere ab. Seine momentane Arbeitslosigkeit und die überstandene persönliche Krise kaschiert er geschickt, indem er als Erstes seine letzte Stelle erwähnt und seine Alkoholabhängigkeit und ihre Bekämpfung erst mit dem Wort *»Orientierungsphase«* unter *»Sonstiges und Interessen«* relativ spät im Lebenslauf erwähnt. Damit hat er die Zeit geschaffen, für seinen potenziellen Arbeitgeber interessant genug zu werden, um großzügig über dieses »Manko« hinwegzusehen. Dass er sein Engagement in der Fußballmannschaft im Anschluss an seine Krise betont, zeugt von Verantwortungsvermögen, Führungsqualitäten und Krisenmanagement. Das wird sicher beeindrucken.

Hinter dem Lebenslauf fügt Herr Faber eine dritte Seite ein, um seine Motivation zu unterstreichen. Er erläutert die Begriffe *Qualifikationsprofil*, *Erfahrungshorizont* und *Vorstellung* bezüglich seiner Person in jeweils einem Absatz. Damit hebt er sich von der Masse anderer Bewerber ab und entwirft ein vorteilhaftes Bild seiner Persönlichkeit. Ganz am Schluss der Bewerbung verschafft das Anlagenverzeichnis einen guten Überblick und spricht auch optisch den Leser positiv an.

Einschätzung:
Mit der überarbeiteten Version seiner Unterlagen lenkt Herr Faber die Aufmerksamkeit eher auf seine Fähigkeiten, die ihn für die Stelle als geeignet erscheinen lassen, als auf seine nicht geradlinig verlaufene Karriere. Das und die Wahl seines Fotos wird sicher dazu beitragen, dass er eine Einladung zu einem Vorstellungsgespräch erhält.

Version 1

Dr. Michaela Meyfarth
Am Wallgraben 2
20201 Hamburg

Hamburg, 23. November 2006

Hoechst AG
Chemiestraße 28
61854 Frankfurt

Ihre Stellenanzeige in der „Zeit" vom 18. November 2006
Vertriebsrepräsentantin für die Vermarktung von Kunststoffen

Sehr geehrte Frau Terbach,
die von Ihnen ausgeschriebene Stelle als Vertriebsrepräsentantin entspricht sehr meinem gewünschten Stellenprofil. Deswegen übersende ich Ihnen meine Bewerbungsunterlagen.
Der Aufgabenbereich ist mir nicht neu, denn ich habe in einer ähnlichen Position im Verkauf mehrere Jahre sehr erfolgreich gearbeitet. Dieselbe Position im Vertriebsbereich reizt mich, da ich gerne Neues mit den Kenntnissen, die ich in einigen leitenden Posten bereits unter Beweis stellen konnte, verbinden möchte.
Ich bin mir sicher, dass ich wesentlich zum erfolgreichen Vertrieb Ihrer Produkte beitragen kann, da ich mir auch im fachlichen Bereich durch meine Doktorarbeit und viele in der Fachwelt beachteten Veröffentlichungen Kompetenz erworben habe, die im Kontakt mit Ihren Kunden sicher von Vorteil sein wird.
Ich freue mich sehr über die Einladung zu einem Vorstellungsgespräch und verbleibe bis dahin
mit freundlichen Grüßen

Dr. Michaela Meyfarth

Version 1

Dr. Michaela Meyfarth
Am Wallgraben 2
20201 Hamburg

Lebenslauf

Geboren am 05.03.1961 in Grimma

Beruflicher Werdegang

1967 bis 1979	Schulausbildung in Grimma Allgemeine Hochschulreife
1980 bis 1985	Chemiestudium, Fachrichtung Kunststofftechnik an der Technischen Universität Cottbus
1985 bis 1987	Mitarbeiterin der Forschungsabteilung im Werk für Thermomaterialien, Ludwigsfelde
1988 bis 1990	Erwerb des Doktortitels mit der Note „summa cum laude" für die Arbeit „Entwicklung und Fertigung von Polyurethan-Formteilen" an der Universität Cottbus zahlreiche Veröffentlichungen in der Fachpresse
1990 bis 1991	Abteilungsleiterin für Forschung und Entwicklung in der Berliner Zentrale des Kombinates Friedrich Engels, Polyesterwerk Berlin
1991 bis 1995	Qualitätskontrolle für die Kunststoff verarbeitenden Kombinate Friedrich-Engels-Werke in Eisenach/Thüringen
1995 bis 1997	Weiterbildung in Eigeninitiative Fortbildung in Verkaufstraining, Wirtschaftsenglisch, Moderne Kunststoffentwicklung Ausbildung in Projektmanagement, Buchführung, Controlling, Recht (BGB, HGB), Gesellschaftsrecht, Betriebswirtschaftslehre und EDV bei der Almanach Training GmbH Potsdam
1998 bis 2006	Verkaufsrepräsentantin, Berger AG, Hamburg Geschäftsbereiche: Technische Kunststoffe, Elastomere, Polyester

Fähigkeiten und Kenntnisse:

Englisch fließend in Wort und Schrift durch zahlreiche Veröffentlichungen in der Fachpresse und Teilnahme an internationalen Kongressen
Ausgeprägte repräsentative Fähigkeiten durch die Übernahme leitender Funktionen
Computerkenntnisse: Office XP, Outlook, dBase, Excel, MS-Projekt, DATEV

Hobbys:

Basketball, Skilaufen, Versteigerungen

Hamburg, 23. November 2006

Dr. Michaela Meyfarth

Version 2

Dr. Michaela Meyfarth
Am Wallgraben 2
20201 Hamburg
Tel.: 040 – 35 42 612
E-Mail: meyfarth@web.de

Hamburg, 23. November 2006

Hoechst AG
Chemiestraße 28
61854 Frankfurt

Ihre Stellenanzeige in der „Zeit“ vom 18. November 2006
Vertriebsrepräsentantin für die Vermarktung von Kunststoffen

Sehr geehrte Frau Terbach,

das aufschlussreiche und sehr nette Telefongespräch von gestern hat mich darin bestärkt, mich bei Ihnen für die Stelle der Vertriebsrepräsentantin für die Vermarktung von Kunststoffen zu bewerben. Ich übersende Ihnen anbei, wie besprochen, meine Bewerbungsunterlagen.

Der von Ihnen beschriebene Aufgabenbereich reizt mich sehr, weil er eine weitere Facette innerhalb der beruflichen Möglichkeiten darstellt, mein theoretisches Wissen praktisch im Umgang mit Mitarbeitern und Kunden anzuwenden. Außerdem stellt er eine gute Plattform dar, meine konzeptionellen und logistischen Fähigkeiten zu erweitern und bestmöglich einzusetzen.

Es war für mich immer eine Herausforderung, Erlerntes und Neues miteinander zu verknüpfen, auch auf unkonventionelle Art und Weise. In diesem Fall ist das, die Verbindung meiner großen Erfahrung mit den technischen Grundlagen mit der Fähigkeit, komplexe Situationen schnell und flexibel zu analysieren und zu lösen.

Aus diesen Gründen freue ich mich sehr über eine Einladung zu einem Vorstellungsgespräch. Bis dahin verbleibe ich

mit freundlichen Grüßen

Dr. Michaela Meyfarth

Version 2

Dr.Michaela Meyfarth - Am Wallgraben 2 - 20201 Hamburg
Telefon: 040 / 35 42 612 - E-Mail: meyfarth@web.de

Dr. Michaela Meyfarth
geboren am 3.1.1961
in Grimma

Bewerbung als Vertriebsrepräsentantin für die Vermarktung von Kunststoffen
bei der Hoechst AG in Frankfurt a. M.

Version 2

Dr. Michaela Meyfarth - Am Wallgraben 2 - 20201Hamburg
Telefon: 040 / 35 42 612 - E-Mail: meyfarth@web.de

Werdegang

Kenntnisse, Erfahrungen und Fähigkeiten

- Konzeptionelle und organisatorische Arbeit im Vertrieb
- Akquisition und Kundenbetreuung
- Verhandlungs- und Gesprächsführung
- Mitarbeit in der Berichterstattung gegenüber Industriepartnern
- Fachkenntnisse in der Entwicklung und Verarbeitung von Kunststoffen und Thermomaterialien
- Fachkenntnisse in der Qualitätssicherung nach ISO 9000 ff.
- Grundlegendes Wissen der Volks- und Betriebswirtschaft

Berufstätigkeit

1998- 2006	**Verkaufsrepräsentantin**, Berger AG, Herford Geschäftsbereiche: Technische Kunststoffe, Elastomere, Polyester
1991 - 1995	**Qualitätskontrolle** für die Kunststoff verarbeitenden Kombinate Friedrich-Engels-Werke in Eisenach/Thüringen
1990 - 1991	**Abteilungsleiterin** für Forschung und Entwicklung in der Berliner Zentrale des Kombinates Friedrich Engels, Polyesterwerk Berlin
1985 - 1987	**Forschungs-Mitarbeiterin** im Werk für Thermomaterialien, Ludwigsfelde

Version 2

Dr. Michaela Meyfarth - Am Wallgraben 2 - 20201 Hamburg
Telefon: 040 / 35 42 612 - E-Mail: meyfarth@web.de

Berufliche Aus- und Weiterbildung

1995 - 1997	Technisches Projektmanagement Almanach Training GmbH Potsdam, Schwerpunkte: • Projektmanagement • Buchführung, Controlling • Recht (BGB, HGB), Gesellschaftsrecht • Betriebswirtschaftslehre • EDV
1995 - 1996	Fortbildung in Verkaufstraining, Wirtschaftsenglisch, Moderne Kunststoffentwicklung
1988 - 1990	Doktorarbeit: Entwicklung und Fertigung von Polyurethan-Formteilen Technische Universität Cottbus
1980 - 1985	Chemiestudium, Fachrichtung Kunststofftechnik Technische Universität Cottbus

Schulischer Bildungsweg

1967 - 1979	Schulausbildung in Grimma Allgemeine Hochschulreife

Kenntnisse und Interessen

EDV	Programme: Office XP, Outlook, dBase, Excel, MS-Projekt, DATEV
Fremdsprachen	Englisch in Wort und Schrift; Russisch
Führerschein	Klasse B
Interessen	Basketball, Skilaufen Versteigerungen

Hamburg, 23. November 2006

Dr. Michaela Meyfarth

Version 2

Dr. Michaela Meyfarth - Am Wallgraben 2 - 20201 Hamburg
Telefon: 040 / 35 42 612 - E-Mail: meyfarth@web.de

Warum ich mich bewerbe ...

Mit dem Ziel, meine Arbeitswelt verantwortungsbewusst und aktiv mitzugestalten, habe ich mein Wissen kontinuierlich erweitert und dieses in der Praxis erprobt und umgesetzt. Dabei erwarb ich nicht nur praktische Erfahrungen in den Bereichen des Vertriebs, der Konstruktion, Fertigung und Qualitätssicherung, sondern ich entwickelte neben meiner Fähigkeit zum selbständigen Arbeiten auch neue soziale Kompetenzen. Der Umgang und die zielorientierte Zusammenarbeit mit anderen Menschen sind für mich persönlich von großer Bedeutung.

Meine Flexibilität und der Mut, bewährte Wege zu verlassen, um Neues zu entdecken, verdeutlicht mein berufliches Engagement auf verschiedenen Fachgebieten und in verschiedenen Funktionen.

In der Ergänzung meines bisherigen beruflichen Profils durch eine wirtschaftlich-kaufmännische Ausbildung sehe ich eine solide Grundlage für meinen weiteren Berufsweg.

Dr. Michaela Meyfarth

Zu den Unterlagen von Dr. Michaela Meyfarth

Frau Dr. Michaela Meyfarth hat einen Doktortitel in Chemie und einige fachliche Qualifikationen aufzuweisen. Während ihrer steilen beruflichen Karriere hat sie bereits einige leitende Positionen besetzt. Nach einem halben Jahr Arbeitslosigkeit bewirbt sie sich um eine Stelle, für die sie eigentlich eindeutig überqualifiziert ist.

Version 1

Mit dem *Anschreiben* aus Version 1 wird sie wenig Erfolg haben, denn durch ihren fast schon überheblichen Verweis auf ihren Doktortitel und ihre berufliche Karriere, die jedoch unterbrochen wurde, wird sie einen interessierten Personalchef sofort verprellen. Er muss befürchten, dass sie in der Firma alles an sich reißt oder nach kurzer Zeit wieder kündigt, da sie ihre Fähigkeiten nicht zur Geltung bringen kann und auch nicht die Aufmerksamkeit bekommen wird, die sie offensichtlich sehr notwendig braucht. Der Hinweis, sich sicher zu sein, wesentlich zum Erfolg der Firma beitragen zu können, klingt fast schon arrogant.

Denselben Eindruck vermittelt der *Lebenslauf*. Die Verweise auf ihre sehr gute Note für ihre Doktorarbeit, die zahlreichen Publikationen in der Fachpresse und ihr fließendes, weil auf internationalen Kongressen erworbenes Englisch wirken schon etwas aufdringlich. Zudem sind diese Qualifikationen (außer der Sprache) für die Stelle nicht relevant, was bedeutet, dass sie diese Bewerbung nicht im Hinblick auf die Vereinbarkeit ihrer Fähigkeiten mit dem Stellenprofil geschrieben, sondern sie zu einer unangebrachten Selbstdarstellung gemacht hat – vollkommen am Thema vorbei. Damit erfüllt sie nicht nur alle gängigen Vorteile, die man Überqualifizierten entgegenbringt, sie hat sich auch noch ziemlich sicher um eine Einladung zu einem Vorstellungsgespräch gebracht.

Version 2

In dem überarbeiteten *Anschreiben* bezieht sich Frau Dr. Meyfarth zunächst auf ein vorausgegangenes Telefongespräch. Das signalisiert die Ernsthaftigkeit ihrer Bewerbung um eine Stelle, selbst wenn sie unter ihrem Niveau liegt. Damit wird sie sicher angenehm auffallen. Sie verhehlt zwar nicht ihr großes theoretisches Wissen, bringt es aber absolut mit dem Stellenprofil in Verbindung und schildert sehr plausibel die Vorteile, die sie in dieser Stelle sieht. Mit der Formulierung »*... auch auf unkonventionelle Art und Weise*« nimmt sie Skeptikern den Wind aus den Segeln, die sich fragen könnten, warum sie sich mit diesem Lebenslauf um eine solche Stelle bemüht. Es gelingt ihr auf angenehme Art und Weise, das Manko der Überqualifikation und sicherlich auch das ihres »höheren« Alters in den Hintergrund treten zu lassen.

Bei ihren Unterlagen besticht auf dem ästhetisch gestalteten Deckblatt zunächst der Briefkopf, der durch die letzten beiden Zeilen optisch gespiegelt wird. Ihren Beruf hat Frau Dr. Meyfarth sicherlich mit Absicht weggelassen, um nicht gleich als überqualifiziert aussortiert zu werden – obgleich die Promotion sie als Vollakademikerin ausweist und damit auch bereits ein »Risiko« in Richtung Überqualifizierung beinhaltet. Ihr Foto und die persönlichen Daten sind in der Bildmitte platziert. Ein sehr angenehmer Auftakt!

Im folgenden Werdegang ist alles Wichtige prägnant und sehr übersichtlich auf den Punkt gebracht. Der Aufbau und die Gestaltung sind interessant, vom Umfang her gut lesbar und klar gegliedert. Sie hat die Hauptabschnitte treffend überschrieben mit Berufstätigkeit, berufliche Aus- und Weiterbildung etc. Der Doktortitel lässt sich zwar nicht vermeiden, doch hat die Bewerberin die Betonung auf ihre Kenntnisse im Vertriebsbereich gelegt. Auch die Stellung als Abteilungsleiterin muss sie hier erwähnen. Sie spielt aber eine geringe Rolle, weil das schon einige Zeit her ist und sie im Anschluss in einer Position gearbeitet hat, die auch schon mit Repräsentation zu tun hatte. Ihre relativ kurze Phase der Arbeitslosigkeit muss sie mit ihrem beruflichen Hintergrund nicht thematisieren.

Die Dritte Seite erzeugt schon durch die Überschrift Interesse. Mit der Bemerkung »*Meine Flexibilität und der Mut, bewährte Wege zu verlassen …*« deutet die Bewerberin an, dass sie außerhalb des »normalen« stetigen Karriereaufstiegs Erfüllung finden kann.

Zum Foto: Eine sehr entspannt und glücklich wirkende Kandidatin präsentiert sich mit einem etwas angeschnittenen Bild. Das ist gute Werbung in eigener Sache.

Einschätzung

Einige sehr gute neue Ideen, die die Kandidatin als Junggebliebene identifizieren!

Stefan Weber
Steinmetzmeister
Friesengasse 5
27669 Kurstadt
Telefon: 04761/5789901
E-Mail: s.weber@gmx.de

Handwerkskammer Bremen
Frau Kahlfeld
Am Lagerplatz 8
28359 Bremen

Kurstadt, 20.11.2006

Initiativbewerbung als
Sachbearbeiter oder Existenzgründungs-Berater

Sehr geehrte Frau Kahlfeld,

in einem interessanten Telefonat mit Herrn Gerstung vom 18.11.06 erfuhr ich, dass Sie die Ansprechpartnerin für mein Bewerbungsvorhaben sind. Gern übergebe ich Ihnen diese Unterlagen, die meine Qualifikation und Praxis veranschaulichen.

Mein Anliegen ist es, junge selbständige Handwerker darin zu unterstützen, eine Existenz aufzubauen. Dazu stelle ich mich Ihrer Kammer als Berater und/oder Sachbearbeiter vor. Als Steinmetzmeister und Restaurator im Steinmetz- und Steinbildhauerhandwerk besitze ich umfassende Fachkenntnisse, aber auch Erfahrungen mit Personaleinsatz und -führung. Seitdem ich mich am Aufbau einer Werkstatt beteilige, habe ich mir vielseitiges kaufmännisches Wissen angeeignet, unter anderem über Buchführung, Einkauf und Steuern. Ich beherrsche die Anwendung mehrerer PC-Programme.

Wenn ich mich für etwas besonders engagiere, tue ich dies aus vollem Herzen, aber auch mit vorausschauender Besonnenheit und einer guten Portion gesunden Menschenverstandes.

Ich freue mich darauf, eine Einladung zu einem persönlichen Gespräch zu erhalten.

Mit freundlichen Grüßen

Stefan Weber

Anlagen

Lebenslauf

Stefan Weber
Steinmetzmeister
Friesengasse 5
27669 Kurstadt
Telefon: 04761/5789901
E-Mail: s.weber@gmx.de
Geburt 21.8.1953 in Bautzen
verheiratet

Berufserfahrungen

seit 2002	Unterstützung meines Schwiegersohnes beim Aufbau einer Schreiner-Werkstatt • Buchführung, Steuer • Auftragsbearbeitung • Kundenberatung	Kurstadt
1993-2001	Restaurator in der Altbausanierung (Gründerzeit und Jugendstil) • Rekonstruktion von Fensterrahmungen und Reliefs • Rekonstruktion und Modellierung von Boden- und Wandplatten in Treppenhäusern • Ausbildung von Steinmetzen	Bremen Kurstadt
1983-1992	Polier auf Großbaustellen (Haus der Kultur, Grundschule, Hotel): zuständig für die Empfangsbereiche • Fertigen und Versetzen von Formsteinen für Wände, Böden, Treppen	Bremen Bremerhaven Kiel
1981-1982	Vorarbeiter im Steinbruch Weiße Klippe • Auswahl und Bearbeiten von Sandsteinen	Bad Schandau
1973-1980	Steinarbeiter für den Wegebau in Neubaugebieten, Kombinat Roter Oktober • Anlage von Fußwegen und Parkplätzen • Einfassen von Spiel- und Kulturplätzen	Dresden-Neustadt Leipzig

Qualifikationen, Kurse

2003	Existenzgründerlehrgang, BB-Wirtschaftsberatung GmbH	Bremen
2000	Kommunikations- und Motivationstraining, Bildungsstätte Hartwig	Bremen
2000	PC-Grundwissen: Textverarbeitung und Tabellenkalkulation, Bildungsstätte Meyer	Bremen
1997	Restaurator im Steinmetz- und Steinbildhauerhandwerk, Görlitzer Fortbildungszentrum für Handwerk und Denkmalpflege e. V.	Bremen
1992	Fortbildung zum Steinmetzmeister, Handwerkskammer Bremen	Bremen

Schule und Ausbildung

1970-1972	Lehre als Steinmetz, Grabstein-Kombinat Ernst-Thälmann	Bautzen
1960-1970	Schulbesuch mit Abschluss der Polytechnischen Oberschule	Bautzen

Kenntnisse und Interessen

PC: Text, Tabelle, Internet
Fahrerlaubnis Klasse 3
antike Tempelanlagen
Brieftaubenzucht
Radwandertouren

Kurstadt, 20.11.2006

Stefan Weber

Zu den Unterlagen von Stefan Weber

Herr Weber ist Handwerker, der wegen seiner länger andauernden gesundheitlichen Probleme seine Selbständigkeit aufgeben musste. Seine Beschwerden (Bandscheibenvorfall) sind für seinen Berufsstand typisch, werden also nicht für Spekulationen bei einem Personalchef sorgen. In seiner Bewerbung verschweigt er deswegen diese Tatsache und auch sein höheres Alter nicht, weist aber auch nicht explizit darauf hin. Mit der Initiativbewerbung und seiner Idee einer Existenzgründungsberatung als jemand mit genügend praktischer Erfahrung in diesem Bereich stellt er seine Motivation deutlich unter Beweis.

Das *Anschreiben* ist gut gegliedert, der Schreibstil ist selbstbewusst und klar. Herr Weber hat sich die Mühe gemacht, telefonisch den Namen der Ansprechpartnerin herauszufinden, und hat damit einen guten Aufhänger für seinen ersten Satz. Sein Anschreiben enthält alle wichtigen Informationen und vor allem mit dem letzten Absatz hat er es geschafft, sich so interessant zu präsentieren, dass er gute Chancen haben dürfte, sollte eine Position zu besetzen sein.

Sein *Lebenslauf* wirkt »rund«. Herr Weber hat ein sehr seriöses Foto in quadratischer Form gewählt, das ihn von seiner besten Seite zeigt. Seine persönlichen Angaben hat er übersichtlich und angenehm fürs Auge präsentiert, wenn auch die rechtsbündigen Überschriften vielleicht etwas unkonventionell und nicht jedermanns Geschmack sind. Zeiträume, Tätigkeiten mit Arbeitgeber sowie Orte bilden jeweils eine Spalte (randlose Tabelle), was die räumliche Flexibilität des Bewerbers betont.

Der umgekehrt aufgebaute Lebenslauf (amerikanische Form / chronologisch rückwärts) rückt seine derzeitige Tätigkeit in den Mittelpunkt, aber auch die deutsche Form wäre hier möglich. Der Bewerber erläutert dann mehrere wichtige Aufgabenbereiche seiner Arbeitsstellen etwas genauer. Dass seine handwerkliche Berufstätigkeit vor einigen Jahren abgebrochen ist, wird beim Leser die richtige Vermutung auslösen. Er muss seine Gesundheit schonen, in dieser Branche kein Einzelfall. Gerade durch die Unterstützung beim Geschäftsaufbau beweist der Kandidat Unternehmergeist, Belastbarkeit, kaufmännisches Wissen und Teamgeist: alles Eigenschaften, die er auch als Berater gut einsetzen könnte.

Unter »*Qualifikationen und Kurse*« führt Herr Weber nicht nur seinen Meister- und den Restaurator-Lehrgang auf, sondern auch ein Existenzgründerseminar, das für seine berufliche Absicht ebenso von Bedeutung ist wie das Kommunikationstraining.

Bei den Hobbys weist Herr Weber auf sein Interesse für antike Tempelanlagen hin – ein weiteres Zeichen des Engagements für seinen Beruf und sein kulturelles Interesse. Mit der Brieftaubenzucht demonstriert er Verantwortungsbewusstsein und Geduld, mit Radwandertouren eine ausreichende Fitness – eine interessante Persönlichkeit!

Einschätzung
Mit seiner eindrucksvollen, etwas unkonventionellen Bewerbung bleibt Herr Weber sicher im Gedächtnis und könnte durchaus in Frage kommen, wenn eine Stelle frei ist oder eingerichtet werden kann!

Köln, den 11. Mai 2006

Ihre Stellenanzeige im »Kölner Stadtanzeiger« vom 05. Mai 2006
Bewerbung als Verkäuferin

Sehr geehrter Herr Meissner,
ich bedanke mich für das nette und informative Gespräch von heute Vormittag. Sehr gerne übersende ich, wie telefonisch besprochen, meine Bewerbung als Verkäuferin in Ihrem Geschäft auf dem elektronischen Wege.
Durch meine Vorkenntnisse aus der Ausbildung als Zimmerin fällt es mir leicht und bringt es mir großen Spaß, Möbel von Freunden und Bekannten zu restaurieren. In jährlichen Workshops vervollkommne ich meine Malerei und habe auch eine kleine Malschule für Kinder organisiert.
Buchhaltungskenntnisse habe ich in einigen Computerkursen erweitert und vertieft.
Zur Bewältigung der von Ihnen beschriebenen Aufgaben bringe ich gute Voraussetzungen mit. Ich bin absolut zuverlässig und arbeite mich schnell ein.
Es liegt mir viel daran, meine Kenntnisse in der Praxis anzuwenden und wesentlich zu erweitern.
Meinen Lebenslauf mit eingescanntem Foto finden Sie als Anhang, wie gewünscht als .rtf-Datei.
Über eine Einladung zu einem Vorstellungsgespräch freut sich sehr
Barbara Bernhard

Lebenslauf

Geboren am 21. 4.1961 in Venlo
Familienstand: verheiratet, drei Kinder

Schul- und Berufsausbildung

Juni 1977	Hauptschulabschluss (Notendurchschnitt: 2,3)
September 1977	Beginn einer Lehre als Zimmerin bei Werkstatt Lumber
April 1979	Abbruch der Lehre wegen Geburt des ersten Kindes

Familienzeit

Seit April 1979	Betreuung meiner drei Kinder (heute 23, 25 und 27 Jahre alt)

Fortbildung

Seit 1989	Besuch jährlicher Workshops zum Thema Malerei in Deutschland, Italien, Österreich etc.
2005	Besuch mehrerer Computerkurse (Word, Excel)

Berufspraxis

Seit 1989	Restaurierung der Möbel von Freunden und Bekannten
Seit 1991	Aufbau einer Malschule für Kinder
Seit 2001	Angebot von Kursen zur Restaurierung von Möbeln

Hobbys und Interessen

Malen, Arbeiten mit Holz, Kunst

Köln, 11. Mai 2006
Barbara Bernhard

Zu den Unterlagen von Barbara Bernhard

Frau Bernhard ist 45 Jahre alt. Eine Lehre als Zimmerin konnte sie nicht beenden wegen der Geburt ihres ersten Kindes. In der Folge versorgte sie ihre drei Kinder, bis sie aus dem Haus waren. Ihrer alte Leidenschaft ging sie – mehr als Hobby – nach, indem sie sich der Restaurierung von Möbeln ihrer Freunde und Bekannten widmete. Sie bildete sich in ihrem Hobby, der Malerei, stetig weiter. Ohne abgeschlossene Ausbildung und nach jahrzehntelanger »Abstinenz« von der Berufswelt bewirbt sie sich auf eine Anzeige hin in einem Laden für Malereibedarf und Bilderrahmen als Verkäuferin – mit einer Online-Bewerbung.

Aus dem *Anschreiben* geht hervor, dass Frau Bernhard mit dem Inserenten der Anzeige bereits telefoniert hat. An der Art, wie sie die verabredete Online-Bewerbung gestaltet, kann man erkennen, dass sie mit dem Computer bestens vertraut ist. Sie macht alles richtig, schreibt das Anschreiben als E-Mail und schickt den Lebenslauf, wie verabredet, als Datei im Anhang mit.

Ihre abgebrochene Ausbildung begründet sie mit der Geburt ihres ersten Kindes. Das ist legitim und besser, als sich den Spekulationen eines Personalchefs auszusetzen. Außerdem sind ihre Kinder alt genug, er muss keine Schwierigkeiten organisatorischer Art befürchten.

Ihre Kompetenzen und ihre in dieser Zeit ungebrochene Motivation dokumentiert sie durch die Erwähnung der Restaurierung alter Möbel und des Besuchs von Workshops für Malerei. Ihre Kreativität ergänzt sie mit ihrem Einsatzwillen und Ideenreichtum, der sich darin zeigt, dass sie eine Malschule für Kinder aufgebaut hat, die offensichtlich immer noch besteht.

Mit ihrer sympathischen Art, wie sie die Lücken in ihrem Lebenslauf umschreibt und das Augenmerk auf ihre Eigeninitiative und praktisch erworbenen Kompetenzen legt, wird sie sicher eine Einladung zu einem Vorstellungsgespräch erhalten.

Der *Lebenslauf*, der naturgemäß nicht allzu lang ist, dokumentiert trotzdem, dass die Tätigkeiten, die Frau Bernhard eher hobbymäßig betrieben hat, absolut zu dem Stellenprofil passen, das der Chef des Geschäfts sich vorstellt. Sie fasst ihre berufliche Karriere und ihre Kompetenzen in Oberbegriffen wie *»Fortbildung«* und *»Berufspraxis«* zusammen.

Ihre Zeit als Hausfrau und Mutter umschreibt sie sehr schön mit dem Wort *»Familienzeit«*.

Mit diesen Unterlagen wird ihr potenzieller Arbeitgeber es sich wohl nicht entgehen lassen, Frau Bernhard kennen zu lernen.

Version 1

Jürgen Julius
Rosenheimer Str. 2
83278 Traunstein
0861-345677 / 0177-342389

Gerno Medien GmbH
Martin Gerno
Traunsteiner Landstraße 4
83023 Rosenheim

Traunstein, 20.07.2007

Bewerbung als Handelsvertreter für Zeitschriften

Sehr geehrter Herr Gerno,

Ihr sehr interessantes Angebot, Zeitschriften zu vertreiben, hat mein Interesse geweckt und mich bewogen, Ihnen meine Bewerbungsunterlagen zu schicken. Ich bin seit Jahren erfolgreicher Handelsvertreter für Bücher.

Nach einem (fast beendeten) betriebswirtschaftlichen Studium habe ich mich in vielerlei gewerblichen und anderen Tätigkeiten erprobt, unter anderem als Fahrer für Taxiunternehmen und Busgesellschaften, aber auch als Fremdenführer und Verkäufer. Schließlich habe ich meine berufliche Erfüllung in der Handelsvertretung gefunden: nach der Wende zunächst in meiner ehemaligen Heimat Sachsen, seit sieben Jahren in Südost-Bayern. Ich verstehe es, schnell mit Kunden ins Gespräch zu kommen, ihre Bedürfnisse festzustellen und interessante Angebote zu unterbreiten. Meine Beratungsfähigkeit wird stets geschätzt und anerkannt, ebenso wie mein Verkaufstalent.

Für die Vertretung Ihrer Zeitschriften stehe ich gern zur Verfügung, aber wegen der Beendigung eines noch laufenden Vertrages erst zum 01.12.2007. Es tut mir leid, dass ich nicht sofort zusagen kann. Ich hoffe, bis dahin lässt sich eine Zwischenlösung für Sie finden und wünsche Ihnen damit viel Erfolg. Ich rechne mit Ihrer baldigen Antwort und freue mich schon auf ein persönliches Gespräch.

Mit freundlichen Grüßen

Jürgen Julius

Anlagen

Version 1

Lebenslauf

Name: Jürgen Julius

Adresse: Rosenheimer Str. 2, 83278 Traunstein

Telefon: 0861 345677 / 0177-342389

Geburtdatum und -ort: 01.01.1950 in Karl-Marx-Stadt

Familienstand: verheiratet, 4 Kinder

Berufspraxis

seit 1996	Handelsvertreter für Bücher, insb. Paperback-Sachbücher, Plönske-Medien GmbH/München
1990 – 1995	Handelsvertreter für gebundene Bücher, insb. Romane, Arak-Buchvertrieb/Zwickau
1989	Verkaufshilfe in Buchladen Heinrich, Coburg
1988	Assistent/Vertreter eines Kiosk-Besitzers, Coburg
1986 – 1987	– Fremdenführer, Erlangen – Nachtportier im Bahnhofs-Hotel, Erlangen
1985	Busfahrer, Schöller Touristik GmbH, Erlangen
1983 – 1984	Busfahrer, Erlanger Verkehrsbetriebe
1979 – 1982	Taxifahrer, München
1978	Handel mit Schallplatten, Hof

Fortbildungen und Studium

1992	Vertragswesen im Buchhandel, Zwickauer Handelszentrum
1991	PC-Schulung Grund- und Aufbauwissen
1990	Verkaufstraining, Zwickauer Handelszentrum
1986	Kommunikation und Rhetorik, VHS Erlangen
1974 – 1976	Studium der Betriebswirtschaft (6 Semester), Fachhochschule Erlangen
1971 – 1973	Studium der Ökonomie (5 Semester), Technische Universität Dresden

Version 1

Schule und Wehrdienst

1969	Wehrdienst, Zwickau
1956 – 1968	Grund- und Oberschule in Karl-Marx-Stadt, Abschluss Abitur

Kenntnisse und Fähigkeiten

PC/MAC: Word, Excel, Access sowie Internet

Fremdsprachen: Englisch gut in Wort und Schrift; Russisch Grundkenntnisse

Führerschein Klassen A, B und Busführerschein

Interessen

Denkmalschutz
Historische Romane
Tischtennis, Familienausflüge

Traunstein, 20.7.2007

Jürgen Julius

Version 2

Jürgen Julius • Rosenheimer Str. 2 • 83278 Traunstein

Jürgen Julius
Handelsvertreter
Bücher • Zeitschriften

Gerno Medien GmbH
Martin Gerno
Traunsteiner Landstraße 4
83023 Rosenheim

Traunstein, 20.07.2007

Mein Anliegen:
Ihre Zeitschriften auf den Weg bringen!

Sehr geehrter Herr Gerno,

durch Herrn Heino Müller erfuhr ich, dass Sie einen Handelsvertreter für den Vertrieb Ihrer Zeitschriften suchen. Da ich diese Tätigkeit seit Jahren erfolgreich im Bereich Bücher und Zeitschriften ausübe, stelle ich mich Ihnen als zukünftigen Vertragspartner vor.

Zu meinen Qualitäten gehört es, mit Kunden schnell ins Gespräch zu kommen, ihre Bedürfnisse zu erkennen und Ihr Vertrauen zu gewinnen. Meine Kompetenz in Beratung und Verkauf sowie die absolut zuverlässige Umsetzung werden von meinen Geschäftspartnern geschätzt und anerkannt.

Mehr dazu erfahren Sie aus dem beiliegenden Faltblatt. Für den Vertrieb Ihrer Zeitschriften stehe ich gern zur Verfügung, aber wegen einer vertraglichen Bindung kann ich mich erst ab dem 01.12.2007 voll engagieren. Vielleicht erörtern wir in einem persönlichen Gespräch, in welcher Form ich mich in den nächsten Monaten bereits einbringen kann. Ich freue mich darauf, Sie kennen zu lernen!

Mit freundlichen Grüßen aus Traunstein

Jürgen Julius

PS: Weitere Unterlagen erhalten Sie gern auf Anfrage

Tel/Fax 0861 345 677
Mobil 0177 342 389

E-Mail: info@jjulius.de
Steuer-Nr. 678/344 878

Bankverbindung:
Kto. 122 789 1012

Norisbank
BLZ 760 260 00

Version 2

Sie brauchen einen Partner, der …

Ihre Zeitschriften zuverlässig an den Kunden bringt,

umfassende Kenntnisse und Erfahrung im Geschäft aufweist,

das nötige Fingerspitzengefühl für den Markt besitzt,

Kunden mit Fachkompetenz und Einfühlungsvermögen berät,

einen Rundum-Service bietet,

schnell das Vertrauen der Kunden gewinnt,

mit Flexibilität, Kreativität und Organisationstalent seine Aufträge erledigt.

Ich zeichne mich dadurch aus, dass ich …

den vertrauensvollen Kontakt zu Kunden pflege und neue gewinne,

Bestellungen und Verträge kompetent bearbeite,

umfassend über Serviceangebote berate und diese umsetze,

Reklamationen aufnehme und bearbeite, wobei ich die Interessen des Kunden und des Auftraggebers wahre,

laufend den Markt beobachte,

Sonderaktionen konzipiere, vorbereite und durchführe.

Meine zufriedenen Kunden und der Weg dorthin …

seit 1996

Handelsvertreter für Bücher, insb. Paperback-Sachbücher, Plönske-Medien GmbH/ München (Referenz: Herr Goza, Tel.: 089/4567891)

1990 – 1995

Handelsvertreter für gebundene Bücher, insb. Romane, Arak-Buchvertrieb/ Zwickau (Referenz: Frau Meisel, Tel: 0375/344823)

1978 – 1994

Vielseitige Berufstätigkeiten im Handel, Tourismus und in der Personenbeförderung

Version 2

Meine Qualifikation

Studium der Betriebswirtschaft, Fachhochschule Erlangen sowie Ökonomie, Technische Universität Dresden

Schulungen zu Vertragswesen im Buchhandel, Verkaufstraining, Kommunikation und Rhetorik

PC/MAC-Kenntnisse:

Word, Excel, Access sowie Internet/Email

Fremdsprachenkenntnisse:

Englisch gut in Wort und Schrift
Russisch Grundkenntnisse

Führerschein Klassen A, B und Busführerschein

Damit Sie wissen, wer hinter diesen Zeilen steckt …

Jürgen Julius

Rosenheimer Str. 2
83278 Traunstein
Tel/Fax 0861 345 677
Mobil 0177 342 389
E-Mail: info@jjulius.de

Jürgen Julius

Handelsvertreter
Bücher • Zeitschriften

Zu den beiden Bewerbungsversionen von Jürgen Julius

Das besondere an dieser Bewerbung ist, dass es um eine freiberufliche Tätigkeit geht: Herr Julius hat über einen Bekannten von diesem möglichen Auftrag erfahren. Er muss nun einerseits versuchen, das Interesse auf seine Qualitäten zu lenken, andererseits eine Erklärung dafür finden, dass er den Auftrag erst in vier Monaten annehmen kann. Eine schwierige Aufgabe, so dass seine Bewerbung besonders überzeugend sein muss! Die Form eines Faltblattes/Folders eignet sich für Freiberufler besonders gut, ist auch bei Kurz- oder Initiativbewerbungen möglich.

Anschreiben

Version 1 erinnert an eine Bewerbung für ein Angestelltenverhältnis. Herr Julius erklärt, woher seine Fähigkeiten stammen, was ein bisschen sehr nach Rechtfertigung klingt und den Lebenslauf nacherzählt. Für einen freiberuflich arbeitenden Handelsvertreter zählen jedoch seine Erfolge weitaus mehr. In seinen Erläuterungen hebt er ungeschickterweise den Studienabbruch hervor. Sein wiederholtes Bedauern, dass er nicht sofort zur Verfügung stehen kann, soll Verständnis wecken, nervt aber den potenziellen Auftraggeber.

In **Version 2** hat sich Herr Julius von einem professionellen Geschäftsbrief anregen lassen – einschließlich des passenden Logos und der Fußzeile. Schon der Spruch in der Betreffzeile »Mein Anliegen …« zieht die Aufmerksamkeit auf sich. Inhaltlich stellt er sich als Geschäftspartner, nicht als Bittsteller dar. Die Formulierungen sind selbstbewusst und drücken seine vielseitige Kompetenz und seine Stärken aus. Ob es ihm gelingt, einen Auftrag zu bekommen, den er erst in einigen Monaten ausführen kann, wird sich zeigen – er hat sich jedoch eine glaubwürdige Erklärung für die Verzögerung überlegt und ein Angebot gemacht, wie die Zeit bis dahin überbrückt werden kann. Da er das beiliegende Faltblatt schon im Schreiben erwähnt, kann das Wort »Anlagen« entfallen. Herr Julius bietet jedoch im PS an, weitere Unterlagen (z. B. Referenzen, Zeugnisse oder Zertifikate) zu senden. Die interessante Grußformel »Mit freundlichen Grüßen aus Traunstein« weckt Aufmerksamkeit – sie kann ebenso bei Bewerbungen für Angestelltenverhältnisse angewendet werden (selbstverständlich nur, wenn der Wohnort nicht mit dem Ort des Adressaten übereinstimmt).

Lebenslauf

Version 1 stellt durchaus eine ansprechende Bewerbung als Angestellter dar. Persönliche Angaben wie Alter und Familienstand gehören jedoch nicht unbedingt in die erste Kontaktaufnahme mit einem möglichen Auftraggeber. Hier zählt das Angebot, das zum Bedarf passt. Daher ist es völlig überflüssig, dass Herr Julius sämtliche Stationen seines Berufslebens sowie einzelne Fortbildungskurse aufzählt. Auch seine Hobbys sollte er als zukünftiger freier Handelsvertreter lieber weglassen.

Version 2 fällt diesmal völlig anders aus: Der Bewerber hat ein Faltblatt entworfen, das ohne Zeugnisse dem Anschreiben beigelegt wird. Darin kann, muss aber nicht, ein eingescanntes Foto enthalten sein. Herr Julius stellt überzeugend dar, dass er den Bedarf des Auftraggebers decken kann. Die Anordnung des Textes auf dem Faltblatt vollzieht die Leserichtung nach. Nach dem Falten wird die dritte Spalte der zweiten Querformat-Seite ganz oben liegen, die das ansprechende Logo von Herrn Julius zeigt. Danach geht es mit »Sie brauchen einen Partner ...« und den rechts folgenden Spalten weiter. Der Bewerber erläutert seine Haupttätigkeiten und Stärken. Unter der Überschrift »Meine zufriedenen Kunden ...« gibt er einen Überblick über seine Referenzen und seinen Berufsweg. Auch die ersten beiden Spalten auf der zweiten Seite enthalten Bestandteile eines typischen Lebenslaufes, aber sehr zusammengefasst und mit ungewöhnlichen Kommentaren (»Damit Sie wissen, wer ...«). Zum Alter und Familienstand müssen keine Angaben gemacht werden. Dieses Faltblatt ist jetzt ein Hingucker, besonders, wenn Herr Julius es auf farbigem Papier druckt!

Einschätzung:

Keine Frage, mit der verbesserten Version steigen die Chancen von Herrn Julius.

Dr. Andreas Anders
Diplom-Kaufmann
Brehmer Allee 134 b
40472 Düsseldorf
Tel. 0211 35 28 762

Dr. Anders - Brehmer Allee 134 b - 40472 Düsseldorf
Rosenthal AG
Direktion
Frau Dr. Baseler
Rosenthaler Platz 1
85002 Nürnberg

31.07.2007

Unser Telefonat am heutigen Tage

Sehr geehrte Frau Dr. Baseler,

vielen Dank für das ausführliche Gespräch.
Hier, wie verabredet, meine Unterlagen.

Ich beabsichtige, mich zum Jahresende beruflich neu zu orientieren und würde sehr gerne für Ihr Unternehmen von Deutschland aus neue Vertriebsstrukturen im Bereich Sanitärkeramik entwickeln.

Meine jetzige Position bindet mich voraussichtlich bis zum 30.11.2007, so dass ich Ihren Wünschen gemäß vor dem Jahreswechsel die neu geschaffene Position in Ihrem Export-Headquarter in Nürnberg einnehmen kann.

Von Ihnen bald zu hören, würde mich sehr freuen;
bis dahin verbleibe ich

mit freundlichen Grüßen

Dr. Andreas Anders

Anlagen

Dr. Andreas Anders
Diplom-Kaufmann
Brehmer Allee 134 b
40472 Düsseldorf
Tel. 0211 35 28 762

BEWERBUNGSUNTERLAGEN FÜR ROSENTHAL A.G.

Dr. Andreas Anders
Diplom-Kaufmann
Brehmer Allee 134 b
40472 Düsseldorf
Tel. 0211 35 28 762

03.08.1955	**Geburtsdatum**
Zürich	**Geburtsort**
verheiratet zwei Kinder ortsungebunden	**Familienstand**
Schweizer	**Nationalität**
Export Sales Director	**Position**
Sanitärkeramik	**Produkt**
Gres und *Geberit*	**Marken**

Dr. Andreas Anders
Diplom-Kaufmann
Brehmer Allee 134 b
40472 Düsseldorf
Tel. 0211 35 28 762

CURRICULUM VITAE **Berufspraxis**

Sinmag S.R.L.
Mailand

Leitung des Gesamtexportes von Sanitärkeramik für die Markenprodukte *Gres* sowie *Geberit* in die Exportländer der europäischen Union	seit 04.1995
Prokura	seit 01.1991
Exportleitung *Gres* für Ostblockstaaten Polen, GUS-Staaten, Rumänien, Ungarn	05.1990 - 12.1991
Exportsachbearbeitung *Gres* für Deutschland	04.1987 - 04.1990

La Turrita Ceramiche S.P.A.
Verona

Assistent der Exportleitung für Deutschland	08.1983 - 03.1987

Wand und Boden A.G.
Wien

Exportsachbearbeiter	04.1981 - 07.1983

Villeroy & Boch
Frankfurt a. M.

Trainee	01.1980 - 03.1981

Dr. Andreas Anders
Diplom-Kaufmann
Brehmer Allee 134 b
40472 Düsseldorf
Tel. 0211 35 28 762

CURRICULUM VITAE **Ausbildung**

Goethe Universität
Frankfurt a. M.

Promotion 06.08.1980

Studienschwerpunkt Außenhandelswirtschaft
Diplom in Betriebswirtschaft 31.10.1978
Gesamtnote: sehr gut

Eidgenössische Handelsakademie
Zürich

Betriebswirtschaftliches Vordiplom 15.09.1976

Wilhelm Tell Gymnasium
Zürich

Abitur 10.06.1973

Dr. Andreas Anders
Diplom-Kaufmann
Brehmer Allee 134 b
40472 Düsseldorf
Tel. 0211 35 28 762

ZUSATZQUALIFIKATIONEN

Französisch, Italienisch, Englisch, Russisch	**Fremdsprachen**
MS-Office 2000, KHK PC-Kaufmann Unix, HTML	**DV-Kenntnisse**
Klasse B	**Führerschein**
	Intl. Marketing Ass. London
International Marketing Program Studies	10.2000
	Management Academy London
Rentabilitätsrechnung und Investitionscontrolling	08.1996
Investitionsgüter und Systemmarketing	10.1994
Arbeitstechnik, Führungsverhalten, Konfliktmanagement	06.1993
Rhetorik und Präsentation	01.1992
	Sprachkurse
Conversations-Business-English I und II Cambridge	05.1996, 07.1997
Russisch für Export-Trading St. Petersburg	04.1995

Dr. Andreas Anders
Diplom-Kaufmann
Brehmer Allee 134 b
40472 Düsseldorf
Tel. 0211 35 28 762

ANLAGENVERZEICHNIS

Zwischenzeugnis Sinmag S.R.L.

Arbeitszeugnis/Empfehlungsbrief
La Turrita Ceramiche S.P.A.

Arbeitszeugnis Wand und Boden A.G.

Arbeitszeugnis Villeroy & Boch

Promotionsurkunde

Diplom

Fortbildungsnachweise

Zu den Unterlagen von Dr. Andreas Anders

Hier ist wohl kaum ein Kommentar notwendig, diese schönen Seiten sprechen für sich. Der Kandidat präsentiert sich mit außergewöhnlich ästhetisch gestalteten Bewerbungsunterlagen, wobei allen Bausteinen das gleiche Design zugrunde liegt.

Das ***Anschreiben*** basiert auf einem Telefonat, das im Rahmen einer Initiativbewerbung geführt wurde. Es ist absolut knapp gehalten und spiegelt den Stil der gesamten Bewerbungsmappe.

Ein fast minimalistisches ***Deckblatt*** eröffnet den Reigen der Bewerbungsmappenunterlagen. Auf der ersten Seite präsentiert der Bewerber seine Sozialdaten und fügt Informationen über seine aktuelle Position hinzu.

Hier sind auf den folgenden zwei Seiten ***Lebenslauf***, Berufspraxis und Ausbildung in einer neuen, beeindruckenden Weise präsentiert. Eine extra Seite gibt Auskunft über die Zusatzqualifikationen und behandelt auch das Weiterbildungsengagement.

Auch das ***Anlagenverzeichnis*** ist Teil der ästhetischen Gesamtwirkung.

Einschätzung:
Ein richtiges kleines Kunstwerk. Wirklich exzellent.

ROSEMARIE REUTER

Torgauer Str. 50
80993 München
Email: rosereuter@gmx.de
Tel./Fax 089 / 256 345 80

Kemper & Söhne GmbH
Personalabteilung
Herrn J. Kemper
Kuckuckweg 69
86169 Augsburg

15.06.07

Ihre Anzeige in der Süddeutschen Zeitung vom 10.06.2007
Sachbearbeiterin

Sehr geehrter Herr Kemper,

in der o.a. Anzeige beschreiben Sie einen Arbeitsbereich, der mich in höchstem Maße interessiert und auch meinen Fähigkeiten und Neigungen voll entspricht.

Kurz zu meiner Person:
Ich bin ausgebildete Industriekauffrau und habe mich im Bereich Informationsmanagement erfolgreich weitergebildet. Langjährige umfassende Erfahrungen in Büro-Administration und anspruchsvoller, selbständiger Sachbearbeitung in der Chemiebranche ergänzen mein Tätigkeitsprofil.

Aktuell befinde ich mich in einer von der Arbeitsagentur geförderten EDV-Fortbildungsmaßnahme und könnte Ihnen deshalb auch sehr kurzfristig zur Verfügung stehen.

Über eine Einladung zum Vorstellungsgespräch freue ich mich und verbleibe

mit freundlichen Grüßen aus München

Rosemarie Reuter

PS: Ich würde mich sehr freuen, von Ihnen noch vor dem 26.07. zu hören, da ich dann beabsichtige, für etwa 10 Tage zu verreisen. Herzlichen Dank.

Anlagen

ROSEMARIE REUTER
Torgauer Str. 50
80993 München
Email: rosereuter@gmx.de

TEL./FAX: 089 / 256 345 80

Bewerbung als
Sachbearbeiterin bei der

KEMPER & SÖHNE GMBH

ROSEMARIE REUTER

geboren 27.09.1960 in Hamburg

ledig, keine Kinder

BERUFSERFAHRUNG

04/1994 – 12/2006	**Altvater Chemie-Werke AG** **München** Position: Informationsmanagement Literaturrecherchen, Datenbankarbeit, Öffentlichkeitsarbeit
04/1992 - 03/1994	**Institut für Dokumentation** **München** Ausbildung u. Anerkennungsjahr als staatl. geprüfte Dokumentarin Schulung in Informationsmanagement, EDV u. Wirtschaftsenglisch
07/1989 - 03/1992	**Pharma Grün** **München** Position: Informationsmanagement Informationsplanung, Organisation, Fachkorrespondenz Erstellung von Werbemitteln
10/1984 - 06/1989	**Chemie AG** **München** Position: Chefsekretärin
1980 - 1984	**Industriekauffrau** **Hamburg**

SCHUL- UND BERUFSAUSBILDUNG

1981 - 1984	**Staatliches Abendgymnasium** **Hamburg** Abschluss: Abitur
1976 - 1980	**Ausbildung zur Industriekauffrau** **Hamburg**
1966 - 1976	**Haupt- und Handelsschule** **Hamburg**

Sprachkenntnisse

sehr gute Englischkenntnisse in Wort und Schrift
gute Orthographie-, Interpunktions- und Grammatikkenntnisse der deutschen Sprache
Korrespondenzerfahrung

EDV-Erfahrung

MS Office 2000 mit Textverarbeitung, Tabellenkalkulation und Datenbankprogramm,
aktuelle Fortbildung EDV beim Arbeitsamt München seit 01/2000

Kurzschrift

gute Stenographiekenntnisse und schreibtechnische Fertigkeiten

Führerschein

Klasse B

Engagement

Mitglied im Naturwissenschaftlichen Verein Berlin

Interessen

Wandern, Literatur des Bethel-Kreises

ZU MEINER PERSON

Mein Lebenslauf steht für kontinuierliche Weiterbildung, Leistungsbereitschaft und Lernfähigkeit. Das Abitur am Abendgymnasium und die Qualifizierung zur Dokumentarin belegen dies.

Ich verfüge über fundierte Erfahrungen in den Bereichen Organisation und Administration. Zu betonen sind meine guten Sprachkenntnisse und deren Anwendungssicherheit.

Die Arbeit hat in meinem Leben, da ich Single bin, einen besonderen Stellenwert, so dass Arbeitsaufgaben für mich eine wichtige Rolle spielen. Ich würde mich sehr gern mit vollem Engagement der von Ihnen beschriebenen Aufgabe widmen.

München, 15. Juni 2007

Rosemarie Reuter

VERZEICHNIS DER ANLAGEN

Arbeitszeugnisse

Altvater Chemie-Werke AG, München

Pharma Grün, München

Chemie AG, München

Ausbildungs- und Weiterbildungszeugnisse

Ausbildung und Anerkennung zur staatlich geprüften Dokumentarin am Institut für Dokumentation, München

Abitur am Staatlichen Abendgymnasium, Hamburg

Ausbildung zur Industriekauffrau, Hamburg

Zu den Unterlagen von Rosemarie Reuter

Wir stellen Ihnen hier nur die optimierte Version vor: Ein angenehm kurzes ***Anschreiben*** verdeutlicht, dass die Bewerberin sich auf eine Anzeige meldet, ohne vorab telefoniert zu haben (leider!). Da sie der Anzeige aber den Namen entnehmen konnte, ist eine direkte Ansprache trotzdem möglich. Die Kandidatin stellt sich kurz vor und schließt selbstbewusst (ohne Konjunktiv) mit der Formulierung »... über eine Einladung freue ich mich«. Insgesamt ein gut und ansprechend gestaltetes Anschreiben, das bestimmt positive Aufmerksamkeit weckt. Ob die Bewerberin bereits hier mehr zu ihrem aktuellen Status (arbeitslos, aber Fortbildung) hätte mitteilen sollen, kann kontrovers diskutiert werden. Die gewählte Präsentationsform löst bestimmt Interesse aus. Obwohl sich die Kandidatin offensichtlich aus der Arbeitslosigkeit (bzw. Fortbildung) heraus bewirbt, hat sie eine interessante Vortragsform gefunden und umgeht auf den nachfolgenden Seiten dieses problematische Thema recht elegant. Die grafische Gestaltung (***Deckblatt*** als konsequente Fortsetzung des Briefkopfes) ist auf den folgenden Seiten sehr ansprechend gewählt, einfallsreich und gleichzeitig übersichtlich. Das fast quadratische Fotoformat ist ein echter »Hingucker«. Jetzt sehen wir mehr, und das ***Foto*** beschäftigt den Betrachter schon etwas länger. Die gezeigte Körperhaltung strahlt Kraft und Energie aus. Beachten Sie auch, dass der Kopf ein wenig »angeschnitten« ist.

Die für die ***berufliche Entwicklung*** gewählte knappe Präsentationsform kommt ohne die traditionelle Überschrift »Lebenslauf« aus (bravo!) und beinhaltet ein gutes Maß an Information. Die Themenabfolge »Beruf« (inklusive Weiterbildung) – »Schule« – »Berufsausbildung « ist sofort überzeugend. Die besonderen Kenntnisse und Fähigkeiten werden vielleicht sogar einen Tick zu massiv dargestellt bzw. wiederholt. Die Abschnitte »Engagement« und »Interessen« führen sicherlich zu Nachfragen, und das unten angefügte Statement ist nicht nur außergewöhnlich, sondern auch ein guter Grund für eine Einladung. Natürlich fehlen nur hier im Buch aus Platzgründen die Anlagen und das sinnvolle Anlagenverzeichnis.

Einschätzung:
Ein sehr gutes Auftaktbeispiel.

Die Nachbereitung

Haben Sie Ihre Bewerbung weggeschickt, gönnen Sie sich ruhig eine kleine Pause, bis Sie sich an Ihre nächste setzen. Auf keinen Fall sollten Sie sich mit einer oder zwei Bewerbungen zufrieden geben und warten, was passiert. Selbst wenn Sie durch irgendwelche Kanäle erfahren, dass Sie gut im Rennen liegen und das Ganze nur noch eine Pro-forma-Angelegenheit ist – verlassen Sie sich besser nicht darauf. Und wer sagt Ihnen denn, dass es woanders nicht eine noch interessantere Stelle gibt? Solange Sie noch in Ihrem »Arbeitsmodus« sind, sollten Sie ihn nützen und weitermachen, um Ihre Chancen zu vergrößern.

Ebenso wichtig ist es aber, sich darum zu kümmern, was aus den anderen Bewerbungen wird. Sie werden sich (hoffentlich) relativ häufig bewerben, und jede Bewerbung sieht ein bisschen anders aus oder betrifft unterschiedliche Branchen. Sie können sich nach dem Abschicken gar nicht alles merken, was Sie jeweils geschrieben haben. Dazu kommt noch, dass es manchmal länger dauert, bis eine Reaktion erfolgt. Deswegen empfehlen wir Ihnen, Ihre Bewerbungen mit System nachzubereiten. Das ist schon deswegen von Vorteil, weil Sie dann jederzeit bei einer Reaktion wissen, wer sich da gerade meldet und was Sie ihm geschrieben haben.

Legen Sie sich dazu am sinnvollsten einen Bewerbungsordner an. Machen Sie sich eine Liste, in der Sie notieren, wann Sie an welche Firma (mit Namen des Ansprechpartners) eine Bewerbung mit welchen Unterlagen geschickt haben, um welche Stelle es ging und was – in Stichpunkten – der Inhalt Ihrer Bewerbung war.

Sinnvoll ist es, dahinter die Kopien Ihrer Bewerbung zu heften, damit Sie sich jederzeit wieder orientieren können. Die erwähnte Liste könnte aussehen wie folgt:

Unternehmen/ Institution mit Bearbeiter/in	Bewerbung am … um …	mit folgenden Unterlagen	Antwort erhalten	Tel. Kontakt

1. ______
2. ______
3. ______
4. ______
5. ______
6. ______
7. ______
8. ______
9. ______
10. ______

Wie Sie souverän mit Absagen umgehen

»… mit diesem Schreiben erhalten Sie Ihre Unterlagen zurück. Leider müssen wir Ihnen mitteilen, dass wir uns bei der Vielzahl der Bewerberinnen und Bewerber nicht für Sie entscheiden konnten. Für Ihr Interesse an unserem Unternehmen danken wir und wünschen Ihnen für Ihre Zukunft alles Gute.«

Das ist der Satz, den Sie verständlicherweise am allerwenigsten hören wollten und vor dem Sie sich vielleicht auch fürchten. Sie hatten gehofft, dass die Warterei und Ihre ungute Situation eine Ende hat und Sie wieder zur Normalität zurückkehren können, in der Arbeit nun einmal eine sehr große Rolle spielt. Aber lassen Sie jetzt den Kopf nicht hängen. Schließlich wissen Sie ja, dass es nicht gerade einfach ist, eine Stelle zu bekommen. Deswegen sollten Sie jetzt nicht den Fehler machen, die Absage allzu persönlich zu nehmen. Es gehört neben einer guten Qualifikation, Geduld, Ausdauer und immer noch Glück dazu.

Auch das ist ein Grund, mehrere Bewerbungen zu schreiben, selbst dann, wenn Sie die Einladung zu einem Vorstellungsgespräch erhalten haben: Sie erweitern Ihre Chancen, eines Tages den Brief mit dem ersehnten Satz zu bekommen:

»… freuen wir uns, Sie bei einem Vorstellungsgespräch am … um … in unserem Hause kennen zu lernen.«

Es ist psychologisch immer von Vorteil, noch weitere »Pferde im Rennen« zu haben. Um in unserem Bild von der Reise zu bleiben: Auch bei einer Reiseplanung müssen Sie Enttäuschungen in Kauf nehmen – z. B. wenn aus Ihrem Traumurlaub auf Ihrer Lieblingsinsel nichts wird, weil der Flieger schon ausgebucht ist. Wie gut, wenn man eine Alternative hat.

Ein Arbeitsplatz ist an Wichtigkeit natürlich nicht mit einem Urlaub zu vergleichen. Aber könnte es nicht wirklich passieren, dass Sie durch die Absage eines Traumjobs an eine Stelle gelangen, die erst auf den zweiten Blick ihre wahren Qualitäten zeigt und bei der Ihre Fähigkeiten dort viel besser zur Geltung kommen?

Auf alle Fälle sollten Sie sich nach einer Absage etwas Ruhe gönnen. Lassen Sie sich von Familie und Freunden wieder aufbauen und vertrauen Sie darauf, dass sich Ihnen immer eine nächste Chance bieten wird.

Dazu können Sie im Anschluss an Ihre kleine Seelenmassage Ursachenforschung betreiben. Vielleicht kommen Sie ja darauf, dass die ein oder andere Formulierung ungeschickt oder unverständlich war, oder Sie haben eine noch bessere Idee, wie Sie sich und Ihre Fähigkeiten ins rechte Licht rücken können. Die besten Ideen kommen immer erst, wenn man sich intensiv mit der Materie beschäftigt – und sie auch ernst nimmt. Wie viele Erfolgsmenschen haben ihre ersten Ideen und Gehversuche tief verborgen in ihrem Schreibtisch oder gar weggeworfen. Ein ungebrochener Aufstieg ist selten. Jeder hat schon Ablehnung erfahren. Es kommt darauf an, wie man damit umgeht: Muss man sie wirklich der ganzen Welt mitteilen und sich bemitleiden? Oder denkt man nicht besser im Stillen darüber nach, zieht seine Schlüsse setzt sie um und tritt – äußerlich unbeschadet – wieder nach außen? Wie in allen anderen Dingen auch: Die Routine macht's. Sie werden besser werden und immer erkennen, was einem Personalchef wirklich wichtig ist. Wenn er Sie nicht will, lag es nicht zwangsläufig an Ihnen. Anders gesagt: Nach dem Spiel ist vor dem Spiel.

Wer fragt, gewinnt – der Absage-Antwortbrief

Um anhand von Fakten eventuell Schlüsse ziehen zu können, fragen Sie doch einfach bei dem betreffenden Unternehmen nach, woran es denn gelegen hat. Schreiben Sie einen Absage-Antwortbrief, in dem Sie in freundlichem Ton nach den Gründen für Ihre Absage fragen. Drücken Sie Ihr Bedauern aus, aber verfallen Sie nicht in einen trotzigen oder jammernden Ton. Führen Sie noch einmal in Kurzfassung auf, weswegen Sie die Stelle so interessiert hätte und warum Sie Ihrer Meinung nach geeignet für sie gewesen wären.

Das macht deswegen Sinn, weil Sie gar nicht wissen können, weswegen man

Sie nicht genommen hat. Vielleicht war es eine sehr knappe Entscheidung, jemand hatte einen etwas besser passenden Lebenslauf etc.

Außerdem wissen Sie nie, was passiert. Unter Umständen beeindruckt Ihr Engagement den Personalchef derart, dass er Sie doch noch zu einem Gespräch einlädt, denn ein solches Bemühen ist eher selten. Einen größeren Beweis, dass Ihnen die Stelle wirklich wichtig ist, gibt es kaum, und er könnte neugierig werden, wer wohl dahinter steckt – vor allem, wenn er sich ganz knapp nicht für Sie entschieden hat. Vielleicht hat sich aber auch der Bewerber, der an Ihrer Stelle an einem Vorstellungsgespräch teilnehmen soll, umentschieden, man möchte eine zweite Stelle schaffen oder es gibt im Unternehmen eine Position, die Ihnen eher entspricht ... Es lohnt sich selbst für einen späteren Zeitpunkt: Wenn sich ein Bewerber in der Probezeit nicht bewährt, ist rascher Ersatz notwendig. Bei so viel Engagement wird man sich an Sie erinnern und an Sie wenden. Denn selbständige motivierte Mitarbeiter mit Eigeninitiative sind recht selten und sie bleiben deswegen umso mehr im Gedächtnis haften.

Das Antworttelefonat

Möchten Sie sich keiner allzu langen Wartezeit aussetzen, empfiehlt sich der Griff zum Telefon. Vielleicht haben Sie ja schon einmal, bevor Sie Ihre Bewerbung geschrieben haben, mit dem zuständigen Personalchef oder seiner Sekretärin telefoniert. Das ist außer Ihrer Bewerbung schon ein persönlicherer Bezugspunkt.

Für das Gespräch selbst gilt dasselbe wie für den oben beschriebenen Antwortbrief auf Ihre Absage. Machen Sie sich wieder ein Telefonskript, in dem Sie sich notieren, was Sie sagen wollen: Ihr Bedauern über die Absage und eine kurze Zusammenfassung Ihrer Motivation, sich gerade bei dieser Firma zu bewerben, und was Sie sich vorgestellt haben, dort erreichen zu können.

Achten Sie aber unbedingt auf einen freundlich-sachlichen Ton und vermeiden Sie unbedingt einen vorwurfsvollen, gekränkten oder verzweifelten Unterton in Ihrer Stimme. Das ist nicht der Zweck der Übung. Sie wollen schließlich Ihre perfekte Eignung als Mitarbeiter klarstellen, der auch eine Stress- und Frustsituation mit Bravour in den Griff bekommt. Also konzentrieren Sie sich darauf, die Informationen zu bekommen, die Sie brauchen. So erfahren Sie am besten, wie viele Bewerber mit Ihnen im Rennen waren. Haben sich mehrere Hundert Personen beworben, ist eine Absage leichter zu verdauen, als hätten Sie nur eine Hand voll Konkurrenten gehabt. Vielleicht erfahren Sie auch, nach welchen Kriterien eine Firma bei ihrer Auswahl verfährt.

Fangen Sie bitte nicht das Diskutieren an, wenn man Ihnen Gründe nennt, die Ihnen nicht passen. Schließlich haben Sie um das Gespräch gebeten und es sollte ja nur dazu dienen, zu erfahren, was an Ihrer Bewerbung eventuell noch verbesserungswürdig ist.

Ist die Gesprächsatmosphäre entsprechend und liegt es Ihnen am Herzen, fragen Sie ruhig, ob die Absage etwas mit Ihrem Alter zu tun hat – aber so, dass deutlich wird, dass es Sie aus sachlichen Gründen interessiert und nicht, um Ihren Gesprächspartner unter Druck zu setzen. Bekommen Sie jetzt die in Teil I erwähnten Argumente zu hören, können Sie sie ja mit ein, zwei Sätzen und einer kurzen Darstellung Ihrer Sicht der Dinge mündlich oder in einem Brief richtigstellen. Wer weiß, vielleicht erkennt der Personalchef an, dass er in Ihrem Fall mit seinen Vorbehalten falsch gelegen hat. Auf alle Fälle werden Ihre Chancen steigen, dass er Sie doch noch in Betracht zieht, Sie für etwas anderes vormerkt oder zumindest durch Ihr Verhalten seine Einstellung zu diesem Thema noch einmal überdenkt – zugunsten von anderen zwar, aber immerhin.

Manchmal gibt es aber keinen wirklichen Grund für eine Absage. Das sollten Sie so akzeptieren. Bei einer sehr großen Bewerberanzahl kann man es nicht verlangen, dass man alle Bewerbungen im Kopf hat.

Auf alle Fälle bekommen Sie mit solchen Gesprächen Routine und erfahren immer ein bisschen mehr, wie man sich am besten in einer so speziellen Situation wie einer Bewerbung verhält. Es gibt sicher Gesprächspartner genug, die Verständnis dafür haben, dass eine Bewerbungssituation für viele Menschen schwierig ist und sie oftmals nicht das zeigen konnten, was sie wollten. Vielleicht ist es bei ihnen selbst noch gar nicht so lange her. Wenn Sie also auf sympathische Art und Weise versuchen, die Gründe für eine Absage zu erfahren, und Ihr Gesprächspartner merkt, dass es Ihnen nur darum geht, Ihre Chancen zu verbessern, wird er Ihnen sicher in diesem Punkt entgegenkommen. Eine solche neuerliche Kontaktaufnahme wird auf alle Fälle gut sein, um einen Eindruck geradezurücken oder sich in gute Erinnerung zu bringen.

Dritter Teil

Bewerbungsphase 4: Das Vorstellungsgespräch

Und da ist er, der ersehnte Satz:

»... freuen wir uns, Sie bei einem Vorstellungsgespräch am ... um ... in unserem Hause kennen zu lernen.«

Ihre Bemühungen haben sich gelohnt. Dieser Satz ist sozusagen Ihre Option auf das Flugticket, die Zugfahrkarte, das Visum für die Reise zu Ihrem Traumziel – einem neuen Job. Herzlichen Glückwunsch! Wenn Sie wollen, können Sie feiern. Sie haben es sich verdient.

Was kommt jetzt auf Sie zu? Mit der Einladung zu einem Vorstellungsgespräch erkennt Ihr potenzieller Arbeitgeber Ihre (erst einmal theoretische) fachliche Kompetenz an und wüsste nun gerne, ob der gute Eindruck auch einer persönlichen Begegnung standhält. Vielleicht ist es auch weniger die fachliche Kompetenz, sondern irgendetwas anderes, das die Aufmerksamkeit des Personalchefs erregt hat (beispielsweise die Formulierung und Aufmachung Ihrer schriftlichen Bewerbung, in der Sie geschickt auf etwas hingewiesen haben, das Sie von anderen Bewerbern abhebt!). Es gibt schon einige Firmen, die in der Auswahl der Bewerber auch auf Unkonventionelles setzen, z. B. Quereinsteiger bevorzugen, weil sie sich neue Impulse und Ideen erhoffen oder sich für einen ungewöhnlichen Lebenslauf interessieren, der von Risikofreude und Lust auf Unbekanntes zeugt etc.

Während des Gesprächs selbst spielt Ihre fachliche Kompetenz dann eine eher untergeordnete Rolle. Hauptsächlich geht es darum, ob Sie in das bestehende Team passen, ob sich Ihre Fähigkeiten mit den vorhandenen im Team ergänzen und ob Sie alle persönlichen und anforderungsbezogenen Merkmale der ausgeschriebenen Stelle tatsächlich und auf Dauer erfüllen. Man achtet auf Ihre persönliche Ausstrahlung, Ihr Auftreten, Ihre Manieren, Ihre äußere Erscheinung, die Art, wie Sie sich ausdrücken, und darauf, ob Sie sachliche Fragen kurz, präzise und verständlich beantworten können. Ein Personalchef möchte sehen, wie intensiv Sie sich mit der Firma und ihrer Philosophie auseinandergesetzt haben und ob Ihre Arbeitseinstellung passt. Er wird neben Ihrer »Teamtauglichkeit« darauf achten, wie anpassungsfähig und motiviert Sie sind. In Zahlen ausgedrückt entscheiden über den Ausgang dieses Gesprächs zu etwa 65 Prozent Ihre Persönlichkeit, zu 25 Prozent Ihre Leistungsbereitschaft und vielleicht zu zehn Prozent Ihre fachliche Kompetenz. Schaffen Sie es, Sympathie zu erzeugen, haben Sie meistens schon gute Karten. Auch wenn es mit dieser Stelle nichts werden sollte, bleiben Sie auf alle Fälle im Gedächtnis.

Meist sind Sie aber nicht der Einzige, der zu einem Vorstellungsgespräch eingeladen wird. Sie teilen sich dieses Ereignis mit denjenigen, die nach Meinung der Verantwortlichen ebenfalls über die erforderliche berufliche Kompetenz verfügen. Um die Kandidaten für dieses Vorstellungsgespräch herauszufinden, haben einige Personen im Vorfeld die eingegangenen Unterlagen geprüft. Das sind z. B. der (Personal-)Chef, der Abteilungsleiter, vielleicht auch die Sekretärin, die mit ihrer Menschenkenntnis als rechte Hand des Chefs häufig großen Einfluss hat. Leider entscheidet in sehr vielen Fällen der Zeitdruck mit. Bei einer Bewerberanzahl, die in die Hunderte geht, kann es so schon einmal passieren, dass geeignete Kandidaten aussortiert werden, weil ihre Bewerbung nicht sofort ins Auge sticht. Prinzipiell werden aber die interessantesten und vielversprechendsten Kandidaten ausgewählt. Was immer der Grund für eine Einladung gewesen ist, jetzt haben Sie die Chance zu zeigen, dass Sie alle Voraussetzungen für die ausgeschriebene Stelle mitbringen.

Mit Ihnen bekommen in der Regel drei bis zehn Mitbewerber diese Gelegenheit. Je nachdem, um welche Stelle es geht, kann es Ihnen durchaus passieren, dass Sie mit ihnen innerhalb eines Gruppenvorstellungsgesprächs direkt in Konkurrenz treten müssen. Das geschieht vornehmlich in großen Firmen und hat den Sinn, Bewerber besser, weil direkter miteinander vergleichen zu können. Auch eine gewisse Stressfestigkeit soll hier getestet werden. Denn in dieser Art von Vorstellungsgespräch werden meistens nicht nur Fragen, sondern auch Aufgaben gestellt. Derjenige, der sie am effektivsten zu lösen versteht, hat die besseren Chancen, ebenso derjenige, der sich nicht aus der Ruhe bringen lässt und sich sowohl persönlich als auch fachlich als gleichbleibend ruhig, sachlich und souverän erweist. Wie Sie sich in einer solchen Situation bewähren können, erfahren Sie im Kapitel »Gesprächskonstellationen und Verhaltensweisen« auf Seite 283.

Die Dauer eines Gesprächs ist unterschiedlich. Auch hier kommt es wieder darauf an, um welche Stelle es sich handelt. Bewerben Sie sich im Einzelhandel, ist es mit maximal zwei Gesprächen zu je einer halben Stunde Länge getan. Im ersten Gespräch wird es um das gegenseitige Kennenlernen und um Ihre Eignung für die Stelle gehen, im zweiten um grundlegende Dinge wie die endgültige Klärung der Gehaltsfrage und andere Konditionen eines Arbeitsvertrags. Bewerben Sie sich um eine Führungsposition, müssen Sie mit mehreren ein- bis zweistündigen Terminen rechnen, denn schließlich werden Sie Verantwortung für das Schicksal der Firma übernehmen und das Profil erheblich mitprägen. Diese Entscheidung muss von Arbeitgeberseite verständlicherweise gut überlegt sein. Auch der bereits erwähnte Zeitdruck, unter dem eine Firma steht, und die Bewerberanzahl beeinflussen die Anzahl und Dauer solcher Auswahlgespräche.

Viele Menschen haben ein gespaltenes Verhältnis zum Thema Vorstellungsgespräch. Einerseits ist es ein positives Zeichen, aufgrund seiner bisherigen Leistungen und der Art, wie man »sich verkauft« hat, in die engere Auswahl gekommen zu sein. Andererseits ist die Angst sehr groß, im entscheidenden Moment zu versagen, weil man einen Blackout oder gerade keine taktisch kluge Antwort parat hat, der Situation nicht gewachsen ist, dieser Tag der absolut falsche für so ein Gespräch ist etc. Die Tatsache, dass es hier um eine einmalige Chance geht und man nur eine relativ kurze Zeitspanne hat, in der man sich präsentieren kann, bereitet sehr vielen Bewerbern Kopfschmerzen.

Sie sind dieser Situation aber nicht hilflos ausgeliefert. Ein Vorstellungsgespräch läuft meist nach einem festgelegten Schema ab. Wenn Sie erst einmal den Ablauf kennen und wissen, worauf es ankommt, können Sie sich auf zweierlei Weise bestens darauf vorbereiten – inhaltlich und psychologisch. Bei der inhaltlichen Vorbereitung geht es darum, die wichtigsten sachlichen Fakten über die Firma und die betreffende Branche generell parat zu haben und Ihre Vorstellungen klar zu formulieren. Zur psychologischen Vorbereitung gehört, sich zu überlegen, mit welcher Haltung man sich präsentieren und äußerlich wirken will, aber auch, einen Weg zu finden, in Stresssituationen souverän zu bleiben.

Nehmen Sie sich mindestens einen, besser mehrere Tage Zeit dafür. Denn so ein Vorstellungsgespräch ist nicht nur ein bloßes Wiederkäuen der Fakten aus Ihrer schriftlichen Bewerbung und ein wechselseitiges Kennenlernen. Sein besonderer Reiz liegt in seinem »Live«-Charakter. Für Ihre schriftliche Bewerbung hatten Sie viel Zeit. Sie haben sie einige Male umgeschrieben, liegengelassen, an Freunde weitergegeben. Das Gespräch ist einmalig. Da muss alles auf Anhieb »sitzen«. Manche Menschen reizt es, diese Bühne zu haben, und sie mögen diesen speziellen »Kick«, anderen wird bei der Vorstellung eher mulmig.

Für beide Seiten gilt: Eine gute Vorbereitung, das Einprägen der wichtigsten Fakten und das Ausformulieren Ihrer Vorstellungen und Wünsche sind Grundvoraussetzungen für ein erfolgreiches Vorstellungsgespräch. Es gibt keinen Grund, sich davor zu fürchten, aber auch keinen, es zu sehr auf die leichte Schulter zu nehmen. Sie wissen es vermutlich selbst von sich. Haben Sie Handgriffe schon tausendmal gemacht oder Dinge schon oft erklärt, ist ihr Ablauf so verinnerlicht, dass Sie ihn auch in den außergewöhnlichsten Situationen fast automatisch ohne große Anstrengung »abspulen« werden.

Genauso verhält es sich mit einer intensiven Vorbereitung. Je öfter Sie sich mit den wichtigsten Fakten beschäftigen und sich (sachlich, ohne sich in ein Horrorszenario hineinzusteigern!) die vor Ihnen liegende Situation vor Augen führen, desto entspannter werden Sie in das Gespräch gehen, weil Sie sich auf Ihr Unterbewusstsein und auf Ihr dort »gespeichertes« Wissen verlassen können. Wir haben im Kapitel »Das Telefon – die persönliche Art effektiver Kontaktaufnahme« über Lampenfieber geschrieben. Sie befinden sich jetzt wieder in einer solchen Situation. So, wie Sie feststellen konnten, immer routinierter mit dem Telefon zu werden, wird es Ihnen jetzt auch ergehen.

Wichtig für Ihre Vorbereitung ist also, Ihre momentane Situation und die Ihres Gegenübers zu kennen, sich mit der Firma, den wichtigsten »technischen« Fakten, ihren Produkten und ihrer Philosophie zu beschäftigen, über den Gesprächsablauf und die Fragen Bescheid zu wissen und sich Gedanken zur Organisation des Tages wie Anreise, Kleidung und Gestaltung der Zeit davor und danach zu machen. Das mag Ihnen jetzt alles sehr aufwändig erscheinen, aber Sie werden sehen: Spätestens nach dem ersten Vorstellungsgespräch, dem Sie viel Zeit geopfert haben, wird diese Situation sehr viel von ihrem Schrecken verlieren. Angst hat man meistens vor Unbekanntem, aber Sie gehen in ein Gespräch mit der Kenntnis Ihrer Absichten, derer Ihres Gegenübers und der wichtigsten Fakten. Das macht Sie sattelfest.

Drei Dinge, die sich ein Personalchef wünscht – Persönlichkeit, Motivation und Kompetenz

Wie bereits erwähnt, dient das Vorstellungsgespräch dazu, herauszufinden, was Sie für eine Persönlichkeit sind, welche Motivation Sie haben und über welche Kompetenzen Sie verfügen.

Dem Personalchef ist es wichtig, dass Sie sympathisch und vertrauenswürdig sind, in die Firma und zum Team passen und Bereitschaft zeigen, sich in die vorhandene Hierarchie einzufügen. Bezüglich Ihrer Motivation wird er Sie daraufhin prüfen, ob Sie über Engagement und Leistungsbereitschaft verfügen, und einzuschätzen versuchen, wie lernfähig Sie sind und wie sehr Sie sich mit der Firma identifizieren können. Dieser Punkt spielt gerade bei älteren Bewerbern eine wichtige Rolle. Ihre Kompetenzen kennt er ja bereits aus Ihren Unterlagen, wird sie aber sicher mit einigen fachspezifischen Fragen testen wollen, um zu überprüfen, ob Sie den entsprechenden Anforderungen speziell in dieser Firma gewachsen sind.

Jenseits all dieser theoretischen Überlegungen ist aber insbesondere ein Faktor entscheidend, der buchstäblich auf den ersten Blick ein »Türöffner« sein kann – die Sympathie. Sind Sie dem Personalchef oder dem entsprechenden Gremium sympathisch, kann das sogar dazu beitragen, über kleine »Macken« oder mangelnde Qualifikationen großzügiger hinwegzusehen.

Wie entsteht Sympathie?

Sie haben es vermutlich selbst schon erlebt: Ein Mensch ist Ihnen beim ersten Zusammentreffen sympathisch oder unsympathisch, ohne dass sie auch nur ein Wort mit ihm gewechselt haben. Oft können Sie sich gar nicht erklären, warum Sie jemanden nicht mögen, wo Sie doch nie etwas über ihn gehört haben und er Ihnen nichts getan hat. Dieses Gefühl entsteht sozusagen »aus dem Bauch« und ist scheinbar unerklärlich. Die Betonung liegt auf »scheinbar«, denn tatsächlich gibt es einige Merkmale am Gegenüber, auf die wir blitzschnell und teilweise unbewusst reagieren.

Sympathie heißt Gefühl von …	**Antipathie heißt Gefühl von …**
Interesse an Ihrer Person	Desinteresse
Vertrauen	Misstrauen
positive Gefühle	negative Gefühle
Zuneigung	Abneigung
Wärme	Kälte
Gemeinsamkeiten	fehlende Gemeinsamkeiten
Attraktivität	Abstoßung
Schönheit	Hässlichsein
gleiche Wellenlänge	andere Wellenlänge
Zugewandtheit	Abgewandtheit

Sympathie wird eher mobilisiert durch …	**Antipathie wird eher mobilisiert durch …**
Anpassung	mangelnde Anpassung
Charisma	fehlendes Charisma
Freundlichkeit	Unfreundlichkeit
Höflichkeit	Unhöflichkeit
Gelassenheit	Nervosität
Ruhe	Unruhe
Selbstsicherheit	Selbst-Unsicherheit
Geduld	Ungeduld

Toleranz	Intoleranz
Gleichberechtigung	Dominanz-/Machtstreben
Gewährenlassen (Freiheit)	Beherrschung (Unfreiheit)
Attraktivität	abstoßendes Äußeres
Schönheit	Hässlichsein
Gewandtheit	Unsicherheit
Entspanntheit	Gespanntheit
gleiche/ähnliche Interessen/ Hobbys	stark unterschiedliche Interessen, Hobbys

Das Gefühl der Sympathie entsteht nicht so unbewusst, wie man manchmal meint. Man kann es durchaus steuern. Das funktioniert, wie Sie an der Tabelle sehen können, über Freundlichkeit, Offenheit, Ruhe und vor allem über das Finden von Gemeinsamkeiten. Dieselben Vorlieben, ein gemeinsamer Dialekt, Orte, an denen beide Gesprächspartner waren und mit denen beide besonders angenehme Erinnerungen verbinden, gemeinsame Bekannte, auf die man per Zufall kommt, ein ähnlicher Lebenslauf etc. Bei der Beschreibung des Gesprächsablaufs (siehe Kapitel »Die Phasen des Vorstellungsgesprächs« auf Seite 237) werden wir Ihnen zeigen, wie es Ihnen in der Praxis gelingt, Sympathie zu erzeugen.

Was Sie an Fakten wissen sollten

Bevor Sie sich jetzt allzu viel Gedanken machen, gilt es zunächst einmal, sich die wichtigsten Fakten über das kommende Gespräch zu beschaffen.

Finden Sie heraus, um welche Art von Gespräch es sich handelt, damit Sie sich entsprechend darauf vorbereiten können. Ist es ein Einzelgespräch mit dem (Personal-)Chef persönlich, vielleicht sogar in Anwesenheit einiger künftiger Kollegen? Das ist meistens in kleinen und mittleren Betrieben der Fall. Eine Entscheidung fällt erfahrungsgemäß bereits nach ein oder zwei Gesprächen. Oder müssen Sie in einem Gruppengespräch mit Ihren Mitbewerbern in Konkurrenz treten? In bestimmten Branchen ist es in sehr großen Firmen bei der Besetzung höherer Positionen auch üblich, durch Personalreferenten über eine Reihe von Tests eine Auswahl von Kandidaten treffen zu lassen, die erst dann in den Genuss eines Vorstellungsgesprächs mit dem (Personal-)Chef des Unternehmens kommen. Diese testgesteuerte Personalauswahl, die so genannten »Assessment-Center«, sind bei Bewerbern nicht sehr beliebt, aber mittlerweile gibt es genügend Fachliteratur, mit deren Hilfe Sie sich sehr gut gegen diese Form der »Stress-Attacke« wappnen können (z. B. mit *Assessment Cen-*

ter oder auch dem *Testtraining 2000plus,* beide von Hesse/Schrader, Eichborn Verlag).

Um zu erfahren, was auf Sie zukommt, hilft oft nur der Griff zum Telefon. Wahren Sie aber bitte die Fassung, wenn man Ihnen mitteilt, dass Sie sich genau einem solchen Verfahren unterziehen müssen. Fragen Sie lieber in freundlichem Ton nach wichtigen Details des Ablaufs.

Haben Sie das geklärt, können Sie sich der inhaltlichen Vorbereitung des Gesprächs widmen. Wie schon bei der schriftlichen Bewerbung ist es eine Selbstverständlichkeit, sich mit den wichtigsten Informationen über eine Firma vertraut zu machen. Erstens werden sie mit Sicherheit Thema einer Frage sein, zweitens können Sie so Fragen stellen, die Ihre Beschäftigung mit der Firma zeigen, und drittens machen Sie einen kompetenten Eindruck und signalisieren, dass Ihnen diese Firma und ihr Jobangebot wirklich wichtig ist.

Diese Informationen beziehen sich auf den Hauptsitz und die wichtigsten Tochterunternehmen des Unternehmens, eventuell in welchen unterschiedlichen Branchen sie aktiv, an welchen anderen Firmen sie beteiligt und wo sie im In- und Ausland vertreten ist. Sie sollten die Geschäftsleitung benennen können, die Produktpalette der Firma und die Gesamtzahl ihrer Mitarbeiter, Zahlen zu Umsatz, Gewinn und den aktuellen Aktienstand kennen. Auch über die Position der Firma auf dem (inter-)nationalen Markt informiert zu sein und Kenntnis über die wirtschaftliche Entwicklung in Vergangenheit und Zukunft zu haben, gehört zum absoluten Basiswissen. Viele Firmen sind stolz auf ihre langjährige Tradition, also informieren Sie sich über die jeweilige Firmengeschichte.

Dafür können Sie Ihr Wissen nutzen, das Sie sich bereits während der Recherche zu Ihrer schriftlichen Bewerbung erworben haben. Haben Sie noch keine Informationen zusammenstellen können, erbitten Sie am besten telefonisch bei der Pressestelle der betreffenden Firma die Zusendung von Infomaterial (Pressemappe, Geschäftsbericht etc.), oder recherchieren Sie im Internet. Auf ihrer Website bzw. in Artikeln über dieses Unternehmen werden Sie sicher fündig. Wo und wie Sie noch an Informationen herankommen, erfahren Sie im Kapitel »Bewerbungsphase 1 – Die effektive Recherche« auf Seite 93.

Natürlich wird es auch um die fachlichen Kompetenzen innerhalb der Branche und speziell Ihres zukünftigen Arbeitsplatzes gehen. Bringen Sie sich also fachlich auf den neuesten Stand, informieren Sie sich, ob die Firma etwas Spezielles zur Weiterentwicklung der Technik etc. beigetragen hat, und überlegen Sie sich, was Sie fachlich dem Unternehmen zu bieten haben. Formulieren Sie es am besten einmal schriftlich aus. Oft genug hat man zwar im Kopf, was einem wichtig ist, gerät aber ins Schleudern, wenn man es zum ersten Mal in Worte fassen soll. Machen Sie sich Gedanken über Ihren künftigen Arbeitsbereich und darüber, welche Vorstellungen Sie und Ihr künftiger Arbeitgeber davon haben könnten. Erkundigen Sie sich über die wirtschaftliche Situation Ihrer Branche, welche Firmen expandieren und welche weniger Erfolg hatten, über die neuesten technischen und anderweitigen Entwicklungen und Trends etc.

Wie Sie sich als perfekter Bewerber präsentieren

Die beste Kenntnis der Faktenlage wird Ihnen nichts nützen, wenn Sie Ihr Wissen nicht in ansprechender Form vermitteln. Denn an der Art und Weise, wie Sie das tun, und vor allem daran, wie Sie sich und Ihre Wünsche beschreiben, kann ein erfahrener Personalchef ablesen, ob er die drei Dinge, die er sich wünscht – Persönlichkeit, Motivation und Kompetenz –, bei Ihnen findet.

Setzen Sie sich also ins richtige Licht, indem Sie sich vorher darüber klar werden, welche Eigenschaften und Charakterzüge er an Ihnen erkennen soll und auf welche Ihrer Vorzüge Sie im Gespräch Wert legen. Beschränken Sie sich dabei auf maximal vier und suchen Sie sich diejenigen aus, die für Ihren Aufgabenbereich relevant sind und die speziell *Sie* auszeichnen. Natürlich gehört auch dazu, sich zu seinen Schwächen zu bekennen, denn ein Mensch, der nur Gutes über sich zu berichten weiß, ist unglaubwürdig und wirkt schnell unsympathisch. Selbstverständlich sollen Sie keinen Seelenstriptease betreiben und sich nur zu Schwächen äußern, die entweder für den Beruf selbst nicht besonders wichtig und damit zu vernachlässigen sind. Hier genügen maximal drei Merkmale. Mehr dazu erfahren Sie im Kapitel »Die Phasen des Vorstellungsgesprächs« auf Seite 237.

Wenn Sie sich an unseren Rat aus dem zweiten Teil im Kapitel »Das Selbstbild« halten, haben Sie wahrscheinlich schon ein paar kurze Beispiele aus Ihrem Leben ausgesucht, anhand derer Sie Ihre Eigenschaften und Charakterzüge beruflicher und persönlicher Natur (höchstens drei oder vier) umschreiben können. Das erzählt auf unterhaltsame Weise etwas über Sie und nimmt dem Frager den Wind aus den Segeln. Es erspart ihm und Ihnen eventuell einige Fragen und Sie können ein bisschen die Richtung steuern, in die der Gesprächspartner im Bezug auf Sie denken soll.

Die perfekte Gestaltung des äußeren Rahmens

Viel Stress am Tag des Vorstellungsgesprächs fällt weg, wenn Sie sich im Vorfeld schon um seine äußerlichen Bedingungen kümmern. Dazu gehört die Organisation Ihrer Anreise genauso wie sich einen ersten Eindruck Ihrer künftigen

Wirkungsstätte zu verschaffen. Finden Sie den Anfahrtsweg heraus und überlegen Sie, mit welchem Verkehrsmittel Sie am besten dorthin kommen. Schätzen Sie ab, wie viel Zeit Sie dafür benötigen. Sehr häufig finden Sie die Beschreibung des Anfahrtsweges auf der Website der entsprechenden Firma. Klären Sie ab, ob es auf dem Weg dorthin irgendwelche Baustellen oder sonstige Behinderungen gibt. Sollten Sie wider Erwarten auf der Fahrt zu Ihrem Termin in einen Stau geraten, geben Sie unbedingt rechtzeitig in der Firma Bescheid und verschieben Sie notfalls den Termin. Dasselbe gilt übrigens auch für den Fall, dass Sie erkranken oder Ihnen etwas wirklich Wichtiges (!) dazwischenkommt. Bevor Sie sich Ihre Chance auf Ihren Traumjob verderben, weil Sie abgelenkt sind oder mit fiebrigem Kopf nicht adäquat auf eine unerwartete Situation reagieren können, ist es besser, um eine Verlegung des Gesprächs zu bitten.

Pünktlichkeit ist Grundvoraussetzung für einen ersten positiven Eindruck. Übertreiben Sie es aber nicht. Nehmen Sie bereits 20 Minuten vorher bei der Sekretärin Platz, wird sie das mit Unverständnis oder sogar leichter Gereiztheit quittieren. Eine Viertelstunde vorher vor der Firma und höchstens fünf Minuten vor dem ausgemachten Treffpunkt zu stehen, genügt vollkommen. Eine kleine zeitliche Pufferzone sollten Sie einplanen, wenn es sich voraussichtlich um einen großen Gebäudekomplex handelt und sich die Suche nach dem richtigen Zimmer etwas umständlicher gestalten könnte. Sind Sie zu früh, gehen Sie lieber noch etwas spazieren. Damit beruhigen Sie nebenbei auch Ihre Nerven.

Haben Sie den Termin für Ihr Vorstellungsgespräch in einer entfernteren Stadt für den Vormittag vereinbart, reisen Sie am besten einen Tag vorher an. Das gibt Ihnen die Gelegenheit, sich ein wenig in der Stadt zu akklimatisieren und das Betriebsgelände zu besichtigen. Außerdem machen Sie dann morgens einen ausgeruhten Eindruck und verströmen nicht schon beim ersten Anblick eine Aura des Unwohlseins durch Ihre Augenringe und die verknitterte Kleidung.

Das Firmengelände vorher in Augenschein zu nehmen empfiehlt sich aus zweierlei Gründen. Sie sparen sich wertvolle Zeit beim Suchen eines Parkplatzes und wissen, wo Sie sich hinwenden müssen. Außerdem erfahren Sie durch Äußerlichkeiten viel über die Firma. Liegt sie sehr unauffällig in einem Hinterhof oder steht sie frei auf einem großen Grundstück? Sieht man dem Gebäude an, dass bereits der Zahn der Zeit an ihm genagt hat, oder ist es ein Neubau, dem man seine Repräsentationsfunktion ansieht? Geht es um eine Firma mit angeschlossenen Produktionsstätten: In welchem Zustand sind sie? Die Mitarbeiter, die Sie hinein- und hinausgehen sehen: Welchen Eindruck vermitteln sie?

Lassen Sie die Details auf sich wirken und machen Sie sich ein Gesamtbild daraus. Ist Ihnen der erste Eindruck sympathisch? Bekommen Sie bei dem Anblick Beklemmungen? Belassen Sie es aber bitte dabei, Ihre Wahrnehmung als einen ersten Eindruck zu sehen. Hinter barackenartigen Fassaden kann sich eine hocheffiziente Ideenschmiede mit gut organisierter Belegschaft ebenso gut verbergen wie eine konzeptlose, durch Misswirtschaft vom Ruin bedrohte Firma hinter einer repräsentativen Spiegelglasfront.

Zumindest wissen Sie jetzt, in welche Umgebung Sie geraten, und in Ihrem Gedankengebäude gibt es schon einmal einen unbekannten Baustein weniger.

Wenn Sie zu einem Vorstellungsgespräch eingeladen worden sind, übernimmt die Firma übrigens Ihre Auslagen für Anfahrt, Verpflegung und Übernachtung (falls notwendig). Das gilt auch für den Fall, dass Sie die Stelle nicht bekommen. Übernimmt sie die Kosten nicht, muss sie Ihnen das im Vorfeld ausdrücklich schriftlich mitteilen. Handeln Sie aus Eigeninitiative heraus, gilt diese Bestimmung nicht – es sei denn, Ihr künftiger Arbeitgeber ist zur Übernahme der Kosten bereit. Es versteht sich von selbst, dass Sie in der Angabe Ihrer Auslagen nicht übertreiben. Es muss kein Flug erster Klasse und keine Suite im Hilton sein. Jede einzelne Tasse Kaffee und jede Straßenbahnkarte auf die Rechnung zu setzen, outet Sie nur als Geizkragen und peniblen Erbsenzähler. Reichen Sie Ihre Spesenquittungen sauber und ordentlich sortiert beim zuständigen Mitarbeiter ein. Vergessen Sie nicht, dass man alles, was Sie tun, mit Ihrer Persönlichkeit in Verbindung bringt und Rückschlüsse daraus zieht, wie Sie sich im Arbeitsalltag verhalten werden. Sind Sie sich unsicher, was finanziell im Rahmen ist, informieren Sie sich vorher telefonisch darüber. Das zeugt von Umsicht und Rücksichtnahme.

Kleider machen Leute

Auch wenn man sich im Alltag verkneifen sollte, von der Kleidung eines Menschen auf seine persönlichen wie privaten Qualitäten zu schließen, gibt es für gewisse private und berufliche Situationen doch bestimmte Spielregeln. Im Freizeitlook bei einem Vorstellungsgespräch aufzutauchen, ist nicht nur vollkommen unangebracht und in höchstem Maße respektlos, es wird Ihre Chancen auch erheblich schmälern. Man wird Ihnen sicher unterstellen, mit Ihrem Auftreten Ihre Einstellung zu dem Gespräch dokumentieren zu wollen. Das gilt übrigens auch für den Fall, wenn Sie vollkommen overdressed zu einem Gespräch erscheinen, bei dem es um die freie Stelle einer Bäckereifachverkäuferin geht.

Für die Wahl der richtigen Kleidung kommt es ein bisschen auf Ihr Fingerspitzengefühl an. Wichtig ist, sich modisch-dezent zu kleiden. Viele Branchen haben ihre eigene Kleiderordnung, die in der Öffentlichkeit auch allgemein bekannt ist. In den meisten Firmen ist der Anzug noch immer die gängige Bekleidung, wenn man auch ein wenig lockerer in den Stil-Fragen »Hemd oder T-Shirt, Krawatte ja oder nein?« geworden ist. Für ein Vorstellungsgespräch liegen Sie mit einem dezenten Anzug mit Hemd und nicht zu auffälliger Krawatte sicher nicht falsch. Als Frau sind Sie mit einem schlicht-eleganten Business-Kostüm mit einem nicht zu kurzen Rock, nicht zu hohen Schuhen, passenden, dezenten Accessoires und entsprechendem Make-up immer auf der sicheren Seite.

Für beide Geschlechter gilt: Benutzen Sie Parfüm oder After Shave nur sehr dezent. Schwere orientalische Parfümschwaden, blumige Duftkaskaden oder Wolken von Cool Water wirken aufdringlich und können bei empfindlichen Menschen sogar zu schweren Kopfschmerzen führen. Das kann man Ihnen als Rücksichtslosigkeit auslegen.

Am besten versuchen Sie herauszufinden, welche Bekleidung in Ihrer Wunschbranche üblich ist. Wenn Sie vor Ihrem Termin eine »Ortsbegehung« zu Geschäftszeiten machen, achten Sie doch einfach darauf, wie Ihre potenziellen Kollegen gekleidet sind.

Sie müssen nicht teuer gekleidet sein, sollten aber unbedingt ordentlich und gepflegt aussehen, sich wohl fühlen in Ihrer »Kleidungshaut« und sich vor allen Dingen frei bewegen können. Ihre äußere Erscheinung ist das Erste, was ein Personalchef von Ihnen mitbekommt. Es macht einen unsouveränen Eindruck, wenn Sie auf knarzenden Sohlen leicht humpelnden Schrittes auf ihn zukommen, weil Ihre neuen Schuhe nicht richtig passen. Oder wenn Sie kaum den Arm heben können, um ihm die Hand zu geben, weil die Anzugjacke zu eng ist. Verknitterte, zerrissene oder fleckige, farbig zu grelle Kleidung ist ebenso tabu wie ungeputzte Schuhe mit schiefen Absätzen. Sorgen Sie für ein Ersatzoutfit, falls Ihnen am Tag des Gesprächs ein Knopf abreißt oder eine Naht platzt.

Denken Sie daran: Ein Personalchef möchte sehen, ob der positive Eindruck, den er nach dem Studium Ihrer Unterlagen von Ihnen gewonnen hat, auch der Realität standhält. Ihr äußeres Erscheinungsbild ist dafür ein wichtiges Kriterium.

Mit dem eigenen Auto zum Termin

Fahren Sie mit dem Auto zum Termin, verrät bei Einfahrt auf das Firmengelände auch das einiges über Sie. Parken Sie auf dem Firmengelände, werden Sie sicher Aufmerksamkeit erregen, weil Sie ein unbekanntes Gesicht sind. Achten

Sie also unbedingt darauf, dass Ihr Auto gewaschen und im Inneren aufgeräumt ist. Umherfliegende, zertretene Kassettenhüllen, leere Wasser- oder Bierkästen oder eine halbe Autowerkstatt auf dem Rücksitz sind absolut tabu. Auch der Duft der regennassen Hundedecke, der sich beim Öffnen der Tür nach draußen entlädt, ist nicht gerade sympathiefördernd. Knallbunte, mehr oder weniger intakte Aufkleber mit so sinnigen Sprüchen wie »Hier fährt der Chef noch selbst« etc. sollten Sie vermeiden. Bewerben Sie sich um eine Führungsposition, ist Ihr alter verbeulter, aber heißgeliebter Golf, der Ihnen schon so treue Dienste geleistet hat, in diesem Fall leider inakzeptabel. Leihen Sie sich in diesem Fall lieber das Auto eines Freundes oder nehmen Sie ein Taxi.

Die Phasen des Vorstellungsgesprächs

Wir haben bereits erwähnt, dass es für die meisten Vorstellungsgespräche, egal in welcher Branche und für welche Position, ein bestimmtes Schema gibt. Es wird sich in der Reihenfolge, der Gewichtung der einzelnen Punkte oder der Formulierung der Fragen sicher von Fall zu Fall ein klein wenig unterscheiden. Das Gemeinsame aber überwiegt.

Im Übrigen bestimmt nicht nur Ihr Gesprächspartner den Verlauf des Gesprächs. Es handelt sich schließlich nicht um ein Verhör, sondern um die Gelegenheit, sich kennen zu lernen – und zwar für beide Seiten. Meist gibt es eine Phase im Gespräch, in der Sie explizit aufgefordert werden, Fragen zu stellen. Dieses Recht haben Sie aber auch während des ganzen Gesprächs. Wenn Sie etwas nicht genau verstanden haben, fragen Sie nach. Das macht keinen schlechten Eindruck, sondern signalisiert im Gegenteil, dass Sie aufmerksam zugehört haben und auch sicher sein wollen, alles richtig verstanden zu haben. Außerdem beweisen Sie mit geschickt gestellten Fragen Ihre Detailkenntnis. Eine rege Teilnahme von Ihrer Seite lässt ein Vorstellungsgespräch zu einem richtigen Gespräch, zu einem Austausch werden. Personalchefs sind mit Sicherheit froh über einen kompetenten und interessanten Gesprächspartner. Wie Sie mit verschiedenen Gesprächstechniken und rhetorischen Feinheiten in einem Gespräch beeindrucken, erfahren Sie im Kapitel »Rhetorische Techniken« auf Seite 286.

Stellen Sie sich vor allem auf Fragen ein, die sich direkt auf Ihre Unterlagen beziehen – im positiven wie im negativen Sinne. Kennt der Gesprächspartner beispielsweise einen Ihrer Referenzgeber, wird er Sie mit Sicherheit darauf ansprechen (und Sie werden vermutlich einen Stein im Brett haben). Interessiert ihn eine Ihrer Fortbildungen, weil sie relativ speziell ist, werden Sie wohl auch dazu befragt werden. Allerdings wird man auch die Gründe für jeden Wechsel, insbesondere die Kündigungen in Ihrem beruflichen Werdegang wissen wollen. Sie kennen ja bereits aus Ihrer Vorbereitungsphase die Kriterien, die einem Personalchef bei der Auswahl eines Kandidaten am wichtigsten sind.

Nach einer kurzen Begrüßung wird man Sie zunächst eventuellen Teilnehmern des Gesprächs vorstellen und sich ein wenig mit Small Talk einstimmen. Ganz sicher kommen Fragen, in denen es um Ihre Person und Ihren persönlichen, familiären und sozialen Hintergrund geht. Man wird etwas zu Ihrer Ausbildung und Ihrem beruflichen Werdegang erfahren, von den Gründen für Ihre Bewerbung hören, Ihr fachliches Wissen, Ihre Motivation und Ihre Eignung testen wollen und evtl. schon einmal auf die künftigen Arbeitskonditionen eingehen. Dann werden Sie Informationen erhalten, die für Sie wichtig sind, beispielsweise zu Ihrem Arbeitsbereich etc. Im Anschluss werden Sie die Gelegenheit bekommen, Fragen zum Gespräch, zur Firma und Ihrem künftigen Arbeitsplatz zu stellen. Damit ist das Gespräch auch schon zu Ende, man wird Sie verabschieden und Ihnen sagen, wie es für Sie weitergeht.

1. Der erste Blick – Die Begrüßung

Der Moment der ersten Begegnung kann für den Verlauf des ganzen Gesprächs entscheidend sein. Denn laut der Verhaltensforschung prägen die ersten 120 Sekunden einer Begegnung den ersten Eindruck, den wir von unserem Gegenüber gewinnen. Dann haben wir zumindest eine Ahnung, ob uns dieser Mensch sympathisch ist oder nicht, wenn wir es nicht schon wissen. Versuchen Sie deswegen möglichst schon beim Betreten des Firmengeländes eine freundliche Gelassenheit an den Tag zu legen. Damit tun Sie sich übrigens auch selbst einen Gefallen, denn ein Lächeln wird Ihre Nervosität lindern. Nachdem Sie Ihren Gesprächspartner vermutlich nicht kennen, könnte es ja sein, dass er gerade neben Ihnen auf dem Parkplatz steht oder Ihnen auf dem Flur begegnet.

Stehen Sie sich dann offiziell gegenüber, lächeln Sie und sehen Sie ihm offen in die Augen. Begrüßen Sie ihn mit einem kurzen, angemessen festen Händedruck. Stellen Sie sich gut hörbar, aber nicht zu laut, mit Ihrem Vor- und Nachnamen vor (die Nennung des Vornamens steigert den Sympathieeffekt!) und merken Sie sich möglichst seinen Namen. Fragen Sie notfalls noch einmal nach, das ist gerade in komplizierteren Fällen keine Schande. Außerdem verschaffen Sie sich Vorteile, wenn Sie ihn gelegentlich mit seinem Namen ansprechen. Auch für Ihre Nachbereitung (siehe Seite 297) ist dies sehr wichtig.

Betreten Sie den Raum, nutzen Sie ruhig die Gelegenheit, sich ein bisschen umzusehen. Denn nicht nur Sie sind ja auf dem Prüfstand, sondern auch die

Firma. Einrichtung und Atmosphäre eines Raumes erzählen sehr viel. Der Stil der Büromöbel und ihre Aufstellung im Raum, Bilder und »Hinsteller« aller Art im Büro Ihres künftigen Chefs verraten Ihnen z. B. schon, ob er eher der distanzierte, sachliche Typ oder mehr der offene, zugängliche Genussmensch ist, der keine Scheu hat, seine Vorlieben zur Schau zu stellen. Verkneifen Sie sich aber jegliche Kommentare (vor allem zu Fotos), es sei denn, Sie sind von einem besonders schönen Stück nachhaltig beeindruckt. Das kann – je nach Stimmung – schon eine gute Gesprächseinleitung sein.

Worum es in dieser Phase geht

Ein Personalchef achtet in dieser ersten Phase auf Ihr Äußeres und Ihre Manieren. Er möchte so früh wie möglich etwas über Ihre Persönlichkeit erfahren. Die Beherrschung der Umgangsformen ist natürlich für eine Führungsposition Grundvoraussetzung. Aber auch in allen anderen Berufen ist sie für ein produktives und angenehmes Betriebsklima unerlässlich. Mit mangelhaftem Benehmen werden Sie mit Sicherheit keinen guten Stand in diesem Gespräch haben. Auch wenn Sie sich gerade überhaupt nicht selbstsicher fühlen, sorgen Sie dafür, dass die Fassade steht. Auch Ihr Gegenüber wird sie wahren und Ihnen so die Gelegenheit geben, die erste Aufregung zu bekämpfen.

Tipps

Absolute Pünktlichkeit fällt ebenso angenehm auf wie ein angemessen selbstsicheres Auftreten. Sehen Sie Ihrem Gesprächspartner mit einem Lächeln offen in die Augen. Begrüßen Sie ihn mit einem angemessenen Händedruck. Zerquetschen Sie ihm die Knochen oder hat er einen »toten Fisch« in der Hand, wird ihn das wenig für Sie einnehmen. Zeigen Sie ihm keinesfalls zu deutlich Ihre Ängstlichkeit, verhalten Sie sich aber auch nicht wie ein weisungsbefugter Großaktionär. Wenn Sie älter sind als er, lassen Sie es ihn nicht merken, indem Sie Überlegenheit demonstrieren oder ein gönnerhaftes Verhalten an den Tag legen. Das wird Vorurteile nur verstärken und einen denkbar schlechten Eindruck machen, weil man darin ein Autoritätsproblem sehen könnte.

Nach der Begrüßung unterhält man sich ein paar Minuten über Belangloses – man macht Small Talk. Da werden Sätze fallen wie:

»Danke für Ihr Kommen! Hatten Sie eine angenehme Anreise? Sie haben gutes Wetter mitgebracht …«

Was sich dahinter verbirgt

Mit diesen harmlosen Sätzen soll die Situation ein wenig aufgelockert werden. Außerdem bieten sie beiden Seiten die Möglichkeit, sich unauffällig noch einen Augenblick zu »beschnuppern«, bevor man zum Inhaltlichen, dem eigentlichen Anlass des Gesprächs übergeht.

Tipps

Wie immer sich der Tag für Sie angelassen hat, sollten Sie Fragen nach Ihrem Wohlbefinden und Ihrer Anreise nicht allzu ernst nehmen. Ergehen Sie sich nicht in Jammertiraden über die Baustellen, den schlechten Service im Café nebenan und die unruhige Nacht, sonst gelten Sie schnell als Nörgler oder – in Ihrem Fall noch schlimmer – als »altersstur«. Antworten Sie freundlich, aber kurz. Vielleicht finden Sie ja bereits in dieser Phase Gemeinsamkeiten darüber, was man mag oder nicht mag. Ziehen Sie dieses Gesprächsangebot aber nicht unnötig in die Länge. Völliges Schweigen als Antwort ist ebenso tabu, wenn Sie nicht als unkommunikativ oder gar mufflig gelten wollen.

Bietet man Ihnen etwas zu trinken an, halten Sie sich am besten an das, was Ihr Gesprächspartner nimmt, bzw. wählen Sie ein Getränk, das keinen Umstand macht, beispielsweise Kaffee oder Mineralwasser. Frisch gepresster Orangensaft oder Getreidemilchkaffee mit Nougat-Aroma sind absolut tabu. Auch den Wunsch nach Pfefferminz- oder Früchtetee sollten Sie unterdrücken, wenn Sie nicht als kränklich gelten wollen. Auf das Angebot zu rauchen sollten Sie höchstens dann eingehen, wenn Sie Rauchutensilien auf dem Schreibtisch entdecken, Ihr Gesprächspartner selbst zur Zigarette greift, sie Ihnen anbietet und die Atmosphäre generell relativ locker ist. In deutschen Büros sind die Nichtraucher aber stark im Vormarsch. Halten Sie sich also besser daran. Das Angebot von Bier oder Wein sollten Sie unbedingt höflich ablehnen.

Bedanken Sie sich zunächst für die Einladung. Ein Kompliment kommt immer gut an.

Um herauszufinden, wie lange Ihr Gespräch dauern wird, findet sich vielleicht jetzt eine günstige Gelegenheit, danach zu fragen. Sie haben dann den Vorteil, Ihre Ausführungen dem Zeitlimit anzupassen. Eine halbe Stunde ist ein normales Maß. Liegt die Zeit darunter, ist es entweder ein Zeichen für ungeheuren Zeitdruck oder für Desinteresse. Das werden Sie aber sicher in diesen ersten Minuten am Verhalten Ihres Gegenübers feststellen. Mehr als eine Stunde ist meist während der ersten Begegnung nicht üblich.

Viele Arbeitgeber nutzen bereits jetzt die Gelegenheit, Ihnen etwas über die

Firma und ihre Produkte zu erzählen. Normalerweise kommt diese Phase erst gegen Ende des Gesprächs. Mit diesem »Präsentationsmonolog« wollen sie sich selbst bestmöglich darstellen oder Sie auf Ihren künftigen Arbeitsbereich einstimmen. Denn auch sie sind ja in einer Bewerbungssituation – gerade wenn es sich um eine sehr kleine oder ganz neu gegründete Firma handelt.

Das verschafft Ihnen noch etwas Zeit, Ihre Nervosität zu bekämpfen. Hören Sie trotzdem aufmerksam zu, signalisieren Sie durch Kopfnicken oder einen gelegentlichen zustimmenden Einwurf, dass Sie den Ausführungen aufmerksam folgen. Sie erfahren dabei wichtige Dinge, die Ihnen viel über die Philosophie und Arbeitsweise der Firma erzählen. Diese Details können Sie in Ihre Antworten einbauen, beispielsweise wenn man Sie fragt, wie Sie sich Ihre Arbeit in der Firma vorstellen.

2. Fragen zum Anlass Ihrer Bewerbung und zu Ihrer Leistungsmotivation

»Wie ist es eigentlich zu Ihrer Bewerbung als … bei uns gekommen?«
»Wie sind Sie auf unsere Firma gekommen?«
»Was reizt Sie an dieser Aufgabe/Position?«
»Warum wollen Sie gerade bei uns arbeiten?«
»Wie gut kennen Sie unsere Produkte und Dienstleistungen etc.?«

Was sich dahinter verbirgt

Für jeden Personalchef ist es interessant, weswegen Sie sich ausgerechnet bei dieser Firma beworben haben. Man möchte ja nicht gerade einer von vielen sein, die Sie mit einer standardisierten Massenbewerbung bedacht haben. Ihre Motivation und Ihr Interesse an der Firma stehen hier im Mittelpunkt. Haben Sie sich bei der Wahl des Unternehmens Gedanken gemacht? Ist Ihre Bewerbung eher eine Notlösung oder schlägt Ihr Herz wirklich für diese Aufgabe? Von Interesse ist natürlich die Situation, aus der heraus Sie sich bewerben.

Tipps

Um jetzt Ihren guten Eindruck zu verfestigen, ist es sehr von Vorteil, wenn Sie genau recherchiert haben und über die wichtigsten Eckdaten und Grundsätze der Firmenpolitik Bescheid wissen. Sie sollten ein paar Minuten flüssig über Ihre Beweggründe sprechen können. Lassen Sie dabei Ihr Wissen über die Firma einfließen und machen Sie deutlich, was Sie besonders an ihr interessiert und wo Sie Ihre beruflichen Perspektiven sehen. Hüten Sie sich vor Standardformulierungen und vor allem vor unfundierter Lobhudelei. Schaffen Sie es, überzeugend zu sein und Ihre Argumente spannend und unterhaltsam vorzutragen, haben Sie bereits viel gewonnen. Sie könnten z. B. sagen, dass Sie sich mit den Zielen und/oder Produkten voll identifizieren, die Kompetenz der Firma beeindruckend ist oder Ihnen besonders die Art ihrer Präsentation in der Öffentlichkeit gefällt. Das Wichtigste bei Ihren Argumenten ist, sie glaubwürdig zu vermitteln.

Ein weiterer Fragenkomplex beschäftigt sich mit Ihrer momentanen Situation.

»Warum planen Sie einen Arbeitsplatzwechsel?«
»Weswegen wurden Sie arbeitslos?«
»Warum und womit sind Sie unzufrieden in Ihrer jetzigen (alten) Firma?«

Was sich dahinter verbirgt

Mit diesen Fragen prüft der Arbeitgeber, wie ehrlich Ihr Interesse an seiner Firma ist oder ob es eher dem Druck heraus entspringt, dringend einen neuen Arbeitsplatz zu finden. Vielleicht wollen Sie ja auch nur Ihren Marktwert testen? Sind Sie momentan arbeitslos, interessieren ihn natürlich die Gründe dafür. Denn schließlich möchte er sich keinen notorischen Querulanten oder Desinteressierten ins Haus holen. Außerdem ist es sehr aufschlussreich zu erfahren, wie Sie die Zeit Ihrer Arbeitslosigkeit nutzen.

Tipps

Diese Fragen lassen sich sehr gut vorbereiten. Begründen Sie möglichst überzeugend, warum Sie an einem Arbeitsplatzwechsel interessiert sind und warum Sie einen beruflichen Wiedereinstieg gerade in dieser Firma wollen. Auch für Ihre Arbeitslosigkeit sollten Sie sich gute Gründe überlegen.

Sprechen Sie möglichst neutral über Ihren alten Arbeitgeber und Ihre Kollegen, selbst wenn sie der Grund für Ihre Kündigung waren. Beklagen Sie sich nicht über Ihren alten Arbeitsplatz oder die Menschen im Umfeld. Der Rückschluss liegt nämlich sehr nahe, dass Sie bei Problemen innerhalb der neuen Firma genauso reagieren und womöglich Interna nach außen tragen. Argumentieren Sie also lieber in die Zukunft. Betonen Sie, dass Sie an neuen Aufgabenbereichen interessiert sind. Begründen Sie einen geplanten Wechsel damit, dass Sie gerne in Ihrer alten Firma gearbeitet haben, Sie aber eine neue Herausforderung suchen würden, die an Ihrer alten Stelle leider nicht zu finden sei – im Gegensatz zu dieser zu besetzenden Stelle. Gerade wenn Sie etwas älter sind, ist der Verweis auf Ihr Interesse an beruflicher Weiterentwicklung ein großer Pluspunkt für Sie.

Das wird Ihren Gesprächspartner zu den folgenden Fragen animieren:

»Was stellen Sie sich unter der neuen Aufgabe vor, was reizt Sie daran?«
»Was erwarten Sie speziell von uns, was erhoffen Sie sich?«

Was sich dahinter verbirgt
Hintergrund dieser Fragen ist wiederum Ihre Motivation und die Ernsthaftigkeit Ihrer Bewerbung. Außerdem ist hier Ihr Realitätssinn gefragt.

Tipps
Auch das sind typische Fragen, die eine überzeugende Argumentation und eine gute Präsentation erfordert. Hüten Sie sich vor Wiederholungen und Widersprüchen. Je mehr Detailkenntnis Sie haben, desto realistischer werden Sie Ihre neue Aufgabe einschätzen können. Traumtänzer entlarven sich hier sehr schnell. Ihre Bewerbungsgründe sollten plausibel sein. Positiv wird es bei Ihrem potenziellen Arbeitgeber ankommen, wenn Sie als Grund eine gute Zukunftsperspektive, die Sie bei der Firma sehen, oder das gute Image angeben. So sollten Sie aber nur argumentieren, wenn diese Argumente auch eine fundierte Grundlage haben. Überzogene Lobhudelei erregt nur Misstrauen und wirkt sich negativ auf die Beurteilung Ihrer Person aus. Interessant für einen Personalchef ist Ihre Zufriedenheit mit Ihrem (bisherigen) Beruf.

»Üben Sie Ihre jetzige Tätigkeit gerne aus?« / »Haben Sie Ihre letzte Tätigkeit gerne ausgeübt?«
»Was hat Ihnen bisher an Ihrer Aufgabe/Position gefallen, was missfallen und warum?«
»Was, glauben Sie, ist bei uns anders?«

Was sich dahinter verbirgt
Mit diesen Fragen will man den generellen Grad Ihrer Zufriedenheit mit Ihrem (ehemaligen) Arbeitsplatz testen. Eine der größten Sorgen eines Personalchefs ist, einen latent unzufriedenen Mitarbeiter einzustellen, der mit seiner Unlust die Produktivität eines ganzen Teams lahmlegen kann. Die Befürchtung, dass die Gründe für Ihren Arbeitsplatzwechsel Ihrer rein subjektiven Unzufriedenheit entspringen und Sie auch am neuen Arbeitsplatz entsprechende Gründe finden könnten, ist groß.

Tipps
Hier gilt dasselbe wie für den vorherigen Fragenkomplex. Sprechen Sie positiv von Ihrer bisherigen Tätigkeit und beschreiben Sie, was Sie daran interessiert hat. Machen Sie deutlich, wie gern Sie Ihren Beruf ausüben, aber eine andere Seite daran kennen lernen wollen oder in der alten Firma leider keine berufliche Weiterentwicklung für sich sehen. Denn fangen Sie jetzt an, zu negativ über Ihre Tätigkeit zu sprechen, hat das nur den Effekt, dass sich Ihr Gegenüber fragen wird, ob Sie diese Misere nicht auch selbst verschuldet haben. Äußern Sie sich ausschließlich positiv, kann er die berechtigte Frage stellen, weswegen Sie dann eigentlich wechseln wollen.

»Woher ist Ihnen unsere Firma/Institution bekannt?«
»Wie gut kennen Sie uns bereits, unsere … (z. B. Produktion, Marktposition, Dienstleistungen usw.)?«
»Wie stellen Sie sich Ihre Tätigkeit bei uns vor?«

Was sich dahinter verbirgt
Fragen in diese Richtung hat man Ihnen bereits gestellt, gehen jetzt allerdings mehr ins Detail. Damit möchte man testen, was unter der glänzenden Oberfläche ist.

Tipps
Wieder zahlt sich Ihre gute Vorbereitung aus. Mit Ihrem Wissen über die Produktpalette, Forschungsaktivität, Marktposition oder prognostizierten Zukunftschancen der Firma stellen Sie Ihre Kompetenz und Ihr Interesse am besten unter Beweis. Bei Ihrer Arbeitsplatzbeschreibung sollten Sie allerdings vorsichtig sein. Kreative Ideen werden immer geschätzt, aber stellen Sie nicht gleich das ganze Konzept der Firma auf den Kopf und hüten Sie sich vor unrealistischen oder kompetenzüberschreitenden Visionen. Gerade wenn Sie etwas älter sind und bisher eine Führungsposition innehatten, kann so viel gut gemeinte Motivation bei Ihrem Zuhörer Besorgnis auslösen vor Ihrem Ehrgeiz – umso mehr, wenn Ihre Ideen tatsächlich Potenzial haben, aber leider nicht in Ihren Kompetenzbereich, sondern in den des Chefs gehören.

»Haben Sie einen besonderen persönlichen Bezug zu unserem Unternehmen?«
»Kennen Sie Mitarbeiter aus unserem Haus?«
»Was haben die Ihnen so alles über uns erzählt?«

Was sich dahinter verbirgt
Wie wichtig ist Ihnen die Firma? Aus welchen Quellen haben Sie Ihr Wissen bezogen? Wie viel von Ihrem Wissen geben Sie preis und was behalten Sie besser für sich?

Tipps
Haben Sie tatsächlich persönlichen Kontakt zur Firma, kommt es darauf an, welche Position und welches Ansehen derjenige hat, der Ihnen Informationen gegeben hat. Denn steht es darum nicht zum Besten, sind die Informationen unter Umständen wenig neutral und es kann sich negativ auswirken, sich auf diese Person zu berufen. Hüten Sie sich davor, Details aus der Gerüchteküche der Firma preiszugeben. Sie sind Ihrem Tippgeber zur Loyalität und Diskretion verpflichtet. Außerdem könnte Ihr Gesprächspartner daraus schließen, dass Sie jedem außenstehenden Interessenten Interna aus der Firma weitergeben.

»Haben Sie zurzeit noch andere Bewerbungsverfahren laufen?«
»Gibt es schon konkrete Verhandlungen/Ergebnisse?«

Was sich dahinter verbirgt
Auch diese Fragen werden gestellt, um die Ernsthaftigkeit Ihrer Bewerbung zu testen. Man möchte wissen, ob man die Wunschfirma ist oder als »Plan B« in der Liste der von Ihnen bevorzugten Firmen rangiert. Wie umtriebig sind Sie im Bezug auf Ihre Bewerbungen? Stehen Sie unter besonderem Druck?

Tipps
Äußern Sie sich keinesfalls über Absagen oder negative Erlebnisse während Ihrer Bewerbungsphase. Erwähnen Sie nur dann ein anderes Unternehmen, wenn es von dessen Seite ein Angebot gibt, das Sie ernsthaft in Erwägung ziehen. Erzählen Sie nämlich von anderen Verhandlungen, könnte das den Eindruck machen, Sie würden pokern wollen. Damit verderben Sie sich vielleicht eine gute Verhandlungsposition.

»Was war der Grund für Ihre Arbeitsplatzwechsel in den Jahren ## und ##?«

Was sich dahinter verbirgt
Geplante oder vollzogene Arbeitsplatzwechsel stehen immer im Mittelpunkt des Interesses. Gehen Sie in gegenseitigem Einverständnis oder gibt es Probleme? Gibt es ein Muster, sprich: immer dieselben Gründe bei diesen Wechseln?

Erfolgten sie auf Ihre Initiative? Liegen die Probleme in Ihrer Person begründet und muss man sich darauf einstellen, dass sie auch diesmal wieder auftreten werden?

Tipps

Bereiten Sie sich sorgfältig auf diese Frage vor. Sie wird Ihnen ganz sicher gestellt werden. Überlegen Sie sich eine plausible Version eventueller Wechsel. Vermeiden Sie auf alle Fälle, schlecht über Ihren letzten Arbeitgeber zu reden. Das zeugt von mangelnder Loyalität und fehlender Einsicht in eventuell eigene Fehler.

»Was hat für Sie Priorität bei Ihrer Arbeit? Wie stellen Sie sich im Idealfall Ihre Arbeit, Ihre Aufgaben vor?«

»Was sind – aus Ihrer Sicht – die Vor- und Nachteile der von uns angebotenen Position, und wie wollen Sie damit umgehen?«

Was sich dahinter verbirgt

Diese Frage kennen Sie bereits. Jetzt geht es Ihrem Gegenüber aber um konkrete Details. Er möchte wissen, wie genau Sie sich mit Hilfe Ihres bisherigen Wissens mit diesem Thema beschäftigt haben. Wie realistisch sind Ihre Einschätzungen Ihres Arbeitsbereichs und der damit verbundenen Kompetenzen und Möglichkeiten? Können Sie so ein komplexes Thema kurz und gut verständlich in Worte fassen? Welche Einstellung haben Sie zur Arbeit? Was sind Sie für eine Persönlichkeit von Ihrer Arbeitsweise her? Was kann man von Ihnen leistungsmäßig erwarten?

Tipps

Gehen Sie nicht zu sehr ins Detail und hüten Sie sich vor zu umstürzlerischen Visionen nach dem Motto »Gute Besen kehren gut«, auch wenn Sie damit nur Ihre Einsatzbereitschaft demonstrieren wollen. Nennen Sie die wichtigsten Punkte und fassen Sie sich kurz.

»Auf welche Ihrer beruflichen Leistungen und Erfolge sind Sie besonders stolz?«

»Was hatten Sie für Misserfolge zu bewältigen? Wie kam es dazu?«

Was sich dahinter verbirgt

Welche Ihrer beruflichen Leistungen und Erfolge machen Sie zum bevorzugten Kandidaten für diese Stelle? Was zeichnet Sie vor Ihren Mitbewerbern aus? Wie gehen Sie mit heiklen, komplexen Fragen um?

Tipps

Ersparen Sie sich mit einer guten Vorbereitung den Schock, den die Frage nach beruflichen Misserfolgen bei vielen Bewerbern auslöst. Sie gehört zum Standardrepertoire. An Ihren Erfolgen und Misserfolgen wird Ihre Eignung gemessen. Überlegen Sie sich Misserfolge, die nicht allzu gravierende Konsequenzen hatten, und berichten Sie anschließend, wie Sie Ihren Fehler wieder gutgemacht haben bzw. wie Sie damit umgegangen sind. Leugnen Sie Ihre Misserfolge, machen Sie sich extrem unglaubwürdig. Übertreiben Sie nicht bei der Schilderung Ihrer Erfolge und betonen Sie, dass sie nur aufgrund einer besonderen Teamleistung möglich waren. Das macht Sie zum Teamplayer und nimmt einem Personalchef (besonders wenn er jünger ist) die Sorge, Sie könnten sich zu wenig in die Hierarchie der Firma einfügen. Ihre beruflichen Misserfolge sollten Sie natürlich mehr oder weniger persönlich auf sich nehmen.

»Wie sehen Sie Ihre Zukunft?«
»Was sind Ihre Ziele?«
»Was möchten Sie in drei und was in fünf Jahren erreicht haben?«

Was sich dahinter verbirgt

Diese Frage ist natürlich besonders für Ihre Altersgruppe interessant. Denn hier ist Ihre zukünftige Leistungsbereitschaft gefragt. Gehen Sie Ihre neue Arbeit ruhig an und bereiten Sie sich gedanklich schon auf den Ruhestand vor? Oder haben Sie noch Pläne und Ideen und möchten jede Menge Ihrer Erfahrung weitergeben? Haben Sie noch Visionen oder bevorzugen Sie den »Dienst nach Vorschrift«?

Tipps

Beziehen Sie die Frage nach Ihren Zielen nur auf die berufliche Perspektive. Natürlich reizt Sie ein neues Aufgabenfeld, weil Sie noch jede Menge Neues in Ihrem Beruf dazulernen möchten. Selbstverständlich sind Sie interessiert daran, Ihre Erfahrung in die Firma einzubringen, wenn das gewünscht wird. Sind Sie im Moment arbeitslos, geben Sie vor, zuversichtlich zu sein, dass es sich um eine vorübergehende Phase handelt. Übertreiben Sie es aber nicht, sonst setzen Sie sich selbst die Messlatte Ihres Erfolgs zu hoch. Sind Ihre Ziele unrealistisch und mit den Kompetenzen Ihres neuen Aufgabenbereichs offensichtlich nicht vereinbar, schießen Sie sich selbst ins Aus. Außerdem machen Sie sich zur Konkurrenz im eigenen Haus, und das wird man natürlich nicht dulden.

3. Fragen zu Ihrer Ausbildung und Ihrem beruflichen Werdegang

»Wie verlief Ihr bisheriger Berufsweg?«

»Aus welchen Gründen haben Sie sich für den Beruf/die Branche/die Arbeitsplätze x, y, z entschieden?«

»Warum bewerben Sie sich jetzt für diese Position bei uns?«

Was sich dahinter verbirgt

Ihr Arbeitgeber interessiert sich sehr dafür, wie Sie zu Ihrem Beruf stehen. Üben Sie ihn gerne aus oder war es eher eine Vernunftentscheidung? Haben Sie sich diesen Beruf bewusst gewählt oder sind Sie so »hineingerutscht«? An Ihren Antworten möchte er erkennen, ob Sie Ziele in Ihrem Berufsleben haben und wie konsequent Sie sich um ihre Umsetzung kümmern. Stehen Ihre Arbeitsplatzwechsel mit Ihren Zielen in direktem Zusammenhang und dokumentieren sie einen Zuwachs von Kompetenz?

Tipps

Schildern Sie Ihren beruflichen Werdegang so, dass ein logischer Zusammenhang zwischen Ihren Arbeitsplatzwechseln besteht. Haben Sie Brüche in Ihrem Lebenslauf, verweisen Sie auf die Gemeinsamkeiten, die diese Berufsstationen miteinander verbinden. Damit haben Sie sich ja bereits bei Ihrer schriftlichen Bewerbung auseinander gesetzt (siehe Kapitel »Was tun bei einem »unperfekten« Lebenslauf?« auf Seite 142). Auch dieser Fragenkomplex lässt sich sehr gut vorbereiten. Um Lücken im Lebenslauf plausibel zu erklären, kommt es darauf an, was Sie sagen und wie Sie es sagen. Gerade bei Ihrer langjährigen Berufserfahrung legt man Wert auf eine gewisse Konsequenz. Einem sehr jungen Bewerber wird man eine Orientierungsphase und Experimente eher zugestehen.

»Berichten Sie uns etwas über die wichtigsten Aspekte Ihrer bisherigen Tätigkeiten.«

Was sich dahinter verbirgt

Wie gut und wie verständlich gelingt es Ihnen, ein so komplexes Thema kurz und prägnant auf den Punkt zu bringen? Wie passen diese Aspekte zu Ihrem neuen Aufgabenbereich?

Tipps

Wählen Sie bei Ihrer Antwort vor allem die Aspekte, die für Ihr neues Aufgabengebiet relevant sind. Sie beweisen dadurch außerdem Ihre Fähigkeit des komplexen Denkens, wenn Sie Ihre alten Aufgabenbereiche mit der neuen angestrebten Position in Zusammenhang bringen mit Formulierungen wie »*Aufgrund meiner Arbeitsgebiete x, y, z glaube ich, für die Aufgabe/Position gut vorbereitet zu sein …*« Damit dokumentieren Sie übrigens auch auf unaufdringliche Weise Ihre jahrelange Erfahrung.

»Was sind zurzeit oder waren Ihre konkreten Arbeitsaufgaben?«
»Was mach(t)en Sie davon gerne, was nicht so gerne?«
»Schildern Sie einmal den Ablauf eines typischen Arbeitstages.«

Was sich dahinter verbirgt

Diese Fragen bezwecken eine detailliertere Darstellung Ihrer vorigen Ausführungen. Tieferer Sinn ist es, an der Art Ihrer Darstellung Ihre beruflichen Schwächen und – wie im Verlauf des Gesprächs noch des Öfteren – Widersprüche zu dem vorher Gesagten aufzudecken. Außerdem dienen sie dazu, den guten engagierten Eindruck aus Ihrer schriftlichen Bewerbung zu festigen.

Tipps

Lassen Sie sich nicht verleiten, allzu vertrauensselig und ehrlich auf diese Fragen zu antworten. Speziell bei den Aufgaben, die Sie nicht besonders mögen, sollten Sie vorsichtig sein. Stellt sich später nämlich heraus, dass genau das ein großer Teil Ihrer Arbeit sein wird, haben Sie schlechte Karten. Wählen Sie deswegen harmlose Tätigkeiten, die Ihnen nicht liegen. Verzichten Sie aber nicht auf ihre Erwähnung, sonst machen Sie sich zu einem Übermenschen oder ausgesprochenen Opportunisten. Außerdem drängt sich dann die Frage auf, warum Sie sich überhaupt neu bewerben.

»Warum haben Sie Ihren Arbeitgeber öfter bzw. so selten gewechselt?«

Was sich dahinter verbirgt

Ihre Arbeitspersönlichkeit steht auf dem Prüfstand. Haben die häufigen oder seltenen Wechsel mit persönlichen Problemen zu tun, die sich womöglich auch auf Ihre neue Stelle übertragen werden? Hatten Sie Schwierigkeiten mit Kollegen und Vorgesetzten? Sind Sie ängstlich oder unflexibel? Flexibilität ist mittlerweile für ein erfolgreiches Berufsleben unerlässlich. Verschließen Sie sich diesem Grundsatz aus plausiblen Gründen oder sind Sie nur nicht in der Lage, ihn umzusetzen? Daran ließen sich gerade gegen ältere Arbeitnehmer Bedenken festmachen.

Tipps

Sie haben eine ähnliche Frage zwar bereits beantwortet. Diese Frage zielt aber tiefer. Es geht darum, wie ehrlich Sie sich eigene Fehler eingestehen können oder wie viel davon Sie auf Kollegen, Vorgesetzte, äußere Umstände o. Ä. abwälzen. Außerdem handelt es sich hier um einen klassischen Stresstest. Lassen Sie sich nicht provozieren und zeigen Sie, dass Sie auch mit schwierigen Situationen souverän umgehen können. Lassen Sie keinen Zweifel daran, dass Sie trotz dieses vermeintlichen Mankos motiviert und leistungsbereit sind.

»An welchen Fortbildungsmaßnahmen haben Sie teilgenommen? Wer hat diese initiiert?«

Was sich dahinter verbirgt

Um ein gewisses Leistungsniveau seiner Firma zu garantieren, ist für einen Arbeitgeber wichtig, wie interessiert seine Mitarbeiter an den Entwicklungen innerhalb ihres Berufes sind. Haben Sie Weiterbildungsmaßnahmen wahrgenommen? Wurden sie Ihnen aufgedrängt oder haben Sie von sich aus Ihre Teilnahme angeregt?

Tipps

Fassen Sie sich an dieser Stelle kurz. Berichten Sie von Ihren Weiterbildungsmaßnahmen innerhalb Ihrer (alten) Firma und erwähnen Sie alles, was Sie auch privat für Ihre Weiterbildung tun, solange es nur relevant für Ihren Job ist. Verweisen Sie auf den Besuch von Messen, Kongressen und Seminaren. Das bloße Lesen von Fachliteratur und der gelegentliche Austausch mit Kollegen ist – besonders für Führungspositionen – etwas dürftig, aber immerhin ein erster Ansatz.

»Wann ist ein Vorgesetzter in Ihren Augen ein guter, wann ein schlechter? Was machte einen guten bzw. schlechten Mitarbeiter aus?«
»Was schätz(t)en Sie an Ihren Arbeitskollegen/Vorgesetzten – was nicht?«

Was sich dahinter verbirgt

Ihr Beurteilungsvermögen und Ihre Meinung, welche Eigenschaften an einem Vorgesetzten oder Kollegen Ihnen wichtig sind, stehen im Mittelpunkt dieser Fragen. Die aufgezählten Eigenschaften erzählen viel über Ihre Arbeitspersönlichkeit. Unterschätzen Sie diese Fragen also nicht. Sie sind außerdem ein beliebter Stress- und vor allem Loyalitätstest.

Tipps
Das Wichtigste bei dieser Antwort – sachlich bleiben! Äußern Sie sich respektvoll gegenüber Kollegen und besonders Vorgesetzten und bleiben Sie loyal. Gibt es in Ihren Augen Grund für Kritik, argumentieren Sie rein sachbezogen und werden Sie nicht persönlich.

»Es wird sicher nicht leicht für Sie, wenn Ihr Vorgesetzter einige Jahre jünger ist?«

Was sich dahinter verbirgt
Je nach Tonfall kann die Formulierung dieses beliebten Vorurteils eine Provokation sein oder aus echtem Interesse gestellt werden. Hier ist Ihre Fähigkeit gefragt, Autoritäten anzuerkennen, auch wenn die Autoritätsperson jünger ist als Sie.

Tipps
Selbstverständlich haben Sie mit dieser Tatsache kein Problem, denn schließlich sind Leistung, Kompetenz und die Wesensart einer Person für Sie wichtiger als deren biologisches Alter. Wenn Sie Erfahrung mit jüngeren Vorgesetzten haben, bringen Sie positive Beispiele in Ihre Argumentation mit ein. Demonstrieren Sie Selbstbewusstsein, aber auch Ihre Anerkennung der Leistung anderer. Lassen Sie einfließen, dass Sie zwar immer noch an beruflichen Erfolgen Interesse haben, aber längst nicht mehr so darauf angewiesen sind wie ein jüngerer Kollege, der sich noch beweisen muss.

»Fühlen Sie sich in Ihren beruflichen Leistungen von Ihren früheren Vorgesetzten angemessen beurteilt?«

Was sich dahinter verbirgt
Thema dieser Frage ist Ihre Kritikfestigkeit und Ihre Fähigkeit, Ihre eigenen Leistungen objektiv zu beurteilen. Sind Sie leicht aus der Fassung zu bringen? Weisen Sie grundsätzlich jegliche Schuld von sich und machen andere für Ihre Fehler verantwortlich? Sehen Sie sich gern in der Opferrolle, nehmen Sie mit Hingabe alle Schuld auf sich, um Mitleid oder Bewunderung zu erzielen? Oder sind Sie konstruktiver Kritik gegenüber offen und bereit, an Ihren Defiziten zu arbeiten?

Tipps
Seien Sie in diesem Punkt zurückhaltend. Keine Klagen über ehemalige Kollegen und Vorgesetzte! Die (Branchen-)Welt ist klein, die Netzwerke gut ausgebaut. Notorisches Nörgeln spricht sich herum. Ist Ihr ehemaliger Vorgesetzter als schwierig bekannt, wird es Ihren Sympathiefaktor eher noch heben, wenn Sie den Eindruck vermitteln können, als habe es da keine größeren Probleme gegeben.

»Was war bisher Ihr schlimmstes, unangenehmstes (Arbeits-)Erlebnis?«

Was sich dahinter verbirgt
Diese Frage zielt wieder auf Ihre Arbeitspersönlichkeit und auf Ihre Loyalität ab. Ihre Wiederholung ist als Stresstest zu sehen. Jeder weiß, dass ein Bohren in alten Wunden unangenehm ist. Aber unangenehme Situationen sind Teil des Arbeitsalltags.

Tipps
Verkneifen Sie sich Sätze wie *»Das habe ich Ihnen doch alles schon gesagt!«*. Erinnern Sie sich lieber daran, was Sie das erste Mal geantwortet haben, und verstricken Sie sich nicht in Widersprüche.

Sind Sie arbeitslos (oder besser: arbeitssuchend!), wird der Frager Sie auch mit diesem Thema konfrontieren.

»Wie kam es zu der Arbeitslosigkeit?«

Was sich dahinter verbirgt
Der Grund für Ihre Arbeitslosigkeit ist einem Arbeitgeber wichtig. Denn er möchte wissen, ob Sie Ihre Lage selbst verschuldet haben und ob es einen einmaligen Anlass gab, der nur mit Ihrer alten Firma zu tun hat, oder Sie ein chronischer »Problemfall« sind.

Tipps
Bleiben Sie souverän und sachlich, lassen Sie sich nicht aus der Fassung bringen. Diese Frage war absehbar. Je plausiblere Argumente Sie für Ihre Begründung gefunden haben, desto besser.

»Wie lange dauert die Arbeitslosigkeit bereits an?«
»Wie oft haben Sie sich schon erfolglos beworben?«

Was sich dahinter verbirgt
Diese Fragen haben denselben Hintergrund wie die vorige. Es geht um Ihre beruflichen Schwächen und darum, ob sie mit ein Grund für Ihre vermeintliche Erfolglosigkeit sind. Diese Fragen sind auch wieder provokativ gestellt und ein Test.

Tipps
Zeigen Sie Ihr Engagement und ernsthaftes Bemühen um einen neuen Arbeitsplatz. Sollten Sie tatsächlich mehrere Male Pech gehabt haben, müssen Sie das nicht erwähnen. Bleiben Sie diplomatisch und sagen Sie: *»Die Ergebnisse einiger Bewerbungen stehen noch aus …«*

»Was haben Sie zwischenzeitlich gemacht?«

Was sich dahinter verbirgt
Wieder steht Ihre Persönlichkeit im Vordergrund. Wie gehen Sie mit der Arbeitslosigkeit um? Lassen Sie es gemütlich angehen, legen Sie die Hände in den Schoß oder versinken Sie im Selbstmitleid? Oder nutzen Sie Ihre Zeit für Ihre Weiterbildung, gehen Sie Ihren Interessen nach, pflegen Sie Ihr Netzwerk und arbeiten Sie aktiv daran, wieder eine Anstellung zu bekommen? Haben Sie sich ehrenamtlich engagiert oder Ihre Fähigkeiten anderweitig weitergegeben?

Tipps
Diese Frage klingt harmlos, ist aber gefährlich. Wenn Sie nichtsahnend davon erzählen, wie schön es ist, einmal wieder richtig Zeit für sich und seine Familie und Freunde zu haben, tun Sie sich keinen Gefallen. Je nachdem, um welche Stelle es geht, sollten Sie sich auch gut überlegen, ob Sie Aushilfsjobs oder Schwarzarbeit erwähnen. Ehrenamtliche Engagements (die der Philosophie des Unternehmens entsprechen) und Weiterbildungsmaßnahmen machen dagegen einen sehr guten Eindruck.

»Sind Sie förderungsberechtigt durch das Arbeitsamt?«

Was sich dahinter verbirgt
Würde das Arbeitsamt Ihre Einstellung finanziell fördern?

Und lohnt es sich für den Arbeitgeber, diese Förderung in Anspruch zu nehmen?

Tipps
Erkundigen Sie sich beim Arbeitsamt, welche Fördermöglichkeiten Sie haben. Wir haben Ihnen im ersten Teil geschildert, dass gerade neugegründete Firmen oder Firmen aus dem sozialen bzw. karitativen Bereich diese Förderungen sehr gern in Anspruch nehmen. Sie können (zum geeigneten Zeitpunkt) Ihren Gesprächspartner auch von sich aus darauf ansprechen.

»Trauen Sie sich die Aufgabe wirklich zu?«

Was sich dahinter verbirgt
Diese Frage soll klären, wie es um Ihr Selbstbewusstsein gerade in einer solch schwierigen Situation bestellt ist. Sie kann natürlich auch auf Ihr Alter abzielen und gehört damit zum Repertoire der »Stressfragen«.

Tipps
Bleiben Sie gelassen. Begründen Sie in freundlichem Ton, weswegen es für Sie keinen Zweifel daran gibt, sich dieser Aufgabe stellen zu wollen. Verzichten Sie auf alle verbalen und körpersprachlichen Signale, die Sie überheblich erscheinen lassen könnten.

4. Fragen zu Ihrem persönlichen, familiären und sozialen Hintergrund

In dieser Gesprächsphase geht es Ihrem potenziellen Arbeitgeber um Ihre Person und Ihr persönliches Umfeld. Er möchte mehr zu Ihrem Charakter erfahren, Ihren persönlichen Lebensumständen und von Ihrem sozialen Umfeld wie Freunden, Bekannten und Kollegen. Aus dem Wissen erhofft er sich, über Ihre Persönlichkeit Rückschlüsse auf Ihre Eignung für die ausgeschriebene Stelle ziehen zu können – frei nach dem Motto »Sage mir, wie du lebst, und ich sage dir, wie du arbeitest«.

»Wir wollen Sie gerne kennen lernen, erzählen Sie uns etwas über sich.«
»Wie würden Sie sich kurz charakterisieren?«

Was sich dahinter verbirgt
Bei dieser Frage handelt es sich um eine offene Frage, die Sie nicht mit »Ja« oder »Nein« beantworten können und die Sie zu einer längeren Aussage zwingt. Über diese Frageform erfahren Sie mehr im Kapitel » Rhetorische Techniken« auf Seite 266.

Hintergrund ist, möglichst viele Ihrer Persönlichkeitsfacetten auszuleuchten. Je mehr Sie von sich preisgeben, desto besser für Ihr Gegenüber. Aufgrund Ihrer Antwort will man entscheiden können, ob Sie gut in die Firma passen oder nicht.

Tipps

Lassen Sie sich nicht dazu verleiten, zu viel über sich zu erzählen. Arbeitgeber dürfen bestimmte Themen nicht anschneiden (mehr dazu im Kapitel »Was tun bei unzulässigen Fragen – Ihr Recht auf Notlügen« auf Seite 276). Deswegen erhoffen sie sich trotzdem die erwünschten Informationen von Ihnen selbst. Bereiten Sie sich also gut zu Hause darauf vor und überlegen Sie, was Sie für wirklich erzählenswert halten. Sie wollen natürlich Ihre berufliche Eignung und Ihr lebenslanges Engagement betonen. Den privaten Bereich sollten Sie zunächst so gut es geht ausklammern – es sei denn, er hat direkt etwas mit Ihren beruflichen Umständen zu tun (z. B. dass Sie eine Zeit lang von zu Hause aus gearbeitet haben, weil Sie Ihre Kinder versorgt haben, etc.).

»Was sind Ihre Stärken, was Ihre Schwächen?«

Was sich dahinter verbirgt

Im Vordergrund steht tatsächlich das Interesse an Ihren Stärken und Schwächen. Der Frager möchte aber auch sehen, wie Sie sich präsentieren. Gibt es bei Ihnen nur Stärken? Haben Sie genug Selbstbewusstsein, sich Ihre Defizite auch einzugestehen und daran zu arbeiten? Machen Sie sich unnötig klein? Wie glaubwürdig sind Sie?

Tipps

Auch hier gilt, sich zuerst auf die berufliche Seite Ihrer Eigenschaften zu konzentrieren. Überlegen Sie sich im Vorfeld, welche positiven Dinge Sie darstellen, die natürlich zu dem ausgeschriebenen Stellenprofil passen sollten. Denken Sie sich möglichst harmlose negative Eigenschaften aus, die nichts mit Ihren künftigen Aufgaben zu tun haben. Beispiel: Werden Sie überwiegend Öffentlichkeitsarbeit machen, sind technische Schwächen wie die Unkenntnis bei Reparaturen etc. völlig in Ordnung. Die Neigung, sich permanent zu verzetteln, sollten Sie für sich behalten, wenn Sie Wert darauf legen, dass man Ihnen Ihre Verlässlichkeit und Fähigkeit zu einer gut koordinierten Arbeitsweise abkauft. Machen Sie doch aus einer Schwäche eine Stärke, indem Sie zugeben, etwas nicht zu können, aber bereits begonnen haben, dieses Defizit zu beheben mit den Besuchen von Kursen oder Learning by doing. Ernsthafte Ängste oder persönliche Probleme, die mit Ihnen als Privatperson zu tun haben, sollten Sie für sich behalten, auch wenn Sie der Meinung sind, dass ein Arbeitgeber darüber Bescheid wissen müsste. Denn Sie wissen nie, wie er mit diesem Wissen umgeht. Schließlich kennen Sie sich erst seit ein paar Minuten.

Schwächen völlig zu verleugnen wirkt unglaubwürdig. Präsentieren Sie sich selbstbewusst, aber nicht überheblich. Schätzen Sie selbst ein, wie offen Sie sein wollen. Hüten Sie sich aber vor einem Seelenstriptease. Um das zu verhindern, sollten Sie mit kühlem Kopf an die Beantwortung dieser Frage gehen.

»Warum sollten wir gerade Sie einstellen?«

Was sich dahinter verbirgt
Jetzt sind Ihr Selbstbewusstsein und Ihr Vertrauen in Ihre Fähigkeiten gefragt. Es zählen die Auswahl Ihrer Gründe und ihre Präsentation. Wie überzeugend sind Ihre Argumente und wie gut sind sie formuliert?

Tipps
Lassen Sie sich nicht ins Schleudern bringen. Auch diese Frage verliert mit einer guten Vorbereitung ihren Schrecken. Finden Sie ein Argument, das über die üblichen Antworten, die in einem solchen Fall zu erwarten sind (Einsatz, Fleiß, Motivation), hinausgeht. Führen Sie z. B. an, dass Sie aufgrund Ihrer beruflichen Erfahrung in der Lage sind, den Grund für Probleme innerhalb des Arbeitsablaufs schnell zu erkennen und zu beheben. Eine kurze Auflistung der wichtigsten, präzise formulierten Gründe wirkt mehr als ein mehrere Minuten langer Monolog.

»Wir wollen Sie als Mensch kennen lernen. Was machen Sie neben Ihrer Berufstätigkeit?«
»Welche Interessen und Hobbys haben Sie?«
»Welche Sportarten betreiben Sie?«

Was sich dahinter verbirgt
Hier sind Sie als Privatperson gefragt. Aus Ihren Interessen möchte man sich erschließen, was Sie für eine Arbeitspersönlichkeit sind. Mögen Sie Bungee Jumping, wird man Ihnen wesentlich mehr Risikofreude unterstellen dürfen als einem Schachspieler. Interessieren Sie sich auch für Dinge außerhalb Ihrer

beruflichen Aufgabenbereiche, z. B. für Kunst oder Literatur? Gehen Sie gerne auf Reisen? Lernen Sie Sprachen? Tüfteln Sie gerne? Sind Sie sportlich aktiv?

Tipps
Das ist die Gelegenheit, die Vorurteile bezüglich Ihrer mangelnden geistigen und körperlichen Beweglichkeit aus dem Weg zu räumen. Hier können Sie punkten, indem Sie Ihre Leistungsbereitschaft auch in sportlicher Hinsicht unter Beweis stellen. Sie sollten wegen des Verletzungsrisikos nicht gerade Risikosportarten angeben, aber ein gesundes Maß an sportlicher Betätigung wird einen guten Eindruck auf Ihr Gegenüber machen, weil es zeigt, dass Sie auch gesundheitlich auf sich achten und um einen Ausgleich zwischen körperlicher und geistiger Fitness bemüht sind. Sind Sie schon länger sportlich aktiv, werden Sie das im Übrigen auch ausstrahlen.

»Was bedeutet Teamarbeit für Sie?«

Was sich dahinter verbirgt
Teamarbeit wird in vielen Firmen groß geschrieben, aber nicht in jeder. Es ist auch nicht jeder für diese Arbeitsform gemacht. Mit dieser Frage will man herausfinden, ob Sie ein Teamplayer sind oder eher ein Einzelkämpfer. Können Sie sich gut in eine Gruppe einfügen oder sind Sie jemand, der lieber für sich alleine plant und ausführt?

Tipps
Welche Arbeitsweise wird in dieser Firma bei der Tätigkeit, um die es geht, wohl bevorzugt? Auf dem Weg zu Ihrem Treffen haben Sie sich bestimmt ein Bild machen können. Auch auf der Website oder in einer anderen Werbung der betreffenden Firma können Sie etwas darüber erfahren, z. B. durch Slogans wie *»Fortschritt durch Teamarbeit«* etc. Antworten Sie entsprechend. Es kommt auch sehr auf die Branche oder auf die Stelle an, um die es geht. Ein Archivar wird weniger im Team arbeiten als ein Marketing-Assistent.

»Mit welchen Menschen arbeiten Sie gern/ungern zusammen?«
»Hatten Sie schon mal Schwierigkeiten mit Vorgesetzten und/oder Kollegen?«
»Wenn ja: Mit wem? Warum? Wie sind Sie damit umgegangen? Was haben Sie daraus gelernt?«

Was sich dahinter verbirgt
In jeder Arbeitssituation gibt es Konflikte, die entweder in der Arbeit selbst oder zwischen Vorgesetzten und Kollegen entstehen. Sie sind vollkommen normal und können in ihrer Lösung auch zu neuen Ansätzen beitragen. Sind sie aber nicht zu lösen, lähmen sie oft die Produktivität eines Teams empfindlich. Ein Personalchef wird sich deswegen niemanden ins Boot holen wollen, der ungesunde Konflikte verursacht oder nicht – in angemessenem Rahmen – in der Lage ist, sie auszufechten.

Tipps
Lassen Sie sich durch diese Frage nicht verunsichern. Die Wahrscheinlichkeit, Probleme mit Vorgesetzten oder Kollegen gehabt zu haben, ist nicht auszuschließen, sollte aber so nicht in Ihrer Antwort erwähnt werden. Betonen Sie die gute Zusammenarbeit innerhalb der Firma, in der es natürlich auch einmal unterschiedliche Standpunkte gab, die aber keinen Anlass für ernsthafte Probleme darstellten. Denn schließlich können unterschiedliche Ansichten eine durchaus positive Wirkung haben, wenn man darüber spricht und zu einem guten Kompromiss findet, der z. B. die Vorteile beider Lösungen miteinander verbindet etc. Auch hier machen Sie sich unglaubwürdig, wenn Sie behaupten, immer mit allen gut ausgekommen zu sein. Hüten Sie sich vor Andeutungen, die schwerwiegende Konflikte vermuten lassen könnten. Das wird sicher zu Rückfragen führen.

»Worüber können Sie sich so richtig ärgern?«
»Was macht Sie wütend?«
»Was bereitet Ihnen Sorgen?«

Was sich dahinter verbirgt
Hier geht es um einen weiteren Charaktertest. Ihre Emotionalität ist gefragt. Lassen Sie sich von Schwierigkeiten beruflicher oder privater Natur schnell aus der Fassung bringen? Locken Sie solche Fragen aus der Reserve? Wie gehen Sie damit um – mauern Sie sich ein oder verteidigen Sie allzu vehement Ihre Privatsphäre?

Tipps
Dieser Frage werden Sie kaum ausweichen können. Auch sie ist Teil des »Stressfragen-Repertoires«. Zeigen Sie also weder Ihren Ärger noch ziehen Sie sich in sich zurück. Bereiten Sie schon im Vorfeld Beispiele vor, die eher allgemein sind

und nicht gerade auf psychische Probleme schließen lassen. Geben Sie diese kleinen Geschichten relativ locker, in Form einer Anekdote, von sich. Es zeugt nicht gerade von hoher Belastbarkeit am Arbeitsplatz, wenn Sie sich in maßlosen Eifer hineinsteigern bei der Beschreibung des unaufhörlichen Baulärms in Ihrer Straße, der Sie in den Wahnsinn treibt. Erwähnen Sie lieber Ihr Bedauern darüber, dass Ihr ausgesuchtes Lieblingsstück im Laden um die Ecke gerade vor zehn Minuten verkauft wurde, Sie im sportlichen Wettbewerb um Haaresbreite nur Zweiter geworden sind, der letzte Urlaub in einer Gegend war, deren landschaftliche Reize Sie wegen völligen Nebels leider nicht wirklich genießen konnten etc. Gehen Sie auf diese Weise auch mit der Frage nach Ihren Sorgen um. Bieten Sie auf keinen Fall eine Angriffsfläche, indem Sie mit Tränen in den Augen von einer intimen Situation aus Ihrem näheren Umfeld berichten oder flammende politische Statements über die Ungerechtigkeiten dieser Welt halten.

»Wie gehen Sie mit Kritik um?«

Was sich dahinter verbirgt

Kritikfestigkeit ist in der modernen Arbeitswelt Grundvoraussetzung. Insofern hat diese Frage durchaus ihre Berechtigung. Sie kann aber auch als Reaktionstest gemeint sein. Sind Sie der Meinung, dass es an Ihrer Arbeitsweise nichts zu kritisieren gibt? Nehmen Sie gern alle Schuld auf sich? Sind Sie bei Kritik persönlich gekränkt?

Tipps

Sie geben natürlich immer Ihr Bestes, wissen aber selbst, dass Sie Fehler machen oder in die falsche Richtung denken können. Deswegen sind Sie für einen entsprechenden konstruktiven Hinweis sehr dankbar. Sollte diese Kritik jedoch haltlos sein und aus niederen persönlichen Motiven wie Neid und Eifersucht entstehen, sind Sie dagegen gefeit und lassen sich nicht irritieren.

»Was sind Ihre ganz persönlichen Lebensziele?«
»Was möchten Sie für sich in naher/ferner Zukunft erreichen?«

Was sich dahinter verbirgt

Ein Mitarbeiter mit festen Zielsetzungen in beruflicher wie privater Hinsicht verspricht mehr Stabilität und Verlässlichkeit als jemand, »der es nimmt, wie es kommt«, keine klaren Vorstellungen hat und sich schnell von seinen Vorhaben abbringen lässt.

Tipps
Natürlich haben Sie als »älterer Mensch« noch Pläne, auch wenn es Personalchefs gibt, die Ihnen einen Ehrgeiz in diese Richtung absprechen wollen. Dies ist wieder eine ideale Gelegenheit, Ihre Motivation, Ihre Lernbereitschaft und Ihre Lust auf Veränderung zu demonstrieren. Beschränken Sie sich aber bei der Benennung Ihrer Ziele auf den beruflichen Aspekt!

»Was sind Ihrer Meinung nach die größten Missstände …
- *… in der Welt,*
- *… in unserem Land,*
- *… in Ihrer Heimatstadt,*
- *… in dem Unternehmen, in dem Sie zur Zeit arbeiten / zuletzt gearbeitet haben?«*

Was sich dahinter verbirgt
Ihre grundsätzliche Einstellung soll hier geprüft werden. Welche Werte haben Sie? Worauf richtet sich Ihre Kritik? Sind Sie mehr materiell oder ideell veranlagt? Können Sie fundiert kritisieren? Oder handelt es sich es sich eher um eine undifferenzierte Tirade über die Unfähigkeit der Menschen an sich und der Politiker im Besonderen? Äußern Sie sich loyal zu Ihrem letzten Arbeitgeber?

Tipps
Diese Frage sollten Sie nicht als Einladung zu einem flammenden Monolog über die Unzuverlässigkeit der Kollegen missverstehen. Auch undifferenzierte Plattitüden über das Ungleichgewicht zwischen Arm und Reich, die Unterdrückung der Frau im Berufsalltag und die herzlose Behandlung der Alten in der Öffentlichkeit, z. B. in Ihrer letzten Firma, sind für Ihren Zuhörer sehr aufschlussreich, was Ihre Person betrifft – im negativen Sinne. Man wird davon ausgehen müssen, dass Sie über kurz oder lang ähnliche Gründe zum Lamentieren an Ihrem neuen Arbeitsplatz finden werden, und sich vermutlich gegen Sie entscheiden. Aber selbst wenn Sie es nicht so übertreiben: Ihr Gesprächspartner wird anhand Ihrer Antworten sehr viel über Ihre Persönlichkeit herausfiltern. Überlegen Sie sich also sehr genau, was Sie sagen und vor allem, wie Sie es sagen. Es handelt sich hier um einen sehr tiefgreifenden (mündlichen) Persönlichkeitstest, der eigentlich unzulässig ist, weil er unter Umständen Ihre Privatsphäre verletzt.

Machen Sie sich bewusst, dass die Fragen zwar differenziert gestellt sind, aber nur ein Ziel haben – einen roten Faden, einen Hauptkritikpunkt herauszufinden, der auf Ihre Persönlichkeit schließen lässt. Es kann Ihnen passieren, dass Ihr Gegenüber die Fragen so vielfältig formuliert, um Sie vom eigentlichen Thema – dem Verhältnis zu Ihrem letzten Arbeitgeber und Ihrer Loyalität zu ihm – ein wenig abzulenken. Er wird von Ihren Antworten auf die globalen Fragen auf seine Hauptfrage rückschließen.

Für die weltweiten Missstände können Sie immer auf Kriege, Umweltzerstörung, Hunger in der Dritten Welt etc. verweisen, deutschlandbezogen Reformstau und das geringe Wirtschaftswachstum erwähnen und für Ihre (ehemalige) Firma z. B. die noch nicht eingeführten Arbeitszeitmodelle wie Gleitzeit etc. anführen. Seien Sie gerade in diesem Punkt sehr, sehr vorsichtig. Deuten Sie keine ernsthaften Probleme an.

»Wie sieht Ihre aktuelle Lebenssituation aus?«

Was sich dahinter verbirgt

Dieser Fragenkomplex erfolgt frei nach dem Motto »Sage mir, mit wem du umgehst, und ich sage dir, wer du bist.« Es geht um Ihr Privatleben. Sind Sie Single, sind Sie geschieden? Leben Sie in einer Lebensgemeinschaft oder sind Sie verheiratet?

Haben Sie Familie?

Tipps

Ihr Gegenüber interessiert sich für Ihr Privatleben, um mögliches psychisches und finanzielles (Abfindungen etc.) Konfliktpotenzial herauszufinden. Mitarbeiter in einer persönlich schwierigen Situation könnten nicht ihre volle Arbeitsleistung garantieren. Dieses Thema geht Ihren potenziellen Arbeitgeber jedoch nichts an und gehört übrigens auch zu dem Komplex der »unzulässigen Fragen«. Wie Sie damit umgehen, lesen Sie auf Seite 276 im Kapitel »Was tun bei unzulässigen Fragen – Ihr Recht auf Notlügen«.

»Stellen Sie uns doch bitte mal Ihre Familie vor.«

Was sich dahinter verbirgt

Diese Frage wird gern aus reiner Neugier gestellt. Ihr Gegenüber wird sehr genau darauf achten, wie Sie antworten, um etwas über Ihre Zufriedenheit mit Ihrer momentanen privaten Situation zu erfahren.

Tipps
Sie müssen nicht ins Detail gehen. Sie verraten viel zu viel über sich, wenn Sie ehrlich antworten, dass Sie ein Scheidungskind oder Sie selbst geschieden sind, eine »Patchwork-Familie« haben etc. Sie können nicht wissen, welche Phantasien der Frager aus Ihren Informationen entwickelt, und geben ihm nur unnötig Anlass zu Spekulationen. Auch hier verweisen wir auf das Kapitel »Was tun bei unzulässigen Fragen – Ihr Recht auf Notlügen« auf Seite 276.

»Was macht Ihr Mann/Ihre Frau beruflich und wo?«

Was sich dahinter verbirgt
Diese Frage zielt auf Ihre sozialen Verhältnisse ab. In welchen Verhältnissen leben Sie? Leben Sie standesgemäß, einer künftigen Führungsposition beispielsweise angemessen? Sind Sie finanziell gut abgesichert oder gibt es Probleme?

Tipps
Verweisen Sie auf ein geordnetes Privatleben, in dem es keinerlei größere Probleme gibt. Stillt diese Antwort das Interesse daran immer noch nicht, weisen Sie Ihren Gesprächspartner sehr höflich, aber bestimmt, in seine Grenzen.

»Was sagt Ihr Lebenspartner zu Ihren Plänen?«
»Gibt es da eventuell Probleme (Umzüge/Arbeitszeiten etc.)?«

Was sich dahinter verbirgt
Wie sieht es mit der Unterstützung Ihres Partners bei Ihren Plänen aus? Steht er dazu oder gibt es größere Differenzen wegen der zu erwartenden Veränderung Ihrer Lebensumstände (beispielsweise Umzug, längere oder andere Arbeitszeiten, die neue Kompromisse erfordern etc.)?

Tipps
Hier hilft wiederum nur, eine heile Fassade zu zeigen, selbst wenn dem nicht so ist oder Ihr Partner noch gar nichts von Ihrem Vorhaben weiß. Aus dieser Richtung haben Sie offiziell keinerlei Probleme zu erwarten, um keine Zweifel an Ihrer Person aufkommen zu lassen.

»Gibt es Bereiche, in denen Sie sich besonders engagieren?«

Was sich dahinter verbirgt

Sind Sie politisch oder sozial engagiert? Wenn ja, wo? Die betreffenden Parteien, Bürgerverbände, kirchlichen Einrichtungen, Institutionen und Vereine verraten viel über Ihre Persönlichkeit. Sind Sie in einer Gewerkschaft? Engagieren Sie sich in der Flüchtlingshilfe, beim Kinderschutzbund oder im Sportverein?

Tipps

Überlegen Sie genau, welches Engagement Sie erwähnen. Ist die Firma z. B. politisch anders ausgerichtet, kann sich das gegen Sie auswirken (Konfliktpotenzial!). Grundsätzlich wird Engagement für andere immer gut bewertet und zeigt Ihre Umtriebigkeit und Ihre Energie im positiven Sinn. Gerade für ältere Arbeitnehmer ist eine dynamische Ausstrahlung von Vorteil.

»Mit welchen Menschen sind Sie gerne zusammen, und was verbindet Sie mit ihnen?«

Was sich dahinter verbirgt

Ebenso wie die Frage nach Ihrem Partner soll natürlich auch die Frage nach Freunden und Bekannten Ihr soziales Umfeld erhellen und Aufschluss über Ihre bevorzugte Art zu leben geben. Man möchte wissen, ob Sie überhaupt über ein soziales Netzwerk verfügen oder ob Sie eher ein Eigenbrötler sind (der sich dann eventuell nur schwer in ein Team einfügen wird).

Tipps

Halten Sie sich auch hier bedeckt. Erzählen Sie zu viel, lässt das auf einen Mangel an Diskretion schließen. Erwähnen Sie langjährige, gut funktionierende Freundschaften mit wenigen, aber verlässlichen Menschen. Das macht auch Sie selbst zu einem verlässlichen, loyalen Partner im beruflichen Bereich.

5. Fragen zu Ihrem Gesundheitszustand

»Waren Sie schon einmal ernstlich erkrankt?«

»Bestehen bei Ihnen gesundheitliche Einschränkungen mit beruflichen Auswirkungen?«

»Gab es Krankenhausaufenthalte/Unfälle, leiden Sie an Allergien?«

Was sich dahinter verbirgt

Gerade in Ihrem Fall wird ein potenzieller Arbeitgeber diese Frage stellen, weil er krankheitsbedingte Ausfälle aus altersbedingten Gründen fürchtet. Dieses

Vorurteil haben wir aber bereits in Teil 1 im Kapitel »Altbekannte Vorurteile und neue Argumente« auf Seite 35 entkräftet. Berechtigt ist die Frage nur dann, wenn sie direkt etwas mit Ihrem Arbeitsplatz zu tun hat, beispielsweise bei einer Verantwortung für Menschenleben (Busfahrer, Pilot, etc.). Generell interessiert ihn natürlich Ihre optimale gesundheitliche Leistungsfähigkeit.

Tipps

Auch diese Frage ist also eigentlich unzulässig. Antworten Sie dennoch, um keine Zweifel an Ihrer Leistungsfähigkeit aufkommen zu lassen. Sie müssen sich nicht zu Ihrer Gesundheit konkret äußern, können aber anmerken, dass Sie keine Probleme haben und sich das zweimal im Jahr bei Routineuntersuchungen bestätigen lassen. Das unterstreicht Ihr Verantwortungsbewusstsein sich selbst und Ihrem Arbeitgeber gegenüber. Sollten Sie Zweifel haben, lassen Sie sich vorher untersuchen. Das Ergebnis geht Ihren Arbeitgeber aber nur in besagten Ausnahmefällen etwas an.

»Waren Sie im letzten Jahr mehr als zweimal beim Arzt?«
»Haben Sie einen Hausarzt?«

Was sich dahinter verbirgt

Über diese eher harmlos gestellte Frage erhofft sich Ihr Gegenüber genauere Details zu Ihrem Gesundheitszustand, da er Sie ja konkret nicht fragen darf.

Tipps

Achten Sie sehr auf das, was Sie sagen. Werfen Sie nicht mit den Namen von Kardiologen oder Chiropraktikern um sich. Auch die Erwähnung von Heilpraktikern kann – je nach Einstellung des Gegenübers – heikel sein. Beschränken Sie sich darauf, auf Ihre halbjährlichen Routineuntersuchungen zu verweisen und zu erwähnen, dass Sie sich ansonsten mit sportlicher Betätigung fit halten.

6. Fragen zu Ihrer beruflichen Kompetenz und Eignung

»Wie gut kennen Sie sich in unserer Branche, in unserem Metier aus?«
»Wie schätzen Sie die aktuelle (zukünftige) Marktsituation ein?«

Was sich dahinter verbirgt

Auch die Zweifel an Ihrem Interesse an den Weiterentwicklungen in Ihrer Branche gehören noch zu den beliebten Vorurteilen eines Personalchefs. Diese

Fragen sollten Ihren Kenntnisstand, Ihre Kompetenz und Ihr Beurteilungsvermögen testen.

Tipps

Hier zahlt sich eine gute Vorbereitung aus. In Teil 2, »Bewerbungsphase 1 – Die effektive Recherche« auf Seite 93 finden Sie die Tipps, die Ihnen dabei weiterhelfen. Sollten Sie auf eine dieser Fragen keine Antwort wissen oder sich unsicher sein, geben Sie es lieber zu, bevor Sie sich verheddern und vage Halbweisheiten von sich geben. Das macht Sie sympathisch, solange sich die Lücken im Rahmen halten und keine wichtigen Grundlagen Ihres Berufs berühren. Bitten Sie in diesem Fall um Aufklärung. Das zeigt Ihr Interesse und Ihre Lernbereitschaft.

»Kennen Sie … (dieses Verfahren, die Person, die Diskussion um etc.)?«
»Was ist Ihre Meinung über …?«
»Wie beurteilen Sie …?«
»Was würden Sie machen, wenn…?«

Was sich dahinter verbirgt

Diese Frage zielt auf Ihre Detailkenntnis und Ihre Arbeitsweise ab. Auch Ideenreichtum und Ihre Fähigkeit, ein Problem zu erkennen und es zu lösen, sind gefragt. Es handelt sich, wenn Sie so wollen, um eine erste »Arbeitsprobe«.

Tipps

Hier können Sie Ihr ganzes Wissen zeigen. Doch Vorsicht: In solchen Tests werden auch gerne einmal berufliche Details wie Techniken, Verfahren und geplante Vorhaben erfunden, um zu überprüfen, wie fundiert Ihr Wissen ist. Es wird sehr peinlich für Sie werden, wenn Sie aus Scham vor einer Wissenslücke eine Technik bestätigen, die es gar nicht gibt. Geben Sie also lieber zu, dass Ihnen ein spezieller Name oder eine Technik nicht geläufig sind.

»Welche Publikation (Fachbuch/Artikel) aus Ihrem Arbeitsgebiet hat Sie in der letzten Zeit besonders beschäftigt?«
»Welche Fachzeitschriften haben Sie abonniert oder lesen Sie regelmäßig?«
»Welche Kongresse, Fachtagungen, Weiterbildungen etc. haben Sie in der letzten Zeit besucht?«

Was sich dahinter verbirgt

Natürlich geht es auch hier um Ihr Engagement und Ihre fachliche Kompetenz. Damit können Sie sich als wertvollen Mitarbeiter präsentieren, der seine lange Erfahrung in beruflichen Abläufen mit den modernsten Entwicklungen in Ihrer Branche fehlerfrei und zeitsparend miteinander verbinden kann.

Tipps

Wir können Ihnen nur immer wieder empfehlen, sich auf diese Fragen schon im Vorfeld überzeugende Antworten zu überlegen. Hat die Firma in der letzten Zeit in puncto Forschung selbst etwas auf den Weg gebracht? Wie können Sie Ihr Wissen mit der fachlichen Ausrichtung der Firma verbinden? Wie Sie sich am besten auf dem Laufenden halten, lesen Sie in Teil 2, »Bewerbungsphase 1 – Die effektive Recherche« auf Seite 93.

»Auf welchem Sektor lag Ihr Ausbildungsschwerpunkt, und wie kam es dazu?«

»Was würden Sie als Ihren aktuellen/vorherigen, spezifischen Arbeitsschwerpunkt bezeichnen?«

Was sich dahinter verbirgt

Hier geht es um Ihre Fähigkeit, fachliche Sachverhalte knapp und präzise auf den Punkt zu bringen. Ist Ihr Vortrag flüssig, inhaltlich verständlich und unterhaltsam?

Tipps

Ob in Ihrem Fall Ihre Ausbildungszeit tatsächlich für einen Personalchef von Bedeutung ist, ist fraglich – es sei denn, er interessiert sich dafür, wie konsequent Sie Ihr Berufsziel verfolgt und ob Sie sich immer auf die zwangsläufigen Veränderungen in Ihrer Branche eingestellt haben. Achten Sie darauf, mit Ihren Argumenten den »roten Faden« in Ihrem Werdegang und in Ihren Arbeitsbereichen zu betonen.

»Was schätzen Sie: Wie lange brauchen Sie, um sich bei uns in Ihr neues Aufgabengebiet einzuarbeiten?«

»Auf welchem Gebiet haben Sie noch größere Defizite, und was gedenken Sie dagegen zu tun?«

Was sich dahinter verbirgt

Gegenstand dieser Frage ist Ihre Selbsteinschätzung. Sie werden sich ganz bestimmt nicht als seriöser Fachmann erweisen, wenn Sie behaupten, innerhalb von vier Wochen ein Verfahren, das noch in der Erprobungsphase ist, marktfähig zu machen. Ebenso wenig können Sie sich nicht in drei Tagen perfekt in eine völlig neue Arbeitsweise eingearbeitet haben und imstande sein, alleinverantwortlich nach zwei Wochen ein Projekt zu leiten. Außerdem wird mit dieser Frage gern die realistische Einschätzung Ihrer Defizite getestet (siehe auch die Frage nach Ihren Stärken und Schwächen!).

Tipps

Signalisieren Sie, dass Sie bereit und willens sind, sich so schnell und intensiv wie möglich auf Ihr neues Aufgabengebiet vorzubereiten, und dass Sie dazu sehr gern die Unterstützung Ihrer Vorgesetzten und Kollegen und betriebliche Weiterbildungsmaßnahmen in Anspruch nehmen würden. Gestehen Sie sich Defizite zu, aber natürlich nur, wenn Sie sich sicher sein können, dass sie mit ein wenig Übung zu beheben sind. Lassen Sie sich nicht unter Druck setzen, reagieren Sie nicht empört oder beleidigt. Betonen Sie lieber Ihre Neugier und Lust auf etwas Neues.

»Können Sie uns noch einmal verdeutlichen: Was spricht für und was gegen Sie als Kandidat?«
»Warum sollten wir gerade Sie einstellen?«

Was sich dahinter verbirgt

Diese Frage bietet Ihnen eine weitere Möglichkeit für den Beweis Ihrer guten Selbsteinschätzung und der Präsentation Ihrer Qualifikationen. Ihr Gegenüber interessiert sich sehr dafür, wie Sie den Zusammenhang Ihrer Fähigkeiten mit dem ausgeschriebenen Stellenprofil herstellen werden und wie überzeugend Sie sind.

Tipps

Schon allein die Fragestellung deutet darauf hin, dass wieder einmal Ihre Stressfestigkeit getestet werden soll. Wappnen Sie sich dagegen mit gut und auf den Punkt formulierten, überzeugenden Argumenten, die für Sie sprechen. Ihre Anzahl sollte die Ihrer »Nachteile« natürlich überwiegen. Achten Sie aber darauf, dass Sie nicht in einen zwanzigminütigen Selbstbeweihräucherungsmonolog verfallen. Warten Sie einen Moment und präsentieren Sie dann Ihre (harmlosen!) Defizite, die natürlich Ihren Vorzügen gegenüber wenig ins Gewicht fallen, in absehbarer Zeit kaum noch vorhanden sein werden oder für die Stelle keine weitere Rolle spielen. Also hüten Sie sich vor zu viel Ehrlichkeit und verzichten Sie auf die Schilderung tiefergehender Probleme. Das Kapitel »Rhetorische Techniken« auf Seite 286 enthält einige Techniken der Gesprächsführung, mit deren Hilfe Sie Einwände Ihres Gegenübers geschickt kontern und zu Ihrem Vorteil wenden können, ohne unverschämt oder anmaßend zu werden. Diese Einwände werden sich voraussichtlich auf Ihr Alter und all die Vorurteile beziehen, die man immer noch gerne ins Feld führt. Bleiben Sie gelassen, setzen Sie höflich, aber bestimmt, die Argumente aus Teil 1 – »Altbekannte Vorurteile und neue Argumente« auf Seite 35 – dagegen und führen Sie schon mit Ihrem selbstsicheren, kompetenten Auftreten diese Einwände ad absurdum.

»Sie bewerben sich hier um eine Position – ist die nicht wirklich drei Nummern zu groß für Sie?«

Was sich dahinter verbirgt

Mit dieser Frage sollen Sie ganz eindeutig provoziert werden. Der Tonfall, Gestik und Mimik und die Körpersprache des Fragers werden ein ähnliches Ziel verfolgen.

Tipps

Lassen Sie sich nicht aus der Ruhe bringen, doch weisen Sie diese Vermutung auch nicht mit großen Gesten von sich. Setzen Sie Ihr Selbstbewusstsein dagegen und liefern Sie als Gegenargument, sich nicht vorstellen zu können, dass Ihr Gesprächspartner mit Ihnen seine Zeit verschwenden würde, wenn er das ernsthaft denken würde.

Gerne wird eine Stresssituation durch Vergleiche mit anderen Bewerbern erzeugt. Fragen in diese Richtung hören sich dann ungefähr so an:

»Ich finde es sehr mutig, dass Sie sich mit Ihren, im Vergleich zu denen der anderen Bewerber eher unzureichenden Qualifikationen für diese Stelle bewerben. Aber Sie werden sicher passende Argumente haben. Ich bin gespannt, sie zu hören.«

Was sich dahinter verbirgt
Der Frager möchte sehen, ob Sie sich durch das Lob der vermeintlichen Vorzüge Ihrer Mitbewerber verunsichern lassen. Verlieren Sie in entscheidenden Augenblicken die Nerven und sind nicht mehr in der Lage, die richtigen Argumente zu liefern? Aus Ihrem jetzigen Verhalten wird er darauf schließen, wie Sie sich im Arbeitsalltag in schwierigen Situationen wie Vertragsverhandlungen, den Umgang mit schwierigen Kunden oder einer kniffligen Produktpräsentation verhalten.

Tipps
Bleiben Sie unbeeindruckt und erstellen Sie in fünf Minuten ein maßgeschneidertes Profil Ihrer Stärken, das Sie zu einem Traumkandidaten macht. Sprechen Sie flüssig, lächeln Sie und tun Sie so, als ob Sie die Provokation gar nicht auf sich bezögen. Das ganze Verhalten Ihres Gegenüber werden Sie natürlich nicht als unverschämt bewerten. Übergehen Sie es einfach charmant. Lassen Sie sich weder zu einer Opferhaltung noch zu einem superarroganten Auftreten verleiten, das signalisiert, dass eine Firma wie diese Sie gar nicht verdient hat. Geht der Frager zu weit, sollten Sie ihn natürlich mit allem Respekt in seine Grenzen weisen.

»Was machen Sie, wenn wir uns für einen anderen Bewerber entscheiden?«

Was sich dahinter verbirgt
Zu jedem Berufsalltag gehören Niederlagen. Wichtig ist, wie man damit umgeht. Genau das wird den Personalchef sehr interessieren. Macht Sie ein solches Ereignis für Tage arbeitsunfähig oder betrachten Sie es lediglich als eine Gelegenheit zur Ursachenforschung, um es dann mit Ihren neu gewonnenen Erkenntnissen immer wieder zu versuchen?

Tipps
Das richtige Mittelmaß an Reaktion ist hier entscheidend. Reagieren Sie weder fassungslos noch mit Panikanfällen, aber auch nicht mit Erleichterung, weil die Stelle sowieso nichts für Sie gewesen wäre. Betonen Sie, dass Sie diese Entscheidung bedauern, aber selbstverständlich akzeptieren würden. Machen Sie klar, dass Sie überzeugt sind, mit Ihren Fähigkeiten sicher bald woanders eine gute Stelle zu bekommen.

7. Informationen für den Bewerber/die Bewerberin

Hat Ihr Gesprächspartner genauere Details seiner Firma und alles Wissenswerte über Ihren künftigen Arbeitsplatz nicht schon nach der Begrüßung erwähnt, wird er es an dieser Stelle tun. Gutes Zuhören erfordert ein Höchstmaß an Konzentration, denn Ihre Aufnahme- und Kombinationsfähigkeit wird spätestens dann auf den Prüfstand gestellt, wenn Sie die Gelegenheit haben, Ihrerseits Fragen zu stellen oder bei Unklarheiten noch einmal nachzufragen.

Was sich dahinter verbirgt

Ihr potenzieller Arbeitgeber nutzt diese Phase als Bühne, um sich und seine Firma im besten Licht zu präsentieren.

Tipps

Das ist allerdings für Sie kein Grund, sich jetzt entspannt zurückzulehnen. Hören Sie sehr aufmerksam zu und verstärken Sie den Eindruck Ihres Interesses durch zustimmendes Nicken oder kurze Nachfragen. Damit erweisen Sie sich als guter Zuhörer und sammeln viele Sympathiepunkte. Denn Bewunderung in angemessenem Rahmen tut auch einem Arbeitgeber gut. Lassen Sie die Informationen, die Sie bereits haben, in Ihre Fragen einfließen – in einem freundlichen, aber bitte nicht überheblichen oder »streberhaften« Ton. An der Ausführlichkeit, mit der sich Ihr Gesprächspartner der Schilderung seiner Firma und Ihres künftigen Arbeitsbereiches widmet, können Sie schon ablesen, wie interessiert er an Ihrer Person ist.

8. Arbeitskonditionen

Im ersten Vorstellungsgespräch spielt die Besprechung der Arbeitskonditionen eine nicht sehr große Rolle. Wichtig ist hier vor allem, Ihre berufliche und menschliche Eignung für die Stelle zu prüfen. Genauere Details werden in einem zweiten Gespräch geklärt. Zumindest bespricht man aber kurz Ihre neuen Aufgaben und erste Rahmenbedingungen. Dazu gehören auch Themen wie Probezeit, Kündigungsfristen, Kompetenzen und Vollmachten, Urlaubsregelung, Bezahlung, Geheimhaltungspflichten, Konkurrenz-/Wettbewerbsschutz, Nebenbeschäftigung, Vertragsänderungen, sonstige Abmachungen, Sondervereinbarungen wie Dienstwagen, Altersversorgung, Umzugskosten, Trennungsentschädigung, Reisekostenvergütung, Unfallversicherung, Sonderzahlungen bei längerer Krankheit etc. Fragen Sie nicht allzu konkret nach. Wie gesagt: Es geht es erst einmal nur darum, ob man sich prinzipiell auf die künftigen Vertragsinhalte einigen könnte.

Ein Thema wird aber sicher Ihre Gehaltsvorstellung sein.

»Welche Gehaltsvorstellung haben Sie?«
»Wie hoch sind Ihre aktuellen Bezüge / Wie viel haben Sie zuletzt verdient?«

Was sich dahinter verbirgt
Hier soll abgetastet werden, ob sich Ihre Gehaltsvorstellungen mit denen der Firma decken. Wie bewerten Sie Ihre Arbeitsleistung? Unter- oder überschätzen Sie sich?

Tipps
Sollte es eine Zeit lang her sein, dass Sie sich beworben haben, informieren Sie sich über die derzeit üblichen Gehälter in Ihrer Branche. Möchten Sie Ihren Arbeitsplatz wechseln, sollten Sie etwa 10 bis 20 Prozent Ihres letzten Gehalts mehr von Ihrem neuen Arbeitgeber verlangen. Sie können es – je nachdem, wie es taktisch besser ist – in einem gewissen Rahmen auf- oder abrunden, aber übertreiben Sie es nicht. Jeder Personalchef kennt die branchenüblichen Gehälter und würde sich nur wundern, wenn z. B. zwischen Gehalt und Aufgabenbereich eine nicht nachvollziehbare Diskrepanz herrscht oder die Höhe generell nicht dem Standard entspricht. Verhandeln Sie immer um ein Jahresbruttogehalt. Erklären Sie genau, aus welchen einzelnen Posten an Sonderleistungen sich Ihr letztes Jahresbruttogehalt zusammengesetzt hat, um für sich und Ihren Arbeitgeber eine bessere Vergleichsmöglichkeit mit dem neuen Gehaltsangebot zu haben.

In Ihrem Fall müssen Sie sich vielleicht damit abfinden, weniger zu verdienen, denn das Argument, dass ein Mitarbeiter in Ihrem Alter zu teuer ist, wird immer wieder gern genannt. Hier kommt es auf Ihr gutes Verhandlungsgeschick und auf Ihre Kompromissfähigkeit an. Verzichten Sie beispielsweise auf Sonderleistungen oder lassen Sie sich auf ein niedrigeres Gehalt während einer schriftlich festgelegten Probezeit ein, wenn das Gehalt danach neu zu Ihren Gunsten verhandelt wird. Signalisieren Sie aber Ihrem Gegenüber, dass Sie Ihren eigentlichen Wert sehr gut kennen. Verkaufen Sie sich nicht zu sehr darunter, sonst verliert man eventuell den Respekt vor Ihnen.

»Wann könnten Sie bei uns anfangen?«
»Wenn wir uns für Sie entscheiden, brauchen wir Sie sofort. Ist das möglich?«

Was sich dahinter verbirgt
Diese Frage soll Ihre Loyalität zu Ihrem alten Arbeitgeber testen. Damit will der Frager prüfen, ob und wie sehr Sie unter Druck stehen. Das alles sind interessante Aspekte, die in das Gehaltsangebot an Sie einfließen werden.

Tipps
Machen Sie deutlich, wie viel Ihnen an der neuen Stelle liegt. Betonen Sie aber auch, dass Sie Ihrem Arbeitgeber die Zeit geben möchten, sich nach einem adäquaten Nachfolger für Sie umzusehen, aber gerne bereit sind, über ein früheres Vertragsende mit ihm zu verhandeln. Würden Sie mit fliegenden Fahnen wechseln wollen, könnte man entweder auf Probleme mit dem alten Chef schließen oder befürchten, dass Sie bei einem entsprechenden Angebot auch diese neue Firma wieder Knall auf Fall im Stich lassen.

Sind Sie arbeitslos, sollten Sie natürlich einen Arbeitsbeginn zum frühest möglichen Zeitpunkt zustimmen und nicht erst einen Urlaub einschieben wollen. Das spricht nicht gerade für Ihre Motivation. Haben Sie allerdings in der Zeit Ihrer Arbeitslosigkeit gejobbt oder sich ehrenamtlich betätigt, erwähnen Sie auch hier, dass Sie Ihren jeweiligen Chefs die Gelegenheit zu einer Lösung geben würden. Das zeigt Ihr Verantwortungsbewusstsein.

9. Fragen des Bewerbers/der Bewerberin

Nachdem sich Ihr Gesprächspartner ausführlich geprüft hat, ob er Sie für einen geeigneten Kandidaten hält, wird er Ihnen nun ebenfalls Gelegenheit geben, sich anhand von Fragen nähere Informationen über Ihren künftigen Arbeitsplatz einzuholen.

Was sich dahinter verbirgt
Jetzt übernehmen Sie zwar den aktiven Part und bringen Ihren Gesprächspartner in eine Art »Bewerbungssituation« (schließlich will er Ihnen ja alle Fragen bestmöglich beantworten und seine Firma in einem guten Licht dastehen lassen), trotzdem offenbart diese Phase sehr viel von *Ihrer* Persönlichkeit. Wie interessiert sind Sie an der Stelle? Wie viel Fachwissen spricht aus Ihren Fragen?

Tipps
Wir haben Sie beim Thema »Informationen für den Bewerber« darauf aufmerksam gemacht, wie wichtig es ist, in dieser Phase des Gesprächs Ihrem Gesprächspartner sehr gut zuzuhören. Die Informationen, die er Ihnen an dieser Stelle gegeben hat, können Sie in Ihre Fragen mit einbinden, ebenso das Wis-

sen, das Sie sich schon während Ihrer Vorbereitung angeeignet haben. Damit machen Sie einen sehr kompetenten und interessierten Eindruck. Vermeiden Sie oberflächliche Fragen zu Themen wie Urlaubsregelungen oder eigenem Parkplatz, sonst wird man entweder an Ihrer Eignung zweifeln oder auf Desinteresse schließen. Auch Fragen zu Themen, die längst besprochen wurden, sollten Sie aus diesen Gründen unbedingt vermeiden.

Beziehen Sie Ihre Fragen lieber auf Ihr künftiges Arbeitsgebiet, auf die Verantwortung, die Sie tragen werden, auf das Weiterbildungsangebot der Firma etc. Sie können auch Ihre künftige Bezahlung ansprechen – aber nur im Bezug auf einen »Richtwert«. Genauere Details werden meist erst im zweiten Vorstellungsgespräch geklärt.

Notieren Sie sich vorher ruhig Ihre Fragen (ähnlich wie vor einem wichtigen Telefonat!). Damit blamieren Sie sich nicht, sondern zeigen, dass Sie vorbereitet und Ihnen diese Fragen wichtig sind. Es wird auch niemand negativ bewerten, wenn Sie sich während des Gesprächs Notizen machen, aus denen Sie dann Ihre Fragen formulieren. Dieser Zettel wird Ihnen für Ihre Nachbereitung noch sehr von Nutzen sein.

Im Folgenden finden Sie einige Beispiele für Fragen, deren Beantwortung Ihnen detailliert Aufschluss über Ihre neue Stelle geben. Sie eignen sich auch sehr gut für das zweite Vorstellungsgespräch:

- Ist diese Position/dieser Arbeitsplatz neu geschaffen worden oder fester Bestandteil in Ihrem Unternehmen?
- Wer hat diese Aufgabe bisher wahrgenommen?
- Mit welchem Erfolg, was gab es für Probleme?
- Warum ist der Arbeitsplatz frei geworden?
- Was macht der ehemalige Stelleninhaber jetzt?
- Haben Sie eine detaillierte Stellenbeschreibung, darf ich sie sehen oder mitnehmen?
- Gibt es ein Organigramm (Organisationsplan), in dem der ausgeschriebene Arbeitsplatz dargestellt wird?
- Mit welchen Personen und Abteilungen würde ich zusammenarbeiten?
- Würde ich im Team arbeiten?
- Welche speziellen Erwartungen haben Sie an den neuen Stelleninhaber?
- Was, meinen Sie, sollte dieser als Erstes tun, was ist das Wichtigste?
- Könnte ich meine neuen Kolleginnen und Kollegen, mit denen ich zusammenarbeiten würde, im Vorfeld schon kennen lernen?

- Welchen beruflichen Hintergrund haben die zukünftigen Kollegen, Vorgesetzten?
- Wie ist die Einarbeitungsphase geplant (Ansprechpartner, Programm, auch: wo und wie lange)?
- Welche späteren Entwicklungsmöglichkeiten gibt es für mich von dieser Position aus?
- Welche Fort- und Weiterbildungsangebote gibt es in Ihrem Unternehmen?
- In Ihrer Anzeige (in Ihren Unterlagen) schreiben Sie ... Was verstehen Sie darunter?
- Welche aktuellen Vorhaben stehen in Ihrem Haus für die nahe Zukunft an?
- Welche Probleme in Ihrem Unternehmen bedrücken Sie am meisten?
- Wie würden Sie den Führungs- und Umgangsstil in Ihrem Haus charakterisieren?

Machen Sie sich bitte immer bewusst, dass es sich hier um das erste Vorstellungsgespräch handelt. Betrachten Sie diese Fragen sozusagen als Orientierungs- und Entscheidungshilfe, um ein genaueres Bild Ihrer neuen Aufgabe und ihrer Rahmenbedingungen zu bekommen. Fragen Sie aber nicht so, als hätten Sie den Vertrag schon in der Tasche. Der detaillierte Arbeitsvertrag und das genaue Gehalt sind noch kein Thema. Auch Ihr Interesse, wie es mit Ihnen weitergeht und wann Sie mit einer Entscheidung rechnen können, ist verständlich. Sie sollten es aber an dieser Stelle noch nicht zeigen. Ihr potenzieller Arbeitgeber kann sich leicht bedrängt fühlen, und das wird sich negativ gegen Sie auswirken.

10. Abschluss des Gesprächs und Verabschiedung

»Warum sollten wir gerade Ihnen den Arbeitsplatz geben?«

»Können Sie bitte noch einmal kurz zusammenfassen, was Ihre Stärken, aber auch Ihre Schwächen sind?«

Was sich dahinter verbirgt

Diese Frage birgt, auch durch ihren Wiederholungscharakter, ein erhebliches Stress- und Provokationspotenzial, gerade wenn man sich eigentlich schon auf das Ende des Gesprächs eingestellt hat. Es geht noch einmal um die Eignung Ihrer Person für den zu besetzenden Arbeitsplatz und darum, ob Sie es schaffen, durch die Wahl Ihrer Argumente Ihren Gesprächspartner in aller Kürze davon zu überzeugen.

Tipps
Fassen Sie die Argumente, die für Sie sprechen, nochmals in kurzer, ansprechender Weise zusammen. Sie können jetzt diese Aufzählung ruhig durch »*1. … 2. … 3. …*« kenntlich machen. Dadurch bleiben Ihre Gründe gut im Gedächtnis haften. Lassen Sie sich nicht zu einem entnervten Ton provozieren. Bleiben Sie weiterhin freundlich und gelassen und verwenden Sie Ihre Konzentration darauf, sich nicht zu widersprechen.

Das Vorstellungsgespräch ist an dieser Stelle faktisch zu Ende. Um Ihren guten Eindruck zu festigen, ist ein gelungener Abgang wichtig. Dieser wird Ihnen durch Ihren Gesprächspartner erleichtert werden, der vermutlich Wert darauf legt, sich und seine Firma noch einmal von der besten Seite zu präsentieren. Er wird sich nach allen Regeln der Höflichkeit für Ihren Besuch, Ihre Bewerbung und Ihr Interesse an der Firma bedanken. Je nachdem, wie das Gespräch gelaufen ist und es die Zeit erlaubt, ist auch hier die Gelegenheit zu einem kurzen Small Talk.

Dass Sie jetzt erleichtert sind, ist verständlich, aber vergessen Sie darüber nicht, zu erfragen, wie es jetzt weitergeht. Hier müssen Sie geschickt vorgehen. Denn direkte Fragen, ob Sie wohl Chancen haben und wie Ihr potenzieller Chef Sie findet, sind natürlich absolut tabu. Denn damit zeigen Sie, dass Sie unsicher sind, sich nicht gut selbst einschätzen können oder erheblich unter Druck stehen. Auch Überheblichkeit könnte man Ihnen unterstellen.

Fragen Sie also lieber: »*Wie sollen wir jetzt verbleiben? Soll ich mich bei Ihnen melden – in ungefähr einer Woche – oder benachrichtigen Sie mich?*« Für den Fall, dass Sie benachrichtigt werden, fragen Sie ruhig noch einmal nach, wann das sein wird. Mit dieser Variante bekommen Sie die Informationen, die Sie benötigen, um nicht nervös auf unbestimmte Zeit in der Warteschleife zu hängen, und setzen Ihren potenziellen Arbeitgeber nicht unnötig unter Druck.

Wie für den Beginn des Gesprächs raten wir Ihnen auch jetzt: Wahren Sie die Fassung, bis Sie das Firmengelände verlassen haben. Erst dann ist der Besuch zu Ende. Auch, wenn es nach Ihrem Gefühl nicht gut gelaufen ist, sollten Sie sich von allen Anwesenden angemessen verabschieden und lächelnd den Raum verlassen. Werfen Sie nicht mit den Türen, fluchen oder jubeln Sie nicht, verkneifen Sie sich böse Kommentare zu vorbeilaufenden Mitarbeitern. Vielleicht hatten Sie doch ganz gute Chancen, die Sie sich selbst mit diesem Abschied verderben. Bleiben Sie also souverän und machen Sie Ihrem Ärger lieber erst auf dem Sportplatz oder in Ihrer eigenen Wohnung Luft.

Was tun bei unzulässigen Fragen? – Ihr Recht auf Notlügen

Vielleicht sind Ihnen einige der geschilderten Fragen unangenehm, weil Sie nicht genau wissen, wie Sie am besten darauf antworten, ohne zu viel von sich preiszugeben, oder weil Sie ungern darüber sprechen (z. B. über die Gründe einer Kündigung). Leider müssen Sie sich viele dieser Fragen gefallen lassen, denn ein Arbeitgeber möchte sich schließlich ein Bild von Ihnen machen. Wie Sie geschickt kontern können, erfahren Sie im Kapitel »Rhetorische Techniken« auf Seite 286).

Grundsätzlich darf ein Arbeitgeber aber nur Fragen stellen, die sich auf den Arbeitsplatz, um den es geht, direkt beziehen. Alles andere verletzt Ihre gesetzlich geschützte Privatsphäre.

Unzulässig sind z. B. Fragen, die Ihr Privatleben und Ihre diesbezüglichen Pläne betreffen (wie Heirat, Kinderwunsch, Fragen nach dem Beruf des Partners, sexuelle Ausrichtung, Freizeitgestaltung etc.). Sie dürfen nicht nach Ihren privaten Lebensumständen befragt werden, z. B. danach, ob Sie verschuldet sind oder eine Haftstraße abgebüßt haben. Fragen nach Ihrem Gesundheitszustand sind höchstens erlaubt, wenn Sie aktuell eine Krankheit haben, die voraussichtlich Ihre volle Arbeitsleistung schmälern könnte – z. B. dann, wenn Sie an Ihrem Arbeitsplatz Verantwortung für Menschenleben tragen. Fragen nach früheren, auskurierten Krankheiten sind verboten.

Auch Ihre politische oder religiöse Einstellung ist Ihre Privatangelegenheit und darf nicht zum Thema gemacht werden – es sei denn, Sie bewerben sich z. B. bei einem kirchlichen Träger oder einer politischen Institution. Denn in diesem Fall hat sie ja direkt etwas mit dem Arbeitsplatz zu tun. Wie hoch Ihr letztes Gehalt war, geht einen Arbeitgeber nur etwas an, wenn er aus der genannten Höhe Schlüsse für den Arbeitsplatz ziehen kann, den er zu besetzen hat. Wenn es dabei um eine verantwortungsvolle Position geht, kann er z. B. an der Höhe Ihres letzten Gehalts erkennen, wie viel Verantwortung Sie an Ihrem Arbeitsplatz zu tragen hatten, und Erkenntnisse über Ihre mögliche Eignung für seine zu vergebende Stelle ziehen.

Auch wenn diese Fragen unzulässig sind, gestellt werden sie in vielen Fällen trotzdem. Denn man möchte lieber im Vorfeld so viel wie möglich von Ihnen erfahren, um das Risiko einer »Fehlbesetzung« möglichst klein zu halten. Da greift so mancher Arbeitgeber schon einmal zu einer »Überrumpelungstaktik«. Denn welcher Arbeitnehmer wird eine Antwort verweigern, wenn es um einen neuen Arbeitsplatz geht?

Damit sind Sie aber in der Bredouille. Wenn Sie nicht darauf antworten, laufen Sie Gefahr, dass der Arbeitgeber hinter Ihrem Schweigen persönliche Probleme oder mangelnde Kooperationsbereitschaft wittert. Beides wäre als Voraussetzung für einen positiven Ausgang des Gesprächs nicht gut. Wenn Sie darauf antworten, geben Sie ihm Einblicke in einen Bereich, der ihn nichts angeht, und liefern ihm möglichen Stoff für Spekulationen oder Persönlichkeitsanalysen.

Um Sie aus dieser schwierigen Lage zu befreien, hat das Bundesarbeitsgericht Arbeitnehmern das Recht auf eine Notlüge zugestanden. Das bedeutet, dass Sie unzulässige Fragen, also Fragen, die nicht direkt mit der angestrebten Stelle im Zusammenhang stehen, nicht wahrheitsgemäß beantworten müssen, wenn die Zusage der Stelle von der Tendenz Ihrer wahrheitsgemäßen Antwort abhängt. Sie haben auch keine juristischen Probleme zu befürchten, sollte herauskommen, dass Sie in diesem Punkt gelogen haben.

Was Ihr Körper über Ihre Gedanken verrät

Für die inhaltliche Vorbereitung auf die Fragen während Ihres Vorstellungsgesprächs haben Sie jetzt alle Informationen über ihren Hintergrund zusammen und wissen, welche Argumente Sie am besten für Ihre Antworten verwenden. Nun kommt es darauf an, sie so zu präsentieren, dass Sie einen kompetenten und sympathischen Eindruck erzeugen, aber auch nicht zu viel von sich preiszugeben.

Rein äußerlich schaffen Sie das mit der richtigen Haltung – und das meinen wir wörtlich. Viele Personalchefs beobachten sehr genau, wie Sie sich »halten«, sprich: wie Sie gehen, stehen, sich hinsetzen und sich Ihrem Gesprächspartner gegenüber verhalten. Ihre Gestik und Mimik sind häufig Anlass für psychologische Analysen Ihrer Persönlichkeit. Grundlagen dafür sind diverse Ratgeber, die ganz genau aufschlüsseln, welche tiefergehende Bedeutung eine bestimmte Geste im Bezug auf Ihr Seelenleben hat, und über deren Seriosität sich streiten lässt. Ziel ist es auch hier, so früh es geht, möglichst viel über Sie und Ihre Eignung für die Stelle herauszufinden, um sich später Probleme zu ersparen.

Oft sind eine schlechte Haltung, nervöses Beinzappeln oder Fingertrommeln auf dem Tisch lediglich schlechte Angewohnheiten, die Ihr näheres Umfeld vielleicht nerven, aber keine ernsthaften Gedanken über Ihren psychischen Zustand hervorrufen sollten. Personalchefs, die sich mit obengenannten Ratgebern beschäftigt haben, sehen das vielleicht anders. Bestimmte körperliche Reaktionen auf eine Frage wie wegzusehen, Finger ineinander zu krampfen oder auf dem Stuhl hin- und herzurutschen, werden da gerne auch einmal überinterpretiert.

Nichtsdestotrotz löst Ihre Körperhaltung immer eine bestimmte Wirkung aus. Ein gebeugter Rücken, eine schlaffe Sitzhaltung oder ein verkniffenes Gesicht wirken tatsächlich nicht gerade energiegeladen und sympathiefördernd. Nagen Sie während des Vorstellungsgesprächs an Ihrem Fingernagel, wird Ihr Gesprächspartner Sie für unsicher, nervös oder gar labil halten. Betreten Sie mit schlurfendem Gang den Raum, müssen Sie damit rechnen, dass er Ihnen Desinteresse unterstellt. Sehen Sie während des ganzen Gesprächs ausschließlich auf den Boden, könnte ihm der Verdacht kommen, Sie hätten etwas zu verbergen.

Wenn Sie sich aber gerade halten, ohne dabei stocksteif zu sein, sich ruhig und mit sparsamen Gesten bewegen, aufrecht mit locker übereinandergeschlagenen Beinen dasitzen, Ihrem Gesprächspartner mit einem Lächeln gerade und offen in die Augen sehen, ohne ihn anzustarren, wirken Sie sympathisch, umgänglich und kompetent. Jedes Zappeln, jedes Zucken lenkt von dem, was Sie gerade sagen, ab und zerstört die souveräne Wirkung Ihrer Aussage. Wie gesagt: Laut Aussage diverser Fachleute entscheiden die ersten 120 Sekunden der ersten Begegnung über den ersten, bleibenden Eindruck. Nutzen Sie die Zeit!

Im Übrigen gehört es schlicht zum guten Ton, sich angemessen und respektvoll seinem Gesprächspartner gegenüber zu verhalten. In der Geschäftswelt sind gute Umgangsformen unerlässlich. Ihre Beherrschung zeigt sich in Ihrer der Situation angepassten Körpersprache. Sie ist sozusagen Ihr Aushängeschild. Was Ihr Gesprächspartner daraus ableiten will, soll ihm überlassen bleiben. Wenn Sie sich an die Grundregeln guten Benehmens halten, wird es nicht sehr viel Negatives geben, was man Ihnen nachsagen kann.

Damit Sie einmal sehen, was Ihr Gegenüber angeblich an Ihrer Körperhaltung, Ihrer Gestik, Mimik und Ihrer Sprechweise über Sie erfahren kann, haben wir einige Beispiele von Gestik und Mimik und ihre mögliche Interpretation zusammengestellt. Wir empfehlen Ihnen, auf gewisse Dinge zu achten, damit Sie nicht in eine Schublade gesteckt werden, in die Sie gar nicht hineingehören.

Körpersignal	**Bedeutung**
Blickverhalten	
Augen betont weit offen	Aufmerksamkeit, Aufnahmebereitschaft, Sympathie, Weltoffenheit signalisierend, Flirtverhalten
verengte Augenöffnung	Konzentration, Entschlossenheit, Eigensinn, Kleinlichkeit, überkritische Haltung

zugekniffene Augen	Abwehr, Unlust
gerader Blick	Offenheit, reines Gewissen, Vertrauen
schräger Blick	abschätzende Zurückhaltung
häufiger Blickkontakt	Sympathie
häufiges Wegsehen	mangelnde Sympathie oder Verlegenheit
auffällig häufiger Lidschlag	Unsicherheit, Befangenheit, u.U. nervöse Störung

Mimik

offenes Lächeln	offene Heiterkeit, uneingeschränktes Mitfreuen
gequältes Lächeln	ironisch, schadenfroh, blasiert, ängstlich
überwiegend geöffneter Mund	Mangel an Selbstkontrolle
zusammengepresster Mund	Zurückhaltung, Reserviertheit, Verkniffenheit, Kontaktarmut
Mundwinkel nach unten	Bitterreaktion, Pessimist, depressiv
Mundwinkel nach oben	Aktivität bis Abwehr
Heben der Augenbrauen	Ungläubigkeit oder Arroganz

Gesten

übertrieben kräftiger Händedruck (»Knochenbrecher«)	Rücksichtslosigkeit, Angeberei
kräftiger Händedruck ohne Übertreibung	Aufrichtigkeit, Sicherheit
schlaffer Händedruck (»tote Hasenpfote«)	Unsicherheit, kontaktarm, leicht beeinflussbar
Hand wegziehend	Verschlossenheit
verschränkte Arme	
– bei Männern	Ablehnung, Verschlossenheit
– bei Frauen	Selbstschutz, Angst
Hand vor den Mund halten	
– während des Sprechens	Unsicherheit
– nach dem Sprechen	will das Gesagte zurücknehmen
Sprecher hält Armlehnen mit beiden Händen fest	Aggressivität, aber etwas unsicher, neigt zur Weitschweifigkeit
Kopf auf Hände stützen	Nachdenklichkeit, Erschöpfung, Langeweile

Spitzdach mit den Händen formen	Arroganz, Abwehr gegen Einwände
Hände reiben	selbstgefällig, selbstzufrieden
spielende Hände	Zeichen von Erregung, Nervosität, Befangenheit, Angst, Verwirrung
mit dem Finger auf den Gesprächspartner zeigen	Angriff, Wut
Hand zur Faust verkrampfen	Wut, verhaltener Zorn
Anfassen der Nase	Nachdenklichkeit, kritische Haltung, Verlegenheit
über den Hinterkopf streichen,	Verlegenheit, Unbehagen, Ärger
Zupfen an den Ohren,	Nachdenklichkeit,
Streichen des Kinns	Zufriedenheit
Finger zum Mund nehmen	verlegen, unsicher
mit den Fingern trommeln	Nervosität, Ungeduld
häufiges Spielen mit dem Ring	Eheprobleme, frustriert vom häuslichen Leben
häufiges Abnehmen der Brille	Ablehnung, Angriff, Nervosität

Körperhaltung

Achselzucken, die Handflächen nach außen	passive Hilflosigkeit
übereinandergeschlagene Beine	
– zum Gesprächspartner hin	Aufbau eines Sympathiefeldes
– vom Gesprächspartner weg	Ablehnung, Unwillen
übergeschlagene Beine, Knie in die Hand gestützt	kritisch, skeptisch
dicht aneinandergestellte Füße beim Sitzen	schuldhafte Ängstlichkeit, Einzelgänger, überkorrekte Grundeinstellung
breit auseinanderklaffende Beine beim Sitzen	sorglose Unbekümmertheit, Rücksichtslosigkeit
friedlich ruhende Sitzhaltung	Selbstsicherheit, aber auch robuste Unbekümmertheit, seelische Erschöpfung
alarmbereite Sitzweise (auf dem Sprung sein)	Mangel an Selbstvertrauen und Sicherheit, auch Misstrauen, innere Unruhe, Angst
Füße um die Stuhlbeine legen	Unsicherheit, Suche nach Halt

Füße nach hinten nehmen	Ablehnung
mit den Füßen wippen	Arroganz, Ungeduld, Sicherheit, Aggressivität
steife, militärische Körperhaltung, geziert aufrecht	Unterdrückung von Angst
breitbeinig dastehen, Daumen in die Achselhöhlen	Selbstsicherheit
den Oberkörper weit nach vorn lehnen	Interesse, Sympathie, Wunsch zu unterbrechen
den Oberkörper weit zurücklehnen	Desinteresse, Ablehnung

Sprechweise

lautstarke Stimme	Vitalität, Selbstbewusstsein, Kontaktfreude, aber auch Unbeherrschtheit, Geltungsdrang
leise, flüsternde Stimme	Schwäche, mangelndes Selbstbewusstsein, aber auch Sachlichkeit, Bescheidenheit
schnelles Sprechtempo	Impulsivität, Temperament, aber auch ungezügelt, nervös
langsames Sprechtempo	antriebsschwach, aber auch Sachlichkeit, Besonnenheit, Ausgeglichenheit
wechselndes Sprechtempo	innere Unausgeglichenheit
ausgeprägte Pausengestaltung	Disziplin, Selbstbewusstsein
starke Akzentuierung	Lebhaftigkeit, Gefühlsstärke
schwache Akzentuierung	Uninteressiertheit, mangelnde geistige Flexibilität

Geruch

parfümiert	werbend
überstark parfümiert	unsicher, vernebelnd
Schweißgeruch	ängstlich, unordentlich

Selbst wenn junge Unternehmer Sie als Mitarbeiter schätzen, kann es immer wieder einmal zu Befürchtungen im Bezug auf Ihre Person kommen, die psychologisch erklärbar sind. So könnten (Personal-)Chefs z. B. mit noch wenig Erfahrung Schwierigkeiten haben, mit jemandem umgehen zu müssen, der erfahrener und/oder älter ist als sie. Sie befürchten, dass Sie ihre Funktion als »Alpha-Tier« untergraben, oder umgekehrt, dass sie Ihnen mit ihren Vorstellungen zu nahe treten könnten – und es lieber aus »Respekt vor dem Alter« unterlassen.

Sie können schon anhand Ihrer Körpersprache im Vorfeld die Bedenken eines Personalchefs zerstreuen, bevor überhaupt noch ein Wort gewechselt wurde. Gerade wenn Sie bis jetzt viele Führungspositionen innehatten oder in Ihrem Fachgebiet zum Spezialisten geworden sind, werden Sie das ganz selbstverständlich ausstrahlen. Das ist auch vollkommen legitim, solange Sie Ihren Gesprächspartner damit nicht »überrollen« und ihn sozusagen auf seinen Platz verweisen.

Ein zu selbstsicheres Auftreten erweckt vielleicht den Eindruck, als würden Sie das Büro eigentlich für sich beanspruchen. Gerade bei sehr jungen, noch unerfahrenen Personalchefs kann das zu Irritationen führen.

Halten Sie sich besser mit zu großen Gesten zurück, mit denen Sie unangenehm viel Raum beanspruchen. Sitzen Sie niemals mit gespreizten Beinen und weit vorgebeugtem Oberkörper auf Ihrem Stuhl. Das kann bedrohlich und vereinnahmend wirken. Ein zu legeres Lümmeln in Ihrem Stuhl, mit aufgestütztem Kinn und hochgezogenen Augenbrauen, signalisiert eher Desinteresse. Sie vermitteln damit leicht das Gefühl, dass Ihnen Umgebung und Gesprächsinhalt nicht zusagen und Sie sowieso alles ganz anders machen würden, wenn Sie hier etwas zu sagen hätten. Ein ganz großes Tabu sind Gesten, mit denen Sie Ihrem Gegenüber sozusagen das Wort erteilen. Das ist respektlos und lässt nicht gerade vermuten, dass Sie sich kommentarlos in eine bestehende Hierarchie innerhalb der Firma eingliedern werden.

Sitzen Sie lieber leicht gespannt mit übereinandergeschlagenen Beinen in Ihrem Stuhl, die Hände locker auf den Lehnen. Lassen Sie am besten erst einmal die neue Umgebung auf sich wirken, beobachten Sie Ihren Gesprächspartner einen Augenblick und passen Sie sich seinen Bewegungen, seiner Stimmlautstärke und seinem Tempo an. Das schafft Sympathien.

Signalisieren Sie ihm, dass es Ihnen um das Fachliche geht und Sie ihm weder seine Position streitig machen noch eine Sonderstellung wegen Ihres Alters wollen.

Es gibt viele Führungspersönlichkeiten, denen man ihre Position nicht anmerkt. Sie geben sich vornehm-zurückhaltend und können sich jederzeit mit ihrer Gestik und Mimik auf ihren Gesprächspartner einstellen, um ihm beispielsweise seine Scheu zu nehmen. Trotzdem spürt man ihre Souveränität, die aber niemals bedrohlich wirkt.

Gesprächskonstellationen und Verhaltensweisen

Nachdem Sie nun wissen, wie Sie mit Ihrem Auftreten einen positiven Eindruck machen, geht es in diesem Kapitel darum, wie Sie sich psychologisch am besten auf die Gesprächssituation vorbereiten.

Es ist ein großer Unterschied, ob Sie ein Gespräch unter vier Augen führen, oder ob Sie sich einer ganzen Gruppe von Personen gegenübersehen. Ob Sie als Einzelner befragt werden oder zusammen mit anderen Mitbewerbern die Bewerbungssituation bewältigen müssen, der Fokus also nicht unbedingt nur auf Ihnen allein liegt, ist auch etwas ganz anderes.

Sympathie für Sie entsteht bei Ihrem Gesprächspartner, wenn er das Gefühl hat, Sie wären auf derselben Wellenlänge. Um das zu erreichen, müssen Sie sehr schnell herausfinden, was er für ein Typ Mensch ist und worauf es ihm bei der Besetzung seiner Stelle am meisten ankommt. Das gelingt Ihnen in kleinerem Rahmen natürlich wesentlich besser.

Häufig stehen Sie aber einem Gremium von zwei oder mehreren Personen gegenüber. Es besteht z. B. aus dem (Personal-)Chef selbst, Ihrem künftigen direkten Vorgesetzten, einem anderen leitenden Angestellten, einem Personalberater und/oder künftigen Kollegen. Im sozialen Bereich sehen Sie sich nicht selten mit dem gesamten Team konfrontiert, das als Ganzes darüber entscheidet, ob Sie zu ihm passen.

Sitzen Sie einer Gruppe von drei Personen gegenüber, werden Sie feststellen, dass diese sich Ihnen gegenüber sehr unterschiedlich verhalten. Ein Gesprächspartner ist meist der Sympathische, Zugänglich-Verständnisvolle, ein anderer fordert Sie mit Aussagen heraus und versucht, Sie unter Stress zu setzen, und die dritte Person ist der stille Beobachter und Schriftführer. Fühlen Sie sich an das Schema der amerikanischen Verhörfilme »guter Bulle, böser Bulle« erinnert, liegen Sie gar nicht so falsch. Das Ziel ist ja, wie mehrfach erwähnt, in kurzer Zeit möglichst viel über Sie zu erfahren. Dazu gehört auch, wie Sie sich unter Stress verhalten, wie souverän Sie in unangenehmen Situationen mit Ihrem Partner umgehen.

Die schweigsame dritte Person sollten Sie übrigens nicht unterschätzen. Auch wenn sie nichts sagt, kann es durchaus sein, dass es sich um einen wichtigen Entscheidungsträger handelt, der Sie aus einer objektiveren Position beurteilen möchte. Ob es so ist, lässt sich übrigens an der Körpersprache und dem Verhalten der anderen beiden ihm gegenüber feststellen. Behandeln sie ihn besonders respektvoll und lassen sie ihm z. B. den Vortritt bei Betreten und Verlassen des Raumes, sprechen sie mit ihm mit sehr zurückhaltender Stimme, können Sie sich sicher sein, dass Sie mit Ihrer Interpretation richtig liegen.

Lassen Sie sich nie provozieren – zeigen Sie Ärger weder in Ihrer Haltung noch in Ihrer Stimmlage. Atmen Sie lieber tief durch, wenn Ihnen eine Frage besonders unangenehm ist, und wahren Sie die Fassung.

Seien Sie aber auch auf der Hut, wenn man Sie mit betonter Freundlichkeit und Sätzen wie »*Ja, ja, ich kenne das. Die Situation XY ist manchmal gar nicht so leicht zu bewältigen …*« oder »*Ich bewundere, wie Sie das trotz Ihrer schwierigen Situation gemeistert haben …*« Verständnis ist ein guter »Türöffner« und bringt Sie dazu, mehr zu erzählen, als Sie wollten, gerade wenn Sie nervös und für jedes nette Wort dankbar sind. Bleiben Sie innerlich sachlich und überlegen Sie einige Sekunden, bevor Sie antworten. Bei einer besonders kniffligen Frage ist es durchaus legitim, wenn Sie um eine kurze Bedenkzeit bitten: »*Entschuldigen Sie bitte, darüber möchte ich kurz nachdenken …*«. Das zeigt, dass Sie die Frage ernst nehmen und Ihre Antworten nicht stereotyp herunterspulen wollen.

Beziehen Sie in Ihre Blickkontakte alle drei Personen ein, seien Sie zu allen gleichermaßen offen, lächeln Sie und behandeln Sie alle bei Begrüßung und Verabschiedung gleich. Selbst wenn es sich bei dem Schriftführer »nur« um den Assistenten handelt, sollten Sie die anderen beiden nicht bevorzugt behandeln. Denn damit vermitteln Sie den Eindruck, dass Sie obrigkeitshörig sind oder grundsätzlich nur mit den »oberen Etagen« sprechen.

Auch hier gilt speziell für Sie: Lassen Sie sich Ihre große Erfahrung nicht allzu sehr anmerken. Signalisieren Sie bereits in Ihrem Verhalten, dass Sie die Rollenverhältnisse anerkennen. Sie sollen sich natürlich nicht zum unterwürfigen Opfer machen. Vermeiden Sie, von sich aus den Fokus auf Ihr Alter und die damit verbundenen Befürchtungen zu ziehen. Unterlassen Sie möglichst jegliche väterliche oder pädagogische Tendenz in Stimme und Haltung – auch wenn Ihnen auf den ersten Blick etwas an Ihrem Gegenüber oder an der gesamten Atmosphäre auffällt, das dringend änderungsbedürftig wäre.

Ausgesprochen unangenehm ist es den meisten, in einer Gruppe von mehreren Mitbewerben antreten zu müssen. Aber auch darauf können Sie sich einstellen. Lassen Sie sich vor allen Dingen im Vorfeld nicht nervös machen durch angstgeschüttelte Konkurrenten, die Sie und sich mit Horrorszenarien verrückt machen wollen oder jetzt schon versuchen, Sie einzuschüchtern mit der langen Latte ihrer bisherigen Erfolge. Seien Sie sicher: Diese Personen verfügen nicht gerade über ein ausgeprägtes Selbstbewusstsein und Sie werden gut daran tun, sich nicht in diese unguten gruppendynamischen Prozesse hineinziehen zu lassen. Bleiben Sie freundlich, aber halten Sie sich ein wenig abseits und konzentrieren Sie sich lieber auf das, was vor Ihnen liegt.

Halten Sie sich zu Beginn des Gesprächs etwas zurück, sowohl in Ihrer Haltung als auch in Ihrem Engagement, und nutzen Sie diese kurze Zeit, um sich ein Bild von Ihren künftigen Vorgesetzten und Kollegen zu machen und danach Ihre »Taktik« zu entwickeln. Versuchen Sie herauszufinden, wie sich die anderen Kandidaten verhalten und wie der Frager darauf reagiert. Sie können dieses Wissen mit etwas Geschick gut für sich nutzen. Drängen Sie sich nicht zu sehr in den Vordergrund (gerade wenn Sie der Älteste sind), verstecken Sie sich aber auch nicht. Werden Sie aufgefordert, sich vorzustellen und Ihre Gründe für Ihre Bewerbung zu benennen, kommen Sie dem freundlich, aber kurz und möglichst informativ nach. Das ist z. B. etwas, was Sie zu Hause schon vorbereiten können. Ist die Situation danach, können Sie durchaus einen kleinen Scherz einflechten oder versuchen, die Stimmung etwas zu entkrampfen. Versuchen Sie aber nicht, Ihre Nervosität mit Kalauern zu überspielen oder sich gar für Ihr Alter zu entschuldigen.

Die Gründe für diese gerade in großen Firmen beliebte Methode der Gruppengespräche sind, Zeit zu sparen und eine direkte Vergleichsmöglichkeit der Bewerber zu haben. Wichtiger ist den Personalverantwortlichen allerdings, herauszubekommen, wie es um das Sozialverhalten der Kandidaten bestellt ist, sprich: Sind Sie ein typischer Leitwolf? Lassen Sie anderen ihren Freiraum? Können Sie sich durchsetzen, ohne rabiat zu werden? Lassen Sie sich schnell einschüchtern? Sind Sie in der Lage, Ihre Ideen auch »bei Gegenwind« zu verteidigen, aber auch nachzugeben, wenn Ihre Vorstellungen nicht umsetzbar sind? Akzeptieren Sie den »Punktsieg« eines Konkurrenten, ohne auf Biegen und Brechen etwas dagegensetzen zu wollen?

Psychologisch nicht zu unterschätzen ist die Reihenfolge, in der sich die Bewerber vorstellen sollen. Werden Sie als Erster aufgerufen, haben Sie noch keine Vergleichsmöglichkeiten, wie gut oder schlecht eine bestimmte Variante bei dem Gremium ankommt. Außerdem könnten Ihre Zuhörer besonders kritisch auf Ihre Wortwahl achten, weil, wie Sie wissen, in den ersten Minuten die Aufmerksamkeit am größten ist. Sind Sie Letzter, müssen Sie damit rechnen, dass Ihre Zuhörer bereits von den Informationen der vorigen Bewerber gesättigt sind.

In beiden Fällen können Sie Ihre Position als Erster oder Letzter scherzhaft in einen Eröffnungssatz verpacken, z. B. »*Wenn der Satz: Die Letzten werden die Ersten sein, auf mich zutreffen würde, würde mich das natürlich sehr freuen …*« oder als Erster: »*Nachdem es immer heißt, dass der Erste den Weg ebnet für andere, freue ich mich, auf diese Weise meine diesbezüglichen Qualitäten zeigen zu können.*« Das wird Ihnen sicher nicht zu schwer fallen, denn unangenehme

Situationen gab es in Ihrem Berufsleben vermutlich schon öfter. Wenn Sie darauf achten, dass Ihnen Ihre Bemerkung nicht in einen stillen Vorwurfston verrutscht, wird Ihnen Ihre Zuhörerschaft (übrigens auch Ihrer Mitbewerber) für die Entkrampfung der Situation sicher dankbar sein.

Rhetorische Techniken

Wie wir Ihnen bereits zu Beginn dieses Kapitels verdeutlicht haben, sind Sie einer derartigen Gesprächsführung nicht hilflos ausgeliefert. Viele Fragen, die Sie beim ersten Hören beunruhigen würden, verlieren ihren Schrecken, wenn Sie wissen, welchen Zweck ihre Formulierungen erfüllen sollen und wie Sie allzu zudringliche oder unangenehme Fragen geschickt kontern.

Am besten ist es für Sie, sich zumindest zu Anfang möglichst bedeckt zu halten und nur zu reden, wenn man Sie fragt. Sowohl der Versuch, mit vielen Gegenfragen besonders interessiert zu erscheinen, als auch der Redeschwall, der Ihre zunehmende Entspannung zeigt, vermitteln nur, dass Sie nicht verstanden haben. Nicht Sie sind der Gesprächsführer, ein »Streber«, der sich in ein besonders gutes Licht rücken will. Unangenehm wird es für Sie, wenn man Ihnen unterstellt, dass Sie nicht nur das Gespräch, sondern später auch die ganze Firmenorganisation an sich reißen werden. Dieser Eindruck entsteht vor allem, wenn Sie ausführlich in früheren diesbezüglichen Erfolgserlebnissen schwelgen.

Denn allzu hoch ist Ihr verbaler Anteil an diesem Gespräch in den meisten Fällen gar nicht – lediglich 20 Prozent der Zeit müssen Sie nach wissenschaftlichen Untersuchungen dafür aufwenden. Der Rest ist dem Zuhören und Speichern der Informationen vorbehalten. Das heißt nicht, dass Sie sich innerlich entspannt zurücklehnen sollten. Zuhören ist eine enorm intensive Angelegenheit, denn es gilt, den Sinn und Zweck bestimmter Formulierungen zu hinterfragen und geschickt zu kontern, darauf zu achten, welche Fragen sich wiederholen, um Sie in eine Stresssituation zu bringen, und darauf zu achten, dass Sie sich nicht bei den Antworten widersprechen.

Im Folgenden zeigen wir Ihnen, auf welche Art Ihnen Ihr Gesprächspartner wichtige Informationen zu entlocken versucht und wie Sie am besten mit Hilfe einiger Gesprächstechniken und rhetorischer Feinheiten alles sachlich Wissenswerte, aber wenig Persönliches vermitteln.

Die positive Verstärkung

Sympathiepunkte werden Sie bekommen, wenn man Ihnen anmerkt, dass Sie konzentriert zuhören, in Ihren Fragen die erhaltenen Informationen mit einflechten oder zu gegebener Zeit mit einer Gegen- oder Verständnisfrage das Gespräch beeinflussen (wie gesagt: Nicht zu oft!). Diesen Eindruck können Sie besonders durch zustimmende Gesten oder Bemerkungen für den Sprechenden untermauern. Das Prinzip »Verständnis« funktioniert nämlich in beide Richtungen. Diese Technik nennt man »positive Verstärkung« und solange Sie es nicht übertreiben, wird sie ihre Wirkung nicht verfehlen.

Vorsicht Falle – Die offene Frage

Es gibt aber auch die anderen Fälle, in denen Sie mit so genannten offenen Fragen dazu gebracht werden sollen, möglichst viel von sich zu erzählen. Diese Fragen können Sie nicht mit »Ja« oder »Nein« beantworten. Sie müssen Stellung beziehen. Je allgemeiner die Frage gestellt ist und je weniger Sie wissen, was genau der Frager eigentlich hören will, desto mehr werden Sie erzählen. Sie laufen Gefahr, sich »warmzureden« und in der Freude über die unerwartete Bühne oder vor lauter Unsicherheit mehr zu erzählen, als unbedingt ratsam ist. Genau das ist mit dieser Frageform beabsichtigt. Alles, was Sie sagen, auch scheinbar Unwichtiges, setzt sich im Kopf des Fragers zu einem fertigen Mosaik Ihrer Persönlichkeit zusammen.

Ein Standard-Beispiel für eine offene Frage ist: *»Wir würden Sie gerne kennen lernen. Erzählen Sie uns doch bitte etwas über sich!«*

Die Gefahr besteht darin, dass viele Bewerber nicht wissen, auf was genau sich die Frage des Gesprächspartners bezieht – auf die berufliche oder persönliche, sprich: charakterliche Komponente, auf ihre Einstellung zur Arbeit oder zum Leben im Allgemeinen. Deswegen beginnen sie zu erzählen in der Hoffnung, das Richtige zu sagen. Dabei kann ein viel zu langatmiger, unkoordinierter Monolog mit unwichtigen, ermüdenden Details aus Ihrem Leben oder ein halber Seelenstriptease herauskommen. Gewinner ist dabei der Gesprächspartner, weil er viele Hintergrundinformationen zu dem Bewerber bekommt und dieser es nicht geschafft hat, sein eigentliches Anliegen, seine berufliche Qualifikation, in einem klar umrissenen Profil in den Vordergrund zu stellen.

Wenn Sie sich der Absicht dieser Fragestellung aber bewusst sind, kann sie Ihnen wirklich als Bühne dienen für eine präzise und kurzweilig vorgetragene Präsentation der Fähigkeiten und Eigenschaften, die Ihrer Meinung für die ausgeschriebene Stelle und das Aufgabenprofil ausschlaggebend sind. Dazu bedarf es einer guten Vorbereitung. Stellen Sie alle Fähigkeiten, die für diese Stelle unbedingt notwendig sind, und die bisherigen beruflichen Erfahrungen zusammen, die Ihre Eignung für den Posten unterstreichen. Nachdem Sie etwas älter sind, verzichten Sie besser auf die Erwähnung Ihrer Schulbildung und den ersten Schritten im Berufsleben. Konzentrieren Sie sich also auf das, was wirklich wichtig ist, sonst geraten Sie in Gefahr, Ihre Zuhörerschaft zu langweilen oder gar, sich lächerlich zu machen.

Die offene Frage wird auch gern benutzt, um Ihnen Hintergrundinformationen zu heiklen Punkten in Ihrem Lebenslauf zu entlocken, wenn Sie beispielsweise gekündigt wurden oder bei einer längeren Lücke in Ihrem Lebenslauf. Eine so genannte geschlossene Frage, also eine, die Sie mit »Ja« oder »Nein« beantworten können, wird dem Frager unter Umständen nicht sehr weiterhelfen. Außerdem gibt es ja auch Themen, die ihn offiziell nicht interessieren dürfen. Versorgen Sie ihn nach einer offenen Frage von sich aus mit Informationen, die er gar nicht wissen müsste, hat er sich nichts vorzuwerfen.

Möchte er z. B. die Gründe für Ihre letzte Kündigung erfahren, wird er Sie also taktisch klug fragen: »*Mit welchen persönlichen Schwierigkeiten mussten Sie sich an Ihrem letzten Arbeitsplatz auseinandersetzen?*« Selbst wenn Sie sich kurz vorher ermahnt haben, im Gespräch sachlich zu bleiben, kann Sie diese unerwartete Möglichkeit, zu Ihrer zuletzt erfahrenen Niederlage Stellung zu nehmen, doch dazu verleiten, mehr zu sagen als notwendig.

Kombiniert der Frager sein Anliegen auch noch mit einem indirekten Kompliment an Ihre Adresse – »*Wie haben Sie es geschafft, die Steine, die man Ihnen am letzten Arbeitsplatz in den Weg gelegt hat, erfolgreich beiseite zu räumen?*« – wird das so manchen Bewerber dazu bringen, das Vorstellungsgespräch endgültig mit der Gelegenheit zu verwechseln, sich endlich einmal alles von der Seele zu reden. Eine Kündigung ist immer eine Kränkung, und wenn Ihr neuer Chef Ihnen unerwartet so verständnisvoll zuhört, ist das natürlich Balsam.

Mit zustimmendem Nicken, Schweigen in Kombination mit verständnisvollen Blicken und Lächeln verstärkt er die Wirkung auf Sie. Er wird Sie gerne reden lassen, denn was Sie erzählen und vor allem wie Sie es erzählen, beantwortet ihm all seine Fragen. Er kann daran erkennen, wie loyal und wie stressfest Sie sind, ob Sie generell jemand sind, der sich nicht gut mit Kollegen verträgt etc. Er registriert, wie ironisch, jammernd oder zornig Sie sind. Bleiben Sie also sachlich und halten Sie die Angelegenheit möglichst klein. Geben Sie eine nüchterne Analyse, die nicht zu viel preisgibt und vor allem keine ehemaligen Chefs und Kollegen ins schlechte Licht rückt, verbunden mit Ihrer Absicht, positiv in die Zukunft zu sehen. Sie werden sehen: Ihr Gegenüber wird das mit Wohlwollen zur Kenntnis nehmen. Außerdem kann er davon ausgehen, dass

Sie zumindest in puncto Diskretion auch in Stresssituationen absolut verlässlich sind.

Wie man durch Rückfragen Zeit und Informationen gewinnt

Sollten Sie doch von einer Frage überrumpelt werden oder keine genaue Antwort darauf wissen, können Sie mit Hilfe von Rückfragen etwas Zeit gewinnen. Diese Technik eignet sich auch hervorragend, um die Absicht einer Frage herauszubekommen und entsprechend darauf reagieren zu können. Eine klassische Frage ist:

»Was machen Sie, wenn wir uns nicht für Sie entscheiden?«

Nach einer solchen Frage warten Sie am besten einige Sekunden und tun so, als würden Sie nachdenken. Dann formulieren Sie Ihre Rückfrage ungefähr so:

»... habe ich Sie richtig verstanden? Sie wollen von mir wissen, wie ich in dem Fall ..., also wenn Sie sich nicht für mich entschieden haben ..., wie ich mit dem Problem umgehe, dass Sie sich nicht für mich entschieden haben ...«

Ihr Gesprächspartner wird die Frage sehr wahrscheinlich wiederholen und – wenn Sie Glück haben – sie weiter ausführen, um zu verdeutlichen, was er meint. Fragt er Sie z. B., ob Sie dann in Ihre alte Firma zurückgehen würden oder noch andere Angebote offen sind, haben Sie schon wieder einen Anhaltspunkt mehr für Ihre Taktik.

Sie können natürlich zum Zeitschinden auch so reagieren:

»Das ist eine interessante Frage ...«
»Darüber muss ich erst einmal nachdenken ...«
»Zugegeben, mit dieser Frage habe ich mich noch nicht beschäftigt ... Ist das jetzt sehr wichtig ...? Hängt davon ... ab?«

Eine andere Möglichkeit ist, von Ihrer Person abzulenken und eine allgemeine Betrachtung zu dem Thema anzustellen:

»In dieser Situation würden wohl viele Menschen so und so reagieren. Wie sehen Sie das? Was sind Ihre Erfahrungen?«
»Interessant! Ist so etwas bei Ihnen im Unternehmen in der letzten Zeit vorgekommen...?«

Sie können sich also gegen unangenehme Fragen wappnen. Sie werden nicht immer darum herumkommen, unangenehme Fakten auf den Tisch zu legen, aber die Art, wie Sie das tun, wird Ihrem Gesprächspartner sicher Respekt abverlangen. Und das ist in dieser Situation viel wert.

Generell werden Sie einen guten Eindruck machen, wenn Sie sich an die folgenden fünf Punkte als Grundlage für ein erfolgreiches Vorstellungsgespräch halten:

- Sympathie, Vertrauen und Glaubwürdigkeit herstellen
- Informationsdefizite abbauen
- Übereinstimmungen deutlich werden lassen
- Ihre Person und Ihren Standpunkt überzeugend vertreten
- den Gesprächspartner zur gewünschten Handlung veranlassen

Wie Sie Zweifel beseitigen – Die Fünf-Satz-Argumentation

Auch wenn es die Rollenverteilung vermuten lässt: Der Arbeitgeber ist nicht immer der Souverän in einem solchen Gespräch. Die Entscheidung, eine Stelle kompetent zu besetzen, ist schwierig, und selbst wenn er Ihnen zugeneigt ist, wird er trotzdem an manchen Stellen Zweifel haben, besonders wenn er schlechte Erfahrungen mit Mitarbeitern gemacht hat. Diese Zweifel können Sie ihm nehmen, indem Sie die Technik der Fünf-Satz-Argumentation anwenden. Dabei vertreten Sie zunächst ganz kurz Ihre Meinung, liefern in einem zweiten Satz Ihre Argumente und belegen Sie dann mit einigen Beispielen. Kommen Sie Zweifeln oder Unsicherheiten auf der anderen Seite zuvor, indem Sie diese Punkte ansprechen und Ihre Gründe dagegen setzen. Ziehen Sie zum Schluss Ihr Fazit, indem Sie Ihre Argumente nochmals aufzählen und ziehen Sie einen positiven Schluss daraus.

1. *»Ich bin davon überzeugt, für die Aufgabe der richtige Kandidat zu sein.«*
2. *»Meine Qualitäten für diese Position sind …«* (Fähigkeiten, Kenntnisse, Erfahrungen …)
3. *»Ich habe mit Erfolg z. B. … gemacht. Als Nachweis für … kann ich anführen …«* usw.
4. *»Sie werden jetzt denken … Ich aber versichere Ihnen …«*
5. *»Aus diesen Gründen (1. …, 2. …, 3. …) traue ich mir die Aufgabe zu und werde sie bestimmt erfolgreich bewältigen.«*

Bei dieser Vorgehensweise sollten Sie darauf achten, dass Sie Ihre besten Argumente nicht voreilig und zu einem unangebrachten Zeitpunkt verschießen oder sie in einem Nebensatz verpacken, den gerade niemand hört etc. Wenn es so weit ist, achten Sie vor allem auf die Auswahl und die Reihenfolge Ihrer Argumente. Der Gesprächspartner wird sich auf Ihr schwächstes Argument konzentrieren. Wenn alles andere plausibel erscheint, wird er versuchen, Sie dahingehend zu verunsichern. Nehmen Sie also besser nichts in Ihre Argumentationskette auf, das gegen Sie verwendet werden kann. Ein rhetorischer Grundsatz eines gelungenen Aufbaus ist die Reihenfolge der Argumente: Nennen Sie das zweitbeste Argument am Anfang und das beste erst zum Schluss.

Hat Ihr Arbeitgeber Einwände, ist das nicht immer als Kritik an Ihrer Person zu verstehen und dient nicht unbedingt dazu, bewusst Stress zu erzeugen. Vielleicht hat er etwas wirklich nicht verstanden oder möchte Ihnen die Gelegenheit geben, Dinge nochmals anders zu formulieren. Fallen Sie ihm also nicht ins Wort und verprellen Sie ihn nicht mit wortreichen Rechtfertigungsversuchen. Bleiben Sie ruhig, signalisieren Sie ihm, dass Sie seinen Einwand verstehen, und versuchen Sie ihn auszuräumen, indem Sie Ihr Argument umformulieren, ein anderes Beispiel finden etc. Wenn Sie sich nicht sicher sind, können Sie ihn auch direkt fragen, wo genau sein Problem liegt, bevor Sie antworten. Ihre freundliche Gelassenheit wird sehr dazu beitragen, Missverständnisse und Zweifel zu beseitigen.

Im Folgenden haben wir noch vier weitere Standardtechniken der Rhetorik zusammengestellt, mit deren Hilfe Sie sich ebenfalls gegen alle möglichen Einwände und Gesprächs- und Frage »fallen« wappnen und sich auch noch Sympathien verschaffen können:

- die bedingte Zustimmung
- die Umformulierungsmethode
- die Verzögerungstechnik
- die Vorteil-Nachteil-Methode

»Ja, aber ...« – Die bedingte Zustimmung

Ein Argument Ihres Gesprächspartners rundheraus abzuschmettern, ist taktisch ausgesprochen unklug. Es kann leicht passieren, dass Sie damit seine Autorität untergraben – besonders heikel, wenn er Ihnen nicht alleine gegenübersitzt. Die bedingte Zustimmung ist eine Technik, bei der Sie einem Teilaspekt des vorgebrachten Einwands (bedingt) zustimmen. Über dieses teilweise

Einverständnis schaffen Sie es, den Zuhörer bei der Stange zu halten und Ihren eigenen Standpunkt besser zu präsentieren. Dann können Sie den Einwand in seiner Gesamtheit relativieren.

Mit dieser Methode schlagen Sie zwei Fliegen mit einer Klappe: Sie kränken oder blamieren den Frager nicht mit einer glasklaren Ablehnung oder mit einem niederschmetternden Gegeneinwand, sondern wahren sein Gesicht. Sie lassen aber auch keinen Zweifel daran, wie Sie die Sache sehen, und gewinnen lediglich mit anderen Argumenten den Punkt für sich.

Auf die Frage, ob Sie sich nicht ein wenig zu alt für die ausgeschriebene Stelle fühlen, könnten Sie statt empörter Zurückweisung der Vermutung, nicht mehr leistungsfähig zu sein, so antworten:

»Das ist ein wichtiger Punkt, den Sie da ansprechen. Es stimmt, ich bin bereits 55 Jahre alt. Sollte man aber die Vergabe dieser wichtigen Aufgabe alleine vom Alter abhängig machen …?«

Das wird Ihr Gegenüber sicherlich verneinen und gibt Ihnen damit die Gelegenheit zu folgender Aussage:

»Sehen Sie, ich bin ganz Ihrer Meinung. Es gibt da andere, wichtigere Kriterien, die … Sie stimmen mir doch sicherlich zu, wenn ich sage, dass … (z. B. Erfahrung, spezielle Kenntnisse …) viel größere Bedeutung haben.«

Das Positive sehen – Die Umformulierungsmethode

Mit der Umformulierungsmethode gelingt es Ihnen, einen sehr scharf formulierten Einwand zu entschärfen und mit Ihren eigenen Worten seine positive Seite herauszustellen. Auf die Frage nach Ihrem Alter könnten Sie dann beispielsweise sagen:

»Wenn ich Sie richtig verstanden habe …, kommt es Ihnen auf den Einsatzwillen und auch auf die Erfahrungen an, die für die zu besetzende Position mit eine wichtige Rolle spielen sollten …«

Auf diese Weise drehen Sie die gewollt negative Assoziation um und betonen stattdessen die Vorteile, die die Besetzung der Stelle mit einer Person Ihres Alters hat. Gleichzeitig können Sie damit geschickt Ihre eigenen Vorzüge wie Engagement, analytisches Denken, großes Einfühlungsvermögen im Umgang mit Menschen, Kommunikationsfähigkeit etc. mit einfließen lassen.

Wie Sie Einwände vergessen machen – Die Verzögerungstaktik

Wollen Sie Zeit gewinnen, schaffen Sie das mit einer Rückfrage, noch besser aber mit der Verzögerungstaktik. Dabei machen Sie dem Frager klar, dass Sie seinen Einwand verstanden haben, vor einer Antwort aber gerne erst einmal auf einen anderen Punkt, der Ihnen gerade in diesem Moment wichtig erscheint, eingehen möchten. Warten Sie gar nicht erst die Erlaubnis ab, sondern formulieren Sie in Form einer Erklärung oder Frage Ihr Anliegen. Damit haben Sie die Chance, von dem Einwand des Gesprächspartners abzulenken oder Ihre Antwort zumindest ein bisschen aufzuschieben. Vielleicht machen Sie mit Ihrer Erklärung oder Frage so viel Eindruck, dass Ihr Gesprächspartner gar nicht mehr auf seinen Einwand oder Frage zurückkommt.

»Interessant, dass Sie mich darauf ansprechen. Ich würde aber vorher gerne darauf verweisen, dass...«

Wenn Ihnen das bekannt vorkommt, liegen Sie richtig. Diese Technik ist vor allem bei Politikern und anderen Personen, die in der Öffentlichkeit stehen, bei Interviews speziell nach heiklen Fragen sehr beliebt.

»Frau XY, ich danke Ihnen für diese Frage. Sie ist absolut berechtigt und wichtig, lassen Sie mich aber vorher noch auf einen anderen Punkt eingehen, der mir sehr am Herzen liegt ...«

»Einerseits – andererseits« – Die Vorteil-Nachteil-Methode

Nehmen Sie – ähnlich wie bei der bedingten Zustimmung – einen Aspekt des Einwandes heraus, drehen Sie ihn bewusst ins Positive und vergleichen Sie dann Vor- und Nachteile der für Sie zur Debatte stehenden Möglichkeiten. Im Fall der Altersfrage ist das der Vergleich zwischen der Eignung eines älteren und eines jüngeren Bewerbers. Die Schlussfolgerung, die Sie daraus ziehen, wird selbstverständlich in Ihrem Sinne sein, aber durchaus plausibel erscheinen. Denn Sie haben alle (scheinbaren) Nachteile Ihres Alters, die man ins Feld führen könnte, entkräftet oder äußerst positiv benannt, und scheinbare Vorteile eines jüngeren Kollegen zwar aufgeführt, aber ins Gegenteil verkehrt oder sind nicht weiter darauf eingegangen. Außerdem können Sie auch hier wieder eine ganze Reihe an stichhaltigen Argumenten für Ihre Eignung ins Feld führen.

»Ich habe Sie doch richtig verstanden – bitte korrigieren Sie mich, wenn ich da jetzt falsch liege – Sie meinen also: Das Alter sei für diese Position von wichtiger

Bedeutung. Da gebe ich Ihnen natürlich Recht. Ein älterer Kandidat hat den Vorteil ..., der Nachteil eines jüngeren ist ... Sein Vorteil ist zwar aus meiner Sicht, dass ..., demgegenüber ist der Nachteil eines älteren aber nicht so gravierend. Deswegen möchte ich den Standpunkt vertreten: Der Vorteil eines älteren Kandidaten überwiegt für diese Position doch ganz deutlich und ist natürlich auch abhängig von anderen Faktoren wie z. B. ...«

20 Empfehlungen für einen guten Eindruck im Vorstellungsgespräch

- Bereiten Sie sich rechtzeitig und intensiv inhaltlich auf Ihr Vorstellungsgespräch vor. Sie sind zwar ein gutes Stück weiter als viele Ihrer Mitbewerber, die diese Chance nicht bekommen haben, das heißt aber nicht, dass Sie den Vertrag schon in der Tasche haben.
- Organisieren Sie im Vorfeld, wie Sie möglichst stressfrei zu Ihrem Termin kommen. Dazu gehören Autorouten, Flugbuchungen, Zugtickets, evtl. die Organisation einer Übernachtung. Nehmen Sie sich für diesen Tag nichts Wichtiges mehr vor, damit Sie nicht unter Druck geraten. Achten Sie auf Ihr Äußeres und seien Sie vor allen Dingen pünktlich.
- Kommen Sie allein – nicht in Begleitung des Partners, von Freunden oder Verwandten. Das macht einen denkbar schlechten, weil unselbständigen Eindruck – selbst wenn die Begleitung vor der Firma auf Sie wartet. Wollen Sie auf Ihre moralische Stütze nicht verzichten, sorgen Sie dafür, dass sie außerhalb des Firmengeländes auf Sie wartet.
- Ihr Vorstellungsgespräch beginnt bereits 100 Meter vor dem Betreten des Firmengeländes und endet auch erst hier. Sind Sie unsicher, wo Sie hinmüssen, fragen Sie ruhig und höflich an der Pforte nach. Seien Sie generell freundlich und zurückhaltend, Sie wissen nie, ob nicht ein Entscheidungsträger bereits in Ihrer Nähe ist. Außerdem kann sich schlechtes oder gar unbeherrschtes Benehmen herumsprechen. Zeigen Sie also keine Anzeichen von Unsicherheit oder gar Panik. Ist das Gespräch zu Ende, wahren Sie die Fassung, bis Sie das Gelände verlassen haben. Ärger oder übermäßigen Jubel zu zeigen ist völlig unangebracht. Wer weiß, wem Sie unterwegs begegnen.
- Geben Sie sich im Gespräch selbst defensiv. Halten Sie sich mit Meinungskundgebungen zurück und vermeiden Sie es, Ihr Gegenüber »totzureden«. Beantworten Sie ruhig und sachlich die Ihnen gestellten Fragen und hören Sie ansonsten aufmerksam zu. Sie sind deswegen nicht zum Passiv-Sein verdammt. Selbstverständlich können Sie Fragen oder Anmerkungen an pas-

sender Stelle anbringen. Ergibt sich aus dem Frage-Antwort-Schema aus Sympathiegründen eine wirkliche Unterhaltung – die allerdings von Ihrem Gegenüber ausgehen muss –, können Sie natürlich darauf eingehen. Das Gespräch gestalten Sie sowieso mit, weil man sich auf positiv oder negativ auffällige Angaben im Lebenslauf beziehen wird. Sein Verlauf wird gesteuert durch Ihr Verhalten, Ihr Erscheinungsbild und durch Ihre Fragen, zu denen Sie zu gegebener Zeit aufgefordert werden.

- Seien Sie gut auf die Fragen vorbereitet und überlegen Sie sich bereits im Vorfeld, wie Sie eventuelle heikle Punkte in Ihrem Lebenslauf begründen. Machen Sie sich dazu eine Liste der für Sie unangenehmsten Fragen. Sind Sie sich bei Ihren Argumenten unsicher, beraten Sie sich mit Familie oder Freunden. Sie haben meist eine objektivere Sichtweise und kennen Sie gut genug, um zu wissen, ob Ihre Antworten Ihrer Persönlichkeit entsprechen.
- Machen Sie einen seriösen Eindruck. Versuchen Sie nicht, Ihrer Nervosität mit platten Witzen oder überheblichem Verhalten Luft zu machen. Auf Witze können sie selbstverständlich reagieren, um die Situation ein wenig aufzulockern. Lassen Sie sich dadurch aber nicht dazu verleiten, das Gespräch auf die leichte Schulter zu nehmen, und werden Sie nicht zu vertraulich.
- Bleiben Sie ruhig und das ganze Gespräch hindurch konzentriert, auch und gerade wenn Sie »nur« zuhören. Aus dem Gesagten können Sie viel über die Firma, aber auch über Sinn und Zweck mancher Fragen erfahren.
- Sind Sie unsicher, ob Sie etwas richtig verstanden haben, fragen Sie nach. Damit zeigen Sie Ihr ernsthaftes Bemühen, erfahren evtl. die Hintergründe einer Frage und gewinnen nebenbei auch noch wichtige Zeit, um sich eine gute Antwort zu überlegen.
- Lassen Sie Ihr Gegenüber aussprechen, auch wenn Sie die Antwort schon parat haben, und nehmen Sie sich Zeit, bevor Sie antworten. Ernsthaftes Nachdenken beeindruckt, und mit dieser kleinen Kunstpause ziehen Sie die gewünschte Aufmerksamkeit auf sich.
- Antworten Sie kurz und präzise, und legen Sie Wert auf das Wesentliche. Für Ihren potenziellen Arbeitgeber sind eine rasche Auffassungsgabe und die Fähigkeit, Prioritäten zu setzen, wichtige Kriterien. Auch das lässt sich durch die Kenntnis der Standardfragen zu Hause bereits gut vorbereiten. Werden Sie mit einer offenen Frage *»Begründen Sie uns doch einmal, warum wir gerade Sie mit dieser Stelle besetzen sollten?«* aufgefordert, ausführlicher zu antworten, reizen Sie diese Möglichkeit nicht aus.
- Beantworten Sie offene Fragen nach Ihrer Einstellung oder den Werten in

Ihrem Leben (»*Was ist wichtig in Ihrem Leben?*«) immer in Bezug auf Ihren künftigen Arbeitsplatz.

- Bleiben Sie stets höflich und freundlich, interessiert und kooperativ.
- Egal wie Ihre Situation ist, Sie sind ihr nicht hilflos ausgeliefert. Gehen Ihnen Fragen zu sehr in Ihre Privatsphäre, verweigern Sie freundlich, aber bestimmt die Antwort. Sie müssen nicht Ihre Seele für diese Stelle verkaufen. Außerdem bewirkt grenzenlose Kompromisslosigkeit häufig Respektverlust auf der Gegenseite. Das kann ungute Folgen für den Arbeitsalltag haben.
- Rücken Sie Ihr Alter nicht in den Vordergrund in der Meinung, besonders originell zu sein, Erstaunen über Ihr »trotzdem noch« strotzendes Selbstbewusstsein hervorzurufen oder gar Mitleid zu erzielen. Erwähnen Sie Ihr Alter nur, wenn man Sie darauf anspricht. Vermeiden Sie Sätze wie »*Ich bin zwar schon 50, aber ...*« oder gar »*Ich könnte ja verstehen, wenn Sie Jüngere bevorzugen, aber ...*«. Das alles zeugt eher von mangelndem Selbstbewusstsein als von Souveränität.
- Umgehen Sie alles, was dazu beiträgt, Vorurteile gegenüber Älteren noch zu erhärten. Signalisieren Sie von sich aus oder bei entsprechenden Angeboten grundsätzlich Ihre Lernbereitschaft und Ihr Interesse, sich auch noch etwas völlig Neues anzueignen. Verweisen Sie auf die Absolvierung von Volkshochschulkursen oder das Abonnement einer Computerzeitschrift etc. Absolut tabu sind Bemerkungen wie »*Ich weiß zwar nicht, ob ich das in meinem Alter noch schaffe, aber ich kann es ja mal versuchen ...*« oder »*Gern, wenn Sie mir das noch zutrauen ...*«. Fragt man Sie nach Ihrer Freizeitbeschäftigung, erwähnen Sie sportliche Hobbys oder Interesse an Kultur oder neuen Entwicklungen. Vermeiden Sie Themen wie Kaffeefahrten oder Babysitten der Enkelkinder. Auch wenn das sehr für Ihr Verantwortungsgefühl spricht, löst es doch Assoziationen aus, die nicht für Sie sprechen.
- Vermeiden Sie zu diesem Zweck auch folgende Redewendungen: »*Zu meiner Zeit...*« (Ist Ihre Zeit schon abgelaufen?), »*Als ich noch jünger war ...*« (... haben Sie mehr geleistet, was Sie heute nicht mehr so gut können?), »*In der guten alten Zeit ...*« (Ist heute alles nur schlecht? Kommen Sie nicht damit zurecht? Muss ein Arbeitgeber ständige Kommentare in diese Richtung befürchten?), »*Früher ...*« (Was machen Sie heute so?).
- Nervosität zu Anfang ist vollkommen normal. Das hat auch seine positiven Seiten. Sie sind konzentrierter, wacher und strahlen Energie aus. Gestehen Sie zu Anfang, dass Sie noch ein bisschen nervös sind, kann das sogar Ihren Sympathiewert steigern, denn das signalisiert, dass das Gespräch Ihnen etwas bedeutet. Dieses »Lampenfieber« gibt es übrigens auch bei Ihrem

Gegenüber. Jede Besetzung ist ein Risiko, denn sie hat – gerade in den Führungsetagen – unter Umständen weitreichende Folgen. Einen Fehler zu korrigieren ist umständlich, teuer und in manchen Fällen mehr als nur mit einem Imageverlust verbunden.

- Präsentieren Sie sich in einem dezent-eleganten, aber modernen Outfit. Mit diesen Kleinigkeiten beweisen Sie, dass Sie auf dem Laufenden sind.
- Abschließend noch einmal die elf wichtigsten Fragen im Vorstellungsgespräch:

1. Erzählen Sie uns etwas über sich.
2. Warum bewerben Sie sich für diese Position?
3. Warum sind Sie der richtige Kandidat/die richtige Kandidatin?
4. Was erwarten Sie für sich/von uns/dem Job?
5. Was sind Ihre Stärken/Schwächen?
6. Worauf sind Sie stolz, was sind Ihre Erfolge/Misserfolge?
7. Was möchten Sie in 3/5/10 Jahren erreicht haben?
8. Warum haben Sie diesen Beruf gewählt?
9. Wo liegen Ihre Arbeitsschwerpunkte?
10. Wie verbringen Sie Ihre Freizeit?

Und schließlich

11. Welche Fragen haben Sie an uns?

Nach dem Vorstellungsgespräch

Ein Vorstellungsgespräch zu meistern ist eine Angelegenheit, die nicht leicht, weil nicht alltäglich ist. Deswegen haben Sie es sich auch verdient, sich nach seinem Ende gebührend zu feiern – egal, welchen Ausgang das Gespräch haben wird. Belohnen Sie sich mit einem schönen Abend mit Familie und Freunden und tanken Sie dabei neue Kräfte für die nächste Bewährungsprobe – die zweite Runde oder ein neues Vorstellungsgespräch.

Gehen Sie dann an Ihre persönliche Nachbereitung des Gesprächs.

Die persönliche Bestandsaufnahme

Wir haben Ihnen für Ihre Vorbereitung auf das Vorstellungsgespräch den Rat gegeben, sich Ihre künftige Wirkungsstätte von außen einmal anzusehen, um einen ersten Eindruck zu gewinnen. Ebenso empfehlenswert ist es an dieser Stelle, auch Ihren Eindruck vom Vorstellungsgespräch zu überprüfen. Denn nicht nur Ihre Eignung wurde bewertet, auch die Vertreter der Firma haben sich schließlich Ihrer Beobachtung gestellt.

Folgende Fragen helfen Ihnen dabei: Was für einen Eindruck macht das Unternehmen generell auf Sie? Was für eine Persönlichkeit ist Ihr potenzieller Vorgesetzter? Was treibt ihn allgemein an, was will er für sich, für sein Unternehmen, was erwartet er von Ihnen? Ist er menschlich und fachlich kompetent? Wie wurden Sie behandelt – interessiert und aufgeschlossen oder wurden Sie eher »abgefrühstückt«? War seine Gesprächsführung angenehm und lässt sie auf einen entsprechenden Führungsstil hoffen oder sind Schwierigkeiten zu erwarten? Können Sie sich eine Zusammenarbeit mit ihm vorstellen oder ist die Kombination aus Ihnen beiden eher schwierig? Wenn sich mehrere Personen für Sie interessiert haben: Wie war deren Umgang untereinander?

Erinnern Sie sich auch an die Äußerlichkeiten. Sie können viel über das Unternehmen erzählen.

Wie ist die Firma ausgestattet? Legt man Wert auf helle, mitarbeiterfreundlich eingerichtete Büroräume oder haben sie eher den Charme eines Containers oder einer Legebatterie? In welchem Zustand befinden sich die Büromöbel und vor allem die technischen Geräte wie Computer und Telekommunikationsanlagen? Hängen Bilder an den Wänden und stehen Pflanzen auf den Fluren? Preisen auffallend viele Plakate das Firmenmotto an oder sind sonst Sprüche an Wänden und Türen zu sehen – wenn ja, welche? Wie ist die Atmosphäre der Mitarbeiter untereinander und Ihnen gegenüber? Sind sie freundlich und aufgeschlossen, gute Teamplayer oder regiert eher der Konkurrenzgeist?

Halten Sie sich bitte vor Augen, dass ein schlechte Arbeitsklima Sie immens in Ihrer Leistung beeinträchtigen kann. Überlegen Sie bitte ernsthaft und entscheiden Sie sich notfalls gegen diese Stelle. Wie gesagt: Sie müssen für Ihren Arbeitsplatz nicht Ihre Seele verkaufen. Fühlen Sie sich nicht wohl, wird es über kurz oder lang zu Problemen bis hin zur Kündigung kommen, für die Sie sich im nächsten Vorstellungsgespräch nur wieder eine gute Begründung ausdenken müssen.

Gedächtnisprotokoll

Auch wenn ein Vorstellungsgespräch ein wichtiges Ereignis ist, werden Sie einen großen Teil davon schnell wieder vergessen, vor allem, wenn Sie mehrere Termine haben. Deswegen sollten Sie den Ablauf des Gesprächs zu Hause unbedingt noch einmal schriftlich festhalten, denn gerade die Details können für Ihre endgültige Entscheidungsfindung wichtig sein. Außerdem haben Sie damit eine gute Grundlage für die Vorbereitung auf Ihr nächstes Gespräch. Sie können so besser beurteilen, an welchen Stellen Sie anders reagieren würden, welche Antworten Sie umformulieren, welche Ihrer Eigenschaften Sie stärker betonen wollen etc. Sie können sich übrigens sicher sein, dass sich auch Ihr Gesprächspartner Notizen machen wird.

Notieren Sie sich in Ihrem Gedächtnisprotokoll, welche Fragen Ihnen gestellt wurden, welche von diesen Sie »auf dem kalten Fuß erwischt« haben und welche Sie souverän beantworten konnten. Schreiben Sie die Namen der Gesprächsteilnehmer auf und welchen Eindruck Sie von der Firma, Ihrem potenziellen Chef und dem Verlauf des Gesprächs hatten. Kommen Sie in die zweite Runde, können Sie mit diesem Wissen schon wieder punkten. Alles Wichtige zu Ihrem künftigen Arbeitsplatz ist ebenso festhaltenswert wie bereits mündliche, grob getroffene Vereinbarungen oder Vorschläge. So brauchen Sie bei der Vorbereitung auf die zweite Runde diese wesentlichen Fakten nur noch einmal durchgehen.

Gegen Ende des Gesprächs haben Sie ja entweder auf Ihre oder auf Initiative des Gesprächspartners hin vereinbart, wie es jetzt weitergeht. Einige Tage werden Sie auf Antwort warten müssen, aber sicherlich bis zum vereinbarten Termin der Rückmeldung, bevor Sie aktiv werden. Rufen Sie vor Ablauf einer vereinbarten Frist an, um zu fragen, was aus Ihrem Gespräch geworden ist, wird das keinen gute Eindruck machen. Haben Sie nichts vereinbart, sollten Sie sich erst nach fünf bis maximal sieben Tagen melden. Nach dieser Zeit sollte aber eine Reaktion von Ihnen erfolgen, im anderen Fall legt man das Ihnen als Desinteresse aus. Bei vielen Firmen hat eine verspätete Rückmeldung oft etwas mit Zeitdruck zu tun. Sollte man Sie allzu lange warten lassen, spricht das nicht unbedingt für Ihren künftigen Arbeitgeber. Zumindest einen kurzen Zwischenbericht können Sie schon erwarten.

Wie Sie sich in angenehme Erinnerung bringen – der Nachfassbrief

Normalerweise ist es damit getan, nach einem Vorstellungsgespräch eine angemessene Zeit zu warten und dann freundlich nachzufragen. Eine Möglichkeit, sich auf originelle und angenehme Weise Ihrem potenziellen Chef wieder in Erinnerung zu bringen und ihm noch einmal eine Art »Gedankenstütze« zu geben, ist der Nachfassbrief.

In diesem Brief, den Sie ein bis maximal drei Tage nach dem Termin direkt an Ihren Gesprächspartner schicken (und in dem Sie ihn natürlich mit seinem Namen anschreiben), bedanken Sie sich für das informative und nette Gespräch und bringen – auf einer Seite – im Anschluss daran noch einmal die wichtigsten Argumente, die Ihrer Meinung nach für Ihre Wahl sprechen.

Wiederholen Sie ruhig die Gründe, weswegen Sie gerne gerade in dieser Firma arbeiten wollen. Haben Sie das Gefühl, während des Gesprächs ein wichtiges Argument vergessen oder zu wenig in den Vordergrund gerückt zu haben, können Sie das an dieser Stelle nachholen, auch wenn Sie denken, dass Sie Zweifel an einem eventuellen Defizit nicht richtig ausräumen konnten. Verbinden Sie diese Klarstellung mit Ihrer Bereitschaft und Zuversicht, es möglichst schnell zu beheben, und mit Argumenten, weswegen sich die Geduld des Arbeitgebers lohnen wird – Ihre jahrelange Erfahrung, Ihre erprobte Fähigkeit, sich schnell und gern auf Veränderungen einzustellen etc. Sie sollten natürlich nur Defizite benennen, die sich direkt auf Ihren Aufgabenbereich beziehen, und nicht noch neue ins Feld führen. Sie brauchen sich auch für nichts zu rechtfertigen oder gar wieder Ihr Alter ins Spiel bringen.

Machen Sie deutlich, dass Sie wissen, worum es Ihrem künftigen Arbeitgeber geht. Signalisieren Sie ihm, dass Ihnen seine Ansichten sehr entgegenkommen, dass Sie deswegen sehr gerne für ihn Ihre ganze Kraft einsetzen würden und Sie jederzeit bereit sind, das Gespräch fortzusetzen.

Achten Sie aber darauf, dass Sie nicht in einen anbiedernden Tonfall abrutschen, und bleiben Sie sachlich. War das Gespräch eher eine quälende Veranstaltung, dessen Ergebnis abzusehen ist, ist ein solcher Brief natürlich überflüssig. Er dient lediglich einer positiven Verstärkung oder Abrundung eines gut verlaufenen Gesprächs.

Sie können sich sogar überlegen, ob Sie nicht jedem der Gesprächsteilnehmer einen individuell an ihn gerichteten Brief schreiben. Aber selbst mit einem einzelnen Brief werden Sie sich von der Masse der Bewerber abheben.

Auf in die nächste Runde!

Mit etwas Glück müssen Sie dieses Kapitel gar nicht mehr lesen. Dann haben Sie sich mit Ihrem künftigen Chef schon nach dem ersten Gespräch geeinigt und werden in einigen Tagen oder Wochen in der neuen Firma anfangen. Sie sollten sich jedoch auf eine zweite Runde gefasst machen. Das ist meist in größeren Firmen der Fall oder bei wichtigen Positionen der Führungsetage.

Das zweite Vorstellungsgespräch

In einem zweiten (manchmal auch dritten) Vorstellungsgespräch möchte Ihr potenzieller Chef gerne noch einige Dinge genauer klären, an bestimmten

Punkten noch einmal rückfragen und dann in die Details gehen, was den Arbeitsvertrag anbelangt. Zu diesem Zeitpunkt lernen Sie vielleicht auch künftige Kollegen kennen, mit denen Sie eng zusammen arbeiten werden und auf deren Meinung Ihr künftiger Arbeitgeber Wert legt. Es geht ja auch immer um ein gutes Betriebsklima.

Auch diese Runde absolvieren Sie möglicherweise nicht alleine – in der Regel werden Sie einen bis drei Mitbewerber haben. Da empfiehlt sich eine besonders gute Vorbereitung, die Ihnen mit Hilfe Ihres Gesprächsprotokolls sicher leichter fallen wird. Sie werden manche Fragen mit größter Wahrscheinlichkeit noch einmal gestellt bekommen. Da ist es sehr von Vorteil, wenn Sie in der Vorbereitung Ihre Antworten aus dem ersten Gespräch schwarz auf weiß haben, damit Sie sich jetzt nicht in Widersprüche verwickeln. Wenn Sie das Gespräch gut von Ihrer Seite führen, neue interessante Aspekte zum fachlichen Bereich oder Ihrer Person einbringen und Ihrem Gegenüber die Gelegenheit geben, Sie auch privat etwas besser kennen zu lernen, wird Ihnen das ebenfalls einige Vorteile verschaffen.

Das zweite Vorstellungsgespräch ist auch der Rahmen für eingehendere Verhandlungen zum Thema Arbeitsbedingungen und Gehalt. Umso besser, wenn Sie sich Details dazu aus dem ersten Gespräch notiert haben. So wissen Sie schon einiges über Ihren Aufgabenbereich und können das wieder in das Gespräch mit einbringen. Außerdem kennen Sie damit schon einige Anhaltspunkte für die Höhe Ihres Gehalts. Sie sollten jetzt gut informiert darüber sein, wie hoch es in Ihrer Branche und Position sein kann. Wenn Sie die entsprechende Leistungsbereitschaft und Erfahrung mitbringen, sie gut verkaufen und obendrein noch geschickt verhandeln, stehen Ihre Chancen gut, dieses Gehalt auch zu bekommen.

Achten Sie aber darauf, das Thema Gehalt nicht zu sehr in den Mittelpunkt geraten zu lassen und nicht zu hoch zu pokern. Denn damit vermitteln Sie schnell den Eindruck, es ginge Ihnen nur ums Geld. Außerdem sollten Sie bei den Überlegungen zu Ihrem Gehaltswunsch miteinbeziehen, in diesem Punkt flexibel zu sein. Wir haben Ihnen ja bereits im ersten Teil im Kapitel »Altbekannte Vorurteile und neue Argumente« auf der Seite zum Thema »Ältere Arbeitnehmer sind zu teuer« gezeigt, dass dieses Argument schwer zu widerlegen ist, Sie in diesem Punkt aber mit Ihrem Engagement und etwas Flexibilität durchaus Chancen haben. Das bedeutet nicht, dass Sie sich unter Wert verkaufen sollten, nur um wieder eine Stelle zu bekommen. Gibt es Faktoren, die außer der Gehaltsfrage nicht ganz stimmig sind oder haben Sie das Gefühl, die Aussage, nicht mehr zahlen zu können, ist nicht ganz ehrlich, sollten Sie den

Mut aufbringen, abzulehnen. In diesem Punkt kommt es sehr auf Ihr Fingerspitzengefühl an. Wenn diese Stelle für Sie interessant ist, weil Sie Neues dazulernen können, und wenn Ihnen Ihr potenzieller Chef grundsätzlich sympathisch ist und seine Argumente plausibel sind, ist ein Entgegenkommen durchaus angebracht. Hauptsächlich geht es doch darum, dass Sie eine Arbeit haben, die Ihnen Spaß macht – gerade wenn Sie in den letzten Jahren in einem »Vernunftsjob« gearbeitet haben. Wenn es sich um einen guten bis sehr guten Verdienst handelt, sollten Sie abwägen, ob es Sinn macht, auf Ihrem Gehaltswunsch zu bestehen. Das gilt natürlich nicht, wenn Sie mit dem Gehalt gerade Ihren notwendigen Lebensunterhalt abdecken können.

Es gibt verschiedene Möglichkeiten, sich zu einigen. Sie könnten sich z. B. für eine »Probezeit« für das erste halbe Jahr auf ein niedrigeres Gehalt einlassen, wenn es danach um eine bestimmte Summe steigt oder nach Ablauf der Frist neu verhandelt wird. Seien Sie übrigens grundsätzlich vorsichtig, wenn Sie sich für eine Stelle interessieren, bei der Sie nur nach Umsatz bezahlt werden. Sie sollten mindestens ein halbes Jahr Festgehalt beziehen, bis Sie eingearbeitet sind. Lässt sich Ihr potenzieller Arbeitgeber nicht darauf ein, könnten Sie unter Umständen einen unseriösen Verhandlungspartner vor sich haben. In diesem Fall empfehlen wir Ihnen, Erkundigungen einzuziehen, bevor Sie sich auf etwas festlegen.

Bitten Sie darum, die besprochenen Punkte schriftlich festzuhalten, um eine Sicherheit zu haben, sollte sich Ihr Gegenüber später nicht mehr erinnern können. Findet in der Zeit Ihrer Einarbeitung z. B. ein Wechsel in der Führungsetage statt, haben Sie etwas Schriftliches in der Hand, das Ihren Anspruch auf Gehaltserhöhung bestätigt.

Im zweiten Vorstellungsgespräch will man überprüfen, ob sich der gute Eindruck, den Sie bereits im ersten Gespräch gemacht haben, bestätigt. Deswegen wird man vielleicht versuchen, Sie mit wiederholt gestellten Fragen unter Druck zu setzen oder Sie gar zu provozieren. Das alles dient lediglich dem Zweck, zu sehen, wie Sie sich im Arbeitsalltag unter Stress verhalten und ob Sie genauso souverän handeln, wie Sie sich bis jetzt präsentiert haben. Konzentrieren Sie sich also auf die Fragen und erinnern Sie sich daran, was Sie im ersten Gespräch geantwortet haben. Bleiben Sie ruhig und entschärfen Sie die Provokationen mit den rhetorischen Mitteln, die wir Ihnen vorgestellt haben. Vielleicht hilft es Ihnen, wenn Sie sich ins Gedächtnis rufen, dass sich Ihr potenzieller Chef mit allen (erlaubten) Mitteln gegen eine Fehlentscheidung absichern will.

Ist das Gespräch beendet, fragen Sie, wie es nun weitergehen wird, schon allein, um Ihre Nerven zu schonen.

Wie Sie die Wartezeit überbrücken …

Haben Sie nicht gefragt oder keine genaue Frist genannt bekommen, wann Sie mit einer Antwort rechnen können, lassen Sie erst einmal ein bisschen Zeit vergehen. Gleich am nächsten Tag in der Firma anzurufen und sich zu erkundigen, ob es schon eine Entscheidung gibt, würde Ihr souveränes Bild empfindlich schmälern. Nach etwa fünf Tagen sollten Sie sich allerdings melden – schon um den Eindruck von Desinteresse zu vermeiden.

Wurde Ihnen eine Frist genannt, an die sich die Firma jetzt nicht hält, muss das noch kein schlechtes Zeichen sein. Vielleicht ist die Entscheidungsfindung schwieriger als gedacht, vielleicht haben dringende Tagesgeschäfte eine Entscheidung verzögert. Warten Sie in diesem Fall zwei, drei Tage länger als vereinbart und haken Sie dann nach. Ist noch keine Wahl getroffen, fragen Sie höflich nach, ob und wann Sie sich wieder melden können.

Sollten Sie eine telefonische Absage bekommen, gilt es, die Fassung zu wahren, auch wenn es schwerfällt. Nutzen Sie die Gelegenheit und fragen Sie nach den Gründen. Damit ersparen Sie sich eventuell tagelanges Grübeln und Selbstzweifel, wenn Sie erfahren, dass die Entscheidung sehr knapp war, man Sie sehr sympathisch fand und sich für einen anderen entschieden hat, weil er ein kleines bisschen mehr Erfahrung hatte, die Firma bereits kannte oder eine außergewöhnliche Qualifikation besaß.

Gibt es doch Kritikpunkte an Ihrer Person, hören Sie zu und rechtfertigen Sie sich nicht mit vorwurfsvoller Stimme. Fragen Sie nach einem Tipp, wie man es besser machen könnte. Achten Sie generell auf einen sachlich-höflichen Ton. Sie bringen Ihren Gesprächspartner nur in Verlegenheit, wenn man Ihnen Panik, Wut oder Verzweiflung anhört, und verbauen sich damit auch die Chance, dass man Sie vormerkt, falls es wieder eine Vakanz in der Firma gibt. Bedanken Sie sich für die Informationen und geben Sie nochmals Ihrem Bedauern Ausdruck, dass es nicht geklappt hat.

Wenn es Kritik an Ihrer Präsentation gab, seien Sie so ehrlich mit sich, zu überlegen, an welchen Stellen sie berechtigt war und an welchen nicht. Auch dazu eignet sich übrigens ein Gedächtnisprotokoll. Denn die eigene Wahrnehmung verschiebt sich gern nach einiger Zeit und so ein Protokoll bietet Ihnen die Gelegenheit einer objektiveren Sichtweise.

Wie Sie eine Absage verkraften und neue Energien tanken

Es kann Ihnen niemand verdenken, wenn Sie enttäuscht sind. Sie sind schließlich sehr weit gekommen und hatten berechtigte Hoffnungen. Aber genau das sollte Ihnen auch Auftrieb geben. Mit Ihren Fähigkeiten haben Sie es geschafft, sich aus vielleicht Hunderten Bewerbern ein Vorstellungsgespräch zu sichern, in dem Sie so überzeugt haben, dass man Sie nochmals eingeladen hat. Egal, an was es gelegen hat: Sie haben keinen Grund, jetzt aufzugeben. Gab es offene Kritik, überlegen Sie, wie berechtigt sie ist, und seien Sie froh über ein ehrliches Feedback, das Ihnen sicher weiterhelfen wird. Übrigens gibt es immer noch die Möglichkeit, dass bereits feststand, wer die Stelle bekommt, und man der Form halber noch andere Bewerber eingeladen hat.

Niederlagen gibt es in jeder Erfolgsbiografie. Es kommt nur darauf an, wie wichtig man sie nimmt. Lernen kann man oft nur aus den schwierigen Situationen. Für das nächste Vorstellungsgespräch bringen Sie schon Erfahrung mit, lassen sich weniger beeindrucken und sind sicherer im Verhandlungspoker. Erwarten Sie nicht zu viel von sich. Unter Umständen ist es Jahre her, dass Sie das letzte Mal so eine Situation bewältigen mussten.

Also nutzen Sie lieber die Zeit und arbeiten Sie an den Punkten, mit denen Sie noch nicht zufrieden sind. Lassen Sie die Ereignisse (sachlich!) Revue passieren, nehmen Sie Ihr Gedächtnisprotokoll und die Gründe für Ihre Absage als Grundlage Ihrer Überlegungen und denken Sie sich eine neue Strategie aus. Ziehen Sie Ihren Vorteil aus den Eigenschaften, die Sie auszeichnen: analytisches Denkvermögen, das Erfassen komplexer Situationen und ruhig überlegte Lösungsansätze, die Sie aus Ihrem reichen Erfahrungsschatz ziehen können.

Übrigens haben wir sehr häufig Situationen dieser Art zu bewältigen. Sie fallen oft nur nicht so auf, weil wir sie nicht als Prüfungssituationen wahrnehmen und auch nicht offensichtlich von einer »Prüfungskommission« bewertet werden. Aber sowohl im Berufs- wie im Privatleben müssen oder wollen wir unsere Fähigkeiten beweisen, uns durchsetzen und unsere Ziele verfolgen. In den seltensten Fällen geht das reibungslos. Es gibt immer Umstände, die unseren Alltag erschweren und ein besonderes Krisenmanagement, Stressfestigkeit und Einfallsreichtum erfordern. Ob wir im Kleinen im Restaurant schlechte Qualität reklamieren oder uns gegen ungerechtfertigt hohe Handwerkerrechnungen verwahren müssen oder ob wir im Großen innerhalb der Beziehung oder der Familie die verschiedenen Bedürfnisse unter einen Hut bringen, private oder berufliche Schicksalsschläge bewältigen oder uns im Arbeitsalltag gegen eine sichtbare oder unsichtbare Konkurrenz erwehren müssen – Prüfungssituationen gibt es am laufenden Band. Haben Sie ein Problem bei der Bewerbung wegen der Vorurteile gegen Ihr Alter, hat ein jüngerer Kollege vielleicht die erschwerten Bedingungen, eine junge Familie ernähren zu müssen und die geforderte Flexibilität mit deren Bedürfnissen zu vereinbaren. Frauen in der Geschäftswelt haben immer noch gegen die Vorurteile der

Männer zu kämpfen und Jugendliche darum, überhaupt einen Ausbildungsplatz zu bekommen.

Wir haben Ihnen im ersten Teil geschildert, dass die Zeiten sich zu Ihren Gunsten ändern. Also ziehen Sie sich nicht mutlos in Ihr Schneckenhaus zurück, sondern beweisen Sie, dass dieser Umschwung seine Berechtigung hat und sich Ihr Einsatz für eine Firma immer lohnen wird. Achten Sie aber darauf, wie weit Sie in Ihrer Kompromissfähigkeit gehen. Sie sind nicht in der Situation, dankbar für jeden Brosamen sein und jedes Angebot annehmen zu müssen. Sie haben wertvolle Fähigkeiten zu geben und sollten sich sorgfältig überlegen, wer sie verdient. Verabschieden Sie sich auch von zementierten Ansichten und Prinzipien, die nicht mehr zeitgerecht sind. Damit verbauen Sie sich nur den Blick auf die Facetten, die Ihnen das Leben mit Ihren Qualitäten sonst so zu bieten hat. Sie sind immer noch die Hauptperson in Ihrem Leben und entscheiden, wie es aussehen soll. Selbst wenn Ihre Entscheidungen unpopulär oder für Außenstehende nicht nachvollziehbar sind, denken Sie daran:

Wir sind nicht auf der Welt, um so zu sein, wie andere uns haben wollen!

Zum Schluss

Haben Sie Ihren Arbeitsvertrag in der Tasche? Herzlichen Glückwunsch! Damit sind Ihre Vorbereitungen erfolgreich abgeschlossen und Ihre Reise kann losgehen. Denn mindestens die erste Zeit an einem neuen Arbeitsplatz ist mit einer Reise und einem Aufenthalt an einen Ort, an dem Sie noch nicht waren, zu vergleichen. Sie ist umso spannender, als sie in einer Arbeitswelt stattfindet, die gerade – zu Ihren Gunsten – im Umbruch ist.

Hat es diesmal nicht geklappt, geben Sie nicht auf! Dieser Ratgeber kann Ihnen leider keinen Job garantieren, aber wir hoffen, dass er einen anderen Zweck erfüllt hat: Ihnen vor Augen zu führen, dass Ihre Chancen steigen, Ihre Qualitäten den Arbeitgebern in diesem Land zur Verfügung zu stellen , weil die Stimmung in den deutschen Unternehmen zwar langsam, aber stetig zu Ihren Gunsten steigt.

Angesichts der immens hohen Arbeitslosigkeit ist es natürlich nach wie vor schwierig, einen Arbeitsplatz zu finden, und wir wollen Ihnen die Situation nicht übertrieben rosig schildern. Aber zumindest in einem Punkt können wir Ihnen ein bisschen Druck nehmen: Die doppelte Belastung, arbeitslos zu sein, und die Angst, in Ihrem Alter daran nichts mehr ändern zu können, wird durch die veränderte Sichtweise der Politiker und Unternehmer in diesem Land immer geringer.

Im Vergleich zu der Personalpolitik der vergangenen Jahre, in der die Bewerber Ihrer Altersgruppe zugunsten der Jüngeren bewusst ausgegrenzt wurden, setzt sich in den Chefetagen mehr und mehr die Erkenntnis durch, dass diese Politik in eine Sackgasse führt und sich daran dringend etwas ändern muss. Der Umdenkprozess hat begonnen. Die zahlreichen Studien, Umfragen und theoretischen Konzepte z. B. zur Verbesserung Ihrer Gesundheit am Arbeitsplatz oder altersgerechter Weiterbildung werden in einigen großen deutschen Firmen bereits praktisch umgesetzt. Es gibt namhafte Beispiele von Firmen, die explizit nach Ihnen und Ihrem immensen Erfahrungsschatz suchen – als Leitwolf in einer Arbeitsgruppe, als Ausbilder, als Vermittler Ihres jahrelang erworbenen und erweiterten Fachwissens, als Mitarbeiter, der durch seine Kommunikationsfähigkeit, Loyalität und sein Einfühlungsvermögen auch in schwierigen Situationen geschätzt wird, als routinierten Organisatoren komplizierter Arbeitsabläufe, als Berater, dem seine Kunden seiner Erfahrung und seiner Seriosität wegen vertrauen, als Ansprechpartner für die Jüngeren, die von Ihnen lernen wollen, etc.

Diese Umstellung geht natürlich nicht von heute auf morgen. Zur Erleichterung dieses Prozesses muss noch viel an den Veränderungen der entsprechenden Rahmenbedingungen politischer und wirtschaftlicher Natur getan werden. Aber vieles ist bereits jetzt schon möglich.

Sie werden vermutlich noch oft genug auf Personalchefs stoßen, die ihre Vorbehalte haben. Aber die Zahl derer, die Ihr Potenzial zu schätzen wissen und bereit sind, dafür auch Veränderungen innerhalb ihrer Firma in Kauf zu nehmen, wächst. Deswegen lohnt es sich mehr denn je, die Zeit und die Mühe für eine erfolgversprechenden Bewerbung auf sich zu nehmen.

Die Verantwortung für die hohe Zahl der Langzeitarbeitslosigkeit bei älteren Arbeitnehmern liegt jedoch nicht nur auf Seiten der Unternehmen. Wenn Sie sich noch nicht aufs Altenteil zurückziehen wollen, sind auch *Sie* gefordert, Ihr Potenzial und Ihre Leistungsbereitschaft immer wieder unter Beweis zu stellen. Sie werden sehen, dass es Ihnen zunehmend leichter fallen wird, wenn Sie spüren, dass Ihr Engagement auf Entgegenkommen stößt. Wenn Sie sich wohlfühlen in Ihrer Haut, wenn Sie Interesse an Neuem haben, um es mit Ihren Erfahrungen zu verbinden, werden Sie das auch ausstrahlen. Zumindest die Vorurteile, die sich auf Ihre Motivation, Gesundheit und Lernbereitschaft beziehen, werden Sie mit einem selbstbewussten und zielstrebigen Auftreten Lügen strafen.

Wir haben Ihnen im ersten Teil dieses Ratgebers vermittelt, dass es neben den widerlegbaren Vorurteilen tatsächlich zum Teil berechtigte Gründe und Umstände gibt, die Unternehmer zögern lassen, Sie einzustellen – z. B. die Kostenfrage. Wir haben Ihnen aber auch die Argumente von Personalchefs genannt, für die diese Gründe keine Rolle spielen (weil sie gern für Qualität mehr bezahlen, die Einarbeitungszeit kürzer ist, die Fehlerquote niedriger, Sie effizienter und zuverlässiger arbeiten, sie tariflich nicht gebunden sind oder nach Leistung bezahlen etc.), und die Sie jederzeit in einem Vorstellungsgespräch einfließen lassen können – schließlich kommen sie aus dem Munde erfahrener Kollegen Ihres potenziellen Arbeitgebers.

Sie müssen nicht länger befürchten, gar nichts an Ihrer Situation ändern zu können und bei jeder Bewerbung wegen Ihres Alters auf Granit zu beißen. Gewöhnen Sie sich langsam an den Gedanken, dass eine Ablehnung andere Gründe haben kann, die nicht mit Ihnen oder Ihrem Alter zusammenhängen oder deretwegen auch ein Jüngerer keine Chance gehabt hätte. Und denken Sie vor allem daran, dass Personalchefs mehr und mehr erkennen, welche Vorteile Ihre Mitarbeit und Unterstützung für sie hat.

Der Umdenkprozess in den Chefetagen sollte auch einen Umdenkprozess bei Ihnen bewirken. Wenn Sie nicht wollen, dass Sie Nachteile Ihres Alters wegen haben, dann nehmen Sie auch in Kauf, dass Sie dieselben Anforderungen erfüllen müssen wie alle anderen Bewerber auch. Vermitteln Sie allein durch Ihr kompetentes Auftreten, dass all die positiven »klassischen« Arbeitstugenden, die Personalchefs Ihnen zugestehen wie Loyalität, Zuverlässigkeit, Arbeitsmoral/-disziplin, Qualitätsbewusststein und Erfahrungswissen, auf Sie zutreffen. Zeigen Sie ihnen, dass gerade die »modernen« Tugenden wie Flexibilität, Kreativität und Teamgeist für Sie selbstverständlich sind.

Häufig liegt die Ursache für Schwierigkeiten älterer Arbeitnehmer bei der Arbeitssuche oder am Arbeitsplatz in den gegenseitigen Vorurteilen, die sich die Generationen untereinander machen. Denken Sie einmal darüber nach, ob Sie sich nicht auch schon manchmal das Leben schwer gemacht haben, weil Sie sich dazu haben verleiten lassen, die Vorurteile Ihrer Altersgenossen den Jüngeren gegenüber wie »zu unbekümmert«, »zu undiszipliniert« etc. zu übernehmen? Dann ist es an der Zeit, Ihre Einstellung zu überdenken. Denn unter Umständen entgehen Ihnen damit eine Menge Spaß und neue Perspektiven. (Dasselbe gilt natürlich umgekehrt für die Jüngeren!)

Haben Sie übrigens schon einmal über die Möglichkeit nachgedacht, Ihre Chancen auf dem Arbeitsmarkt noch zu verstärken, indem Sie Ihr persönliches Netzwerk um Kontakte zu anderen Altersgenossen in Ihrer Situation erweitern und gemeinsam versuchen, den Umdenkprozess ein wenig zu beschleunigen? Sollte Ihr Auftreten auch nur bei einem Personalchef dazu geführt haben, seine negative Einstellung zu Mitarbeitern Ihres Alters zu überdenken, warum sollte das nicht auch in einem größeren Rahmen funktionieren?

Sie verfügen doch über das nötige Fingerspitzengefühl, eine solche Überzeugungsarbeit nicht zu einer Bedrängnis für denjenigen werden zu lassen, den es zu überzeugen gilt. Aber das Bewusstsein, eine große Zahl Gleichgesinnter hinter sich zu haben, die genauso irritiert wie Sie darüber sind, weswegen eine bloße Zahl über ihren Platz in der Arbeitswelt entscheiden sollte, wird nicht nur Sie stärken. Sie liefern damit auch den Personalverantwortlichen, die Sie bereits auf Ihrer Seite haben, die besten Argumente, ihre Kollegen von Ihrer Wichtigkeit im Arbeitsprozess zu überzeugen.

Es gibt bereits Ansätze genug: Im Internet finden sich die verschiedensten Plattformen, die sich mit dieser Thematik theoretisch wie praktisch beschäftigen. Im Anhang finden Sie eine kleine Auswahl von Internetadressen, die ein Anfang sein könnten, Ihre Energien zu bündeln und eine handlungsfähige Lobby aufzubauen. Vergessen Sie nicht: Sie gehören zur Generation der Baby-Boomer, die immer für Überraschungen gut war.

Versuchen Sie's! Sie können nur gewinnen!

Studien und Broschüren

»Ältere Arbeitnehmer – ein Asset für die Wirtschaft«, Broschüre der Bertelsmann-Stiftung und der BDA, 2003.

»Ältere Mitarbeiter im Betrieb – Ein Leitfaden für Unternehmer« BDA-Broschüre 2. Auflage, September 2003.

»Alt und jung – gemeinsam in die Arbeitswelt von morgen – Alter, Altern und Beschäftigung, Ein Ratgeber für die betriebliche Praxis« – Eine Broschüre der INQA und BAuA, Dortmund 2004 in:
http://www.baua.de/nn_21604/sid_9C3228D86E66AFD7C6675D311A986CE4/nsc_true/de/Informationen-fuer-die-Praxis/Publikationen/Quartbroschueren/A33,xv=vt.pdf.

www.bertelsmann-stiftung.de/cps/rde/xbcr/SID-0A000F0A-392BC37A/stiftung/Kurzfassung_Internationales_Standort-Ranking_2004.pdf.

»Betriebliche Weiterbildung älterer Beschäftigter«, RBS Information Nr. 28, Mai 2005.

»Chance oder Bedrohung – wie gut können Unternehmen mit einer alternden Gesellschaft umgehen? Eine Umfrage der CGC – Claus Goworr Consulting unter 600 deutschen Personalentscheidern im Juli 2004«, München 2004.

»Demographischer Wandel und Beschäftigung – Plädoyer für neue Unternehmensstrategien«, INQA-Memorandum, Dortmund 2004.

»Die älteren Arbeitnehmer im Betrieb und aus Sicht der Personalverantwortlichen«, Barbara Koller, Hannelore Gruber, Mitteilungen aus der Arbeitsmarkt- und Berufsforschung (MittAB) 4/2001.

»Die freie Generation – Das Lebensgefühl der Menschen ab 45« TNS EMNID – Studie im Auftrag der Quelle-Versicherungen, Oktober 2000.

»Die Mischung macht's – Beschäftigung älterer Ingenieurinnen und Ingenieure: Zum konstruktiven Umgang mit dem demographischen Faktor«, Broschüre des vdi, Düsseldorf 2005.

»Gut und gesund arbeiten bis 65« – Broschüre der BAuA
siehe auch *http://www.aok-bgf.de/aktuell/pdf/Prof. Prozent20KuhnProzent20GutProzent20undProzent20gesundProzent20arbeitenProzent20bis Prozent2065.pdf.*

»Mit Erfahrung die Zukunft meistern! Altern und Ältere in der Arbeitswelt«, INQA- und BAuA-Broschüre, Dortmund 2004.

»Neue Sterbetafeln für private Rentenversicherungen führen zu höheren Prämien« in: *www.dia-vorsorge.de/df_030112.htm.*

OECD-Studie: Alterung und Beschäftigungspolitik Deutschland, Paris 2005.
»The German perspective increasing the employment rate of older workers Confederation of German Employers' Association (BDA)« 2000 in: *http://www.bda-online.de/proage/proageseiten/2_a_02_text.htm.*

Artikel

»50+ – Generation wird für Firmen immer wertvoller« vom 31.7.2005 in: *www.wams.de/data/2005/07/31/752967.html.*

»Ältere Arbeitnehmer – Erfahren, qualifiziert, abgestempelt« in der *SZ* vom 15.10.2004 in:
http://www.sueddeutsche.de/jobkarriere/erfolggeld/artikel/219/41178.

»Ältere Arbeitnehmer sind seltener krank« in der *SZ* vom 19.10.2005 in: *http://www.sueddeutsche.de/jobkarriere/berufstudium/artikel/791/62729.*

»Ältere Mitarbeiter wirken positiv« in der *SZ* vom 27.2.2006 in: *www.sueddeutsche.de/jobkarriere/berufstudium/artikel/37/70966/print.html.*

»Anti Aging – Wunschtraum ewige Jugend« in: *http://focus.msn.de/gesundheit/vorsorge/chance/antiaging.*
BDA Presseinformation 43/2005 vom 15.6.2005.

»Chancen für Arbeitnehmer ab 50 besser als gedacht – zu wenig Bewerbungen von über 50 jährigen«, Pressemitteilung national der Zeitarbeitsfirma »Randstad« vom 10.1.2006 in: *http://www.randstad.de/content/ueber/presse/pm-national/page_060105_Grafik_Aeltere_Bewerber.xml.*

»Das Zeitalter der Generation 50+ bricht an« in *vdi-nachrichten* vom 27.1.2006 in: *http://www.vdi-nachrichten.com/vdi_nachrichten/aktuelle_ausgabe/akt_ausg_detail.asp?source=rubrik&cat=1&id=26045.*

»Die Angst vor dem Kind« von Cathrin Kahlweit in der *SZ* vom 9.3.2006

»Niedrigste Geburtenzahl in Deutschland seit 1946« vom 14.3.2006 in: *http://www.faz.net/s/Rub21DD40806F8345FAA42A456821D3EDFF/Doc~E9A722B29CE6F4A70B135103E9006D88B~ATpl~Ecommon~Scontent.html.*

»Für ältere Mitarbeiter zahlt sich Eigeninitiative aus« vom 22.7.2002 in: monster Karriere-Journal in: *http://inhalt.monster.de/3955_de-DE_p1.asp.*

»Generation 50 plus/ Die Routiniers wollen zurück in den Job/ Der Bundesregierung ist das 250 Millionen wert« im *Rheinischen Merkur* vom 18.8.2005 in: *www.merkur.de/6825.0.html?&no_cache=1.*

»Junge Unternehmer schätzen ältere Arbeitnehmer – Umfrage des Bundesverbandes Junger Unternehmer (BJU) ergab: Über 70 Prozent haben keine Vorbehalte, ältere Mitarbeiter einzustellen« in: *http://www.ixpro.de/content/view/788/93.*

»Karriere mit 50! Wo ältere Mitarbeiter eine Chance haben« vom 24.8.2004 in: *http://www.daserste.de/plusminus/beitrag_archiv.asp?aid=225.*

»Mit alt mach' neu« aus dem *Handelsblatt* vom 7.2.2003 in: *www.wai-projekt.de/fahrion.htm.*

»Motor einer nachhaltigen Entwicklung« in: *http://www.telekom3.de/de-p/nach/3-so/viel/startseite-ar,templateId=_2Fdt_2Fweb_2Fstruct_2FContent.jsp.html.*

»Neue Chancen für Beschäftigung« in der *SZ* vom 14.3.2006

»Produktiv bis ins hohe Alter« vom 24.2.2005 in: *www.dradio.de/dlf/sendungen/hintergrund-politik/351107.*

Presseinformation des Statistischen Bundesamtes vom 17.11.2004 in: *www.destatis.de/presse/deutsch/pm2004/p4860022.htm.*

»Rente ab 67« in ZDF.reporter vom 8.3.2006 in: *http://www.zdf.de/ZDFde/inhalt/8/0,1872,3907880,00.html.*

»Schluss mit dem Jugendwahn – Senioren gesucht« im *Spiegel* vom 17.6.2004 in: *www.spiegel.de/wirtschaft/0,1518,304268,00.html.*

»Trau keinem über 50« vom 18.8.2004 in: *www.manager-magazin.de/koepfe/karriere/0,2828,313749,00.html.*

»Umfrage: Ältere wollen durchaus länger arbeiten« (2/2006) in: *http://www.vdk.de/perl/CMS_Page.cgi?ID=de11061&SID=mbWMurS9HlERhJJ6exBN82M911DnLk.*

»Unternehmen planen Einstellungen« in der *FAZ*, Nr. 62 vom 14.3.2006.

»Von wegen altes Eisen« in *Gehirn & Geist* 3/2006.

»Was wird aus meiner Rente?« vom 23.3.2006 im *Stern* Nr. 13/2006.

»Wir alle müssen mit dem demographischen Wandel umgehen«, Interview mit Maud Pagel, Leiterin der Diversity-Abteilung der Deutschen Telekom AG vom 10.11.2005 in: *http://www.inqa.de/Inqa/Navigation/Presse/pressearchiv,did=80170.html.*

Initiativen

www.AARP.org

Amerikanischer Selbsthilfeverband älterer Arbeitnehmer mit über 35 Mio. Mitgliedern, Publikationen, Jobbörsen etc.

www.aeltere-arbeitnehmer.teamarbeit-fuer-deutschland.de

Initiative des Bundesministerium für Wirtschaft und Arbeit, u. a. für ältere Arbeitnehmer

www.age-management.net

Initiative von verschiedenen Experten (Unternehmensberatung), um Unternehmen fit zu machen für den demografischen Wandel

www.aktion2050.de

»Aktion demographischer Wandel« der Bertelsmannstiftung mit vielen Hintergrundinformationen zum Thema

www.aqua-nordbayern.de

Initiative AQUA – alternsgerechte Qualifizierung in Zusammenarbeit der Gemeinschaftsinitiative EQUAL und dem Bundesministerium für Arbeit und Soziales

www.bmas.bund.de

»Initiative 50plus« des Bundesministeriums für Wirtschaft und Soziales

www.baua.de

Website der Bundesanstalt für Arbeitsschutz und Arbeitsmedizin mit einer Fülle von Anregungen zu alternsgerechter Arbeit, Arbeitszeitmodellen etc.

www.bellheim-netzwerk.de

Selbsthilfe-Netzwerk zur Förderung der Selbständigkeit Älterer, u. a. mit Tipps zur Selbständigkeit und Jobsuche für die Generation 50plus unter der Schirmherrschaft von Frau Prof. Lehr und Norbert Blüm

www.bibb.de/de/wlk11792.htm
Website des Bundesinstituts für Berufsbildung (BIBB) mit Schwerpunkt »Weiterbildung älterer Beschäftigter« mit der Zusammenfassung einer Unternehmensbefragung aus dem Jahr 2004 und vielen Informationen rund ums Thema

www.business-angels.de
Bundesweiter Verband erfahrener, älterer Experten zur Unterstützung junger Unternehmen, unentgeltlich oder als Teilhaber

www.demotrans.de
Öffentlichkeits- und Marketingstrategie demographischer Wandel mit thematischen Schwerpunkten, Zielgruppen/Branchen und Lösungsansätzen bzw. »Good-Practice«-Beispielen

www.demowerkzeuge.de
Werkzeugkasten für eine demografieorientierte Personalarbeit – alles zu den besten Vorgehensweisen, Verfahren und Instrumente zur Analyse, Planung und Umsetzung von Personalmaßnahmen; aktive Unterstützung von Betrieben bei einer demografieorientierten Personalarbeit mit verschiedenen Berichten beteiligter Firmen

www.erfahrung-deutschland.de
Internetportal mit Bereitstellung von Wissen älterer Experten für ratsuchende Unternehmen und aktuelle Informationen

www.equal-de.de
Sozialfonds der EU zur Bekämpfung von Diskriminierung mit wissenswerten Informationen unter dem Stichwort »ältere Arbeitnehmer«
Siehe dazu auch *http://www.offensive-fuer-aeltere.de/pdf/endversion.pdf* mit Broschüre »Arbeitsmarktlage Älterer und Beschäftigungspotentiale für Ältere«

www.eurag-deutschland.de
Bund der älteren Generation Europas – Europäische Arbeitsgruppe mit dem Ziel der Selbsthilfe zum eigenständigen Leben, Austausch zwischen den Generationen, Weiterbildung nach dem Erwerbsende etc.

www.generation-consulting.com

Eigentlich Unternehmen, das Marketingstrategien für die Kundengruppe 50plus anbietet, aber auch interessante Informationen (»Reifemärkte« ist deren Magazin)

www.gesis.org/SocioGuide/Spezialthemen/aag/index.htm

Homepage »Arbeit in einer alternden Gesellschaft« mit einer Fülle wichtiger Adressen und Publikationen zum Thema

www.inqa.de

»Initiative der Neuen Qualität der Arbeit« vom Bundesministerium für Bildung und Forschung, der Bundesvereinigung der deutschen Arbeitgeberverbände (BDA), verschiedener Gewerkschaften und der Bertelsmann-Stiftung – unter dem Stichwort »ältere Arbeitnehmer« Broschüren und anderweitige Informationen rund um die Themen »ältere Arbeitnehmer«, »lebenslanges Lernen« etc.

Beteiligte Firmen: ASSTEL Versicherungsgruppe, Dt. Telekom, ING-DiBa, Lilly, Opel (auch Gründer des Demographienetzwerkes zur Verbesserung der Situation älterer Arbeitnehmer)

Siehe besonders Initiativkreis »30, 40, 50plus – Älterwerden in Beschäftigung« – eine Plattform für Personen, die an der Verbreitung ihrer Erkenntnisse, Erfahrungen und Aktivitäten zur Verbesserung der Beschäftigungsfähigkeit älterer Arbeitnehmer interessiert sind und eigene Beträge hierzu leisten wollen

Kommunikationskampagne »Silberstreifen«

Projekt zur Einstellung der Betriebe auf alternde Belegschaften, angestoßen von der Deutschen Telekom. Dazu gehört auch das Projekt »Age Management«

www.proage.de

»Proage – Die demografische Herausforderung meistern«, eine Initiative der BDA mit Arbeitgeberorganisationen aus Dänemark, den Niederlanden und Irland sowie der Bertelsmann Stiftung. Ziel des Projektes ist es, durch den Austausch von Erfahrungen und Methoden zur Verbesserung der Beschäftigungssituation älterer Arbeitnehmer gemeinsam Strategien zur Bewältigung des bevorstehenden demografischen Umbruchs zu entwickeln.

Siehe auch *http://www.bda-online.de/www/bdaonline.nsf/id/14143B4731AF43FEC1256DE70069F4A8*

www.reifemaerkte.de

Internetportal der Generation Consulting für alle Belange der Generation 50plus, auch zum Thema ältere Arbeitnehmer mit aktuellen TV-Tipps zum Thema

www.ias-stiftung.de/dienstleistungen_9.php

Initiative des Instituts für Arbeits- und Sozialhygiene-Stiftung (IAS) zur »Verbesserung von Sicherheit, Produktivität, Effizienz und Kompetenz von älteren Beschäftigten in einer neuen Arbeitsumwelt«. Zu den Partnern dieses EU-Projekts gehören neben der IAS wissenschaftliche Einrichtungen und Wirtschaftspartner aus Finnland, Frankreich, der Schweiz, Griechenland und der Bundesrepublik Deutschland, dt. beteiligte Unternehmen: Deutsche Bank, Daimler Chrysler

»Senior Age Management«(SAM)

Europäisches Projekt des Instituts für Personalmanagement in Zusammenarbeit mit Unternehmen (KMU) zur Einstellung auf demografischen Wandel

www.wai-projekt.de

Initiative zum Wiedereinstieg arbeitsloser Ingenieure (speziell Ältere)

www.zvei.org/demografie

Initiative des Zentralverbandes der Elektrotechnik und Elektronikindustrie zum Thema demografischer Wandel mit Broschüren und »Good-Practice«-Beispielen

Adressen

ALT HILFT JUNG Bayern e.V.
Thurmayerstr. 4
93049 Regensburg
Tel.: +49 (0) 9 41 / 460 73 74
Fax: +49 (0) 9 41 / 460 73 75
E-Mail: *kontakt@alt-hilft-jung.de*

bellheim-stiftung i.G.
Hanns-Martin-Schleyer-Straße 41
47877 Willich
Sekretariat:
Tel.: +49 (0) 21 54 / 94 14 42
Fax: +49 (0) 21 54 / 92 66 66
E-Mail: *info@bellheim-netzwerk.de*

Bertelsmann Stiftung
Carl-Bertelsmann-Str. 256
33311 Gütersloh
Tel: +49 (0) 52 41 / 8 10
Fax: +49 (0) 52 41 / 81 68 13 96
Website: *www.bertelsmann-stiftung.de*

Bundesanstalt für Arbeitsschutz und Arbeitsmedizin (BAuA)
Friedrich-Henkel-Weg 1–25
44149 Dortmund
Postanschrift:
Postfach 17 02 02
44061 Dortmund
Tel.: +49 (0) 231 / 90 71-0
Fax: +49 (0) 231 / 90 71-24 54
E-Mail: *poststelle@baua.bund.de*
Website: *www.baua.de*

BIBB – Bundesinstitut für Berufsbildung
Robert-Schumann-Platz 3
53175 Bonn
Tel.: +49 (0) 2 28 / 1 07-0
Fax: +49 (0) 2 28 / 1 07-29 77
E-Mail: *zentrale@bibb.de*
Postanschrift:
BIBB-Bundesinstitut für Berufsbildung
Postfach 20 12 64
53142 Bonn

Bundesministerium für Arbeit und Soziales (BMAS)
Öffentlichkeitsarbeit und Internet
Mohrenstraße 62
10117 Berlin
Tel.: +49 (0) 30 / 20 07-0
Fax: +49 (0) 30 / 20 07-21 66
E-Mail: *info@bmas.bund.de*
Website: *www.bmas.de*

Bundesministerium für Bildung und Forschung (BMBF)
Dienstsitz Berlin
Hannoversche Straße 28–30
10115 Berlin
Tel.: 0 18 88 / 57-0
Fax: 0 18 88 / 57-8 36 01
Dienstsitz Bonn
Heinemannstr. 2
53175 Bonn
Tel.: 0 18 88 / 57-0
Fax: 0 18 88 / 57-8 36 01
E-Mail: *info@bmbf.bund.de*
Website: *www.bmbf.de*

Bundesvereinigung der Deutschen Arbeitgeberverbände (BDA)
Breite Straße 29
10178 Berlin
Tel.: +49 (0) 30 / 20 33 14 00
Fax: +49 (0) 30 / 20 33 14 05
E-Mail: *info@BDA-pro-job.de*
Website: *www.BDA-online.de*

Business Angels Netzwerk Deutschland e. V. (BAND)
Semperstraße 51
45138 Essen
Tel.: +49 (0) 2 01 / 8 94 15-06
Fax: +49 (0) 2 01 / 8 94 15-10
E-Mail: *band@business-angels.de*

ED Gesellschaft für Expertenwissen mbH
Dynamostr. 13
68165 Mannheim
Tel.: +49 (0) 6 21 / 43 85 51 95
Fax: +49 (0) 6 21 / 43 85 55 55
E-Mail: *kontakt@erfahrung-deutschland.de*

EURAG-Geschäftsstelle im Parität. Wohlfahrtsverband Berlin
Brandenburgische Straße 80
10713 Berlin
Tel.: +49 (0) 30 / 8 60 01-1 75
Fax: +49 (0) 30 / 8 60 01-2 20
E-Mail: *eurag@eurag-deutschland.de*

IP Institut für Personalmanagement GmbH
(zum Thema Senior Age Management)
Habelschwerdter Allee 34a
14195 Berlin
Tel.: +49 (0) 30 / 83 87 36-50
E-Mail: *info@ip-institut.de*

INQA – Kampagne »30, 40, 50 plus – Gesund arbeiten bis ins Alter«
Tel.: 0180 / 3 04 05 09
E-Mail: *30-40-50plus@inqa.de*
Siehe auch
Thematischer Initiativkreis 30, 40, 50plus – Älterwerden in Beschäftigung
Dr. Edith Perlebach
Hauptverband der gewerblichen Berufsgenossenschaften (HVBG)
Alte Heerstraße 111
D-53757 Sankt Augustin
Tel.: +49 (0) 22 41 / 23 11-372
Edith.Perlebach@hvbg.de

Dr. Karl Kuhn
Bundesanstalt für Arbeitsschutz und Arbeitsmedizin
Friedrich-Henkel-Weg 1–25
D-44149 Dortmund
Tel.: +49 (0) 2 31 / 90 71-22 43
Kuhn.Karl@baua.bund.de

Manpower GmbH & Co. KG
Personaldienstleistungen
Kurt-Schumacher-Straße 31
D-60311 Frankfurt
Tel.: +49 (0) 69 / 1 53 03-0
Fax: +49 (0) 69 / 1 53 03-3 30
Website: *www.manpower.de*
Bewerbung an: *hr@manpower.de*
Bei Fragen zu Manpower rund um das Thema »Personalvermittlung, Zeitarbeit und Human Resources Lösungen«: *info@manpower.de*

Randstad Service Center
Ginnheimer Str.4
65760 Eschborn
Tel.: +49 (0) 61 96 / 40 8-0
Website: *www.randstad.de*

Senior Experten Service
Stiftung der Deutschen Wirtschaft
für internationale Zusammenarbeit gGmbH
Buschstraße 2
53113 Bonn
Postanschrift:
Postfach 22 62
53012 Bonn
Tel.: +49 (0) 2 28 / 2 60 90-0
Fax: +49 (0) 2 28 / 2 60 90-77
E-Mail: *ses@ses-bonn.de*

Verein Deutscher Ingenieure VDI e. V.
Graf-Reincke-Straße 84
40239 Düsseldorf
Tel.: +49 (0) 2 11 / 62 14-5 50
Fax: +49 (0) 2 11 / 62 14-1 50
E-Mail: *lienert@vdi.de*
Website: *www.vdi.de*

zeit-sprung e.k. Personalvermittlungsagentur
Hansaring 61
D-50670 Köln
Tel: +49 (0) 2 21 / 16 12-4 03 / oder -5 03
Fax: +49 (0) 2 21 / 16 12-5 70
E-Mail: *krueger@zeit-sprung.de*
schulte@zeit-sprung.de

ZIW Zeitarbeit
Zentrale:
Berliner Straße 257
63067 Offenbach/Main
Tel.: +49 (0) 69 / 85 09 33-0
Fax: +49 (0) 69 / 28 91 86
E-Mail: *mail@ziwzeitarbeit.de*

ZVEI – Zentralverband Elektrotechnik- und Elektronikindustrie e.V.
Stresemannallee 19
60596 Frankfurt am Main
Postanschrift:
Postfach 70 12 61
60591 Frankfurt am Main
Tel.: +49 (0) 69 / 63 02-0
Fax: +49 (0) 69 / 63 02-3 17
E-Mail: *zvei(at)zvei.org*

Anmerkungen

1 Vg. EMNID-Studie »Die freie Generation« im Auftrag der Karstadt-Quelle-Versicherungen vom Oktober 2000, Seite 9.
2 Telefongespräch vom 27.1.2006 mit der Bundesagentur für Arbeit in Nürnberg.
3 Vgl. »The German perspective increasing the employment rate of older workers Confederation of German Employers' Association« (BDA), 2000 in: *http://www.bda-online.de/proage/proageseiten/2_a_02_text.htm.*
4 Vgl. OECD-Studie: Alterung und Beschäftigungspolitik Deutschland, 2005, Seite 12.
5 Vgl. »Ältere Arbeitnehmer – ein Asset für die Wirtschaft«, Bertelsmann-Stiftung, 2003, Seite 3f.
6 Vgl. »Produktiv bis ins hohe Alter« vom 24.2.2005 in: *www.dradio.de/dlf/sendungen/hintergrund-politik/351107.*
7 Vgl. Barbara Koller, Hannelore Gruber, Die älteren Arbeitnehmer im Betrieb und aus Sicht der Personalverantwortlichen, MittAB 4/2001, Seite 487.
8 Vgl. OECD-Studie: Alterung und Beschäftigungspolitik Deutschland, 2005, Seite 15.
9 Vgl. »Umfrage: Ältere wollen durchaus länger arbeiten« (2/2006) in: *http://www.vdk.de/perl/CMS_Page.cgi?ID=de11061&SID=mbWMurS9HlERhJJ6exBN82M911DnLk.*
10 Vgl. »Niedrigste Geburtenzahl in Deutschland seit 1946« vom 14.3.2006 in: *http://www.faz.net/s/Rub21DD40806F8345FAA42A456821D3EDFF/Doc~E9A722B29CE6F4A70B135103E9006D88B~ATpl~Ecommon~Scontent.html.*
11 »Was wird aus meiner Rente?« vom 23.3.2006 im *Stern* Nr. 13/2006.
12 »Die Angst vor dem Kind« von Cathrin Kahlweit in der *Süddeutschen Zeitung* Nr. 62 vom 9.3.2006, Seite 15.
13 Vgl. Presseinformation des Statistischen Bundesamtes vom 17.11.2004 in: *www.destatis.de/presse/deutsch/pm2004/p4860022.htm.*
14 Vgl. »Neue Sterbetafeln für private Rentenversicherungen führen zu höheren Prämien« in: *www.dia-vorsorge.de/df_030112.htm.*
15 »Anti Aging – Wunschtraum ewige Jugend« in: *http://focus.msn.de/gesundheit/vorsorge/chance/antiaging.*
16 Vgl. INQA-Memorandum »Demographischer Wandel und Beschäftigung – Plädoyer für neue Unternehmensstrategien«, 2004, Seite 14.
17 Vgl. ebd., Seite 5.
18 Vgl. »Alt und jung – gemeinsam in die Arbeitswelt von morgen – Alter, Altern und Beschäftigung, Ein Ratgeber für die betriebliche Praxis« – Eine Broschüre der INQA und BAuA, Dortmund 2004, Seite 7 in: *http://www.baua.de/nn_21604/sid_9C3228D86E66AFD7C6675D311A986CE4/nsc_true/de/Informationen-fuer-die-Praxis/Publikationen/Quartbroschueren/A33,xv=vt.pdf.*

19 Vgl. »Mit Erfahrung die Zukunft meistern! Altern und Ältere in der Arbeitswelt«, INQA- und BAuA-Broschüre Dortmund 2004, Seite 7.
20 Vgl. »Chance oder Bedrohung – wie gut können Unternehmen mit einer alternden Gesellschaft umgehen? Eine Umfrage der CGC – Claus Goworr Consulting unter 600 deutschen Personalentscheidern im Juli 2004«, Seite 9.
21 Vgl. »Demographischer Wandel und Beschäftigung – Plädoyer für neue Unternehmensstrategien«, INQA-Memorandum 2004, Seite 7ff.
22 Vgl. »Von wegen altes Eisen« in *Gehirn & Geist* 3/2006.
23 Vgl. »Trau keinem über 50« vom 18.8.2004 in: *www.manager-magazin.de/koepfe/karriere/0,2828,313749,00.html*.
24 Vgl. »Junge Unternehmer schätzen ältere Arbeitnehmer – Umfrage des Bundesverbandes Junger Unternehmer (BJU) ergab: Über 70 Prozent haben keine Vorbehalte, ältere Mitarbeiter einzustellen« in: *http://www.ixpro.de/content/view/788/93*.
25 Vgl. »Chancen für Arbeitnehmer ab 50 besser als gedacht – zu wenig Bewerbungen von über 50jährigen«, Pressemitteilung national der Zeitarbeitsfirma »Randstad« vom 10.1.2006 in: *http://www.randstad.de/content/ueber/presse/pm-national/page_060105_Grafik_Aeltere_Bewerber.xml*.
26 Vgl. *www.bertelsmann-stiftung.de/cps/rde/xbcr/SID-0A000F0A-392BC37A/stiftung/Kurzfassung_Internationales_Standort-Ranking_2004.pdf*, Seite 3.
27 Vgl. »Demographischer Wandel und Beschäftigung – Plädoyer für neue Unternehmensstrategien«, INQA-Memorandum 2004, Seite 20f.
28 Vgl. »Das Zeitalter der Generation 50+ bricht an« in *vdi-nachrichten* vom 27.1.2006 in: *http://www.vdi-nachrichten.com/vdi_nachrichten/aktuelle_ausgabe/akt_ausg_detail.asp?source=rubrik&cat=1&id=26045*.
29 Vgl. »Für ältere Mitarbeiter zahlt sich Eigeninitiative aus« vom 22.7.2002 in: *monster Karriere-Journal http://inhalt.monster.de/3955_de-DE_p1.asp*.
30 Vgl. BAuA-Broschüre »Mit Erfahrung die Zukunft meistern! Altern und Ältere in der Arbeitswelt«, Dortmund 2004, Seite 38.
31 Vgl. »Ältere Arbeitnehmer sind seltener krank« vom 19.10.2005 in: *http://www.sueddeutsche.de/jobkarriere/berufstudium/artikel/791/62729/*.
32 Vgl. »Demographischer Wandel und Beschäftigung – Plädoyer für neue Unternehmensstrategien«, INQA-Memorandum 2004, Seite 19.
33 Vgl. »Rente ab 67« in ZDF.reporter vom 8.3.2006 in: *http://www.zdf.de/ZDFde/inhalt/8/0,1872,3907880,00.html*.
34 Vgl. »Motor einer nachhaltigen Entwicklung« in: *http://www.telekom3.de/de-p/nach/3-so/viel/startseite-ar,templateId=_2Fdt_2Fweb_2Fstruct_2FContent.jsp.html*; »Wir alle müssen mit dem demographischen Wandel umgehen«, Interview mit Maud Pagel, Leiterin der Diversity-Abteilung der Deutschen Telekom AG vom 10.11.2005 in: *http://www.inqa.de/Inqa/Navigation/Presse/pressearchiv,did=80170.html*.
35 Vgl. »Demographischer Wandel und Beschäftigung – Plädoyer für neue Unternehmensstrategien«, INQA-Memorandum 2004, Seite 22.
36 Vgl. ebd., Seite 10.
37 Zitiert aus der *Frankfurter Rundschau* vom 11.5.2004.
38 Vgl. »Generation 50 plus/Die Routiniers wollen zurück in den Job/Der Bundesregierung ist das 250 Millionen wert« im *Rheinischen Merkur* vom 18.8.2005 in: *www.merkur.de/6825.0.html?&no_cache=1*.

39 Vgl. *www.equal-de.de*.
40 Vgl. »Demographischer Wandel und Beschäftigung – Plädoyer für neue Unternehmensstrategien«, INQA-Memorandum 2004, Seite 5 und 15, je Abb. 5.
41 Vgl. »Ältere Mitarbeiter wirken positiv« vom 27.2.2006 in: *www.sueddeutsche.de/jobkarriere/berufstudium/artikel/37/70966/print.html*.
42 Vgl. »~~Karriere mit 50!~~ Wo ältere Mitarbeiter eine Chance haben« vom 24.8.2004 in: *http://www.daserste.de/plusminus/beitrag_archiv.asp?aid=225*.
43 Vgl. »Schluss mit dem Jugendwahn – Senioren gesucht« vom 17.6.2004 in: *www.spiegel.de/wirtschaft/0,1518,304268,00.html*.
44 Vgl. »Unternehmen planen Einstellungen« in der *FAZ*, Nr. 62 vom 14.3.2006; »Neue Chancen für Beschäftigung« in der *SZ*, Nr. 62 vom 14.3.2006.
45 Vgl. Barbara Koller, Hannelore Gruber, Die älteren Arbeitnehmer im Betrieb und aus Sicht der Personalverantwortlichen, MittAB 4/2001.
46 Vgl. »Ältere Mitarbeiter im Betrieb – Ein Leitfaden für Unternehmer« BDA-Broschüre, 2. Auflage, September 2003, Seite 17ff.
47 Vgl. Barbara Koller/Hannelore Gruber, Ältere Arbeitnehmer im Betrieb und als Stellenbewerber aus der Sicht der Personalverantwortlichen, Jg. 31/2001-4, MittAB, Seite 489.
48 Vgl. »Ältere Mitarbeiter im Betrieb – Ein Leitfaden für Unternehmer« BDA-Broschüre, 2. Auflage, September 2003, Seite 27.
49 Vgl. »Ältere Arbeitnehmer – ein Asset für die Wirtschaft«, 2003, Seite 7.
50 Vgl. »Betriebliche Weiterbildung älterer Beschäftigter« in RBS-Info Nr.28, Mai 2005.
51 Vgl. Barbara Koller, Hannelore Gruber, Die älteren Arbeitnehmer im Betrieb und aus Sicht der Personalverantwortlichen, MittAB 4/2001, Seite 497.
52 Vgl. »Mit alt mach' neu« aus dem *Handelsblatt* vom 7.2.2003 in: *www.wai-projekt.de/fahrion.htm*.
53 Vgl. Barbara Koller, Gruber, Hannelore, Ältere Arbeitnehmer im Betrieb und als Stellenbewerber aus der Sicht der Personalverantwortlichen, Jg. 31/2001-4, MittAB, Seite 493.
54 Vgl. Barbara Koller, Hannelore Gruber, Die älteren Arbeitnehmer im Betrieb und aus Sicht der Personalverantwortlichen, MittAB 4/2001, Seite 498.
55 Vgl. »Betriebliche Weiterbildung älterer Beschäftigter« RBS-Information Nr. 28 vom Mai 2005.
56 Vgl. Barbara Koller, Hannelore Gruber, Die älteren Arbeitnehmer im Betrieb und aus Sicht der Personalverantwortlichen, MittAB 4/2001, Seite 497.
57 Vgl. ebd., Seite 497.
58 Vgl. »Junge Unternehmer schätzen ältere Arbeitnehmer – Umfrage des Bundesverbandes Junger Unternehmer (BJU) ergab: Über 70 Prozent haben keine Vorbehalte, ältere Mitarbeiter einzustellen« in: *http://www.ixpro.de/content/view/788/93/*.
59 Vgl. »Mit Erfahrung die Zukunft meistern! Altern und Ältere in der Arbeitswelt«, BAuA-Broschüre Dortmund 2004, Seite 39, zitiert aus: Ilmarinen, Juhani, Tempel, Jürgen: »Arbeitsfähigkeit 2010. Was können wir tun, damit Sie gesund bleiben?« Hamburg 2002.
60 Vgl. Barbara Koller, Hannelore Gruber, Die älteren Arbeitnehmer im Betrieb und aus Sicht der Personalverantwortlichen, MittAB 4/2001, Seite 482.

61 Vgl. »Die Mischung macht's – Beschäftigung älterer Ingenieurinnen und Ingenieure: Zum konstruktiven Umgang mit dem demographischen Faktor«, Broschüre des vdi, Düsseldorf 2005.
62 Vgl. »Abfindungen müssen jetzt in voller Höhe versteuert werden« in der *FAZ*, Nr. 72 vom 25.3.2006, Seite 23.
63 Vgl. »Fünftelregelung« in: *http://www.steuernetz.de/lexikon04/lexikon2004f22.html.*
64 Vgl. Urteil des Arbeitsgerichts Frankfurt/Main Aktenzeichen 7CA 8536/99.
65 Vgl. »Frist in Arbeitsverträgen für Ältere unwirksam« vom 27.4.2006 in der *SZ*, Nr. 97.
66 Vgl. »Zeitarbeit: Eine moderne Beschäftigungsform« in: *www.stepstone/zeitarb/zeitarb_artikel.html*; BDA »Ältere Mitarbeiter im Betrieb – Ein Leitfaden für Unternehmer« 2. Auflage, September 2003, Seite 46f.; »Zeitarbeit« in: *www.zeitarbeit.teamarbeit-fuer-deutschland.de.*
67 Vgl. »Zu alt für Zeitarbeit?« vom 15.9.2005 in: *http://www.heute.de/ZDFheute/inhalt/14/0,3672,2375310,00.html.*
68 Vgl. »Stepstone: Unternehmen tragen in Stellenanzeigen zu dick auf – Die Hälfte der Bewerber in Europa von der Realität enttäuscht« vom 23.8.2005 in: *www.dihk.de/inhalt/informationen/news/meldungen/meldung007919.main.html.*
69 Vgl. »Der schnelle Weg ins Aus« in: *managermagazin*, 1.12.1997.